公務員試験

最初でつまずかない経済学

改訂版

マクロ編

村尾英俊 著

実務教育出版

はじめに

本書は，公務員試験を受験しようと考えている学生さんの中でも，経済学を初めて学ぶ人たち，または経済学を苦手としている人たち向けの入門書であり，公務員試験の経済学で確実に合格点をとることができるようにするための手引き書でもあります。

初学者が疑問を持ちやすい部分に積極的にフォローを入れたり，必要以上に難しい理論や複雑な考え方に触れることなく問題が解けるように内容構成を工夫したり，とにかく経済学を初めて学ぶ人たち，経済学を苦手としている人たちが，無理なく最後まで行きつけるように，なんとか挫折することなく経済学をひととおり学べるようにという願いを込めて作ったものです。

初学者はここでつまずいている！

私は，独学で経済学を体得した経験や，公務員試験向けの経済学を指導する経験を積む中で，「初学者ならここはつまずきやすいだろう」とか，「この点は，こういう考え方をしたほうがよい」とか，「ここは理解できなくても，この点さえわかっていたら次に進める」といった，経済学を学ぶためのノウハウを蓄積してきました。

それを踏まえ，本書では，さまざまなつまずきやすいポイントに，以下のように対応しています。

- **最初から難しいので全然勉強が進まない！ ➡ 教養・専門レベルの二段構成！**
- **グラフの意味がわからない！ ➡ グラフの読み方を徹底解説！**
- **数学が苦手でついていけない！ ➡ 計算方法もわかりやすく説明！**
- **用語が難しい！ ➡ 初歩的な疑問も多角的にフォロー！**
- **理論はわかったのに問題が解けない！ ➡ 公務員試験の過去問で演習！**

皆さんと同じ「経済学を学ばなくてはいけない立場」にあった私

本書は，もともと経済学の素人であった私が，経済学を学んできた中で培った独自の「ノウハウ」をもとに書き上げたものです。

私は現在，専門学校や資格試験予備校などで経済学を教えているのですが，皆さんと同じ年頃まで数学オンチで，経済学なんて学んだこともありませんでした。文学部出身で専攻は哲学ですし，数学が苦手だったので私立大学に進んだくらいなのです。

そんな私が経済学を学ぶことになったのは，金融関連企業に就職したことがきっかけです。私が就職活動をした当時は，バブル経済真っ只中でした。この頃は，新卒者は引く手あまたという状況で，経済学部でない私でも，人気のあった金融関連企業に就職することができたのです。

とはいえ，正直，金融機関で仕事をしたいという強い気持ちがあったわけではなかったので，「経済学を学ばなければならない立場」になってしまったというのが実情でした。そういう意味では，公務員試験を受けるために経済学を学ばなくてはいけなくなってしまった皆さんと同じだったのです。

独学で経済学を勉強しなければならなくなった私は，経済学部の学生が読むような本格的な専門書と「格闘」したり，今まで敬遠してきた数学についても，中学校や高校の参考書に戻って勉強したりと，それはそれはかなりの時間をかけて取り組みました。独学というのは，一度わからなくなると，どこまで戻ってやったらいいのかわからず結局イチからやり直し……といったように，苦労が絶えませんでした。参考書やテキストだってどれがいいのかもわかりませんでしたから，とても効率が悪かったと思います。

当時は，新卒者を即戦力とはみなさず，会社でじっくり「教育」する時代だったことも幸いして，経済・金融を勉強しながら，仕事の経験を積みつつ，経済・金融の理解を深めることができました。

挫折なく，効率よく経済学を学ぶために

そうした経験からみると，「公務員試験対策としての経済学」に関しては，「学問としての経済学」と比較すると，内容的にもレベル的にも楽なものだといえます。微分などの数学に関しても，必要最低限度にとどめることが可能です。

なまじ「学問としての経済学」を理解しようとすると挫折してしまう可能性が高いですし，試験に関係ないような知識を学んでも効率はよくありません。求められているのは「公務員試験の経済学の問題を解くための知識」なのです。

初版はベストセラーに！

おかげさまで，初版は好評を博し，ミクロは18刷，マクロは17刷まで重版を繰り返し，累計11万部に達しました。今回の改訂版では読者のご意見・ご要望にお応えする形で，新しい過去問を加えつつ，基礎分野と応用分野の構成を一部組み直しました。難問は拙著『集中講義！マクロ経済学の過去問』（実務教育出版）に譲り，より基礎力の充実をめざします。

読者の皆さんの中には，「経済学を勉強したことがない」「数学が苦手」と，経済学の勉強を始めるに当たって不安を感じている人も多いと思いますが，何ら心配する必要はありません。まずは気軽に本書を開いてみてください。とにかく，わかりやすい経済学「講義」を皆さんにお届けします。

村尾　英俊

経済学の学習のしかた

公務員試験の経済学について

「公務員試験の経済学」といっても，ピンと来ない人もいるかもしれません。

専門試験の経済系の科目には，**経済原論**（経済理論），**財政学**，**経済政策**，**経済史・経済学史**，**経済事情**，**国際経済**などいろいろあります。

これらの科目の中で最も重要なのは，経済原論（経済理論）と財政学です。経済政策，経済史・学説史はこれらを発展的にサポートするもので，経済事情は時事に当たります。

普通，公務員試験で「経済学」といえば「経済原論（経済理論）」をさします。しかし，経済原論の範囲は膨大で，なかなか１冊の本にまとめることができないので，家計や企業などの経済行動を分析する**ミクロ経済学**と，それを国や政府などの大きい単位でみる**マクロ経済学**の２つに分けて解説していることが多いです（本書もミクロ編とマクロ編に分かれています）。

教養試験については，社会科学という科目の中に経済があります。社会科学の経済は，先に挙げた専門科目の基礎的な内容がひととおり全部含まれたものです。専門試験との違いは何かといえば，教養試験では特定の学者の理論があまり出てこないということと，計算問題がほとんどないということです。それでも中心はやはりミクロとマクロ，特にマクロ経済に関する基本問題が多数出題されます。

そういう意味では，ミクロ経済学とマクロ経済学を制する者は，公務員試験の経済学を制するといえます。さらには，多くの受験者が苦手としてしまう経済学を制する者は公務員試験を制するともいえるのです。

教養試験レベルから専門試験レベルへ

さて，独学していても資格試験予備校などに通っていても同じですが，経済学の専門試験対策の勉強をしていくと，理解しづらい理論や$M=Px \cdot X+Py \cdot Y$など一見難しそうな公式が出てきて，最初から大きな壁にぶつかります。それで経済に苦手意識を持ってしまったり，あるいは経済が理解できないということで公務員受験そのものをやめてしまう人も少なくありません。

経済学を初めて学ぶ人は，まず，微分など数学や計算つきの難しい項目を抜きにして，本当に基本的な内容から入らなければならないのです。筆者の経験からいえば，いきなり専門試験の勉強を始めるのではなく，教養試験の勉強を最初にしっかりと行うことが重要です。

また，問題演習に関しても，教養試験で出されるような基本的な問題を最初にこなしていくことが自信にもつながりますし，何より基礎力を確実につけることになります。教養試験レベルでの理解を完成させた後に専門試験レベルに進むことが，経済学初学者が，公務員試験の経済原論を撃破する最短ルートなのです。

そこで，本書は，**教養試験レベル**と**専門試験レベル**の二部構成になっています。第1部である教養試験レベルでは，今述べたように，ミクロ経済学全般の重要な項目の中で，とにかくこの部分を理解しておいてもらいたいという事項が網羅されています。そういう意味では，基礎力の養成が最大の目的であり，教養試験対策向けということができます。

専門試験対策もしなくてはいけない読者は，教養試験レベルをマスターし，必要があればそこを繰り返し取り組んだ後に，専門試験レベルへ進んでください。専門試験レベルでは，まさに専門試験で扱われるマクロ経済学の内容を学習します。

経済理論の解説書＋問題演習書

私が受け持っている専門学校，資格試験予備校，大学の学内講座なども，コマ数や時間などカリキュラムは多種多様です。また，教材や扱う問題も各学校で指定のテキスト等を活用しなければならないところもあります。

ここでは，そういう障壁がなく，完全に自分の裁量で経済学の講義ができるならば，こんなふうにやってみたいというものを，教壇に立って講義をしているように書き上げました。しかも，問題を解きながらの講義です。

公務員試験の場合，経済学の理論を理解するよりも問題を解けるようになることが重要となります。

通常，市販されている経済学の対策書は，理論を説明する解説書か，問題演習のための問題集かに分けられます。しかし，本書は，公務員試験に出てくる経済学の問題を理解する力と，その問題を解く力を養成することが１冊で同時にできるように，効率的かつコンパクトにまとめてあります。

公務員試験の経済学は暗記科目

公務員試験の経済学は，あくまでも試験対策なので，難しい数式を駆使して経済学を理解する必要はありません。

大学の経済学は理論体系の理解が重要です。つまり経済学の理論が「なぜ」そうなるのかを理解することが大切ですが，公務員試験の経済学はその理論の結論を使って「いかに」問題を解くかが重要です。極端にいえば，経済理論を理解していなくても，経済理論の結論を暗記しておけば問題を解くことができます。さらに極論すれば公務員試験の経済原論は暗記科目といえます。

ですから，多少納得がいかなくても「経済学ではそう考える」という柔軟な姿勢で，また，いざとなったら「とりあえず覚えちゃえ」という大胆な気持ちで取り組んでもらいたいと思います。

そして，公務員試験で出題される問題は，過去問の練り直しなので，パターンがあります。ですから，公務員試験の経済原論は「ある程度の」経済理論の理解と暗記，そして問題の解法パターンを熟知しておくことで合格点を取ることができるのです。

さらに，大学で学ぶ経済学のような難解な数式はできるだけ使わず，グラフを通じた理解（暗記）をしていけば，数学が苦手な人たちも比較的楽に進めるでしょう。

経済嫌いな人へのフォローアップ

では，すべての項目を理解しながら暗記してしまえばいいのでしょうか？

もちろん，それに越したことはありません。ただ，初学者が最初から満点を取れるように完璧に理解をしていかなければならないかというとそうでもないのです。

極端にいえば，合格点（約７割）を取れればいいわけです。最初は，わからない項目を捨ててもかまわないという気持ちで臨むことも，一つの賢い方法です。その目安をいえば，１章から３章の内容はできるだけ頑張って，残りはやれるところまで……ということでもいいかもしれません。

しかし，これでは経済学が苦手な人，嫌いな人は，捨てるテーマが増えてしまって，結局合格点を取れなくなるおそれも出てきます。そこで，本書ではできるだけ，捨てる項目を最小限にするよう工夫もしています。

具体的には，索引はもちろん充実させていますが，本文中でも，いい意味で「くどい」解説や，わからなくなった場合にどこを復習すればいいかがわかるように，以前に学んだ箇所をふんだんに指摘してあります。また，側注には，初学者が陥りやすいポイントや，初学者が抱きやすい疑問についても逐一解説を入れています。

ミクロから先に始めるのがオススメ

先ほど，経済系科目の重要科目として，経済原論，すなわちミクロ経済学とマクロ経済学を挙げましたが，どちらから始めたほうがいいかと質問を受けることがあります。

どちらからでもいいとは思いますが，経済学の初学者にとっては，経済学の基礎の基礎である「需要と供給」を最初に学ぶミクロ経済学から先に始めるのがお勧めです。マクロ経済学の内容に関しても，ミクロ経済をある程度理解したうえで取り組んだほうがスムーズに頭に入ってくる分野がいくつかありますからね。

では，次に本書の構成を紹介するとともに，本書を使ってどのように学習を進めたらいいかというところをお伝えしたいと思います。

本書の構成と使い方

「教養試験レベル」「専門試験レベル」の二段構え！

本書は，主に地方上級・国家一般職［大卒］試験を中心として，大学卒業程度の公務員採用試験の難易度に合わせて，マクロ経済学の内容を「教養試験レベル」「専門試験レベル」の二段階に分けて解説していきます。

「**教養試験レベル**」は，大学卒業程度の公務員試験受験者全員が確実にマスターすることを求められる内容です。したがって，警察官，消防官，専門試験が課されない一部の市役所，国立大学法人などの特殊法人の志望者（教養試験の受験者）は，「教養試験レベル」の理解だけで，経済の分野については合格できる力をつけることができます。

もっとも，教養試験（社会科学の経済）だけでいい人も，専門試験の経済原論の内容が応用問題として出てきたりするので，しっかりと点を取りたい人は，「専門試験レベル」にも進んでください。ただし，教養試験では計算問題がほとんど出ないので，計算問題は飛ばして結構です。

「**専門試験レベル**」は，「教養試験レベル」で学んだ基礎項目を土台として，専門試験の中のマクロ経済学の内容を網羅しています。姉妹版の『最初でつまずかない経済学ミクロ編』も使えば，専門試験における「経済原論（経済理論）」対策がひととおりできるようになっています。

教養試験レベル……大卒程度警察官，大卒程度消防官，市役所（教養試験のみの市），国立大学法人など向け

専門試験レベル……地方上級，国家一般職［大卒］，国家専門職（国税専門官等），市役所（専門試験が課される市），裁判所など向け

「はじめに」でも触れたように，経済学の初学者は，「教養試験レベル」の内容を確実に理解したうえで，「専門試験レベル」に進んでください。「専門試験レベル」でつまずいたら，いつでも「教養試験レベル」の説明や問題に戻って，改めて挑戦していくようにしましょう。

扱っている過去問の中には，地方初級や国家一般職［高卒］で出題された問題もありますが，基礎を確認するには良問です。そして地方上級や国家一般職［大卒］レベルの問題はしっかりと解答してください。

国家総合職をめざす方も，国家一般職［大卒］・地方上級レベルをマスターする必要があるので，まずは本書から入っていただければと思います。

ページ構成も二段構え！

「解説を読んでいる途中途中でわからないことが出てきて混乱する」「初学者向けの本は説明が長くてうっとうしい！」「できればコンパクトに要点だけ知りたい」……という受験生の声にお応えして，簡潔な本文と詳細な側注の二段構成になっています。また，要点のまとめや例題なども豊富に掲載しています。

▶本文部分
教科書のように，そのテーマの理論の説明や，問題の解き方などを解説しています。

▶要点のまとめ
そのテーマで絶対に覚えておきたい知識を簡潔にまとめています。
章末には「第○章のまとめ」として，１章分のポイントもまとめてあります。

▶図・グラフ
可能な限り図やグラフ中にも説明を書き加えて，その図で何を理解すべきかがわかるようにしています。

っています。

●IS曲線が右下がりになる理由

たとえば，*IS*曲線上の需要側の投資Iと供給側の貯蓄Sが均衡している状態（たとえば下図のA点）から，利子率rが低下すると，貯蓄よりも投資にお金を回そうとするために需要側の投資が増加します。このとき財市場では超過需要（需要＞供給）が発生し，$I>S$となります。

そのため再び*IS*曲線上の均衡状態（C点）に戻すためには，貯蓄Sが増加する必要があります。貯蓄Sが増加するためには国民所得Yが増加しなければなりません。

要するに，均衡状態から利子率が低下すると，均衡のバランスが崩れたために，もとの均衡状態，つまり*IS*曲線上に戻すには国民所得が増加しなければならないということです。

C点→D点→E点についても同様の説明がつきます。

したがって，均衡点A・C・Eをたどると，*IS*曲線は右下がりの曲線となります。

IS曲線のポイント
IS曲線上では財市場が均衡し，投資I＝貯蓄Sが実現している。（IS曲線は右下がり）

理屈は難しそうですが，*IS*曲線の定義と「グラフでは右下がりになる」とだけ覚えておけば十分です。しかしながら，以下のような過去問もありますので，大まかにでもこの考え方を理解しておきましょう。

I＝Sを具体的なイメージで
数式ではピンと来ないという人のために現実的な話をしましょう。
私たちは貯蓄のために銀行に預金をしますが，銀行はわれわれから預かったお金を企業に貸し出して，それを企業が投資しているわけです。
つまり，銀行を介在して，入ってくるお金（貯蓄S）と出ていくお金（投資I）が同額であれば，財市場が均衡しているということになります。

貯蓄されたお金は企業への投資資金として貸し出される

貯蓄Sと国民所得Yの関係
ケインズ経済学では，貯蓄は所得が増える（減る）と増える（減る）とみなします。

【IS曲線と経済の動き】

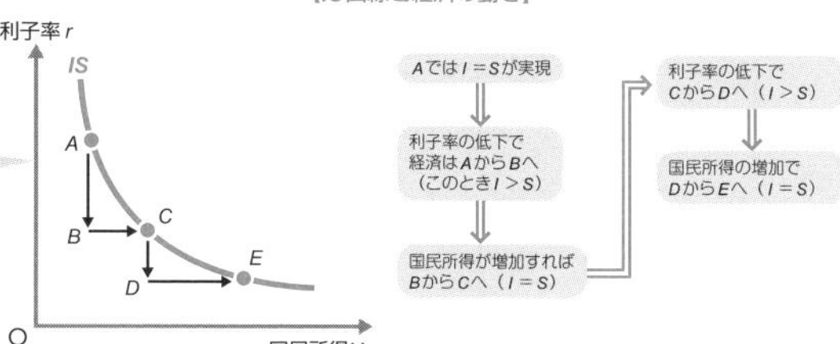

164

▶側注部分
本文には載せられなかった詳しい説明や，関連知識，ポイントの復習，疑問点のフォローなど，さまざまな要素が詰まっています。

重要ポイント
全員が知っておくべき，覚えておくべき知識を中心にまとめています。ポイントの復習も兼ねています。

専門

例題1
ケインズ経済学におけるIS曲線に関する次の記述の空欄A～Dに該当する語句の組合せとして妥当なものはどれか

（大卒警察官）

IS曲線は（　A　）の均衡を維持することのできる利子率と国民所得の組合せを示すものである。総需要が消費と投資のみで成り立っているとすると，利子率が低下した場合（　B　）が増加する。一方，需給が均衡するためには（　B　）と量的に等しい（　C　）も増加しなければならない。したがって，利子率が低下した場合，国民所得は（　D　）する。

	A	B	C	D
1	生産物市場	消費	投資	減少
2	生産物市場	投資	貯蓄	増加
3	生産物市場	投資	消費	減少
4	貨幣市場	消費	貯蓄	増加
5	貨幣市場	消費	投資	減少

第2章 IS-LM曲線

解法のステップ
本問はここまで学んだIS曲線の意味とIS曲線が右下がりである理由を問うています。
A：生産物市場。生産物市場は財市場と同じ意味です。
B：投資。投資と利子率の関係は，利子率↓（↑）－投資↑（↓）でした。
C：貯蓄。財市場の均衡条件は$I=S$でした。
D：増加。利子率が低下すれば投資が増加します。投資の増加で，国民所得は増加します。マクロ経済の均衡式$Y=C+I+G$より，投資の増加で乗数倍だけ国民所得は増加しました。
よって，正答は**2**となります。

以上が，財市場における利子率と国民所得の均衡を示すIS曲線の説明でした。次に，貨幣市場（金融市場）での均衡を示すLM曲線に移ります。

貯蓄は所得の増加関数である理由
所得は消費か貯蓄に振り向けます。
$Y=C+S$
これを式変換して，消費の式を代入してまとめると次のようになります。
$S=Y-C$
$S=Y-(C_0+cY)$
$S=(1-c)Y-C_0$
この式から，所得Yが増加（減少）すれば貯蓄Sも増加（減少）することがわかります。

165

補足知識・関連知識
補足の説明や豆知識などを中心に解説しています。

アドバイス・コメント
公務員試験の傾向や，勉強のしかた，著者からのアドバイスなどを載せています。

注意点・盲点
間違いやすかったりひっかかったりしやすいところ，案外気づかない盲点など，読者に注意を促します。

解き方・考え方
具体例などの細かい説明や，問題を解く際のテクニカルなポイントや視点などを解説しています。

素朴な疑問
初学者が抱きそうな疑問や，ほかのテキストなどには載っていないような初歩的な知識・小中学校で習うような事柄などを中心に解説しています。

▶例題
実際に公務員試験で出題された問題の中から，理解度をチェックできるような良問を選んで掲載しています。

本書を使った学習の進め方

さて,「教養試験レベル」,「専門試験レベル」ともにそうですが, 1度学習しただけではマスターできない場合も当然想定できます。そこでそのときの学習の進め方を説明します。以下の手順で進めてください。

(1) まずは教養試験レベルから読み進めてみる

説明がわからない,あるいは問題が解けないといった場合でも,とりあえずは読み進めて,問題に挑戦していきましょう。側注などをみていけばだんだんわかってくるはずです。

ある程度理解できたなと感じたら(それまでに何回繰り返すかは個人差があります)次のステップへ。

(2) 例題の問題だけ解いてみる

解けない問題があったら,解説だけでなく,その前の理論の説明までさかのぼって読んで,解けるようになるまでこれを繰り返してください。例題の問題の答えを覚えるぐらいになってもOKです。

(3) もう一度,最初から読んで問題も解いてみる

その際には,速読調でも,斜め読みでも構いません。とにかく通読してください。これで「教養試験レベル」は終了。前述した,警察官・消防官,市役所,国立大学法人の受験者はここで卒業です。

(4) 専門試験のある人は専門試験レベルへ

一方,専門試験で,経済原論(ミクロ経済学・マクロ経済学)を取らなければならない人は「専門試験レベル」へ進みましょう。

「専門試験レベル」も,上記の「教養試験レベル」と同様のやり方で進んでください。

(5) ミクロ経済学と同時進行したい方へ

ミクロ経済学とマクロ経済学を同時に進めたい方,たとえば,ミクロ教養→マクロ教養,その後にミクロ専門→マクロ専門と進もうとされている方,もちろんそれでも結構です。ミクロとマクロの教養試験対策を十分されたうえで,専門試験対策へ移行してください。

講義を受けているように経済学の理解と問題の解答ができるようになることをめざした本書で,マクロ経済学を,公務員試験の得点源にしていただきたいと思います。

公務員志望者で,すべての経済学初学者の皆さん,まずは本書を活用することから始めてください。健闘を祈ります!

最初でつまずかない経済学
マクロ編

教養試験レベル

ウォーミングアップ

マクロ経済学を学ぼう
～「森と木」の「森」の話～

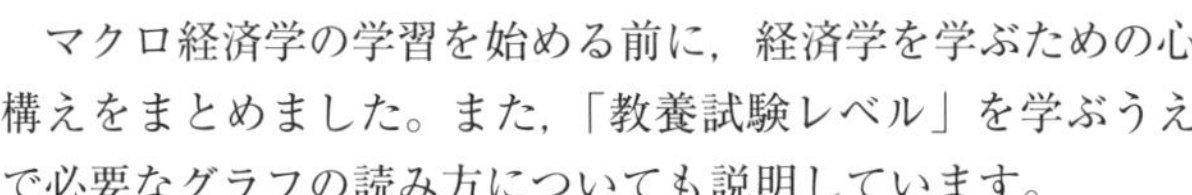

マクロ経済学の学習を始める前に，経済学を学ぶための心構えをまとめました。また，「教養試験レベル」を学ぶうえで必要なグラフの読み方についても説明しています。

いきなり学習に入る前に，まずは経済学の概要を知っておきましょう！

経済学って何だろう？

「経済」といえば，お金が関係しますね。モノの値段はその価値を表したものです。生産活動によって作られたボールペン，新聞，携帯電話などのモノは無限にあるわけではなく，限りがあります。モノに「希少性」があるから価値があると考えられ，価格が決められるのです。

ここから，経済学とは，資源をいかに配分してモノを作って価値を生み出していくかを考える学問だということができます。さらに単純にいえば，**経済学はモノの価格と量がどう決まるかを考える学問**ともいえます。

そこから，経済学の登場人物である家計（消費者），企業（生産者）が経済学的にどう行動するかを考えたり，または，「いろんな価格が上がれば景気がいい」，「生産量が増えれば経済が成長している」というように一国レベルで経済を考えたりしていきます。

モノのことを

経済学では「モノ」のことを「財」と呼びます。
これから頻繁に出てくる表現なので，覚えてくださいね。

資源の希少性

経済学ではモノに限りがあることを「資源の希少性」といっています。

資源？

モノを作るときの材料のことなどですが，経済学では労働力も資源とみなします。

経済学は単純化して考える

ところが，世の中が複雑になればなるほど，経済学が分析する対象も果てしなく広がり，「経済学＝わけのわからない学問」ということになってしまいました。そこで，**経済学は社会の複雑な経済現象をできるだけ単純化して理論を構築していこうとします**。理論といっても経済学者の理論です。その人がそう考えて理論として紹介しているのです。

ですから，「こういうときは当てはまらない」とか「一概にはそういえない」みたいな疑問が必ず出てくるはずなのですね。そんなときは決して悩まないで，「経済学ではそう考えるのか」とか「この学者はそう考えた」というように割り切って考えるという柔軟な姿勢で臨むことが大切です。

経済学で扱う「数学」

経済学では，複雑な経済現象を単純化，抽象化するために，式を作ったりグラフを書いたりとか，数学を活用することが欠かせません。

しかし，経済学は数学ではありません。もちろん，計算が必要になったり，数学的な理解が必要となったりする場面もありますが，本質的に数学とは異なります。経済学のグラフは，数学的に意味をなさないものがいくつもあります。

繰り返しますが，経済学とは，価格（物価）や数量（労働量，生産量）がどう決定されるかを考えるだけの単純な学問です。数学はあくまで補助的に道具として使っているだけなのです。公務員試験の経済学で活用される数学は，中学，高校で学ぶ数学と比べても極めて限定されます。ですから，数学が苦手だと経済学も苦手になるという発想は捨ててください。

学問としての本格的な経済学であれば，極めて難解な数式を使った説明がなされます。しかし，公務員試験レベルの経済学で，数式を使った難解な説明はほとんど必要ないと断言できます。

ミクロ経済学では必須のグラフによる理解も，マクロの教養試験レベルであれば特に必要ありません。

マクロ経済学について

では，本書のテーマである「マクロ経済学」について少し説明してみます。

現在，経済学はミクロ経済学とマクロ経済学の2つに大きく分かれます。2つの違いは，よく「森と木の関係」でたと

あまり深く追求しない！

たとえばミクロ経済学では，2つのモノを比較してその関係性を論じたりしますが，実際には世の中にはたくさんのモノがあるわけですからそう単純にはいきません。
あまり深く追求せず，その理論をそのまま吸収してしまうというのが，公務員試験の経済学の問題を解くための近道だと思ってください。

微分について

経済学を勉強するうえで必要な数学知識といえば「微分」ですね。微分を使わないといけないからということで苦手意識を持ってしまう人も多いのですが，公務員試験の問題を解くための微分は，基本的に公式を覚えて，あとは数値を当てはめていくだけという程度のものなのです。

数学的に意味をなさない？

経済学のグラフは，とにかく縦軸と横軸の関係を説明するための「道具」として使われるものなので，「みた目優先」であることもあるのです。

えられます。森がマクロで，木がミクロです。

マクロ経済学のマクロは，英語で「macro」，漢字では「巨視的」ということで，つまり「一国の経済」という大きな観点から経済をみていきます。

「一国の経済」，たとえば日本経済全体についてのことを学ぶというわけで，マクロ経済学で扱う内容は，ニュースなどで聞いたことのある単語がたくさん出てきます。そういう意味では，マクロ経済学は親しみやすい科目かもしれません。

マクロ経済学では何を学ぶの？

経済学における登場人物は，**家計**と**企業**と**政府**です。

ミクロ経済学では，市場のメカニズムを重視するために，政府の役割は期待されませんが，マクロ経済学では，政府が経済政策において重要な役割を果たします。

まずは，経済を一国ベースで分析するので，家計と企業と政府の関係を押さえておく必要があります。

家計と企業は政府に税金を支払います。その「見返り」に，政府は，家計に対して公共サービスを，企業には公共事業や補助金をそれぞれ提供します。また，企業は，家計と政府に，財・サービスを提供します。これに対しては，対価としての代金を支払うわけです。さらに，家計は，政府や企業に労働力を提供し，それに対して賃金という支払いを受けます。

マクロ経済学では，これらの関係を体系づけて，モノの取引という**財市場**と，その支払いとしての**貨幣市場（金融市場）**，さらには，労働力の需給を表す**労働市場**といった市場（マーケット）が登場します。

貨幣市場というのは，お金を融通するいわゆる**金融**という分野です。その担い手である市中銀行，さらには，その銀行の総元締めである中央銀行（日本銀行）の役割，さらに，金融政策などもマクロ経済学の「守備範囲」です。

では，以上のことを準備段階として，早速マクロ経済学の講義を始めます！

ミクロ経済学

ミクロ経済学は木，つまり経済を細かくみていきます。何をどう細かくみるのかといえば，経済活動の担い手である家計，企業，政府の中で，特に家計（消費者）と企業（生産者）の経済的な行動パターンを詳細に分析します。そして，その家計と企業の活動をつなぐ市場の力を学びます。

ミクロ経済学については，姉妹版の『最初でつまずかない経済学　ミクロ編』をご覧ください。

家計と企業と政府

公共サービス？

警察・消防から，水道，市役所・区役所などの窓口サービスなど，いわゆる，皆さんがめざす公務員の仕事です。さらに，家計から政府への労働力とはまさに公務員をさしますね。

市中銀行って？

中央銀行（日本銀行）以外の民間銀行のことを総称して市中銀行といいます。

教養試験レベル　第1章

GDPと景気

経済がいい，悪いってどういうこと？

マクロ経済学の中心はケインズ経済学ということになりますが，本章はケインズ経済学を理解するための基礎知識を学ぶという位置づけです。特に難しい理論はありません。経済学的なものの考え方に慣れ親しんでください。

具体的には，「GDPとは何か」から始まり，国民所得，景気循環，インフレ・デフレなどです。特に，GDPについての説明で出てくる「三面等価の原則」と，そこから導き出される公式は，マクロ経済学の九九といっても過言ではありません。

また，本章のテーマは，時事問題の背景となる知識や理論を提供してくれていますので，時事対策という観点からもしっかりと身につけていただきたいと思います。

それから，1-1の内容については，専門試験の範囲でもあります（計算問題は専門試験でのみ出題）。少しずつ着実に理解しながら覚えていってください。

教1-1

三面等価の原則って何だろう
～マクロ経済学の基礎の基礎だよ～

GDPを計算してみよう！

皆さんもGDPという用語を耳にしたことがあると思いますが，GDPとは具体的にはどういうものなのでしょうか。

GDP（Gross Domestic Product）は**国内総生産**のことで，その国の中でどれだけの生産活動が行われたかを示す重要な経済指標です。ですから，ある国の経済規模を測ろうとするときには，GDPが用いられます。

そのGDPの定義を正確にいうと，「一国内における居住者が，ある一定期間に生産した財・サービスの**付加価値の合計（総額）**」となります。

では，「付加価値の合計」はどのように算出されるのでしょうか。過去問から取った具体例を用いて，「付加価値の合計」を解説してみます。

GDP ＝経済力のこと！

世界で一番「経済力」がある国といえばアメリカですが，これはアメリカのGDPが世界で一番大きいということを意味します。

付加価値？

文字どおりの意味は，「新たに付け加えられた価値」のことで，企業活動でいえば，売上げからコストを引き算した純利益に近い意味です。

売上げ－コスト＝純利益（付加価値）

問

ある小さな国があって，そこではパンだけを生産する以下のような経済活動を行っている。

農家はその年に収穫した小麦のすべてを製粉所に売却して200万円を得た。製粉所はその小麦を使用して小麦粉を生産し，そのすべてを製パン会社に売り渡し，その結果，500万円を得ることができた。製パン会社は，その小麦粉からパンを作り，消費者に販売し，1,000万円を稼ぐことができた。なお，農家は小麦の種を入手するために費用はかからなかったとする。

このとき，この国のGDPの大きさはいくらになるか。

解法のステップ

この文意を次ページに図示しました。

まず，農家は小麦の種を無料で得たとなっていますので，中間生産物投入額はゼロ，つまり農家が得た200万円は農家が生んだ付加価値となります（＝200－0）。

中間生産物投入額？

難しいいい方をしていますが，要するに材料費などの「コスト」のことです。

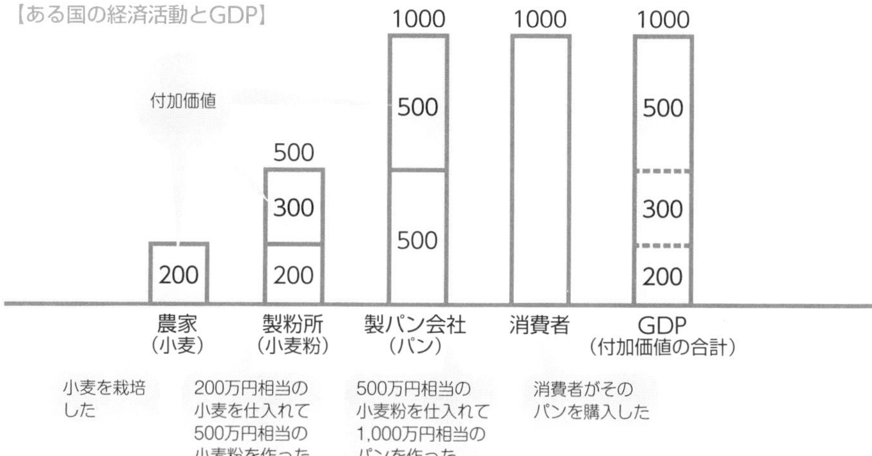

次に製粉所が生んだ付加価値は，総生産額が500万円，中間生産物投入額（中間投入額）は小麦を購入した200万円なので，差し引き300万円（＝500－200）です。

それから，製パン会社が生んだ付加価値は稼いだ1,000万円から中間投入物である小麦粉の購入額500万円を差し引いた500万円となります。

したがって，この国のGDPの大きさは，付加価値の総計である1,000万円（＝200＋300＋500）となります（問の答え）。

なぜ中間生産物を引くの？

ここで引き算をするのは二重計上を防ぐためです。たとえば，製粉所の総生産額500万円の中には農家の付加価値200万円がすでに含まれていますよね。

GDP①

GDP（国内総生産）＝付加価値の総額

別の角度からみると，この国のGDPは，総生産額1,700万円（＝200＋500＋1000）から中間生産物投入額の700万円（＝200＋500）を引き算して1,000万円としても同じです。

この話を整理してまとめると，GDP（＝付加価値の合計）は，この一国内で生産された財の総生産額から，財の生産のために必要な中間投入に使われた額（中間生産物投入額）を差し引いて求めることになります。

GDP（国内総生産）＝総生産額－中間生産物投入額

さらに，国内総生産とは付加価値の合計という説明以外にも，**最終生産物の価値の合計**といういい方をする場合もあります。

この場合は，パンが最終生産物ですので，そのときの価値は1,000万円だというわけです。

GDP③

GDP（国内総生産）＝最終生産物の価値の合計

なお，「GDP（国内総生産）」という用語を「GNP（国民総生産）」に置き換えても原則的に同じです。

両者の違いは，本章の後半部分（⇒p.30）で詳細に説明しますが，GDP（Gross Domestic Product）が日本国内で生み出された付加価値の合計であるのに対して，GNP（Gross National Product）は日本国民が生み出した付加価値の合計であることです。要は，外国人も含めた日本の国土内（GDP）での生産活動か，外国にいる日本人を含めて日本国民（GNP）による生産活動を念頭に置いているのかという違いです。

国民の概念で説明

現在，一国の経済規模を表すのに使われている指標としてはGDP（国内総生産）が主流ですが，かつてはGNP（国民総生産）が中心でした。その影響で学問の世界ではGNPを使って経済理論を説明することが多いので，以下では「国民」の概念で説明してみたいと思います。

「三面等価の原則」って何？

ここで，三面等価の原則というマクロ経済の理解において重要な概念を説明します。

GNP（国民総生産）とは国民経済を生産面から測ったものですが，同じように一国の経済活動を支出面と分配面（所得面）からとらえても，事後的にはこの３つの値は等しくなります。これを**三面等価の原則**といいます。

三面等価の原則

生産＝支出＝分配（所得）

なぜこういうことがいえるのかを以下に説明してみます。

マクロ経済のスムーズな理解のために

三面等価の原則は，日常的にはなじまない考え方なので，「マクロ経済学ではこう考えるのだな」というように柔軟に理解してください。

●生産と支出が等しくなる（生産＝支出）わけ

経済学では「生産されたモノは必ずだれかが買う」とみなします。先ほどの図では，製造されたパンはすべて消費者が購入したと考えるのです。

つまり，製パン会社の総生産額1,000万円と，消費者の購入総額（支出）1,000万円は等しいわけです。

用語の説明

生産：付加価値を生み出す生産活動のことです。
支出：お金を出してモノを買うこと，すなわち需要（**支出＝需要**）です。支出するということは「それを必要とする需要がある」ということになります。
分配：生産によって生み出された付加価値が分配される，すなわち**供給**のことであり，実際には**所得**のことです。

●生産と分配（所得）が等しくなる（生産＝分配）わけ

生産された財の付加価値の合計がGNP（GDP）でしたが，その付加価値の総計が所得の総計に等しくなります。経済学では，この「生み出された付加価値は必ずだれかの所得になる」という考え方をします。

先ほどの図でみてみます。製パン会社の付加価値である500万円はどこに行くかというと，まずパン工場で働いている人への賃金ですね。経営者も自分に賃金を払うと考えます。それから，製パン会社の営業利益として企業の利益となります。さらには，会社の建物を賃借しているのであれば，地代や賃借料として支払われてその土地や不動産所有者の所得となります。

このようにみてみると，製パン会社で生まれた付加価値はだれかの所得になっていることが理解できると思います。同様に，農家や製粉所で生じた付加価値も必ずだれかの所得として分配されていることになります。こうして，生産＝分配（所得）という関係が導かれます。

この結果，一国の経済活動による生産額（付加価値の合計）を支出面から計算しても，分配面から計算しても結果は等しくなるという三面等価の原則が成立することになるのです。そして，三面等価の原則から，経済統計である国民総生産GNP，国民総支出GNE，国民総所得GNIの値は等しくなります。では，どんどん進んでいきましょう。

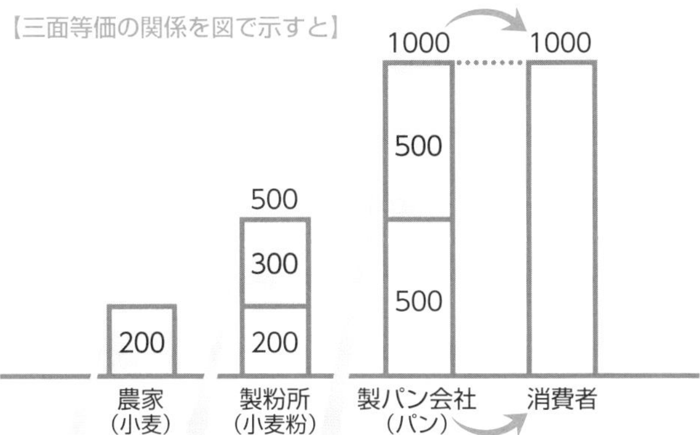

三面等価（補足）

三面等価とは，「生産」が「支出」と等しく「分配（所得）」とも等しいということです。このとき，生産を文字どおり「生産面のGNP」，支出を「支出面のGNP」，分配（所得）を「分配面のGNP」といういい方をすることもあり，

生産面のGNP
＝支出面のGNP
＝分配面のGNP

が成り立ちます。

マクロ経済学の重要公式！

さて，これからマクロ経済学を学んでいくに当たっては，**国民総支出GNE**の理解が極めて重要となります。

支出とは消費者であれば欲しいものを買うこと，つまり需要のことなのです。マクロ経済学もこの「需要」が大きな鍵を握ります。マクロ経済学は「需要の経済学」といっても過言ではありません。

では，その，国民総支出（総需要）の内訳をみてみます。

マクロ経済学の分野においても登場人物は，**家計**（消費者）と**企業**，それから**政府**です。そして，家計，企業，政府が支出（需要）する項目をそれぞれ，**消費**，**（民間）投資**，**政府支出**といいます。民間投資とは，企業が資本や設備を購入することです。なお，個人による株などの資産運用は当てはまらないので気をつけてください。

国民総支出（総需要）の内訳には，外国まで含めるとさらに**純輸出**と呼ばれる項目があります。輸出は外国からの需要ですが，純輸出といった場合は，輸出された財・サービスの額から輸入した財・サービスの額を除きます。

なぜ輸入を引き算するのかといえば，輸出は国内で生産されたものが外国に購入されるので，総支出（総需要）に含まれますが，輸入は外国で生産されたものへの支出（需要）だからです。

そうすると，国民総支出の内訳は，各登場人物が支出（需要）した項目を足し合わせたものになります。こうして以下の式が成り立ちます。

国民総支出GNE

国民総支出GNE＝消費*C*＋(民間)投資*I*
＋政府支出*G*＋(輸出*X*－輸入*M*)

また，三面等価の原則から，以下の式も成立し，マクロ経済学ではこちらが主流になっています。

国民所得*Y*

国民所得*Y*＝消費*C*＋(民間)投資*I*
＋政府支出*G*＋(輸出*X*－輸入*M*)

需要が重要！

マクロ経済学の中心となるケインズ経済学は，この需要分析が中心となっています。

略語の意味は

C：消費（Consumption）
I：投資（Investment）
G：政府支出（Government Expenditure）
X：輸出（Export）
M：輸入（Import）

政府支出には何がある？

政府支出とは，公共投資や政府部門の消費など政府が支払ったものの額です。

なぜ国民所得はY？

*Y*はyield（産出量）の*Y*です。もともと生産の意味ですが，三面等価の原則（生産＝支出＝所得）から所得にも*Y*が用いられています。むしろ，マクロ経済学では*Y*は所得の代名詞です。

GNPとNNP

これまでがマクロ経済の本質的な部分です。ではマクロ経済学の理解をもう少し膨らませるために，いくつかの経済用語の使い方を勉強しましょう。

まず，「総（gross）」と「純（net）」についてです。

具体的には国民総生産と国民純生産の違いが問われます。結論からいうと，**国民純生産NNP**とは国民総生産GNPから固定資本減耗（げんもう）を差し引いた額のことです。

国民純生産NNP

国民純生産NNP＝国民総生産GNP－固定資本減耗

では，**固定資本減耗**とは何でしょうか？　文字どおり，機械，設備，建物などの固定資本が減耗（消耗）することを意味します。

生産活動によって，生産に使われた固定資本も時間がたてばいつかは使えなくなってしまいます。つまり，その価値は徐々に減っていきます。

経済学では，機械設備の耐久年数（使える年数）を10年とみなして考えます。たとえば，10年使える100万円の価値のある機械があったとすると，10年後に壊れて機械の価値がゼロになるのではなく，経済学では1年間に10万円ずつ価値を失っていくと考えます。その額（10万円）が1年間の固定資本減耗に相当します。

つまり，その機械は最初の年にすでに10万円の価値を失っているとみなされ，「純な」生産額は全体の生産額から10万円を引いた額ということになります。つまり，機械の価値が減少する分を，全体の生産額から引くわけです。

国民総所得では？

国民所得Yの式で，国民総支出との三面等価であれば，厳密にいえば国民所得ではなく国民総所得となるのでしょうが，経済理論の公式としては，国民所得Y＝～が活用されています。

絶対覚えて！

国民所得の式は，マクロ経済の条件を表す式として頻繁に出てきますので，口をついて出てくるまで覚えてください。

$Y=C+I+G+(X-M)$

固定資本？

機械や設備など，1回の生産活動でなくならず，長期にわたって生産に使われるもののことです。

減耗？

減耗（げんもう）は「すり減ってなくなる」という意味です。

固定資本減耗は…

会計学では，固定資本減耗のことを「減価償却」といいます。

【100万円の価値のある機械設備】

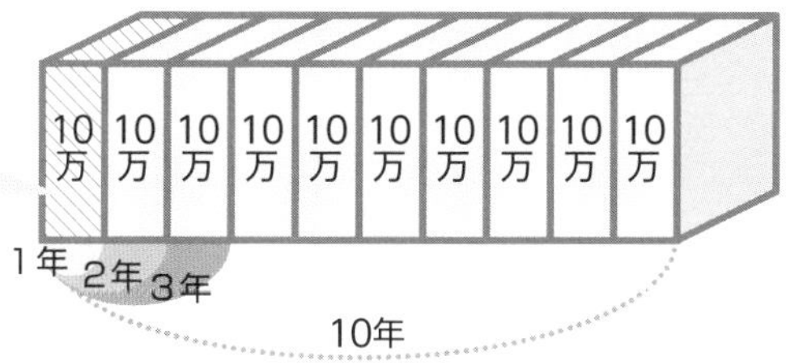

理屈は難しかったかもしれませんが，教養試験の問題に関しては，重要ポイントを理解して暗記していれば容易に解答できると思います。

例題1

図は国の経済力を示す指標の一つである国民所得の構成を示した指標であるが，A，Bに当てはまるものの組合せとして正しいのはどれか。

（国家一般職［高卒］ 改題）

＜総生産額＞	A				中間生産物
＜ A ＞	固定資本減耗	国民純生産			
＜国民総支出＞	B	民間投資	政府支出	輸出－輸入	

	A	B
1	国民総生産	個人消費支出
2	国民総生産	個人貯蓄
3	国民総生産	個人所得
4	国民所得	個人所得
5	国民所得	個人消費支出

解法のステップ

国民総生産GNP＝付加価値の総額

＝総生産額－中間生産物投入額

の関係式を思い出してもらえば，Aに「国民総生産」が入ると判断できますし，

国民純生産＝国民総生産（GNP）－固定資本減耗

の関係式からもAの答えが確認できます。

また，国民総支出の内訳からBには「個人消費支出」が入ります。

よって，正答は**1**になります。

今後のために…

問題の図は，正解をきちんと入れれば，まとめとして使えますので，今後も活用してください。

国民所得NIについて

ここまでのパターンは，**三面等価**（生産＝支出＝所得）の原則の中の「生産＝支出」の関係を念頭に置いた話が多かったのですが，所得が入ったきた場合にはやや複雑になります。そこで，これまでの復習も兼ねてまとめをしておきます。また，「国民」と「国内」の概念では「国民」に統一し，海外部門がないものとします。

今度は，所得（分配面）に焦点を当てると，家計が分配として得る所得は**雇用者所得**となり，また，企業の所得は**営業余剰**という形で企業内での次の経済活動のために取っておかれます。

また，政府の所得は税金で特に**間接税**をさします。ただし，政府は一部の業界に**補助金**などを支給するので，政府の所得は間接税の収入から補助金を引き算したものとなります。

さて，三面等価の原則とは，国民総生産という生産面からみた国民の経済活動を，支出面でみた場合（国民総支出）と分配面からみた場合（国民総所得）が事後的に同じになるという理論でしたが，これを示したのが下図の①，②，⑤になります。

NNPは？

図では，経済学の登場人物である企業，家計，政府の支出を，それぞれ投資，消費，政府支出と呼びました（図①，②の関係）。
また，国民純生産NNPとは，国民総生産GNPから資本減耗分を引いたものでした（図①，③）。

間接税と直接税

租税の細かい定義についてはは財政学のテーマなのでここでは避けますが，直接税は所得税や法人税，間接税は消費税とだけ覚えておいてください。

【三面等価の原則の詳細】

三面等価：GNPを生産面，支出面，所得面からみたもの

生産面 国民総生産（GNP）	財・サービスの付加価値の合計				①
	企業		家計	政府	
支出面 国民総支出（GNE）	投資		消費	政府支出	②
国民純生産（NNP）	固定資本減耗	投資	消費	政府支出	③
国民所得（NI）	固定資本減耗	営業余剰	雇用者所得	間接税－補助金	④
所得面（分配面） 国民総所得（GNI）	営業余剰（固定資本減耗も含む）		雇用者所得	間接税－補助金	⑤

●国民所得NIとは？

では，国民所得NIについて説明してみましょう。

国民所得NIと国民総所得GNIは異なるものです。三面等価でいう意味の所得は国民総所得GNIです。国民所得NIは，消費者（家計）の所得である雇用者所得と，企業の所得である営業余剰のことをさします。

国民所得NI＝雇用者所得＋営業余剰

しかし，試験問題では，国民所得NIの大きさを，雇用者所得と営業余剰を加えて求めることができるパターンは少なく，通常は以下の式を活用しなければならない場合が多いようです。

国民所得NIの求め方①

国民所得NI＝国民総生産GNP－固定資本減耗
－（間接税－補助金）

ここは前ページの図の④を参考にしてください。国民所得NIは，文字どおり国民（企業と家計）の所得だけを意味します。つまり，国民総所得GNIから，政府の所得**間接税－補助金**と**固定資本減耗**を引いて求めても同じです。

さらに，GNP－固定資本減耗＝国民純生産NNPであることから，

国民所得NI＝国民純生産NNP－（間接税－補助金）

と表記することもできます。

ではここで，経済統計には，市場価格表示と要素価格表示という違いもあることに言及しておきます。

●市場価格表示

市場価格は，税金（消費税）などが考慮された通常われわれが売買するときの表示価格のことです。これまで出てきたGDP，GNP，NNPなどの経済指標は**市場価格表示**です。

●要素費用表示（要素価格表示）

ところが，市場価格表示と対照的に**要素費用表示（要素価格表示）**というのがあります。国民所得NIが代表的です。

では，要素費用表示とはどういう意味でしょうか。

市場価格表示は固定資本減耗や間接税（消費税など）の分だけ実際の価値よりも高く評価されています。その高く評価さ

政府の税収はどうして直接税でないの？

直接税は，家計や企業の所得の過程で，それぞれ所得税，法人税という形で後に徴収されるとみなされます。ただ，要は「経済学ではそう考える」と割り切ってください。

注意しよう！

市販のほかのテキストなどでは，NI＝GNP－固定資本減耗－間接税＋補助金という表記，または，「NIはNNPから間接税を除き補助金を加えたもの」といった説明を目にします。もちろん，数式的に

$-(a-b)=-a+b$

なので「－間接税＋補助金」となっているだけなのですが，かっこを外してしまうと，国民所得NIの意味合いがぼけてしまいます。つまり，国民所得NIは，国民総生産GNPから固定資本減耗と「間接税－補助金」で表される**政府の所得を引いて求める**ということを忘れないためにも，少なくとも最初のうちはかっこを残して覚えておいたほうがいいと思います。

市場価格表示

特に指摘がなければ，経済活動に関する内容は市場価格表示とみておいても構いません。

なぜ要素価格とか要素費用とかいういい方をするの？

持論ですが，ミクロ経済では生産要素には資本Kと労働Lがありましたね。その生産要素である資本に関連する所得が営業余剰であり，別の生産要素である労

れた分，すなわち固定資本減耗と「間接税－補助金」を差し引いた価格表示を要素費用表示（要素価格表示）といいます。

試験対策としては，「国民所得NIが要素費用表示，その他の指標は市場価格表示」と覚えておいて構いません。

働に関連する所得が雇用者所得ですので，こうしたことから要素所得といわれるのかもしれません。

では，以上の理解を踏まえたうえで以下の説明文の正誤を検討してみてください。国家一般職［大卒］，地方上級の専門試験の過去問から集めました。

例題2

次の記述の正誤を答えなさい。

（国家一般職［大卒］・地方上級　改題）

1　国民純生産から間接税および補助金を控除したものが，国民所得である。

2　国民総生産から固定資本減耗（減価償却）を控除したものを国民純生産といい，国民純生産から輸出を引き輸入を加えたものを国民所得という。

3　要素費用表示の国民所得は，分配面からみて雇用者所得と投資を合わせたものであり，国民純生産から固定資本減耗を除いて求められる。

4　国民総生産から間接税を控除し補助金を加算したものを国民純生産といい，国民純生産から資本減耗を控除したものを国民所得という。

5　狭義の国民所得（NI）に含まれる財貨・サービスは，要素費用で評価されているのに対し，国民純生産は市場価格で評価されているから，NIは国民純生産より（間接税－補助金）分だけ小さくなる。

解法のステップ

1．誤りです。国民所得は，国民純生産から間接税を引きますが，補助金を控除（引き算）せずに加えます。

2．誤りです。純輸出は無関係です。

3．誤りです。「投資」ではなく「営業余剰」，また，国民所得は国民純生産から「間接税－補助金」を引き算して求められました。

4．誤りです。「間接税を控除し補助金を加算したもの」と「資本減耗を控除したもの」が逆になっています。

5．正しい記述です。「狭義の国民所得（NI）」とありましたが，かつての表現で，今はあまり使われていません。

確認しておこう！

国民所得NIは雇用者所得と営業余剰とから構成され，式としては，
NI＝GNP－固定資本減耗－（間接税－補助金）
で求められました。この国民所得NIの説明をしている選択肢を探すのです。

では，次は国民所得NIに関する計算問題に当たってみましょう。

以前は！

狭義の国民所得：要素価格表示の国民所得NI
広義の国民所得：市場価格表示の国民総所得GNI

例題3

ある経済において国民総支出が300，民間消費が150，政府消費が30，輸出が50．輸入が40，粗投資が110，資本減耗が40，雇用者所得が130，移転支出が10，間接税が30，補助金が10であるとするとき，国民所得（NI）の値として，最も妥当なものはどれか。

（国家一般職［大卒］）

1　250
2　240
3　230
4　220
5　210

解法のステップ

雇用者所得が130と与えられています。もしここで営業余剰が与えられていれば，その数を足し算すれば答えを得られますが，営業余剰がわからないので，やはり，以下の国民所得NIの式を使って計算しなければなりません。

国民所得NI＝国民総支出GNE－固定資本減耗
－（間接税－補助金）

あとは数値をそれぞれの項目に代入すれば，

NI＝300－40－（30－10）＝240

よって，正答は**2**です。

引っかかるな！

なお，この問題には民間消費，政府消費，輸出，輸入，投資の値が出ていますが，すでに国内支出が与えられているので，これらの数字を使う必要はありません。仮に計算したとしても，国民総支出は，GNE＝150＋110＋30＋（50－40）＝300と同じ数字を得ることになります。

GDPとGNP

ではここで，経済用語としての「国内」と「国民」の違いを，GDPとGNPで説明します。

国内総生産GDPとは，「一国内における居住者が一定期間に生産した財・サービスの付加価値の合計」のことであり，**国民総生産GNP**は「一国の国民が一定期間に生産した財・サービスの付加価値の合計」をいいます。

違いは「一国内」か「一国の国民」かということです。

簡単なイメージでは海外で日本人（日本企業）が生産した財については，日本のGNPでは計算されますが，日本のGDPでは計算されません。

また，日本国内で外国人が生産した財については，日本の

どっちが主流？

一昔前であれば，国内総生産GDPではなく国民総生産GNPが一国の経済規模を示す指標として広く活用されていましたが，現在ではGDPのほうが主流です。

GDPでは計算されますが，日本のGNPでは計算されません。

なお，三面等価（生産＝所得）の原則から，たとえば日本の国民総生産GNPを出すためには，日本の国内総生産GDPに，日本人が外国で受け取った所得（**受取所得**）を加え，日本の外国人に支払われた所得（**支払所得**）を差し引かなければなりません。

経済用語を整理しよう！

海外からの**受取所得**：
外国で受け取った所得
海外への**支払所得**：
外国人に支払われた所得
海外からの**純所得**：
海外からの受取所得から海外への支払所得を引き算した所得
↓
海外からの純所得＝海外からの受取所得－海外への支払所得

●GDPとGNPの違いの説明

文字だけではわかりにくかったと思いますので，以下のように図を使って説明をします。

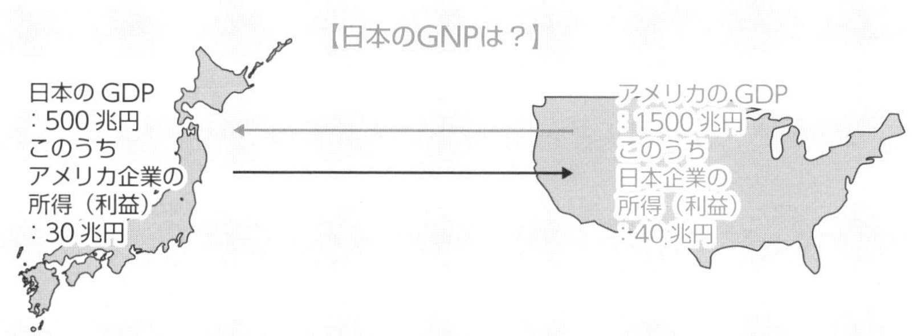

仮に，日本にはアメリカ人しか外国人がおらず，日本のGDPが500兆円として，日本在住のアメリカ人またはアメリカ企業が30兆円分の付加価値を生み出していたとします。

また，アメリカには日本人しか外国人が生活していなくて，アメリカのGDPが円換算にして1,500兆円で，アメリカにいる日本人または日本企業が40兆円だけアメリカのGDPに貢献していたとします。また，日本人もアメリカ人も，そのほかの国で生活している人はいないと仮定します。

上の例の場合，日本のGNPは以下のような計算方法で導出できます。

日本のGNP＝500＋(40－30)＝510兆円

（海外からの純所得は10兆円）

GNPとGDPの関係

国民総生産GNP＝国内総生産GDP
＋海外からの純所得（純要素所得）

GDPをGNPで表現すれば…

逆に，国民総生産GNPから国内総生産GDPを得るためには，左の式を変形して，
GDP＝GNP－海外からの純所得
となります。

なお，現在，GNP（国民総生産）は，統計値としては廃止され，GNI（国民総所得）が代用されています。したがっ

て，時事本（経済事情）などでは，

GNI＝GDP＋海外からの純所得（純要素所得）

といった表記もみられます。

それでは，以下の問題に当たってみてください。なお正答は2つあります。

例題4

次の記述の正誤を答えなさい。

（国家一般職［大卒］・地方上級　改題）

1　ある国の国民総生産に，その国の国民が外国で獲得した要素所得（賃金・投資収益等）を加え，外国人がその国で取得した要素所得を引いたものを，国内総生産という。

2　国民総生産は，国内において生産された付加価値から，外国人が国内の企業に出資したり雇用されたりした分に相当する付加価値を差し引いたものである。

3　GDPとは，海外からの純要素所得をGNPから控除したもので，主要先進国ではGNPよりもGDPを重視する傾向があり，わが国もGDP中心の発表を行っている。

4　国民総生産とはその国の「国民」が当該期間の間に作り出す財貨・サービスの付加価値額の合計をさす概念であるが，この「国民」にはその国にある外国企業の支店や子会社は含まれない。

5　国内総生産とは，その国の移住者であるかどうかにかかわらず，「国内」において作り出される付加価値の総額をさす概念であるが，この「国内」にはその国にある外国大使館，領事館も含まれる。

解法のステップ

1．誤りです。国民総生産と国内総生産が逆になっています。

2．誤りです。「国内において生産された付加価値」はGDPのこと。「外国人が国内の企業に出資したり雇用されたりした分に相当する付加価値」は，「海外への支払所得」に相当します。したがって，これをGDPから引いただけではGNPを求めることはできません。説明の内容に「自国民が外国で取得した要素所得（賃金・投資収益等）」を加えれば正しくなります。

3．正しい記述です。グローバル経済の時代にあって，先進国の自国企業は海外展開をして相手国の経済発展に貢献し，逆に外国企業が自国に入ってきて，自国民を雇用しつつ経済活動を行っているので，その国の経済力を測る指標としてはGDPのほうが一般的です。

4．正しい記述です。「国民」の概念に関する重要なポイントの一つです。

5．誤りです。外国大使館や領事館は，例外的に，たとえその国に存在していても，その国のGDPには含まれません。

加えて，「国内」の概念における一国内の居住者とは，国籍を問わず6か月以上その国に居住している個人，およびその国に存在する企業などをさします。

すなわち，6か月未満の居住では，外国人個人の生産活動はその国のGDPには含まれません。

大使館と領事館？

国際法でいえば，大使館や領事館の敷地内は治外法権が適用され，当該国の領土と同様のものとみなされています。したがって，大使館や領事館は日本に存在していても，日本の「国内」とはみなされませんので，日本のGDPには含まれません。

「フロー」と「ストック」

英語としての意味から解釈すれば，フロー（flow）は「流れ」，ストック（stock）は「蓄積，蓄え」ということになります。

実際の生活体験から「フロー」と「ストック」の考え方を説明すると，皆さんが持っている銀行や郵便局の預金（貯金）通帳で，○年○月○日現在預金がいくら残っているかを示す「残高」が**ストック**の概念です。これに対して，たとえば1か月間で預けたお金または引き出した金額がどれぐらいかを示すものが**フロー**の概念になります。

【フローとストックのイメージ】

月日	預け入れ	支払い	残高
1.1	¥10,000		¥110,000
1.3		¥20,000	¥90,000
1.12	¥40,000		¥130,000
1.21		¥10,000	¥120,000
1.29	¥5,000		¥125,000
1.31		¥100,000	¥25,000

フローの概念
＝
1か月で5万5,000円預けて
13万円引き出した
⇓
7万5,000円の赤字

月末の残高
＝
ストックの概念

フローの集計の例としては，これまでみてきた国内総生産GDPや国民総生産GNP，その構成要素であった消費量，投資額があります。ある一定期間（たとえば1年間）に生まれた付加価値の合計がGDPやGNPの定義でしたが，その「ある一定期間に出し入れした額」というのがフローの具体的な意味になります。

これに対して，ストックは，ある一時点に存在する資産の量を意味し，国富，国民資産，外貨準備高などがストックの概念です。

なお，**国富**とは，ある時点において一国の国民が保有している土地，建物・設備などの**実物資産**と，**対外純資産**を合計した国全体の正味資産のことです。また，**国民資産**とは，実物資産と，株式などの金融資産をさします。

外貨準備高？

外貨準備高とは，主に米ドルをどれだけ保有しているかを示したものです。

対外純資産？

日本の政府，企業，個人が海外に持つ資産（対外資産）の金額から，外国の政府，企業，個人が日本に持つ資産（対外負債）の金額を差し引いたものです。

ではここで，問題を通して，知識を固めてみましょう。

例題5

国富または国民所得に関する記述として，妥当なものはどれか。

（地方上級）

1　国富とは，国民経済の大きさを示す指標であり，一定期間に1つの国で生み出される財やサービスの総生産額を意味する。

2　国富のうち，社会資産とは，政府が供給するのではなく私的企業が自ら生み出すサービスをいい，生産関連社会資本と生活関連社会資本とがある。

3　国内総生産とは，国内で生み出された付加価値の総額で，国民総生産から海外からの純所得を差し引いて得られる数値である。

4　国民純生産とは，国民所得に，家事労働や余暇の効用を含め，環境汚染を防止する投資額や通勤時間のコストなどを除いた指標である。

5　国民所得は，生産，分配および支出の面からとらえることができ，分配国民所得に支出国民所得を加えたものが生産国民所得に一致する。

解法のステップ

「GNP＝GDP＋海外からの純所得」から「GDP＝GNP－海外からの純所得」に変形して考えれば，正答は**3**であることはわかると思います。

ほかの選択肢は，国富（**1**，**2**），国民純生産（**4**），三面等価の原則（**5**）の定義が異なります。

2に関してですが，社会資本（社会資産）は私的企業ではなく政府が供給します。

忘れずに！

三面等価の原則：
生産＝支出＝所得（分配）

5は三面等価の原則の説明ですが，**分配国民所得＝生産国民所得＝支出国民所得**が常に成立します。三面等価をこういうふうに説明する場合もあります。

4については，次に説明しますが，主婦の家事労働，余暇の効用などは国民所得には含まれず，環境汚染を防止する投資額や通勤時間のコストは国民所得に含めます。

帰属計算について

GDP（国内総生産）や国民所得など政府が発表する国民経済計算のような統計には，市場で取引された財・サービスについてのみ計上するのが原則ですが，市場で取引されていないものでも，評価の推定が比較的容易に可能となるものは，GDPや国民所得などの統計に計上されます。これを**帰属計算**といいます。

GDP計算に帰属する例としては，持ち家や農家などの自家消費が挙げられます。持ち家は自分の所有物なので家賃の受け払いを行いませんが，貸家の家賃と見立てた場合いくらに相当するか，つまり自分に住宅を賃貸しているとみなされるのでGDP等の計算に帰属します。このように住宅の価値を市場で取引されたと仮定し，市場価格で評価することを帰属家賃といいます。

また，農家が自分の家で消費する分の農作物といった自家消費分についても，市場で購入していた場合に見立てて，GDP計算に帰属します。

一方，専業主婦の家事労働や自宅での散髪などは，市場価値で測ることができないので，国民経済計算（GDP統計）に帰属しません。

加えて，株式や土地の購入（株式や不動産への投資）や，遺産や贈与などの移転所得は，生産活動ではないので，GDP

GDP統計に含まれるもの・含まれないもの

含まれる：持ち家，農家の自家消費，投資活動による利息・配当益，中古品取引に伴う手数料

含まれない：株式取引，主婦の家事労働，遺産・贈与，余暇・環境，自宅で散髪，中古品取引

自家消費？

自分で作ったものを自分で消費するということです。たとえば農家が自分で作った野菜を自分の家で食べる場合は，当然お金を払いませんよね。

自家消費については，自分でその商品を購入したものとして，GDPなどの国民経済計算には帰属するのです。

考え方のコツ

帰属計算に属するか否かは

↓

市場で取引されているかどうか

ただし，市場で取引されていないものでも，帰属計算されるものがある。

（例）農家の自家消費など

（国内総生産）等の計算には含まれません。新たな付加価値を生んでいないものは統計に入らないと覚えておきましょう。

では，以下の正誤を判断してください。関連する選択肢を国家一般職［大卒］，地方上級の専門試験の過去問から集めました。正答は2つあります。

例題6

次の記述の正誤を答えなさい。

（国家一般職［大卒］・地方上級　改題）

1　国民総生産に含まれる財・サービスは・市場で取引されるものに限定されており，それ以外のものは一切含まれない。これは市場に現れないものの評価には多大の困難を伴うからである。

2　国民経済計算の対象となるものは原則として市場で取引が行われているものである。したがって理髪店で散髪したときには，そのサービスは国民経済計算の対象となりうるが，自宅で散髪したときは，国民経済計算の対象となりえない。

3　GDPの対象は，原則として市場で取引される財貨，サービスに限られるが，例外的に持家住宅，主婦の家事労働，親からの遺産が帰属計算の対象として含まれる。

4　国民所得勘定に含まれる生産活動は，帰属計算の対象を除き，原則として，市場で取引されるものに限られるので，余暇，環境は国民経済計算には含まれない。

5　GNPから税を差し引いて社会保障費を加えたものはNNWに等しい。

解法のステップ

2，4が正しい記述です。以下に他の選択肢の誤りを指摘します。

1．「それ以外のものは一切含まれない」というわけではありません。

3．「主婦の家事労働」や「親からの遺産」は帰属計算の対象に含まれません。

5．NNWの定義ではありません。**NNW**とは，**国民純福祉**のことで，国民の福祉の点から考慮された経済指標です。国民の経済活動だけではなく，余暇時間や環境といった要素も考慮して考案されました。

NNWって？

簡単にいえば，「豊かさ」を表す指標です。GNPやGDPは，生産活動の大きさで，「豊かさ」を計りますが，その大きさだけが経済力を測るものではないという観点から，最近では国民純福祉NNWのように，生産活動以外の要因も含めて，豊かさを示そうという試みがあります。

本章最後に，まとめとしての計算問題に当たってみてください。

例題7

ある国の経済が次の表で表されるとき，国内総支出の大きさとして妥当なものはどれか。ただし，海外からの要素所得および海外への要素所得はないものとする。

（地方上級）

民間最終消費支出	300	政府最終消費支出	45
国内総固定資本形成	90	在庫品増加	15
固定資本減耗	75	財貨・サービスの輸出	70
財貨・サービスの輸入	30		

1 385
2 415
3 475
4 490
5 565

解法のステップ

国内総支出GDEの大きさを問うていますが，**三面等価の原則**から国内総生産GDPの計算と考えても同じです。

GDP（＝GDE）の公式，

GDP＝消費C＋投資I＋政府支出G＋（輸出X－輸入M）

に数字を当てはめて計算します。

国内総支出GDE＝300＋(90＋15)＋45＋(70－30)＝490

となり，正答は**4**です。在庫品の増加を投資に加えることは絶対に忘れないようにしてください。

表中の用語を詳しく説明すると，**国内総固定資本形成**とは，民間の設備投資と政府による公共投資の合計になります。また，民間設備投資のことを民間総固定資本形成という場合もあります。

一般的に，**政府支出**とは公共投資による支出（**公的資本形成**）と政府が行政活動を行ううえでかかる支出（**政府最終消費支出**）に分かれます。

また，在庫品増加とは売れ残って在庫に回したり，将来の需要を見込んで在庫を増やす在庫投資のことをいいます。

なぜ，難しい経済用語で出てくるの？

本試験で出題されるこのタイプの計算問題では，政府が発表する「国民経済計算」という公式統計の表記でそのまま出されているからです。

でも，ご安心を！

ただし，このあたりの用語の正確な理解は公務員試験では求められませんので，投資 I は国内総固定資本形成と在庫品増加，政府支出Gは政府最終消費支出と便宜的に処理して素早く計算しても構いません。

なお，GDPの公式を正確に分解すれば以下のようになります。

【GDPの公式を詳細に分解】

国内総生産GDP＝消費*C*＋投資*I*＋政府支出*G*＋（輸出*X*－輸入*M*）

例題8

国民経済計算の諸概念について，以下の値が与えられている。このときの国内総生産，国民純生産の値の組合せとして妥当なものはどれか。

（国家一般職［大卒］）

最終消費支出	250
総固定資本形成	120
在庫品増加	5
財・サービスの輸出	60
海外への要素所得の支払い	15
財・サービスの輸入	40
海外からの要素所得の受取り	10
間接税－補助金	30
固定資本減耗	50

	国内総生産	国民純生産
1	390	340
2	395	345
3	395	340
4	395	315
5	390	310

解法のステップ

まずは国内総生産GDPを求めましょう。

GDP＝消費*C*＋投資*I*＋政府支出*G*＋（輸出*X*－輸入*M*）

の式に本問で与えられた数値を代入すると，

GDP＝250＋120＋5＋(60－40)＝395

となります。

次に国民総生産GNPは,

GNP＝GDP＋海外からの純要素所得（海外からの受取所得－海外への支払所得）

で求められましたので,

GNP＝395＋(10－15)＝390

となります。

それから，国民純生産NNPは,

国民純生産NNP＝国民総生産GNP－固定資本減耗

より,

NNP＝390－50＝340

となります。

したがって，正答は**3**です。

再確認ですが…

厳密には総固定資本形成には民間設備投資と政府の公共投資が含まれますが，ここでは政府支出*G*は条件にはなかったものとして計算しています。

教1-2

経済成長と景気循環の関係

～GDPの伸びのことなんだ～

GDPと経済成長について

前項では，一国の経済規模を示す指標としての国内総生産GDPや国民総生産GNPを中心に経済について学びましたが，そのGDP（GNP）の総額がどれだけ伸びているかを示すのが**経済成長率**です。

「景気がよくなっている」「いまだに不況だ」などとよく聞くかと思いますが，「景気がいい」とはGDP（GNP）が大きく増えていることで，「景気が悪い」とはGDP（GNP）の伸びが振るわないことを示しています。

●ニュースから経済を理解する

さらに理解を深めるために，アメリカの経済成長に関するニュースで扱われていた表をみてください。

2009年１～3月期のアメリカのGDP統計の速報値ですが，このときはちょうど，アメリカ経済がサブプライム・ローン問題を発端とした金融経済危機に直面した時期で，当時の状況がよく示されているので取り上げました。

【2009年1－3月期の米GDP速報値】

	金額	増減率
国内総生産	113,409	▲6.1
個人消費支出	82,142	2.2
民間設備投資	11,906	▲37.9
民間住宅投資	2,942	▲38.0
民間在庫投資	▲1,037	–
純輸出	▲3,084	–
輸出	13,310	▲30.0
輸入	16,395	▲34.1
政府支出	20,738	▲3.9
GDPデフレーター	–	2.9

（注）金額は季節調整済み，年率。2000年基準価格（億ドル）。
増減率は前期比年率。▲はマイナス。

一言でいえば

現在ではGNPよりGDPのほうが広く使われているため，「経済成長率」といえば「GDPの伸び率」のことをさします。

そもそも景気って？

経済の状態のことです。社会全体にわたる経済活動の活発さの程度ともいえます。

GDP速報値の内訳

左表の項目名はアメリカ政府統計の公式ないい方です。経済理論ではこれを単純な表現で置き換えています。
個人消費支出⇒消費
民間設備投資，民間住宅投資，民間在庫投資⇒投資

アメリカの経済は，前年同期比6.1％のマイナス成長と深刻な落ち込みを記録しました。このときの付加価値の合計であるGDPは11.3兆ドルに減少したのです。

表の２段目以降はその内訳を示していますが，これは支出ベースの消費，投資，政府支出，純輸出がすべて出そろっています。つまり，この記事の表は三面等価の国内総生産GDP＝国内総支出GDEを前提として作成されていることが確認できると思います。

また，表からこのときのアメリカ経済の落ち込みは，サブプライム・ローン問題が尾を引いた（民間）住宅投資の38.0％減少をはじめとする投資の減少であったことがわかりますね。

さらに，アメリカ経済の低迷で，輸入も急減（－34.1％）したことは，世界各国からみればアメリカへの輸出の落ち込みとなって，アメリカ発の世界的不況になったことも示唆されています。

では，経済を成長させる（させない）要因，つまり，GDPの総額がどうして増えたり減ったりするか，というと，先に説明したマクロ経済学の最重要公式がすべてを説明してくれます。

マクロ経済学の最重要公式

GDP＝消費*C*＋投資*I*＋政府支出*G*＋（輸出*X*－輸入*M*）

経済成長の鍵は，この式の総支出の内訳に相当する消費，投資，政府支出（特に公共投資），輸出が増えるかどうかにあります。

「消費者の財布のひもが固くて景気が伸びない」「公共投資を行って景気を刺激する」とか「輸出が伸びて経済が成長した」などということをニュースで耳にしたり，新聞で読んだりしたことはあるかと思います。つまり，家計の消費，企業の設備投資，輸出などが増加すれば景気が拡大します。また，総需要を刺激する一つの方法が政府による公共投資でもあります。

この点に関しては，このあとケインズ経済学の学習の中で詳細に説明をしますが，とりあえず過去問をみておきましょう。地方初級の問題ですが，基礎知識を確かめるうえでは良問です。

サブプライム・ローン問題？

アメリカで，サブプライム・ローン（低所得者層向けの住宅ローン）が焦げ付いたことに端を発し，ローンの証券化（一種の金融商品にすること）にかかわった米大手証券会社が倒産したり，銀行や保険会社の経営破たんするなど被害が拡大し，世界的な金融経済危機に発展しました。

数字が合わない？

統計上の誤差のために，総計と内訳の合計が合わないことはよくあります。
誤差が出た場合にも，生産側からの推計値と支出側からの推計値を一致させる目的で「統計上の不突合」という調整項目を作ることもあるくらいなので，細かい誤差は気にしないでください。

公共投資？

国や地方自治体によって行われる道路，港湾などや，学校，病院，住宅，下水道など**社会資本（インフラ）**整備に向けて投資する経済活動のことです。「公共事業」とも呼ばれます。

国内総生産（GDP）に関するア～オの記述のうち，正しいものを選んだ組合せはどれか。

（地方初級　改題）

ア　GDPは産業が成長すると増える。
イ　GDPは生活保護などの移転所得が増加すると増える。
ウ　GDPは個人の生活水準が変わらなくても人口が増加すると増える。
エ　GDPは公共支出が増加すると増える。
オ　GDPは増税により政府の収入が増加すると増える。

1　ア，イ，ウ
2　ア，ウ，エ
3　ア，ウ，オ
4　イ，エ，オ
5　ウ，エ，オ

解法のステップ

GDPの式を活用しながら選択肢ごとに説明します。

GDP＝消費*C*＋投資*I*＋政府支出*G*＋（輸出*X*－輸入*M*）

GDPは，右辺の「輸入」を除く何かの要素が増加すれば増加すると考えます。各選択肢を検証しましょう。

ア．「産業が成長する」とは，企業の投資に伴う生産の増加つまりGDPの成長を意味します。よって，**ア**は正しい記述です。

イ．生活保護などの移転所得は，もともとあった国民所得の一部が，たとえばこの場合，政府の所得から保護が必要な家計（個人）の所得へ移転されるだけなので，GDPや国民所得の増加にはつながりません。

ウ．人口が増加すると消費や投資の増加につながるので，上式の右辺の増加でGDPも増えていきます。よって，**ウ**は正しい記述です。

エ．公共支出の増加は政府支出*G*の増加のことですのでGDPの増加要因です。よって，正しい記述です。

オ．ここでは，増税によって個人の消費が落ち込んでGDPを減少させると通常考えます。

人口の伸びや産業の成長，それに消費，設備投資，公共投資の増加などによってGDPは増加します。

以上から，ア，ウ，エが正しいので，正答は**2**となります。

景気は循環する

ところで，経済は常に成長するわけではなく，実際には，経済成長率がプラスになったりマイナスになったりしながら，下図のような好況，不況を繰り返して（好況期には経済成長率が高く，不況期には経済成長率が低くなります），長期的に経済は拡大（GDPや国民所得が増加）していきます。

このように，ある一定の周期でGDPや国民所得が増減を繰り返していくことを**景気循環**といいます。

景気循環には景気変動の転換点として，**好況**でGDPが最も高い**山**と，**不況**でGDPが最も低い**谷**があります。山から谷に向かう状態を景気の**後退期**と呼び，谷から山に向かう局面を景気の**回復期**と呼びます。そして山から山まで（あるいは谷から谷まで）の期間を景気の１循環（周期）と呼びます。

ではどうして景気循環は起こるのでしょうか？　たとえば、好況のときには経済活動が活発に拡大されますが，やがて労働力の不足が起き，賃金が高騰するようになると，企業の利潤は減少します。すると企業は生産と雇用を減らすため労働者の所得が減少した結果，消費の売れ残りが増え，好況は終わりに近づきます。このような景気の過熱はかえって深刻な不況をもたらす……という現象が繰り返されていくのです。

好況？不況？

景気がいいときを「好景気」とか「**好況**」といい，景気が悪いときを「不景気」とか「**不況**」などといいます。

景気循環の流れ

好況⇒後退⇒不況⇒回復⇒好況……という経路をたどります。

【景気の波（循環）】

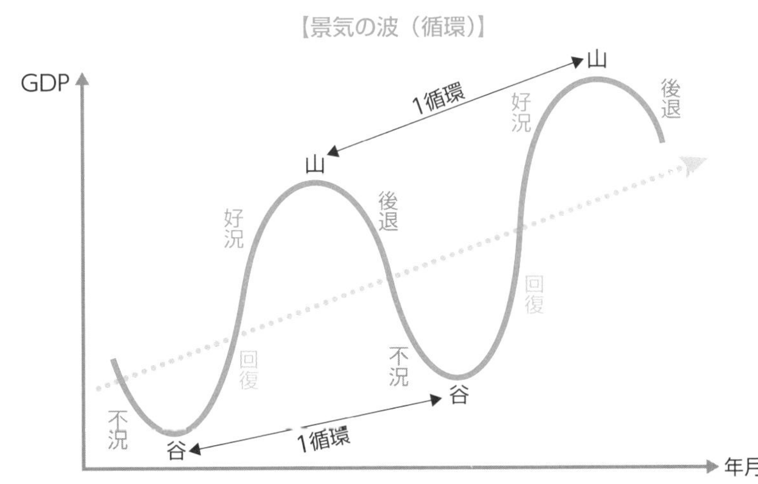

こうした好況期や不況期などに，経済の状況がどうなるのかについては，問題を通じて説明します。まずは，自力で解いてみてください。

例題10

景気は不況→回復→好況→後退……のように循環（変動）するが，次の記述のうち正しいものはどれか。

（地方上級　改題）

1　物価は，景気回復期には下降し，好況期に最低となる。
2　雇用者数は，景気後退期には減少し，不況期には最小になる。
3　利子率は，景気後退期には上昇し，不況期に最大となる。
4　国内需要は，景気後退期には増加し，不況期に最大となる。
5　企業の設備投資は，景気後退期に活発になり，不況期に最大となる。

解法のステップ

1．景気回復期には需要が回復するので物価が上昇します。需要と供給で需要のほうが多くなれば価格が上がります。そして，好況期で，景気の山のときには物価はピークとなります。この状態が持続すればインフレ（後述します）となってしまいます。

2．一方，景気が後退すると，企業は生産を縮小するため，それに伴って雇用を削減させるので，不況期に雇用は最低水準となります。景気が悪いと失業者が増える，というのは感覚的にわかりやすいですね。よって，この**2**が正答となります。

3．利子率（＝金利）については後述しますが，本質的な点だけ触れておくと，銀行はできるだけ高い金利（利子率）で貸して，できるだけ低い金利（利子率）で預金してきた人に利子を払うことで利益を上げようとします。

多くの企業が銀行にお金を借りに来れば，銀行は「この金利でも借りますか？」とばかりに利子率（**貸出金利**）を上げてきます。逆に，だれもお金を借りに来なければ，銀行は「金利（利子率）を低くしますから借りてください」ということになり，利子率を下げます。

したがって，利子率は景気後退期に低下基調となり，その後の不況期に最低水準となります。

4．景気の後退期に国内需要が増加することはありません。国内需要は「**内需**」ともいいますが，具体的には家計の消

利子率と景気？

好況⇒利子率（金利）↑

不況⇒利子率（金利）↓

好況・不況の影響

	好況	不況
失業者	減少	増加
利子率	上昇	低下
物価	上昇	低下
設備投資	増加	減少

費や企業の投資などのことです。景気が後退したり不況になったりすれば，所得の落ち込みを受けて，内需（消費や投資）は減少します。

5．**4**と同様，企業の**設備投資**（企業が機械・設備を購入すること）は，景気が後退すると，国内需要の落ち込みを受けて減少し，不況期には最低水準になります。

世界恐慌

経済の状態には，不況，回復，好況，後退以外にも，1930年代の世界恐慌などのように「**恐慌**」という状態もあります。
恐慌というのは景気の急激な後退局面をさす用語で，その結果，不況も深刻になってしまいます。

景気循環の波にもいろいろ

景気の山から山へ動きを１循環（周期）といいましたが，１つの循環の長さには，経済学者によって，さまざまな見解があります。以下では景気循環の種類について代表的なものを４つ挙げます。

●キチンの波

キチンは，１景気の周期が**40か月（約3.3年）**になる短期的な景気循環を見出しました。

この波は在庫の変動（**在庫投資**）によるものです。在庫は，景気が後退して不況期になると，製品が売れないので，積み上がってきます（これをプラスの在庫投資という）。しかし，やがて，景気が回復しはじめると，在庫はさばけてきて減少します（これをマイナスの在庫投資という）。この期間が約３年というわけです。

キチン

キチン（1910～没年不詳）は，アメリカの経済学者で，企業の経済活動に着目した景気循環の実証研究における業績で知られます。

●ジュグラーの波

ジュグラーは，１つの周期を**約10年**とし，その要因を生産設備の交換，再投資などの**設備投資**とみなしました。

経済学では，通常，機械・設備は約10年で取り替えられるとみなされます。この設備投資の伸びが景気を押し上げ，設備投資の一巡後に不況が訪れるとみるのです。固定資本減耗の説明でもこの耐久年数について触れました（⇒ p.25）。

ジュグラー

フランスの経済学者ジュグラー（1819～1905）は，初めは医者でしたが，フランスの死亡率や出生率に循環的変動を発見する中で，経済にも景気の収縮期と拡大期の循環に規則性があることを最初に見出した先駆的な人物です。

●クズネッツの波

クズネッツは，１つの周期を**約20年**とし，その要因として**建築投資**を挙げました。住宅や建造物の建て替えに要する年数を20年とみなし，約20年ごとに建築ブームの好況が起こる一方，その反動として不況がやってくると考えられていま

クズネッツ

クズネッツ（1901～1985）については，p.270の側注参照。

す。

●コンドラチェフの波

コンドラチェフは，資本主義経済では**約50年**の景気変動の循環があることを発見し，シュンペーターはその要因を**技術革新**であるとし，「コンドラチェフの波」と名付けました。

最初にコンドラチェフの波が観測されたのは1780～1840年代で，第一次産業革命によるものであり，続いての第２波は1840～1890年代で第二次産業革命の鉄道建設，第３波は1890年代以降の電気・自動車の隆盛が原因であるとされています。

コンドラチェフ

ロシアの経済学者であるコンドラチェフ(1892～1938)は，資本主義経済における景気の長期循環を見出しましたが，それはやがて資本主義経済が復活する反革命的理論とみなされたことが遠因となってシベリア送りとなり，スターリンの指示で処刑されました。

例題11

先進資本主義諸国の経済は景気循環を繰り返し，長期的には成長してきたといえる。この景気循環はその周期によって３～４年周期のものを短期循環（キチン循環），８～10年周期のものを中期循環（ジュグラー循環），それ以上の周期のものを長期循環（コンドラチェフ，クズネッツ循環）に分けることができる。

この３つの循環とそれぞれの原因を表した事項との組合せとして正しいものはどれか。

（地方上級　改題）

	短期循環	中期循環	長期循環
1	在庫投資の変動 設備投資の変動	建設投資の変動	技術革新
2	設備投資の変動 建設投資の変動	在庫投資の変動	技術革新
3	在庫投資の変動 技術革新	設備投資の変動	建設投資の変動
4	設備投資の変動	在庫投資の変動 建設投資の変動	技術革新
5	在庫投資の変動	設備投資の変動	技術革新 建設投資の変動

解法のステップ

これまでの説明になかったことでしたが，短期循環，中期循環，長期循環といういい方があります。説明としては問題文のとおりです。

正答は**5**で，それぞれの景気の波（循環）の名前と要因を知っていれば簡単に解ける問題です。

公務員試験では，本問のようにそれぞれの波の名前，期間，その要因の３点セットで出題されますので，これは覚える以外にありません。

【景気循環の波】

学者名	周期	要因
キチン	3.3年	在庫投資
ジュグラー	10年	設備投資
クズネッツ	20年	建築投資
コンドラチェフ	50年	技術革新

景気循環の波の覚え方

覚え方としては，それぞれの経済学者の名前の字数（キチン3文字，ジュグラー4文字，クズネッツ5文字，コンドラチェフ7文字）と，景気循環の波の長さは比例するというものがありますので参考にしてください。

教1-3

インフレとデフレについて
～「恐怖の大王」がやってくる!? ～

さて，大まかにいって，回復期と好況期は「景気がいい」，後退期と不況期は「景気が悪い」といういい方がされますが，次は景気がいいときと悪いときの経済現象について学びます。

恐怖の大王!?

ノストラダムスにあやかったインフレのニックネームのことです。

インフレとは？

インフレ（インフレーション）とは物価水準が継続的に上昇することをいい，一般的には景気の拡大局面で発生します。

インフレはいくつかの要因で発生します。以下にみていきましょう。

インフレはいつ発生するの？

通常，経済が急成長するなど，景気が過熱しているときに発生します。

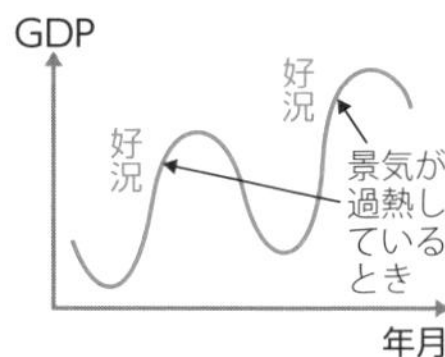

●ディマンド・プル・インフレ

一つには，需要の増大を受けて物価が上がる場合で，これを**ディマンド・プル・インフレ**といいます。

ミクロレベルの経済学でいえば，需要と供給で需要が多いときに価格が上昇します。同様に一国ベースで考えるマクロ経済学でも，多くの財（モノ）に対する需要が，提供される多くの財の供給を上回ると，物価が上昇します。マクロ経済では需要と供給を全体的にとらえ，それぞれ**総需要・総供給**といいます。

物価と価格の違い

個々の財（モノ）の値段は「価格」といいますが，マクロ経済学ではものの値段を総体的にとらえて「物価」といいます。

繰り返しますが，総需要が大きいということは，マクロ経済学の基本式

GDP＝所得＝総支出

＝消費C＋投資I＋政府支出G＋（輸出X－輸入M）

の右辺の構成要素のどれか，あるいは複数が増加していることを意味します。つまり経済が急成長し，景気が拡大し続ければ物価水準も上がり続けるので，インフレになるのです。

ディマンド・プル・インフレの意味

ディマンド（demand）とは需要を英語読みしたもので，需要が引っ張る（pull）ことから発生するインフレという意味です。

●コスト・プッシュ・インフレ

ディマンド・プル・インフレ以外に，**コスト・プッシュ・インフレ**と呼ばれるインフレがあります。この場合は，需要の増加ではなくて，費用の増加で物価が上昇するというものです。

コスト・プッシュ・インフレの典型的な例は第一次石油危機（オイルショック）です。

日本は1974年，原油価格の急騰によって狂乱物価を経験しました。現代社会において，石油は多くの産業で活用されています。この当時は特に石油を大量に消費していました。

その石油の価格が急騰したということは原材料費というコストの急上昇を意味し，各企業は製品価格の大幅引き上げという形で対応したため，日本全体の物価が急騰したというわけです。

石油などの原材料費以外にも，費用の増大には人件費の増加，つまり賃金の上昇や増税なども含まれ，これらのコストの増加でもインフレが発生します。

このように需要やコストの増大などから物価高の状態が持続的に続けば，経済がインフレになるのです。

なお，2024年現在はインフレの様相を呈していますが，コロナ禍による物流の停滞，ロシアによるウクライナ侵攻に伴う食料・エネルギー価格の急騰などが原因とされているので，コスト・プッシュ・インフレと呼べるでしょう。

コスト・プッシュ・インフレの意味

文字どおりの意味では，費用（cost）が押して（push）インフレになることです。

ミクロ経済学では企業の利潤の式，

利潤π＝総収入TR（価格P×生産量Q）－総費用TC

から，企業は費用（コスト）が増加すれば，利潤を落とさないように，ものの価格を引き上げるという行動を取ると説明をしています。これを日本の多くの企業が行えば，日本の物価が上昇することになるわけです。

インフレになると貨幣価値が下がる

インフレは，経済にどういう影響を与えるのでしょうか。

インフレの状態は，今説明したように，財（モノ）に対する需要が増えたり，材料費の調達費用や人件費の増大で賃金支払いなどのコストが上昇したりすることで，貨幣の需要も増加している状態になります。

つまり，インフレ状態の世の中には市場（マーケット）に通貨が大量に流通しています。貨幣需要の増加に応えて，**貨幣供給量（マネーサプライ）**を必要以上に増大させてしまうと，貨幣量の過剰を引き起こし，経済はますます拡大して，物価高で収拾がつかなくなるということになってしまいます。

用語が難しいな

貨幣：お金のことです。
貨幣需要：お金を必要とすることです。私たちが買い物などに行くときに財布におカネを入れる行為というイメージです。
貨幣供給：お金を発行する中央銀行（日銀）が市場に貨幣を提供することです。ここでいう市場というのは，魚市場のような具体的な場所をさすのではなく，金融機関の決済や株・債券など金融商品の売買を通じて，お金のやり取り（金融の取引）が行われている金融市場のことです。

インフレ ⇒ 貨幣価値の低下
（市場に出回っているお金 ＞ 必要なお金）

このように，貨幣の過剰流通（貨幣供給＞貨幣需要）によって，インフレになると貨幣価値が低下します。

ハイパー・インフレーション

物価上昇率が異常に高いすさまじいインフレのことを**ハイパー・インフレーション**（**ハイパー・インフレ**）といいます。
先進国では，歴史的に第一次世界大戦後のドイツや，第二次世界大戦後の内戦になった中国のインフレがハイパー・インフレーションの例として挙げられます。
そのときは，買い物をするためにリヤカーに札束を積んで店に行ったといわれています。

●「100円」の価値

たとえば，今100円で買えるチョコレートが１万円出さなければ買えないような状況（すさまじいインフレ＝**ハイパー・インフレ**）になってしまったとすると，１万円がインフレになる前の100円の価値と同じになるわけですから，貨幣価値が100分の１に低下したということになるのです。簡単にいうと，100円玉が今の１円玉の価値になったようなものなのですね。

【貨幣価値の低下のイメージ】

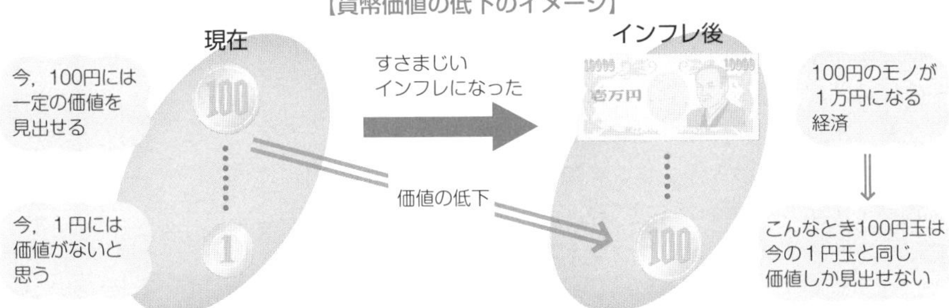

●株券が紙切れ同然に!?

この貨幣価値の低下によって，人々が資産として保有している株式や債券などの金融資産の価値も低下してしまいます。たとえば，10万円の資産を投じて株を買ったのに，ハイパー・インフレになって，10万円の価値が100円相当になってしまうなんてことを想像してみてください。株式はただの紙切れ同然になってしまいます。

なお，株式などの金融資産に対して，インフレに強い資産の代名詞が金（ゴールド）や不動産などの実物資産（現物資産）です。特に金は「有事の金」とも呼ばれ，金融危機や国際紛争の資産として保有される傾向があります。金融資産と異なり，インフレになってもその価値は変わらないからです。

デフレとは？

インフレ（インレーション）とは逆に，**デフレ（デフレーション）**は物価が持続的に低下する現象で，一般的には不況時に発生します。

ただし，デフレが発生するのは必ず不況のときですが，不況になるとデフレになるかというと必ずしもそうではありません。実際，デフレ不況と呼ばれる現象は，明治時代から現在まで３回しかありませんでした。

●デフレの要因

デフレは，インフレのときとは逆に，①総供給が総需要よりも大きい場合や，②原油など輸入資源価格の低下，③円高に伴う輸入財の価格の低下，さらには④経営努力の結果などでコスト削減が進み，企業による価格引き下げが浸透した場合に発生します。

また，消費者レベルでも，物価が低下すると，この先まだ下がるかもしれない……と考えて，買い控える人たちが出てきます。そうすると，需要が減少する分，価格はさらに低下していく（デフレが深刻化する）というケースも考えられます。

デフレのときというのは，商品が流通するために必要な貨幣の量が，市場に出回っている貨幣の量よりも多い（貨幣供給量が貨幣需要を下回っている）状態が続いているのです。そうなると貨幣の希少価値は高まりますね。

デフレ ⇒ 貨幣価値の上昇
（市場に出回っているお金 ＜ 必要なお金）

●デフレ・スパイラルの脅威

貨幣の価値が高まっても，デフレでは，世の中にお金が回らないために，経済活動が停滞して不況になってしまいます。

しかも，その不況はたちが悪く，当初，物価の低下（値段が安い）によって私たちの消費は増えますが（これを「**いいデフレ**」という），企業の利益は低下します。これは，値段が安くなった分，売上げ額（価格×数量）が伸び悩むからです。

公務員試験対策のために

「インフレ＝好況」
「デフレ＝不況」
と覚えておきましょう。実際にはこんなに単純ではないのですが，試験対策としてはこれで十分です。

3回のデフレ不況って？

日本がデフレに陥ったのは，①西南戦争後，緊縮財政をとった松方財政（松方蔵相の政策）と呼ばれるとき，②世界恐慌の影響で深刻なデフレに見舞われた時期，そして，③バブル経済が崩壊して，長期低迷が続く中にあって，「日本経済は緩やかなデフレの状態にある」とデフレ宣言がなされた2001年４月の３回です。

デフレ・スパイラルの構図

物価の低下（いいデフレ）
↓
消費は増加するが
＝
売上げ減少 ←
↓
生産縮小（景気の悪化）
↓
雇用の減少
＝
所得の減少
↓
消費の減少
↓
物価の低下（悪いデフレ）→（売上げ減少へ戻る）

そうなると，企業は生産を縮小させ，雇用をカットしますね。それは同時に，私たちの所得が減少するので，その後の消費も伸び悩むことになります。消費の減少は需要の減少，つまり物価がさらに低下（これを「**悪いデフレ＝悪質なデフレ**」という），これが売上げの落ち込みとなり，さらに生産を縮小させる……というように「**負の連鎖**」がとめどもなく続いていくおそれが出てきます。

これはマクロ経済学レベルでは景気の悪化がますます深刻になっていくことを意味します。このように，**物価の低下と景気の悪化の連鎖がとめどなく続くことを「デフレ・スパイラル」といいます。**

例題12

インフレーションとデフレーションに関する記述として正しいものは，次のうちどれか。

（国家一般職［高卒］）

1　商品が流通するために必要な貨幣の量に比べて，出回っている貨幣の量が少ないと，貨幣に対する需要が大きくなってインフレーションを引き起こすおそれがある。

2　政府の発行する国債を日本銀行が引き受けると，大量の通貨が流通することになり，デフレーションを引き起こすおそれがある。

3　インフレーションになると，貨幣の価値が下がるので，年金や預貯金など，決まった額の収入で暮らす人々に特に悪影響を及ぼすおそれがある。

4　原材料の価格が上昇したり，賃金が上昇したりして，商品を生産するための費用が増大すると，企業の利益が減少してデフレーションを引き起こすおそれがある。

5　不景気が続いて需要が供給を下回り続けると，市場に商品があふれたり，失業者が増加したりして，インフレーションを引き起こすおそれがある。

解法のステップ

先ほどの説明で，**1**，**2**，**4**，**5**が誤りであることは容易に判断できると思います。消去法で，正答は**3**となります。
選択肢ごとに説明します。

1．インフレではなく，デフレの説明になっています。

2．国債に関してはまだ触れていません（国債については後述⇒p.70）が，このことを知らなくても，「大量の通貨が流通する」でインフレの説明と判断できます。

3．正しい記述です。

問題について

本問は国家一般職［高卒］の問題ですが，基礎力を確認するためには良問ですので，ここで取り上げました。

4．「費用が増大」とあることからコスト・プッシュ・インフレの説明です。

5．デフレの説明です。「不景気」「失業者が増加」などのキーワードで判断できます。

正答の**3**の内容については，まだ説明していない点がありますので，次の項目で説明します。

国債について

国が借金の証書として発行する債券のことです。家計（投資家）がお金の貸し手になり，発行者（借り手）である政府は投資家に利子を払います。

インフレやデフレになるとだれが困る？

●年金生活者の場合

インフレになると，貨幣の価値が下がるので，年金や預貯金など決まった額の収入で暮らす人々に特に悪影響を及ぼします。

たとえば，年金を10万円もらってギリギリの生活をしている人がいたとします。このとき，インフレで物価が上昇すると出費が10万円を超えることになり，生活ができなくなってしまうのです。

逆にデフレになれば，物価の低下で出費を10万円以下に抑えることができ，うまくいけば貯蓄も可能となるため，年金生活者には有利となります。

物価スライド制

ただし，日本ではインフレになっても年金生活者が困らないように，「**物価スライド制**」（現在は**マクロスライド制**）が採用され，物価の上昇に合わせて年金の受給額も増加するように配慮がなされています。

年金生活者への影響

年金生活者：インフレで不利，デフレで有利に

このように，年金生活者にとって，インフレは困り，デフレは得をすることになりますが，反対のことが借金生活者に起きます。

借金のある人の具体例

給与15万円で，借金返済5万円，10万円で生活。

↓

デフレ発生！

給与が10万円になった…

借金返済5万円は変わらないので，5万円で生活しなければならない（困った）。

インフレ発生！

給料が20万円になった！

借金返済5万円は変わらないので，15万円で生活できる（ラッキー）。

●借金生活者の場合

借金生活者はデフレになると困ります。たとえば，給料を15万円もらっている人がいたとして，この人が毎月５万円の借金返済に追われているとします。そんなときにデフレになってしまうと，物価の低下によって給与水準も目減りしてしまいますが，デフレになったからといって毎月５万円という返済額も下がるかというと，これは変わりません。

給与水準が下がっても借金返済額に変化がないとなれば，

借金生活者にとってデフレはまさに天敵となります。

逆に，インフレになれば借金生活者は楽になります。今の例で借金は５万円で変化がなくても，物価の上昇にともなって実質的に所得も増加するので，借金の負担は軽減されます。

第一次世界大戦後，莫大（ばくだい）な賠償金を負わされたドイツが債務を大幅に減らすことができた一つの要因が，ハイパー・インフレーションの発生だったというのは有名な話です。

借金生活者への影響

借金生活者：インフレで有利，デフレで不利に

インフレとデフレをまとめると，右のように整理できるでしょう。

インフレとデフレのまとめ

インフレ
- 物価が持続的に上昇すること
- 貨幣価値が低下
- 年金生活者に不利，借金生活者に有利

デフレ
- 物価が持続的に低下すること
- 貨幣価値が上昇
- 年金生活者に有利，借金生活者に不利

スタグフレーションとデノミについて

インフレとデフレを学んだところで，**スタグフレーション**と，同じく混同しやすい用語である**デノミ（デノミネーション）**について説明します。

●スタグフレーション

スタグフレーションは日本語訳としては「不況下の物価高」で，景気停滞（スタグネーション）と物価上昇（インフレーション）が同時に起こる現象です。

これまで学んだように，通常，不況であれば物価が低下しますが，不況なのに物価の上昇が起きるのです。

スタグフレーションは1970年代の２回の石油危機（オイルショック）時に発生しました。要因は，景気が停滞していたのに政治的な理由から原油価格が急騰した，いわゆるコスト・プッシュ・インフレが重なったからです。

スタグフレーションの覚え方

「インフレと不況が同時にやってくる」と覚えておきましょう。

●デノミ

デノミ（デノミネーション）は，貨幣単位の呼称を変更することです。

これは景気の動向とは直接的に関係ありませんが，インフレ高騰時に実施される場合が一般的です。つまり，インフレが進んで，経済活動の取引における金額表示が大きくなった

デノミはおまけ

５択が基本の公務員試験において，デノミは「ついで」に出てきます。インフレーション（インフレ），デフレーション（デフレ），スタグフレーションの肢があったとすると，デノミネーション（デノミ）というのは一種「品ぞろえ」のために登場している感があります。

場合，たとえば，消費者が日常の買い物をするときに，必ず1万円を超え，ときとして10万円を支払うようなインフレの状況が恒常化したとすると，1万円を新100円とするというように通貨の呼称を変えることで，支払い時の煩雑さや計算の面倒さなどを回避することをさします。

「名目」と「実質」の違いを学ぼう！

インフレとデフレを学んだところで，「名目値」と「実質値」の違いについて学びます。

40ページで紹介したアメリカ経済のGDP統計は，実質値による数値が出されています。では名目と実質の違いとは何なのでしょうか。

一般的な定義としては，「その時点における貨幣価値を基準として評価したものが名目値」「名目値から物価変動による影響を除去したものが実質値」といった説明がなされます。

成長率であれば，

実質成長率＝名目成長率－物価上昇率

となります。

要するに，実質値と名目値の違いは，物価を考慮するか（実質），しないか（名目）ですね。

経済では実質値でみないと本当の実像を把握できません。特に，過去の経済の状態と現在を比較するときなどは，物価で調整した実質値が常に用いられます。

現実の経済では，物価はさまざまな財・サービスの価格を統合し平均化した物価指数が作られ，その代表が消費者物価指数や国内企業物価指数であり，特にGDP統計では後述するGDPデフレーターが用いられます。

以下は，経済成長に含めた名目と実質に関する問題です。国家一般職［高卒］の問題ですが，レベル的には国家一般職［大卒］レベルといってもよい問題です。

「みかけ」と「実際」

ざっくばらんにいうと，名目値は「みかけ」，実質値は「実際の」値です。
たとえば，左の式で説明するとみかけ上のGDPの成長率（伸び率）が５％であっても，物価水準も５％上昇していたら，実際には経済は成長していないことになります。同じように，生産額（GDP）も人々の所得も２倍になったとしても，物価も２倍になっていれば，生活水準は以前と変わりません。

経済成長に関する次の文中の空欄のA～Cに該当する語の組合せとして正しいのはどれか。

（国家一般職［高卒］ 改題）

「前年度と今年度の（　A　）を比較して示される増減率は，経済活動の動向を示し，経済成長率として表される。また，（　A　）の対年度増減率を名目成長率といい，それから貨幣価値の変動を除いたものを実質経済成長率として表す。たとえば，今年度の名目経済成長率がx％で，この間，（　B　）がy％上昇していると，実質経済成長率は，（$x-y$）％で近似的に示されることになる。また，実質経済成長率が高い伸びを示しているのに，名目経済成長率がそれほど伸びていない場合，その国は（　C　）の状態にあるといえる。」

	A	B	C
1	国富	為替レート	デフレーション
2	国内総生産	物価	インフレーション
3	国富	為替レート	スタグフレーション
4	国内総生産	物価	デフレーション
5	国富	物価	インフレーション

解法のステップ

空欄AとBに関しては，これまでの説明でAが「国内総生産」，Bが「物価」ということはわかると思います。本文中の貨幣の価値の変動とは物価水準の変動のことをさします。

Cはじっくり考えれば大丈夫ですよね。本題では実質値が名目値よりも高いという設定になっていますが，たとえば実質GDP成長率が３％なのに，名目GDP成長率が１％でしかないということになれば，物価上昇率がマイナス２％であったことを意味します。物価上昇率がマイナスであるということは物価の低下，つまり，経済はデフレの状況にあるということになります。

よって，正答は**4**です。

デフレ下の経済では，**例題13**のような状況となります。健全な経済であれば，通常はインフレの問題が発生しない程度に物価上昇率はプラスになるのですが，デフレ不況になると，名目GDPと実質GDPが逆転する名実逆転現象も起きてきます。

計算すると

実質成長率＝名目成長率－物価上昇率
ですから，
物価上昇率＝名目成長率－実質成長率
ですね。よって
1%－3%＝－2%

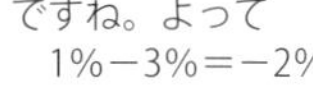

国富とGDP

国富とは，ある時点における国全体の正味資産（総資産－総負債）のことです（⇒p.34）。

GDPデフレーターとは

GDPデフレーターとは，GDP算出時に用いられる物価動向を把握するための指数（指標）で，名目GDPから物価変動の影響を取り除き，実質GDPに評価し直します。

実質値は，名目値に対して物価を考慮した数値です。より具体的にいえば，**名目値**とは，実際に市場で取り引きされている現実（実際）の値であるのに対して，**実質値**は，物価の変動の影響を取り除いたものです。

通常，デフレーターを使って，実質GDPを求めるためには，以下の式が用いられます。

$$\text{実質GDP}=\frac{\text{名目GDP}}{\text{GDPデフレーター}}$$

この式から，GDPデフレーターは，名目GDPを，実質GDPで割り算して求めることができます。

$$\text{GDPデフレーター}=\frac{\text{名目GDP}}{\text{実質GDP}}$$

では，次のデフレーターに関する説明文の正誤を述べてみてください。以下の3つの選択肢は国家一般職［大卒］，地方上級の専門試験の過去問から集めました。

実質と名目の具体的イメージ？

名目GDPが仮に2倍に増えても，GDPデフレーターも2倍になっていたら，実質GDPは増えたことにはならないっていう感じです。

実質値と名目値

実質値と名目値の関係は，GDPに限らず，賃金や貨幣供給量などにも以下の式が成り立ちます。

$$\text{実質値}=\frac{\text{名目値}}{\text{物価}}$$

デフレーターの具体的イメージ

たとえば，実質GDPが500兆円なのに，名目GDPが250兆円であればGDPデフレーターは0.5となり，経済はデフレが進んでいることになります。

例題14

次の記述の正誤を答えなさい。

（国家一般職［大卒］・地方上級　改題）

1　実質GDPは，名目GDPを消費者物価指数と卸売物価指数を加重平均することにより求められたGDPデフレーターで割ったものである。

2　名目国民総生産は各時点の価格で測ったものであり，実質国民総生産は基準時点の価格で測ったものである。また実質国民総生産を名目国民総生産で除したものは，GDPデフレーターと呼ばれる。

3　名目GDPを100とし，購入量をウエートとした物価指数（GDPデフレーター）を1.5とした場合，実質GDPは150となる。

解法のステップ

1．正しい記述です。前述の公式を文章にしたものです。GDPデフレーターはさらに詳細にいえば，問題文のように求められます。なお，卸売物価指数（生産者物価指数）

は，現在は基準が改定され，**企業物価指数**と呼ばれています。また，加重平均のしかたはテクニカルな話なので特に知る必要はありません。

2．前半は正しく，名目値と実質値の正式な説明ですが，GDPデフレーターは名目国内総生産を実質国内総生産で割り算して求められるので誤りです。

3．誤りです。公式より，名目GDPが100，GDPデフレーターが1.5ならば実質GDPは，公式に代入して計算すると，100÷1.5＝66.6…≒66.7となります。

次のテーマは専門試験レベルなので，初学者の方は後回しにして先に進んでください。

名目（実質）GDPの求め方（応用）

GDP（GNP）は，ある一定期間に一国内で生み出された（一国民が生み出した）付加価値の総計でした（⇒p.31）が，**例題14の2**にもあったように，別の定義として，「**名目GDPは各時点の価格で測ったもので，実質GDPは基準時点の価格で測ったもの**」です。より正確には，次のように示すことができます。

名目GDP：その年の財の価格×その年の生産量
実質GDP：基準となる年の財の価格×その年の生産量

たとえば，本書の冒頭（⇒p.21）の事例のように，パンだけを作る国があったとして，その国のGDPを考えてみましょう。ある国で1年目と2年目におけるパンの価格と販売量は以下のようであったとします。

1年目に価格は1個100円で，1万個販売した。
2年目の価格は1個120円で，1万1,000個販売した。

このとき，それぞれの名目GDPはいくらになるでしょうか？　名目値は，その年の市場価格で評価したものなので，そのまま計算して次のようになります。

1年目の名目GDP：100×10,000＝1,000,000（100万円）
2年目の名目GDP：120×11,000＝1,320,000（132万円）

これに対して，実質GDPはどうなるでしょうか？　「実質」の定義である「物価の変動の影響を取り除く」とは，価

名目と実質との比較

実質成長率と名目成長率の関係式は，
実質成長率＝名目成長率－物価上昇率
で示されました（⇒p.56）。成長率とはGDPの伸び率のことですが，これと今学んだ公式との違いは何でしょうか。

$$\text{実質GDP}=\frac{\text{名目GDP}}{\text{GDPデフレーター}}$$

答えは，実質GDP，名目GDP，GDPデフレーターはある一定の値のことで，百分率（%）ではないということです。**3**のように，デフレーターの値は0.5，1.5，2などの値となります。

GDPって売上げのこと？

名目にしろ実質にしろGDPを価格×販売量で求めているので，GDP（生産額）＝売上額かと思われるかもしれませんが，三面等価の原則（⇒p.27）の生産＝支出の関係から事後的にそうなります。「生産された財は必ずだれかが買う」でしたね！

格を基準年（1年目の価格100円）に合わせることなので，

　2年目の実質GDP：100×11,000＝1,100,000（110万円）

となります。価格を同じにすることで，「実質」的な生産量の増え方がわかるわけです。なお，基準年である1年目の実質GDPは，価格が同じなので名目GDPと同様に100万円で変わりません。

結局

2年目の名目GDP：132万円
2年目の実質GDP：110万円
物価が上昇した分，実質値は低下したことがわかります。

　では，専門試験の一部ですが，上の定義を使って，次の問いに答えてみてください。

例題15

　下の表は米とクルマを生産しているある経済の2年間の働きを示している（第1年度を基準年，第2年度を比較年とする）。このとき，第2年度の名目GDPと実質GDPを求めなさい。

（裁判所事務官　一部抜粋　改題）

	第1年度		第2年度	
	生産量	価格	生産量	価格
米	2,500万トン	4万円/トン	4,000万トン	5万円/トン
クルマ	500万台	140万円/台	600万台	150万円/台

解法のステップ

　財の数が増えても，各財の生産高（価格×生産量）を足し合わせていけばいいですね。実質GDPを求める場合は，基準年の価格を使うことだけ注意しましょう。

・第2年度の名目GDP

「名目GDP：その年の財の価格×その年の生産量」より，

　5×4,000＋150×600＝110,000（11兆円）

・第2年度の実質GDP

「実質GDP：基準年の財の価格×その年の生産量」より，

　4×4,000＋140×600＝100,000（10兆円）

　なお，第1年度の名目GDPは

　4×2,500＋140×500＝80,000（8兆円）

となり，第1年度は基準年なので，実質GDPも8兆円です。

実質値の求め方

比較年次（2年度）の実質GDPを求めるために，価格は基準年次（1年度）の数値，生産量は，比較年次の数値をそれぞれ用いて計算します。

第1章のまとめ

●GDP（国内総生産）と三面等価の原則

▶GDP・GNP

GDP（国内総生産）：一国内における居住者がある一定期間に生産した財・サービスの付加価値の合計（総額）

GDP＝企業の生産額－中間生産物投入額＝最終生産物の価値の合計

GNP（国民総生産）＝GDP（国内総生産）＋海外からの純所得
（海外からの受取所得－海外への支払所得）

GDP＝消費C＋投資I＋政府支出G＋（輸出X－輸入M）

▶三面等価の原則

三面等価の原則：**生産＝支出＝分配（所得）**

⬇

生産面のGNP＝支出面のGNP＝分配面のGNP

⬇

国民総生産（GNP）＝国民総支出（GNE）＝国民総所得（GNI）

●さまざまな経済指標

▶国民所得NI：要素価格表示の国民所得

国民所得NI＝国民総生産GNP－固定資本減耗－（間接税－補助金）
＝国民純生産NNP－（間接税－補助金）
＝雇用者所得＋営業余剰

国民純生産NNP＝国民総生産GNP－固定資本減耗

国民総生産（GNP）	財・サービスの付加価値の合計			
	企業		家計	政府
国民総支出（GNE）	投資		消費	政府支出
国民純生産（NNP）	固定資本減耗	投資	消費	政府支出
国民所得（NI）	（固定資本減耗）	営業余剰	雇用者所得	間接税－補助金
国民総所得（GNI）	営業余剰（固定資本減耗も含む）		雇用者所得	間接税－補助金

▶**GDPの帰属計算**

帰属計算に属する：持ち家，農家の自家消費，投資活動による利息・配当益
帰属計算に属しない：株式取引，主婦の家事労働，遺産・贈与，余暇・環境，自宅で散髪

●**景気循環**

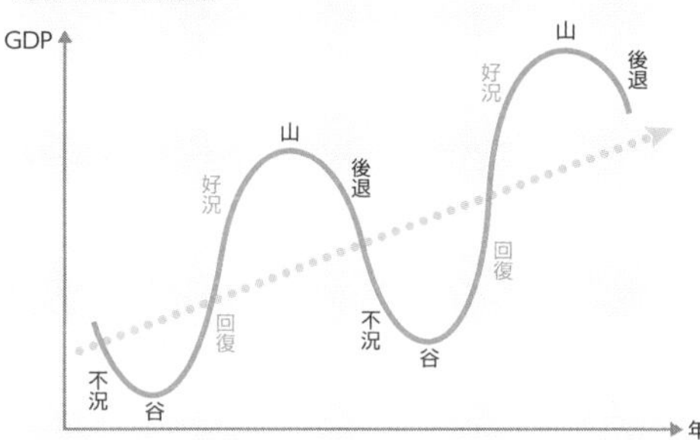

学者名	周期	要因
キチン	3.3年	在庫投資
ジュグラー	10年	設備投資
クズネッツ	20年	建築投資
コンドラチェフ	50年	技術革新

▶**実質値と名目値**

$$実質GDP=\frac{名目GDP}{GDPデフレーター（物価指数）}$$

物質GDP成長率＝名目GDP成長率－物価上昇率（インフレ率）

▶**インフレとデフレ**

インフレ

・物価が持続的に上昇すること
・貨幣価値が低下
・年金生活者に不利，借金生活者に有利

デフレ

・物価が持続的に低下すること
・貨幣価値が上昇
・年金生活者に有利，借金生活者に不利

教養試験レベル　第2章

景気対策

財政・金融政策と貨幣市場の仕組み

インフレやデフレにならないように，政府は景気変動を緩和し，安定した経済成長を図るために経済政策を行います。

政府・日本銀行（日銀）が行う経済政策には，財政政策と金融政策の２種類があり，両政策を通じて景気対策が講じられます。

教養試験では，最も出題頻度が高い最重要項目です。特に地方上級や警察官の試験では定番といってもいいぐらいです。

なかでも，日銀の金融政策である金利操作，公開市場操作，預金（支払，法定，現金）準備率操作の３つは，公務員試験受験者にとっては常識的なテーマで，出題頻度を問わず確実に理解しておいてください。

また，本章では，実践レベルの第２章*IS-LM*分析のところで扱う，利子率や貨幣・債券についての基本項目を簡単に説明しています。難しい経済理論に進む前に，ここで頭に入れておいてください。

教2-1

財政政策と金融政策とは
～教養試験の花形！～

政府と日銀は，経済が安定するように，それぞれ**財政政策**と**金融政策**を行います。好況になれば過熱してインフレにならないように景気を抑える政策を行い，不況になれば景気を回復させる政策を行うのです。

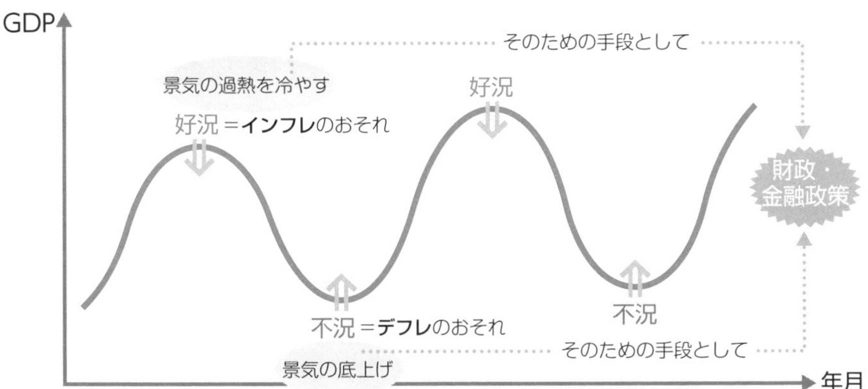

政府による財政政策について

一般の経済学のテキストによれば，**財政政策**とは「政府が景気調整を目的に，歳入・歳出の増減など財政上の操作を通じて行う経済政策」であると説明されています。

具体的には，政府（財務省）が公共投資を増やしたり減らしたり，税金を上げたり下げたりすることです。

たとえば，不況時には景気を刺激するために，歳出面で政府支出（公共投資）を増加させ，歳入面では減税を行います。また，景気が過熱しインフレが発生するような場合，逆に，公共投資を抑制したり，増税を行います。

GDP＝消費*C*＋投資*I*＋政府支出*G*＋（輸出*X*－輸入*M*）

において，たとえば不況のときは，減税によって，上式右辺の消費と投資が増加することになり，また公共投資の増加に

フィスカル・ポリシー

英語では財政政策を「フィスカル・ポリシー」といいます。

歳入？歳出？

歳入とは政府の収入，歳出とは政府の支出のことをさします。

よって，右辺の政府支出の増加でGDPが拡大していきます。

財政政策をまとめると…

財政政策	租税	公共投資
不況（デフレ対策）	減税	増加
景気の過熱（インフレ対策）	増税	抑制

公共投資？

国や地方自治体によって行われる道路，港湾などや，学校，病院，住宅，下水道など**社会資本（インフラ）**整備に向けて投資する経済活動のことです。「公共事業」とも呼ばれます。

日銀による金融政策について

次に，金融政策です。**金融政策**とは，中央銀行である日本銀行が，金利水準や**貨幣供給量（マネーサプライ）**を変動させることで，景気を調整させようとする経済政策のことです。

不況時には，日銀は金利を引き下げてマネーサプライを増加させます。金利の引き下げによって，企業は銀行から低い金利でお金を借りることができるようになります。これは，銀行からみれば，貸出しの増加（マネーサプライの増加）を意味します。その結果，企業の設備投資が増加し，それに伴ってGDP（所得）が増加し景気が回復することになります。

逆に，景気が過熱しているときのインフレ対策としては，金利を引き上げて貸出しを減らします。その結果，企業の設備投資が抑制されることになります。

金融政策をまとめると…

金融政策	金利	マネーサプライ
不況（デフレ対策）	引き下げ	増加
景気の過熱（インフレ対策）	引き上げ	抑制

中央銀行？

現在，世界の通貨（お金）は，国がその流通量を管理調節（これを**管理通貨制度**という）しています。そのために各国には民間の銀行以外に中央銀行があります。日本の日本銀行，英国のイングランド銀行，アメリカのFRB（連邦準備制度理事会）がそれぞれ中央銀行です。

復習しよう！

金利＝利子率
マネーサプライ＝貨幣供給量

気をつけよう！

日銀は政府機関ではなく，日本銀行法に基づいて設立された認可法人です。ですから，政府が金融政策を実施するとか，日銀が財政政策を実施するという表現は間違いです。

中央銀行って何をするの？

ここで，金融政策の担い手である日銀（日本銀行）について説明します。中央銀行には以下の3つの役割があります。

●発券銀行

日銀は，日本銀行券（紙幣）を発行できる唯一の銀行なので「発券銀行」といわれます。

●銀行の銀行

民間の銀行（**市中銀行**という）にお金を貸したり，**預金準備**として預かったりします。特に貸出しについては，市中銀行が最後に困ったときに日銀を頼ってくることから，「**最後の貸し手**（最後のよりどころ）」と呼ばれたりします。

●政府の銀行

私たちが銀行に口座を持っているように，市中銀行は日銀に口座を持っています（**日銀当座預金口座**）。そして，租税や公債金（国債による収入のこと）など国のお金（**国庫金**という）の出納（お金の出し入れのこと）や管理を行うことから「政府の銀行」の役割を持っています。

では本項のまとめとして次の２問に当たってください。

硬貨の発行は？

硬貨は，財務省管轄の独立行政法人造幣局（旧大蔵省造幣局）が発行します。

預金準備？

預金を引き出しに来る顧客に対応するために，銀行は，預金のうち一定割合の預金を貸出しに回さずにとっておかなければなりません。これを**準備金**といいます（⇒p.77）。

例題1

過熱した景気を冷やすための政策として妥当なのは，次のうちどれか。

（国家一般職［高卒］ 改題）

1 金利を引き上げて貸出しを減らす。減税して消費を増やす。財政支出を拡大して需要を増やす。

2 金利を引き下げて貸出しを増やす。増税して消費を減らす。財政支出を縮小して需要を減らす。

3 金利を引き下げて貸出しを減らす。減税して消費を増やす。財政支出を拡大して需要を増やす。

4 金利を引き上げて貸出しを減らす。増税して消費を減らす。財政支出を縮小して需要を減らす。

5 金利を引き下げて貸出しを減らす。減税して消費を減らす。財政支出を拡大して需要を増やす。

解法のステップ

これまでの説明から正答は**4**であることは判断できると思います。インフレ対策ですから，金利を引き上げ，増税ですね。

例題2

消費税率上昇が国民総生産に及ぼす影響に関する次の記述のうち，最も妥当なものはどれか。

（市役所）

1　可処分所得は変化しないものの，消費性向を低下させることを通じて，国民総生産を減少させる。

2　可処分所得は変化しないため，民間消費になんら影響を及ぼさないが，政府税収の増加を通じて国民総生産を増加させる。

3　可処分所得の減少を通じて民間消費が抑制するものの，民間消費の減少に伴って民間投資が増加するから，国民総生産は変化しない。

4　可処分所得の減少を通じて民間消費を抑制するが，財政赤字が減少するから，国民総生産は変化しない。

5　可処分所得の減少を通じて民間消費が抑制するから，政府支出を増やさなければ，国民総生産を減少させる。

解法のステップ

税率の上昇によって可処分所得は減少するので，選択肢**1**，**2**は誤りとなります。

3，**4**，**5**については，三面等価の原則を思い出してください。生産＝所得でしたので，

国民所得*Y*＝国民総生産GNP＝消費*C*＋投資*I*＋政府支出*G*

が成り立ちます。ゆえに，民間消費が減少すれば，国民総生産は減少します。

よって，**5**が正答となります。

可処分所得？

可処分所得は，所得*Y*から税金*T*を差し引いた後の「実際に消費や貯蓄に使える所得」のことでした。

●金融の世界は複雑怪奇！

本項で紹介した金融政策は概略的で単純化した説明でした。実際の金融政策は極めて複雑で難解です。そこで，現実の金融政策を理解するために，次項から，金融市場（貨幣市場）について，さまざまな面から解説します。そのうえで，改めて日銀の金融政策について詳しく説明していきます。

教2-2

貨幣市場って複雑!?
～利子率と債券の不思議な関係～

日銀の金融政策の結果として，お金が動いて経済に影響を与えるわけですが，本項では，そのお金（貨幣）の市場，すなわち貨幣市場（金融市場）について説明します。

まずは，最も基礎的な項目である利子率（金利）や債券について学びましょう。

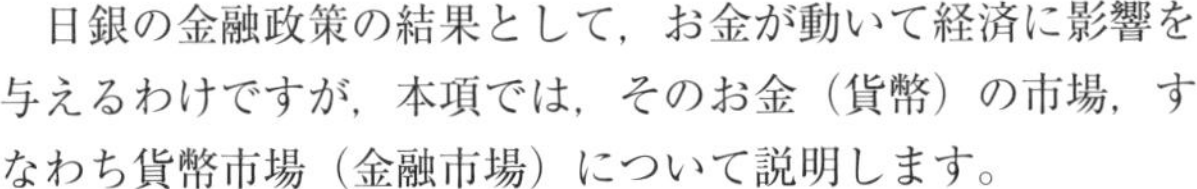

利子率（金利）について

利子率（金利）を説明するために，利子率，利子，貸した（借りた）お金の関係をまとめます。

利子とは，辞書では一般的に「貨幣を一定期間貸したことに対して貸した者に支払われる報酬」というような説明がなされています。これをわかりやすく式の形にすれば，

利子＝返してもらったお金－貸したお金（元本）

となります。

そして，利子率とは，

$$\text{利子率} = \frac{\text{利子}}{\text{貸したお金}} \qquad \left(\text{貸したお金} = \frac{\text{利子}}{\text{利子率}}\right)$$

と表すことができます。たとえば，年間の利子率が10%のときに１年間10万円を預ける（銀行に貸す）とすると，翌年11万円（利子１万円）になって返ってくるということになります。

いろいろな利子率（金利）

それから，利子率（金利）にもいくつかの種類があります。まずは，経済学ではかつて最も重要であった公定歩合，身近なところで貸出金利と預金金利について説明します。

公定歩合（こうていぶあい）とは，中央銀行が市中銀行（民間銀行）に資金を貸し出す際の利子率のことです。なお，現在公定歩合は「基

そもそも利子率って？

利子率（金利）とは，お金の価値を測るものです。

借りたお金が10万円のとき，利子率が10％の場合は利子は１万円，利子率が５％であれば利子は5,000円ですね。

利子率５％のときより，利子率10％のときのほうが利子をたくさん払うので，利子率10％のときのほうが10万円の価値は高いということを意味します。

利子率と金利

利子率と金利は同じものとみなしてください。実社会では「金利」を使う場合が多いのですが，経済学では「利子率」を使う場合が多いようです。

年利とか複利とか…

「金利といえば年利でしょう」とか「複利計算しないの」とか，金融に詳しい社会人受験者から質問されることがあります。しかし，実社会で使われている金利の説明をしだしたらきりがありません。

公務員試験対策としては，本書で示したようなシンプルな形の理解にとどめておくようにしてください。

準割引率および基準貸付率」という長い名称に変更され，その役割も変化しています（⇒ p.84）。

貸出金利とは，市中銀行（民間銀行）が企業へ貸付けを行う際の利子率のことで，貸出金利で企業から銀行へ利子が支払われます。

預金金利は，市中銀行（民間銀行）が個人や企業などからお金を預かる際の利子率で，銀行が個人や企業に利子を支払います。

では，これらの金利の関係はどうなっているのでしょうか。

公定歩合は，かつて政策金利として，金利体系の中心的な存在でした。当時の**規制金利**の時代，金利の世界は公定歩合を軸として，貸出金利や預金金利などいわゆる資本市場（金融市場）の金利が規制されていました。

より具体的には，利子率は，公定歩合が最も低く，日銀が公定歩合を引き下げ（上げ）れば，連動して，預金金利も貸出金利も低下（上昇）していたのです。

ただし，1990年代半ばの金利の自由化に伴い，公定歩合は政策金利の地位を無担保コールレート（翌日物）という銀行間の金利に譲りました（⇒ p.85）。

【規制金利の時代の金利体系】

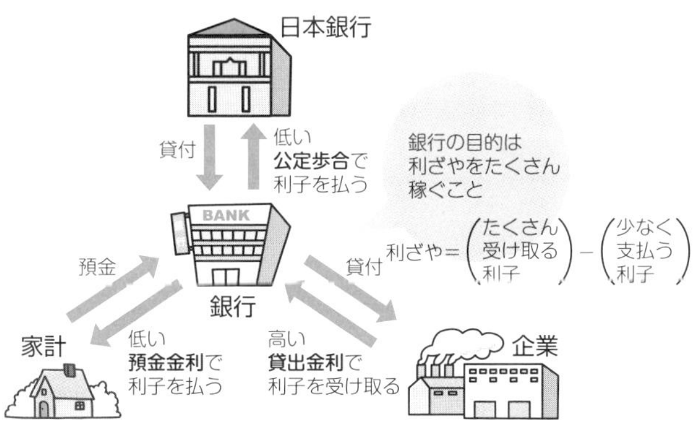

銀行は利子を稼ぐことで収益を得ようとします。つまり，銀行はできるだけ高い金利で企業にお金を貸して，できるだけ多くの利子を受け取り，できるだけ低い金利で預けてくれた企業や個人に利子を支払おうとします。これを「利ざやを

銀行が日銀からお金を借りるの？

市中銀行は，通常，預けられたお金をできるだけ企業への貸出しに回して利益を得ていますから，手元に資金が潤沢にあるとは限りません。そこで，顧客企業からの資金需要に応じるために日銀からお金を借りて貸付けをしたりするのです。

政策金利っていう言葉も聞くけど？

政策金利という金利があるわけではなく，日銀が金融政策を行ううえで指標とする金利を政策金利といいます。公定歩合は長い間，政策金利でした。

「利ざや」の原則を式で説明すると…

企業の利潤の式は，
「利潤＝収入－費用」
で表せましたが，銀行の利潤も利子を基準にすれば，
「利潤＝収入（貸出金利による利子収入）－費用（公定歩合や預金金利で支払う利子）」
となります。預金金利で個人や企業に支払う利子は，銀行からしてみれば費用ということになります。

公定歩合

現在政策金利としての役割を終えたとはいえ学習者は，絶対に知っていなければならない重要な金利です。

稼ぐ」といいます。ですから，銀行は貸出金利を預金金利より高く設定します。

要は，「安値で買って，高値で売ってもうける」という商売の原則と同じなのです。銀行は，低い金利で資金を調達して，高い金利で貸し付けるわけです。

債券について

利子率について学んだら，関連性のある項目として，**債券**（さいけん）について説明します。

赤字？黒字？

簿記で不足額を表す数字を赤色で記入するところから，支出が収入より多いことを「赤字」といいます。「黒字」はその逆で，収入が支出より多いことです。

●債券の発行目的

債券とは，国・地方自治体や企業などが財源を調達するために発行する証書のことで，一言でいえば借金の証書ということです。

たとえば，国が借金をするときには，**国債**（こくさい）を発行します。予算で，歳出が80兆円で，歳入としての税収が50兆円しかなければ，30兆円分の国債を発行する，という具合です。ただし，この場合，財政赤字が30兆円として累積していくことになります。

このように，財政赤字の埋め合わせのために発行される債券のことを**赤字国債**といいます。そのほかに，公共事業を行うための資金を調達する目的で発行する**建設国債**もあります。

債券にもいろいろある

国が発行する債券が**国債**，地方自治体が発行する債券が**地方債**，株式会社が発行する債券を**社債**といいます。国と地方自治体が発行する債券をひとくくりにして**公債**という場合もあります。

建設国債

公共事業といえば道路やダムの「建設」が中心ですね。そこでこのタイプの国債は建設国債と呼ばれます。

【国債のイメージ】

歳出	歳入
社会保障費 …… …… 公共事業費 ……	租税　50兆円 国債　30兆円 ‖ 借金
80兆円	80兆円

税収が50兆円しかなかったら，30兆円分の国債を発行（＝借金）する

どの国債が重要？

これらの国債の中では，**10年債**（**10年国債**）が最も流通しており（売買がなされており），国債の指標です。この10年債の利回り（利子率）は，長期金利の指標でもあります。

●債券の償還（返済）期限

政府は借金をするために国債を発行するといいましたが，どのくらいの期間借金をするのでしょうか。

債券も一種の金融商品なので，国債の年限（借金できる期間）も決められています。すなわち国債の満期までの期間のことですが，具体的には，６か月から始まって，１年，２年，５年，10年，20年と続き，長いものでは30年や40年というものもあります。

国債もこれらの年限によって２年債（あるいは２年物（もの）），10年債（10年物）……と呼ばれます。

さらに，この償還（返済）期限によって，１年以下を短期債（短期国債），２年債・５年債を中期債, 10年債を長期債, 20年以上を超長期債といいます。

また，グラフの横軸に（残存）期間，縦軸に利回り（≒利子率）をとって，２年物，５年物，10年物，20年物……というような償還（返済）期間の異なる債券の利回り（≒利子率）の関係を表した曲線のことを**イールドカーブ**（利回り曲線）といいます。一般的に，残存期間が長い債券のほうが利回りは高くなります（長期金利と短期金利では，長期が高い）。

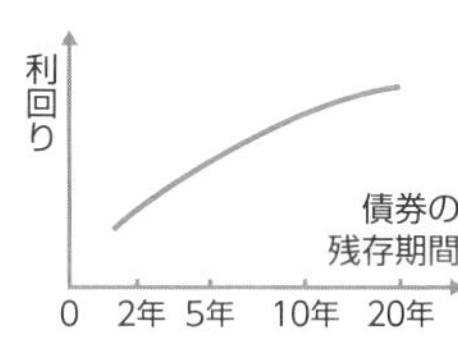

債券と利子率について

●債券・利子率・利子の関係

国債とは国の借金ですから，私たちが国債を買えば，国は利子をつけて返してくれます。先ほど利子率は，

$$\text{利子率} = \frac{\text{利子}}{\text{貸したお金}}$$

で求められることを示しましたが，債券においても同様のことがいえます。国に貸したお金が国債価格に相当するので（10万円分の国債を買えば10万円国に貸したことになる）債券価格，利子，利子率の関係も同様に以下の式で示されます。

$$\text{利子率} = \frac{\text{利子}}{\text{債券価格（国債価格）}}$$

公務員試験の経済学で債券といえば国債とみなしてください。また，国債など有価証券の価格（時価）に対する利子のことを，正確には「利回り」といいますが，こちらも試験対策としては，利回りも利子率とみなして構いません。

債券＝国債
利回り＝利子率

●債券価格と利子率の関係

債券の価格と利子率について説明しましょう。

いったん財務省が発行した債券（国債）は，不特定多数の参加者がいる**流通市場**と呼ばれる市場で売買されます。そして，日々の市場での売買を通して，債券の適正な価格と利子率が決定されます。

そのときの市場利子率と債券価格は，

$$\text{債券価格}=\frac{\text{利子}}{\text{利子率}}\qquad\left(\text{利子率}=\frac{\text{利子}}{\text{債券価格}}\right)$$

の関係で示すことができます。

通常この利子は一定値で変化しません。いったん発行された国債を満期まで保有していたら約束された利子を受け取ることができるからです。そうすると，分子の利子が一定ですので，利子率が上昇（低下）したというのは，分母の債券価格が低下（上昇）したということを意味します。

結論は，**債券価格と利子率は逆の動きをする**ということです。いずれにしてもこれまでの説明がわからなかったという人は，この結論だけ覚えておいてください。

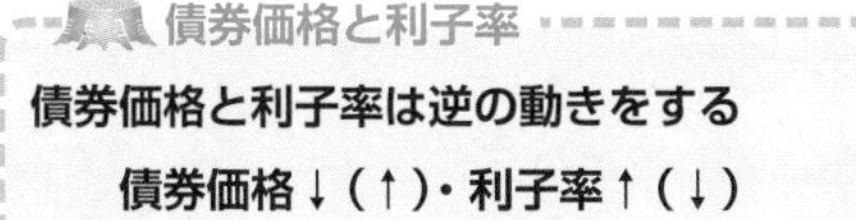

債券価格と利子率

債券価格と利子率は逆の動きをする

債券価格↓（↑）・利子率↑（↓）

一定

$$\text{債券価格}=\frac{\text{利子}}{\text{利子率}}$$

↑（↓）　　↓（↑）

約定利息が一定なので，債券価格が上昇（低下）すれば利子率は下がる（上がる）。

〈参考〉

●発行市場と流通市場

財務省が債券を発行する際には，入札によって，一部の金融機関（これをプライマリー・ディーラーといいます）が債券を引き受けます。この最初に債券が売買される市場を**発行市場**といいます。

【発行市場と流通市場】

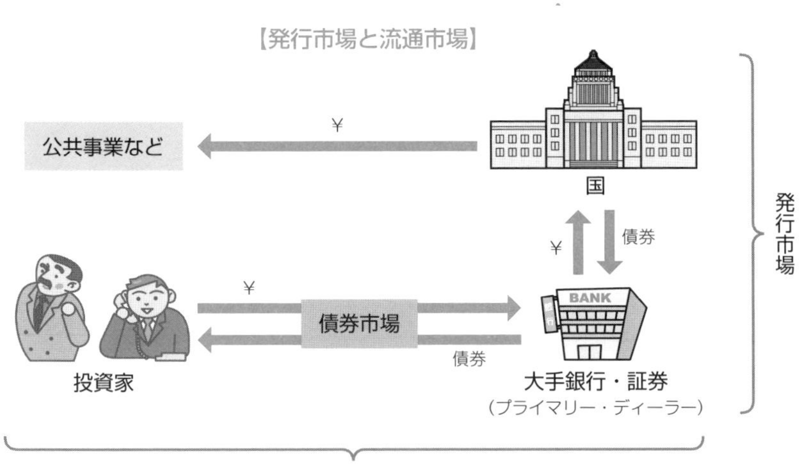

その後，多数の投資家が参加する債券市場で，発行された債券が売買されます。この市場を**流通市場**といいます。

本項の内容について，教養試験で単独で取り上げられることはないでしょう。しかし，ここは，本章の初めに述べたように，専門試験レベルの問題をこなすための基礎知識を，前もって知っておいてほしいので先取りで取り上げました。

教2-3

貨幣需要と貨幣供給について
～貨幣市場もやっぱり需要と供給だ！～

利子率（金利）と債券についての理解ができたところで，貨幣（金融）市場の中身について学習します。まずは，貨幣需要からです。

貨幣需要の３つの動機

貨幣需要とは，家計や企業が貨幣を必要とすることです。

では，人々は貨幣をどんな理由で持とうとするのでしょうか？　その保有動機として，取引動機，予備的動機，投機的動機の３つのタイプがあります。

「動機」と「需要」って同じこと？

取引動機，予備的動機，投機的動機は，取引需要，予備的需要，投機的需要といっても同じことです。

●取引需要

通常，「取引」というと，企業の取引を連想しますが，ここでいう取引需要とは，企業が取引（売買）するために現金を必要とする（需要する）だけでなく，消費者がモノを買うために，財布にお金（貨幣）を入れて買い物に行く場合も含めて考えます。

こうした取引需要は，どういうときに増えたり減ったりするでしょうか？　それは，所得が増減したときです。つまり，所得が増加すれば，それだけ個人は買い物をたくさんしますし，企業も取引を増やして生産活動を拡大させます。ですから，この取引需要は**国民所得に依存（比例）**します。

●予備的需要

このタイプの貨幣需要は，いざというときのために貨幣を保有しておくという動機からくる需要です。

この予備的需要もまた**国民所得に依存する**と考えられます。不測の事態に備えるために保有しておこうとする貨幣の量は，たとえば，所得が何千万円もある高所得者層でしたら，家庭の金庫に100万から300万円ぐらいの現金があるかもしれません。これに対して，年収が数百万円の低所得者層で

一緒に議論されることもある

予備的需要は取引需要と同じく国民所得に依存するために，経済学ではときどき予備的需要を取引需要に含めて議論する場合もあります。

すと，いざというときのために保有されるお金は数万円かもしれません。

このように，所得の大きさによって，予備的需要が変化することは，理解してもらえると思います。

ここまでは，特に問題はなかったのではないかと思いますが，次の投機的需要については，少々やっかいです。先ほど学んだ債券の知識も使って考えましょう。

●投機的需要(資産需要)

投機的需要とは，具体的にいえば，貨幣を資産として持つための需要ということです。ですから，投機的需要のことを資産需要ともいいます。

一般的に人々は，資産として銀行預金以外に，株とか債券とかさまざまな金融商品，土地などの不動産を保有していますが，マクロ経済学では，説明を簡単にするために，資産選択としては貨幣か債券（国債）の２種類しかないとみなします。

貨幣と債券の関係を考えてみましょう。

利子率が上昇すれば，人々は債券を資産として保有したがります。これは債券の利回り（利子率）が上がって利子をたくさんもらえるからです。このとき，資産としての債券需要が増加するので，相対的に資産需要としての貨幣需要は減少します。

逆に，利子率が低ければ債券を購入しても利子がそんなにもらえないということになります。だったらいざとなればいつでも使える貨幣が好まれます。つまり，ほかのモノや金融商品の交換手段として活用できる貨幣を資産として保有するようになる（貨幣需要が増大する）と考えます。

【投機的需要の関係】

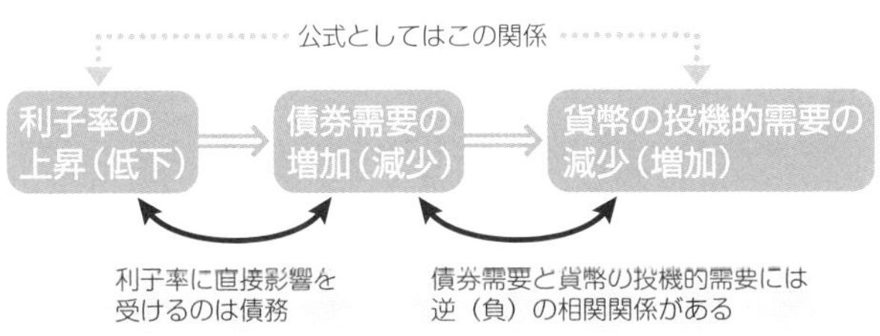

取引需要と予備的需要のまとめ

貨幣の取引需要と予備的需要⇒国民所得に依存
国民所得が増加（減少）すると増加（減少）する

なぜ２種類しか考えないの？

２つの資産だけを考えると，２つに１つの選択になるので，「一方の需要が増えればもう一方の需要が減る」といったように相対関係を導くことができるからです。
貨幣需要の増大（減少）＝債券需要の減少（増大）

使い勝手がいい貨幣

利子率が低ければ，「いつでも使える貨幣が好まれる」ということを難しく表現すると，**貨幣は流動性が高い**といういい方をします。一方で，債券は，貨幣の代わりに，たとえばコンビニで支払いには使えないので，**債券は流動性が低い**といいます。

負の相関関係

負とはマイナスではなく，「逆」の意味です。変化であれば，増加（減少）に対して減少（増加）といった関係です。ちなみに，正の相関関係といったら，増加（減少）と増加（減少）といったように変化の動きが同じことをさします。難しい表現ですが，経済用語として理解しておいてください。

投機的な貨幣需要の増減を知りたいのに，債券需要を先に考えなければならないところに難しさがありますね。

結局は，**貨幣の投機的需要は，利子率が上昇（低下）すれば，減少（増加）する**ということになります。

では，貨幣需要だけに関する問題に当たりましょう。

例題3

貨幣需要に関する次の記述のうち，妥当なものはどれか。

（地方上級　改題）

1　株や債券などの資産が存在する場合は，貨幣が資産として需要されることはない。

2　取引動機に基づく需要は，日常の取引をするうえで必要とされる貨幣需要のことであり，通常は所得が増加すると減少する。

3　取引動機に基づく需要は，不意の出費に備えるための貨幣に対する需要であり，通常は所得が増加すると増加する。

4　資産動機に基づく需要は，家計が保有する資産の一手段としての貨幣に対する需要であり，利子率が上昇すると減少する。

5　予備的動機に基づく需要は，貯蓄をすることを目的とした貨幣需要であり，債券の需要が高まると減少する。

解法のステップ

これまでの説明で十分解けると思いますので，それぞれの選択肢のどこが間違っているかだけを指摘しておきます。

1．株や債券などの資産が存在する場合は，人々は貨幣か債券（株）を資産として選択するので，誤りです。

2．取引動機に基づく需要は，所得が増加すると「減少」ではなく「増加」するので，誤りです。

3．取引動機に基づく需要は，不意の出費に備えるための貨幣に対する需要ではありません。誤りです。

4．正しい記述です。

5．予備的動機に基づく需要は債券の需要とは無関係です。誤りです。

やはり暗記だ！

貨幣需要の各動機をしっかり覚えておくことで十分に対応できますね。

貨幣の種類もいろいろ

貨幣需要を説明したので，次は貨幣供給ですが，その前に，供給される「貨幣」そのものについてまとめておきたいと思います。

経済学でいう貨幣というのは，日本銀行券（紙幣）と硬貨のことをさしますが，いくつかの種類に分類されます。

現金通貨C

各家庭ならびに各企業が銀行に預けたりせず，実際に保有している貨幣の総額です。

厳密にいえば，日本銀行が発行するお札（日本銀行券）と，財務省が発行する硬貨からなっています。

預金通貨（要求払預金）D_1

要求払預金とも呼ばれるもので，預金者の要求があればいつでも自由に払い出せる預金のことです。通常われわれが口座を持っている普通預金や当座預金などが該当します。

定期性預金D_2

定期性預金は，民間銀行に預けられた定期預金のことです。定期預金はすぐに引き出せないので，現金通貨や預金通貨から区別されます。ただ貨幣の一部であることには変わりがないので**準通貨**といわれています。

民間銀行の支払準備金R

銀行は，預かった各種預金（定期預金，普通預金など）を企業や個人に貸出しして，そこから得られる利子を利益としていますので，できるだけ貸出しをしたいわけですが，預金総額からある程度の割合を中央銀行に預けなければならない義務があります。これは預金者がお金を引き出しに来たときに払い戻す分を確保しておかなければならないからです。

この貸出しをせずに保有しておかなければならないお金を「**準備金**」といい，そして，預金総額に対する準備金の割合が**準備率**です。この準備率は日銀によって法律で決められていることから**法定準備率**（**預金準備率**，**支払準備率**，**現金準備率**）などと呼ばれます。

C，D，Rの意味は？

英語表記の頭文字からきています。
現金通貨のCは現金のCash
預金通貨のDは預金のDeposit
支払準備金のRは準備金のReserve
です。
Cについては，「費用の略語でなかったか」という人もいると思いますが，ミクロ経済では費用，マクロ経済では現金であったり，消費であったりします。必ず一つに決めなければならないという決まりはないので，柔軟に対応してください。

当座預金？

送金，集金などに使う決済専用の口座（郵便局では郵便振替口座がある）で，基本的に利子はつかず預入限度額もありません。

準備金はどこに預けられる？

私たちが，銀行に口座を持っているように，民間銀行も日本銀行に口座を持っています。各行の準備金は，**日銀当座預金**と呼ばれる口座に預けられます。

たとえば，1,000万円の預金を受け入れたら，預金準備率が10％であれば100万円を準備金として日銀の当座預金に預けなければなりません。

貨幣供給を定義する

●貨幣供給の定義

このように，貨幣にはさまざまな種類がありますが，貨幣が世の中にどれだけ供給されているかという**貨幣供給（マネーサプライ）*M***の大きさも，以下のようにいくつかの定義がありました。

M_1：現金通貨＋預金通貨（要求払預金）
M_2：M_1＋準通貨（定期性預金）

日本では，マネーサプライ統計において，その指標は**M_2＋*CD***（譲渡性預金）が用いられていました。ただし，このM_2+CDには，かつての郵便局のお金が含まれていませんでした。これは，郵便局が以前は郵政省，その後総務省の傘下に入るなど，日本銀行の管轄ではなかったからです。しかし，2007年10月の郵政民営化に伴い，ゆうちょ銀行の資金も，日銀が把握することになりました。これだけが理由ではありませんが，2008年６月からは，市場にどれだけ通貨が供給されているかの統計として，マネーサプライ統計に代わり，**マネーストック統計**が採用されています。

マネーストック統計では，たとえば，M_1とM_3の対象金融機関に，ゆうちょ銀行だけでなく，農業協同組合，信用組合なども入り，また，*CD*も新たなM_2統計に含まれています。

現在のマネーストック統計は次のように分類されています。
M_1：現金通貨＋預金通貨（発行者：全預金取扱機関）
M_2：M_1＋準通貨＋*CD*（発行者：国内銀行等）
M_3：M_1＋準通貨＋*CD*（発行者：全預金取扱機関）

M_2とM_3の違いの決定的な一つは，通貨の発行者にゆうちょ銀行を含むのがM_3で，含まないのがM_2であるということです。

Mの意味は？

貨幣供給の***M***ですが，これはかつてのマネーサプライ（Money supply），マネーストック（Money stock）からきています。

CD？

CD（Certified Deposit）とは，譲渡性預金のことで，普通の定期預金と異なり，第三者に譲渡することができる定期性預金のことで，企業間で活用されています。公務員試験対策としては一種の金融商品と考えてもらって構いません。

マネーサプライ？マネーストック？

一般的に，マネーサプライは貨幣供給量，マネーストックは通貨残高の意味ですが，広義には貨幣供給量のことと理解しておいてください。

ゆうちょ銀行の位置づけ

ゆうちょ銀行等は，「全預金取扱機関」に含まれますが，「国内銀行等」には含まれません。

マネーストック統計では，M_3が，より正確な貨幣供給量を示している代表的な指標です。ただしM_3は長期の時系列データが存在しないことから，日銀は，従来からのM_2+CDの後継指標に当たるM_2の動向も追っています。

●日銀の役割

こうした貨幣供給とは，銀行が家計や企業に提供する貨幣量（銀行からみれば貸出量）のことです。そして，その貨幣供給に大きな影響力を持っているのが中央銀行である日銀で，金融政策によって貨幣供給を間接的に操作しようとするのです。

ですから，貨幣供給は，貨幣需要のように国民所得や利子率の大きさによって変化することを経済学では想定していません。

日銀は，政策金利（指標となる金利）の目標水準を日銀の政策委員会という話し合いの場で決定します。したがって，マクロ経済学において貨幣供給量は一定とみなされ，経済の状態に応じて日銀によって人為的に変更されます。

具体的に，日銀は政策金利の操作，預金準備率操作，公開市場操作という金融政策を通じてマネーサプライ（マネーストック）を管理しようとしているのです。

間接的？

厳密にいえば日銀は直接，貨幣供給量を操作しているわけではなく，間接的に影響を与えています。貨幣供給量とは市中銀行から企業へのお金の流れをいうからです。

しかし，教養試験対策としては，「日銀が貨幣供給を増やしたり減らしたりしている，つまり，金利の引き下げで，貨幣供給量を増やしている，または，金利の引き上げで，貨幣供給量を減少させている」といういい方をしても差し支えありません。

【日銀と貨幣供給】

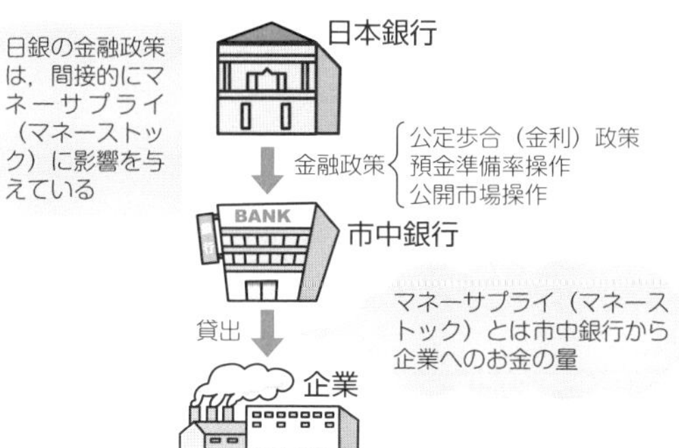

お待たせしました。次項ではやっと，金融政策の手段をきちんと説明することができます。本章に入って学んだ金融の知識をフルに生かして金融政策の理解を完璧に近いものにしてください。

教2-4

日銀による金融政策
～再考してわかる金融の世界～

本項では，日銀の３つの金融政策について解説します。

金利操作（公定歩合操作）

公定歩合とは中央銀行が市中銀行（民間銀行）に資金を貸し出す際の金利のことで，かつては政策金利でしたね。**公定歩合操作**とは，文字どおり，日本銀行が公定歩合の利率を操作することで，1990年代まで金融政策の中核でした。

公定歩合を引き下げると日銀から民間銀行へ貨幣を貸し出す際の利率が低下するので，民間銀行はより多くの貨幣を日銀から借り入れて，企業への貸出しを増やすことができるようになります。これがマネーサプライ（貨幣供給量）の増加です。

逆に，公定歩合が引き上げられると，日銀からの借り入れが減少し，企業の民間銀行からの借り入れは減少することになり，マネーサプライは減少することになります。

ですから，日銀は不況で景気を刺激したい際には公定歩合を引き下げ，景気が過熱しインフレ懸念が高まれば公定歩合を引き上げてきました。

預金準備率操作

預金準備率操作は，中央銀行に準備金として預ける預金の比率を操作することです。法律によって決められる比率のため，**法定準備率**ともいわれます。預金準備率を下げると中央銀行に預ける預金量が少なくなるので，民間銀行はそれだけ企業へ貸し出す資金が増加，すなわちマネーサプライが増加することになります。

銀行が1,000万円の預金を受け入れたときに，預金準備率が10％であれば100万円を準備金として**日銀当座預金**に預け

金利操作

かつての公定歩合操作が金利操作の基本なので，ここで取り上げます。現在の金利政策についてはp.84を参照してください。

公定歩合政策

（例）公定歩合引き下げ
↓
貸出金利低下
↓
貸出し増
＝マネーサプライ増

預金準備率

預金準備率以外にも，法定準備率，支払準備率，現金準備率などさまざまな名称がありますが，基本的に同じですので，単に「**準備率**」と覚えていればいいと思います。

準備率操作

（例）預金準備率引き下げ
↓
貸出し増
＝マネーサプライ増

なければなりません。貸出しに回せるのは900万円です。

しかし，ここで預金準備率が１％に引き下げられたら，1,000万円の預金を受け入れたときの準備金は10万円で済むので，銀行は企業への貸出しを900万円から990万円に増加させることができます。

つまり，デフレで景気が悪化しているときの対策として，日銀は預金（法定・支払・現金）準備率を引き下げることによって，マネーサプライを増加させます。

逆に，景気が過熱しているとき（インフレ懸念があるとき）に，日銀は預金準備率を引き上げることによって，市中銀行による企業への貸出しを抑え込もうとします。

実際に活用されてる？

なお，現在の預金準備率は，1991年10月以来，平均0.7%と極めて低い水準で，金融政策としては活用されていません。

【公定歩合政策と準備率操作（引き下げ）のイメージ】

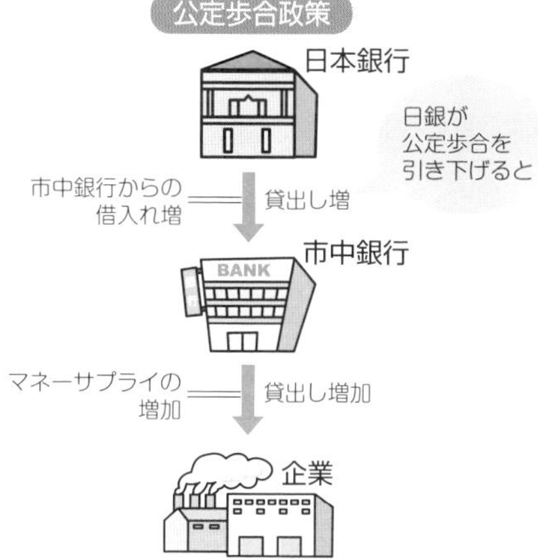

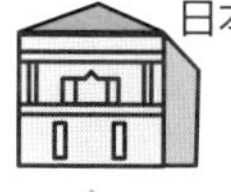

公開市場操作

公開市場操作は，債券（国債）を利用して貨幣量をコントロールする方法です。

市中で取引される債券を中央銀行が購入することを**買いオペレーション（買いオペ）**といいます。ここでは説明を簡潔にするために，債券を市中（民間）銀行から購入するとします。その売買取引によって，日銀が市中銀行に債券の購入代金を支払うことで，市中銀行が保有する貨幣が増加します。その結果，銀行は企業への貸出しを増加しようとするため，

公開市場操作

買いオペとは
「日銀が，国債を市中銀行から買うこと」
↓
日銀による国債代金の支払い（市中銀行の資金増）
↓
マネーサプライの増加
景気が拡大

マネーサプライは増加することになるのです。

このように，**買いオペとは，不況のようなときに景気を刺激するために行う日銀の金融政策の一つ**です。

逆に，中央銀行が保有している債券を市中銀行に売却することを**売りオペレーション（売りオペ）**といいますが，そこで市中銀行は購入した債券の代金を日銀に支払うために，銀行が保有する貨幣は減少します。つまり，銀行には貨幣の代わりに債券が増加することになり，その分，企業への貸出しは落ち込み，マネーサプライは減少します。

このように**売りオペは景気の拡大を抑えたいようなときに実施されます**。

なお，量的金融緩和政策とか，量的質的金融緩和政策という言葉を聞いたことがある読者もいると思いますが，これらは実質的に公開市場操作の買いオペのことです。

売りオペとは
「日銀が，国債を市中銀行に売ること」
↓
市中銀行による国債代金の支払い（市中銀行の資金減）
↓
マネーサプライの抑制
景気が後退

オペレーション？

英語としての意味は，「操作，作業」です。

【買いオペと売りオペのイメージ】

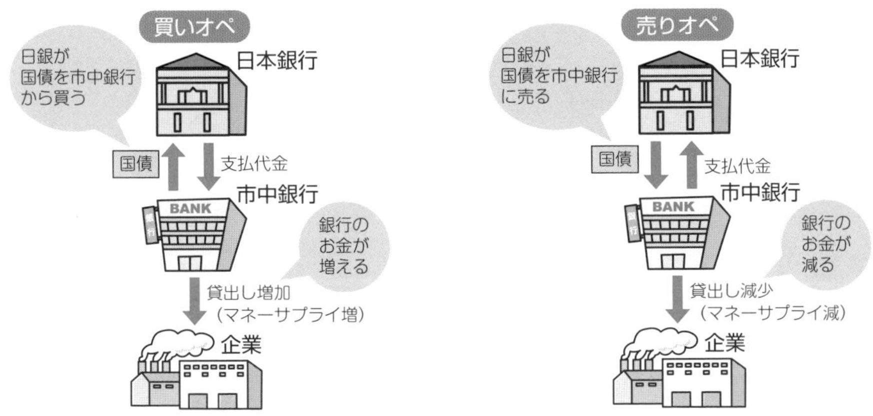

以上不況（デフレ），好況（インフレ）時の金融政策の取り方については次のとおりです。

	不況（デフレ）時	好況（インフレ）時
	金融緩和政策	金融引締め政策
金利操作	引き下げ	引き上げ
預金準備率操作	引き下げ	引き上げ
公開市場操作	買いオペ	売りオペ
国民所得	増大	減少

金融用語に慣れよう！

不況（デフレ）時の政策を総じて「金融緩和政策」といい，好況（インフレ）時の政策を「金融引締め政策」といいます。

例題4

中央銀行は，公定歩合操作，公開市場操作，預金準備率操作などの手段で通貨量を変化させ，物価の安定，景気変動の緩和などの政策目標の実現を図っている。これらに関する記述のうち，A，D，E，Jに入るものの組合せとして妥当なものはどれか。

（市役所　改題）

・中央銀行が公定歩合を変更すると，市中金融機関の貸出金利や預金金利が連動して，通貨量を調整することができる。景気の回復を図るときは，中央銀行は公定歩合を（　A　），景気が過熱したときには，公定歩合を（　B　），金利水準を全般的に（　C　）させようとする。

・中央銀行は，金融市場で公債その他の債券を売買操作して通貨量を調整することができる。金融市場で資金があふれているときには，中央銀行が公債などを市場で（　D　）と，通貨が（　E　）されて金融（　F　）となる。金融市場で資金が不足しているときには，中央銀行が市場で公債などを（　G　）と通貨が（　H　）されて金融（　I　）となる。

・市中銀行は，預金量のうち一定割合を中央銀行に預けなければならないが，中央銀行はその割合を増減させて通貨量を調節することができる。金融引き締めの効果を生むためには，この割合を（　J　）ことによって，市中金融機関は受け入れた預金のうち中央銀行に預けなければならない通貨が（　K　），新たに外部に貸し出す資金が（　L　）なる。

	A	D	E	J
1	引き下げ	買う	市場に供給	引き下げる
2	引き下げ	売る	市場から吸収	引き上げる
3	引き下げ	売る	市場に供給	引き上げる
4	引き上げ	売る	市場に供給	引き上げる
5	引き上げ	買う	市場から供給	引き下げる

解法のステップ

最初は公定歩合政策，次が公開市場操作に関すること，最後が預金準備率操作についての問いですが，これまでの説明から容易に解答できると思います。

本文のA～Lに適切な語句を入れると，A．引き下げ，B．引き上げ，C．高く，D．売る，E．市場から吸収，F．引き締め，G．買う，H．市場に供給，I．緩和，J．引き上げる，K．増加，L．少なく，となります。よって，**2**が正答となります。

一言

本問の問題文は復習に極めて有効ですので，正しい語句を入れて暗誦するぐらい繰り返し読み込んでおいてください。

コラム1 公定歩合は死んだ!?

例題4にもあったように，これまでは，「中央銀行が公定歩合を変更すると，市中金融機関の貸出金利や預金金利が連動して，通貨量を調整する」ことができました。こうした金利体系は，いわゆる**規制金利**の時代に有効に機能していました。

しかし，その後，80年代に入り，欧米で実施された金融自由化の波が日本にも本格的に押し寄せてきました。大口定期預金の金利などから自由化が段階的に進められ，1994年10月の預金金利の完全自由化（普通預金の金利自由化）をもって，**金利の自由化**が完結し，日本も「規制金利から自由金利の時代」を迎えました。

これによって，市中銀行の金利は完全に自由化されると，各種の金利は金融市場における需給関係によって決まることとなり，日銀からすれば，公定歩合を利用して民間銀行の金利を操作することは難しくなったのです。

このため，日銀は，1995年７月以降，短期金利の中で最も償還期間の短い１日だけで担保も要らないコールレート（銀行間貸出金利）の水準を，公定歩合を下回る水準に誘導し（同年９月に実現），政策金利（金融政策のために選定される指標金利）を公定歩合から**無担保コールレート（翌日物）**に切り替えました。

銀行間で短期間（通常１か月以内）だけ貸し借りする市場を**コール市場**といいます。呼べばすぐに応えてくれるという意味で「コール（呼ぶ）」市場と命名されました。特に，日常業務における資金の過不足の調整のために，１日だけ貸し借りをする際の金利が，無担保コールレート（翌日物）で，コール市場の代表格です。

日銀の金融政策も，このコール市場で貸し借りされる資金の量を増やしたり減らしたりすることで，市場の金利水準を管理するようにしたのです。**ゼロ金利政策**という用語を聞かれたことがあると思いますが，何の金利がゼロ%かというと無担保コールレート（翌日物）がゼロということです。

こうして，公定歩合の役割は小さくなり，名称そのものも，現在は「公定歩合」は使われなくなり，「**基準割引率および基準貸付利率**」に変わって役割も変化しました。もし，コールレートが，「基準割引率および基準貸付利率」を上回るようなことがあった場合，金融機関は「従来の公定歩合」で資金を調達することができます。

ちなみに，基準割引率および基準貸付利率は，2008年12月から0.3％となっています（2024年５月現在）。

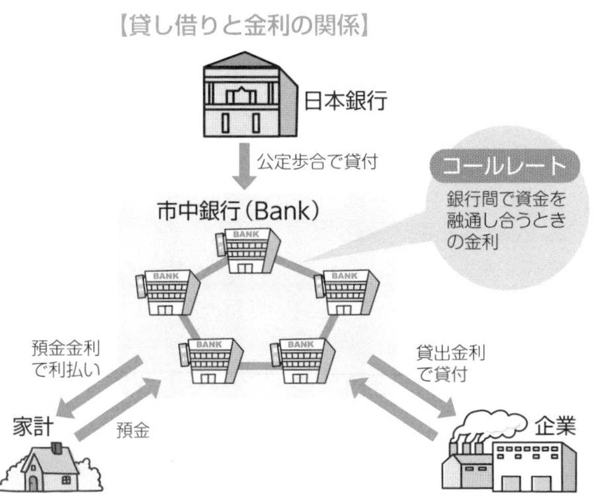

コラム2 もはや理解不能？ これからどうなる政策金利

異次元の金融政策の一環として，日銀は，2016年１月，マイナス金利政策を開始しました。**マイナス金利政策**とは，日銀当座預金の一部の金利をマイナスにする政策のことで，これによって，日銀の政策金利も，**無担保コールレート（翌日物）**から，**日銀当座預金金利**に変更されました。

日銀当座預金とは，市中銀行（民間銀行）が日銀に開設している口座のお金で，ここには銀行の決済用資金や剰余金，さらには準備金などが預けられています。準備金とは，そうです！ 銀行が預金の一部を貸出しに回さずに保持しているお金のことでしたが，各銀行が保持しているのではなく，日銀当座預金に預け入れられているのです。

その日銀当座預金の中の一定基準を超える部分にマイナス金利が適用されます（準備金にはマイナス金利は適用されない）。金利がマイナスということは，預金したら利子がもらえるのではなく，「手数料」を支払うような形になります。日銀からすれば，日銀当座預金には，準備金など最低限にとどめておいて，それ以外は貸出しに回せという意思表示でした。

さらに，日銀は，2016年９月，**イールドカーブ・コントロール**（長短金利操作）と呼ばれる新たな金融政策（正式には「長短金利操作付き量的・質的金融緩和」）を採用しました。

イールドカーブ・コントロールとは長期金利と短期金利（特に長期金利）の誘導目標を操作し，**イールドカーブ**（利回り曲線）（⇒p.71）を，日銀がめざす適切な水準に維持することをいいます。

これに伴い，政策金利も，**短期金利は日銀当座預金金利，長期金利は新発10年物国債利回り**に変更（それぞれ「一部マイナス0.1%」と「ゼロ%程度」に設定）されました。

政策金利を短期と長期に分けるというような変則的な設定は世界にも例のないものでした。なぜ，このようなわかりづらい政策変更になったのでしょうか？ それは，金利だけを取り上げて説明すれば，ゼロ金利政策で，無担保コールレート（翌日物）をゼロ%にしても思うように効果が出ないので，①このコールレートをゼロ%に据え置いたまま，同じ短期の日銀当座預金の金利の一部をゼロより下のマイナス金利にして，また②本来，市場の需給関係で決まる長期国債（10年債）の利回り（≒利子率）を，日銀が意図的に買いオペによって「ゼロ%程度」に誘導したのです（国債の買い⇒国債価格の上昇⇒利子率の低下）。

こうした政策が奏功したというわけではありませんが，経済環境の変化を受けて，日銀は，2024年３月，金融政策決定会合でマイナス金利政策の解除を決定しました。マイナス0.1%としていた短期の政策金利を0～0.1%程度に引き上げました。また，長期金利を低く抑え込むためのイールドカーブ・コントロール（長短金利操作）も終了しました。この結果，政策金利は，再び，無担保コールレート（翌日物）に変更された形となっています。

第2章のまとめ

●財政政策と金融政策

▶政府による財政政策

財政政策	租税	公共投資
不況（デフレ対策）	**減税**	**増加**
景気の過熱（インフレ対策）	**増税**	**抑制**

▶経済原論的な金融政策

公定歩合操作：
中央銀行が市中銀行に資金を貸出す際の金利である公定歩合の利率を操作すること

預金準備率操作：
中央銀行に支払準備金として預ける預金の比率を操作すること

公開市場操作：
買いオペとは「日銀が，国債を市中銀行から買うこと」
売りオペとは「日銀が，国債を市中銀行に売ること」

	不況（デフレ）時	好況（インフレ）時
	金融緩和政策	金融引締め政策
公定歩合操作	**引き下げ**	**引き上げ**
預金準備率操作	**引き下げ**	**引き上げ**
公開市場操作	**買いオペ**	**売りオペ**
国民所得	**増大**	**減少**

●貨幣市場（金融市場）

貨幣需要の3つの動機

取引需要：国民所得に依存（比例）
予備的需要：国民所得に依存
投機的需要（資産需要）：利子率が上昇（低下）すれば，減少（増加）

教養試験レベル　第3章

貿易と海外投資

国際経済学の基礎を学ぶ

本章のテーマは国際経済です。中心となるのは為替の仕組みです。

財政・金融政策の問題に次いで出題頻度の高いテーマで，ほぼすべての試験区分で出題されています。

また，専門試験レベルで登場する難解な「マンデル＝フレミング・モデル」を理解するために必要な基礎知識も満載しています。同理論を学ぶ前段階としても役立つと思います。

さらに，第1章と同様に，時事問題を理解するための基礎的な背景を学ぶことにもなるなど，本章の重要性は極めて高いといえます。

国際収支の構造を調べよう
～貿易収支など盛りだくさん～

各国が国際収支統計を作成する際に依拠しているIMF（国際通貨基金）の国際収支マニュアルの改訂を受けて，日本の国際収支統計も2014年１月分から見直されました。名称や表記方法の変更などがあり，注意が必要です。

国際収支を分析しよう

国際収支とは，一定期間内における外国との財・サービスの取引や資本移動などにかかわって生じたすべての対外取引を金額ベースで記録したもので，**経常収支**，**資本移転等収支**，**金融収支**に分けられています。

収支？

「収支」というのは，収入と支出，すなわちお金の出入りのことです。

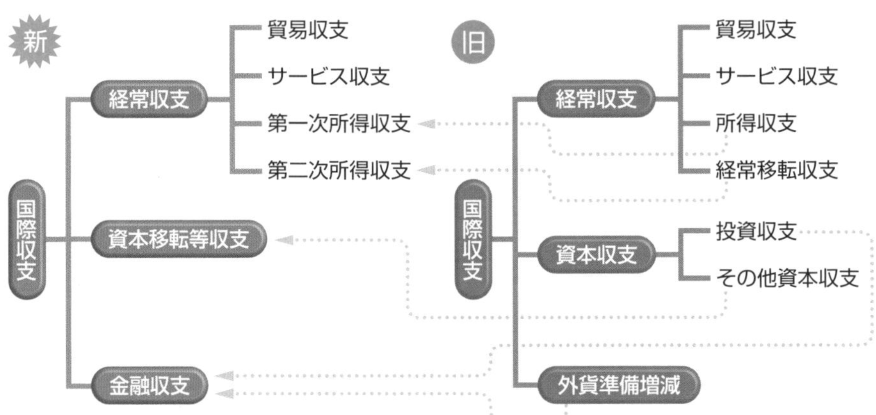

●経常収支

まず，経常収支の項目からみてみましょう。

経常収支とは国際収支の一部で，財・サービスや移転（お金の移動）などの対外取引をまとめたものをさし，貿易収支，サービス収支，第一次所得収支，第二次所得収支からなります。

経常収支＝貿易収支？

経済理論の世界では，経常収支＝貿易収支とみておいても差し支えありません。

【貿易収支】

輸出
❶
代金（受取り）
輸入
❷
代金（支払い）
日本
外国

貿易収支は
❶ ＞ ❷ の場合，黒字
❶ ＜ ❷ の場合，赤字

【サービス収支（旅行の例）】

日本から外国に行く ❶
（お金が出ていく）
外国から日本に来る ❷
（お金が入ってくる）
日本
外国

サービス収支（旅行の場合）は
❶ ＞ ❷ の場合，赤字
❶ ＜ ❷ の場合，黒字

貿易収支は，主に財の輸出と輸入の差額です。輸出額が輸入額よりも多ければ（少なければ），貿易黒字（貿易赤字）となります。

サービス収支は，旅行，輸送，娯楽，保険などの収支です。仮に，日本人がたくさん海外旅行に出かけ，日本に来る外国人の数を上回れば，サービス収支の赤字要因となります。

第一次所得収支は，日本企業や個人が外国に対しての投資活動（**直接投資**と**証券投資（間接投資）**）の結果として得た利益から，外国の企業や個人が日本に対して行った投資活動などで得た利益の差をいいます。

【第一次所得収支のイメージ】

所得収支は
❷ ＞ ❹ の場合，黒字
❷ ＜ ❹ の場合，赤字

第二次所得収支は，まず労働者送金の収支があり，たとえば日本にいる外国人労働者が，日本で働いて得た給与の一部を本国へ送金すれば，経常移転収支の赤字分として計上されます。また，経常移転収支には外国への無償資金援助や国連など国際機関への拠出金も含まれます。これらも日本からお金が流出しますので，経常移転収支の赤字要因です。

貿易収支の赤字の意味

貿易黒字はモノが大量に輸出したから黒字というよりも，正確には，モノを輸出したことに対する外国からの支払い代金が，輸入商品などに対する日本から支払われた代金を上回ったから黒字と呼んでいるだけなのです。繰り返しますが，**収支というのは，通常，お金の流れ**です。

サービス収支の赤字の意味

たとえば，サービス収支の赤字は，日本人が外国旅行をするために旅行会社に支払った金額などが，外国人が日本に行くために旅行会社に支払った金額などを上回った，つまり，日本から出て行ったお金が多かったから赤字なのです。

直接投資と証券投資？

直接投資は，日本企業が直接外国に進出し，工場を建てて生産活動を行ったり，子会社や支店を開いてサービスを提供したりすることです。

証券投資は，日本企業が業務提携や買収目的で外国企業の株式を購入したり，外

近年の経常収支をみると，それまで経常収支の黒字といえば，貿易黒字をさしていたといっても過言ではありませんでした（それゆえ，経済理論では**経常収支＝貿易収支**とされる）。しかし，2005年に当時の所得収支（現在の第一次所得収支）の黒字が貿易黒字を上回って以来，経常黒字の稼ぎ頭は（第一次）所得収支となっています。実際，貿易収支が赤字になって，経常収支が黒字であり続けている理由は，まさに（第一次）所得収支の黒字が支えているからです。

【経常収支の推移】

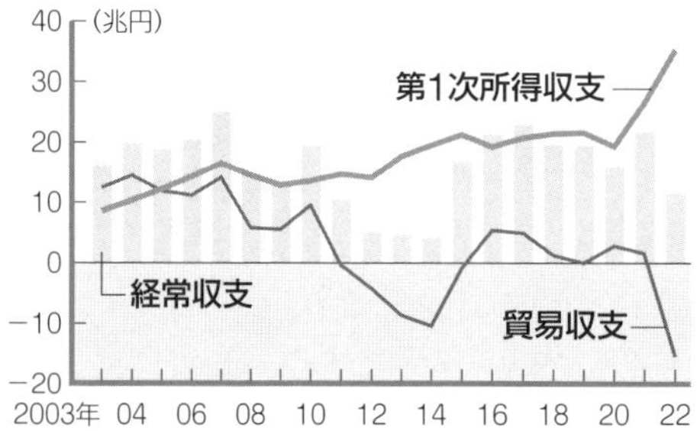

●資本移転等収支

これまでの資本収支の構成項目であった**その他資本収支**が**資本移転等収支**として，経常収支や金融収支と並ぶ大項目となりました。資本移転等収支には，無償援助のうちの機械，設備の購入（資本形成）のための援助や，無償の資産移転，特許権，著作権の取得や処分などの収支が含まれます。

●金融収支

投資収支と外貨準備増減が統合されて**金融収支**が新設されました。これまで資本収支の構成項目であった投資収支は，第一次所得収支のところで説明した直接投資や間接投資（証券投資）の収支でした（前ページの❸－❶）。

たとえば，日本企業による外国での直接投資や証券投資（**対外投資**）の総額が，外国企業が日本で行う直接・間接投資（**対内投資**）の総額を上回れば，投資収支は赤字となりました。つまり，投資収支は，他の〇〇収支同様，資金の流れに着目して，資金の流出（＝資産の増加，対外投資の増加）はマイナスに，資金の流入（＝負債の増加：対内投資の増加）はプラスとしてきました。

国の債券（外債）に投資したりすることを意味します。証券投資は間接投資ともいいます。
また，直接投資と証券投資を合わせて，**対外投資**といいます。

対外投資と対内投資？

対外投資は，日本から外国への直接・間接投資のことで，対内投資は，日本が外国から直接・間接投資を受けることです。

資本収支とは？

かつての資本収支は，投資収支とその他資本収支から構成され，対内・対外投資や資産・負債の受取りなど資金の流れに基づいた収支でした。今回の改定で名称そのものは廃止されました。

金融収支のイメージ

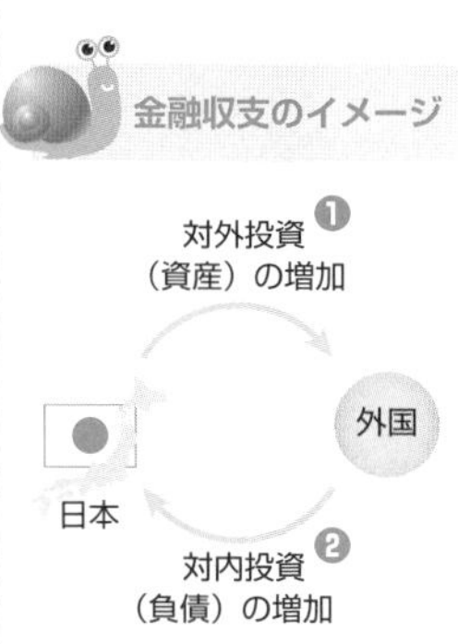

金融収支は
❶と❷をプラス計上する

しかし，新しい金融収支では，資金の流れではなく，資産・負債の増減に基づいて計上されます。資産・負債の増加はプラスに，資産・負債の減少はマイナスに計上することになるのです。

実のところ，新旧の国際収支統計の大きな変更の一つがまさに金融収支の符号表示の変更です。しかし，教養試験では，この難解な変更点はあまり出題されていません。最低限，かつての資本収支（投資収支）の対外投資の部分がマイナスから，金融収支ではプラスで表記されるようになったと覚えておいてください。

公務員試験対策としては，国際収支の構成を中心にそれぞれの項目の大まかな理解があれば十分です。

資産・負債の増加はプラスの意味

日本企業の対外投資が増えれば，外国で日本企業の「資産」が増加するからプラス，また，外国企業からの対内投資（会計上は負債）が増加しても，日本国内には「資産」が増えるからこちらもプラスで表します。

例題1

次の文中の空欄A～Dに入る語句の組合せとして正しいのは，次のうちどれか。

（国家一般職［高卒］ 改題）

外国との商品取引の収支を（　A　），運賃・保険料・観光旅行などの収支を（　B　）という。（　A　），（　B　）および第一次所得収支と第二次所得収支を合わせて（　C　）といい，（　C　）と（　D　）および資本移転等収支の合計が国際収支である。

	A	B	C	D
1	経常収支	貿易収支	サービス収支	金融収支
2	貿易収支	サービス収支	経常収支	金融収支
3	経常収支	貿易収支	国際収支	サービス収支
4	国際収支	サービス収支	経常収支	金融収支
5	貿易収支	サービス収支	国際収支	経常収支

解法のステップ

「文章の穴埋めはわかるところから」が，鉄則です。

たとえば，「…，CとDの合計が国際収支である」とあるので，CとDに経常収支と金融収支が入るでしょう。この時点で選択肢は，**2**か**4**かと絞ることができます。それから，ほかの項目をみれば，Aは容易に貿易収支と判断できるでしょう。したがって，正答は**2**になります。

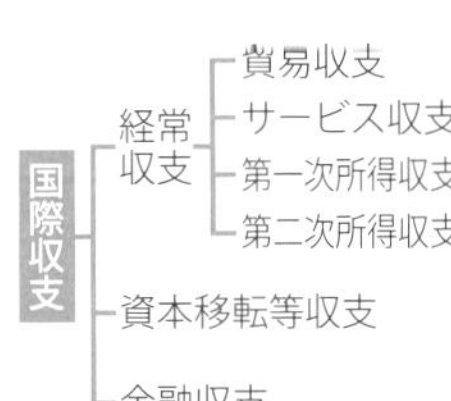

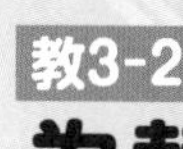

教3-2

為替レートの仕組みを学ぼう
～円高・円安から貿易収支や金利まで～

外国との取引や外国への投資活動において，為替(かわせ)レートの水準によっては，利益を得ていてもその利益が目減りしたり，逆に，損をしていてもその損失の規模が限定されたり……といったことが頻繁に起こります。本項では，この為替レートについて学びます。

円高と円安って？

為替レート（為替相場）は，自国通貨と外貨の取引の割合を示すものです。そして，その割合が固定的か否かで，固定相場制と変動相場制の２つの制度に分けられます。

第二次世界大戦後から1970年代初めにかけて実施されていた１ドル＝360円のように，交換レートが定まっているものを**固定相場制**，現在のように市場の取引によって交換レートが変動するものを**変動相場制**と呼びます。

日本を例にとれば，変動相場制で外貨１単位の交換に必要な円の額が低くなること（たとえば１ドル＝200円から１ドル＝100円への変化）を**円高**と呼び，逆に外貨１単位の交換に必要な円の額が高くなること（１ドル＝100円から１ドル＝200円への変化）を**円安**と呼びます。

この説明がピンと来ない人のために，もう少し具体的かつ現実的な話をします。

為替レートといえば，二国間のレート，経済の現実では基軸通貨のドルとの比較で，ドルを基準にしています。つまり，１ドル＝100円から１ドル＝200円への動きは，厳密には１ドルの価値が100円から200円に上がったことになります。つまりドルが高くなった，ということは円が安くなったのです。これがドル高／円安です。

そして，為替レートの変動は，財（モノ）と同じように，円という通貨の需要と供給の結果で決まります。

円ドルレートの関係

ややこしい円高・円安の概念も，ドルの動きを念頭に置くと理解しやすいと思います。円安といえばそれがドル高，円高といえばドル安のことであることを意識しながら考えてください。

$1＝¥100
↑ 円高／ドル安
$1＝¥200
$1が¥200から¥100に安くなった
⇓
ドル安

$1＝¥100
↓ 円安／ドル高

$1＝¥200
$1が¥100から¥200に高くなった
⇓
ドル高

基軸通貨？

国際間の決済や金融取引の基本となる特定国の通貨のことです。基本的には，アメリカのドルをさしています。

つまり，ある財の需要が供給よりも多ければ価格が上昇したように，円に対する需要が供給を上回れば，相場用語を使うと，円買いが円売りを上回れば円高になります。逆に，円売りが円買いを上回れば円安になります。

では，為替レート（為替相場）はどのような要因で変動するのでしょうか。さまざまな要因について検討してみます。

円買い？

円買い（ドル売り）とは，円を必要とする人が外国通貨（ここではドル）を円に交換することです。また，「円買いが入る」とは，円の需要が増加することをさします。

↓

円買い＝円の需要
円売り＝円の供給

為替レートと貿易収支の関係

前提として，確認しておきたいことが一つあります。貿易における決済は，基軸通貨であるドルで行われる（これを**ドル建て**という）として，具体的に説明します。

通貨もモノ（財）と同じ

円買い>円売り⇒円高へ
円買い<円売り⇒円安へ

●円安(円高)になると，貿易収支は黒字？赤字？

為替レートが１ドル＝200円であったとき，日本で200円の商品をドル建てで輸出する場合，その商品はたとえばアメリカにおいて，理論上は１ドルで販売されることになります。

ところが，１ドル＝100円の円高／ドル安になると，その商品は２ドルで販売されることになります。通常，同じ商品の価格が２倍になれば，その商品の需要は減少しますよね。つまり，円高によって輸出は減少することになります。

こうして，円高になると輸出が減少するので，貿易収支は赤字になります。

決済？

支払いを行って取引を完了させることです。

日本で200円の商品がアメリカへ輸出される

	アメリカでは
$1＝¥200 のとき	$1で売られる
$1＝¥100 のとき	$2で売られる

⇓

円ドルレートが 円高 になったため，
日本で200円の商品の価格はアメリカで２倍に上がる

⇓

輸出減少（アメリカでの需要減少）

⇓

貿易赤字

逆に，このケースで為替レートが円安／ドル高になればどうなるでしょうか？

為替レートが１ドル＝100円のとき，その200円の商品は，アメリカでは２ドルで売れますね。これが１ドル＝200円の円安になればどうなるかというと，アメリカでは半額の１ドルで売られることになります。

アメリカでは，円安／ドル高となることで，同じ商品が半額で買える（安いモノは買われる）ので，日本のその商品に対する需要が高まります。これが日本からみれば，円安によって，輸出が伸びる構図です。

つまり，**円安によって輸出が増加するので，貿易収支は黒字になります。**

為替レートと貿易収支①

ポイントは，輸出したモノの価格が外国で高くなるか低くなるかを考えることです。

円高 ⇒ 輸出↓
⇒ 貿易赤字

円安 ⇒ 輸出↑
⇒ 貿易黒字

●貿易赤字(黒字)になると，為替レートはどう変化する？

ポイントは，「**輸出企業と輸入企業が何をする？**」と考えることです。

たとえば，商品を輸出した後はどうなるでしょうか？　輸出した商品の代金を相手方からドルで受け取ることになりますが，日本の輸出企業は，受取り代金のドルを円に換えます。これが「円買い／ドル売り」です。

逆に，輸入の場合，日本の輸入企業は輸入した商品の代金を支払うためにドルを準備することになりますので，輸入企業は円売り／ドル買いを行うのです。

現実的には

円やドルの交換は，現実的には，輸出企業や輸入企業から依頼を受けた銀行が外国為替市場で，「円買い／ドル売り」や「円売り／ドル買い」を行います。

為替レートと貿易収支②

ポイントは，輸出企業と輸入企業が何をするかを考えることです。

貿易黒字（輸出＞輸入）
＝輸出企業の円買い＞輸入企業の円売り
↓
円高

貿易赤字（輸出＜輸入）
＝輸出企業の円買い＜輸入企業の円売り
↓
円安

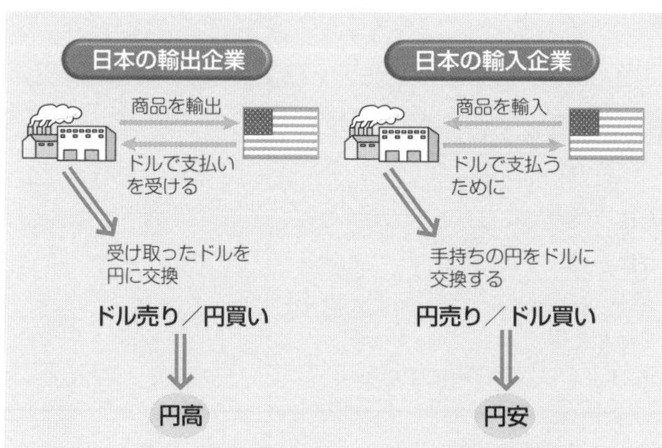

そこで，通貨の交換の場である外国為替市場では，輸出企業の円買い／ドル売りと，輸入企業の円売り／ドル買いが交錯することになります。

このとき，貿易収支が黒字になれば（輸出＞輸入），輸出企業の円買い／ドル売りが，輸入企業の円売り／ドル買いより多くなることを意味するので，為替レート（為替相場）は円高に振れることになります。

逆に，貿易収支が赤字になれば（輸出＜輸入），輸入企業の円売り／ドル買いが優勢になるので，為替レートは円安となります。

「赤字は嫌われる」の原則

ここでは，「貿易赤字の国の通貨は売られる」と考えることができます。その考え方は，「赤字はよくない⇒よって赤字を抱えた国の通貨は売られる」というものです。
財政赤字の場合も同様です。

では，このあたりの知識を試す問題２問に当たってみてください。

例題2

次の円相場に関する記述中の空欄A ～ Cに入る語句の組合せとして，正しいものはどれか。

（国家一般職［高卒］ 改題）

円相場の変動は，一つには輸出入の変化によっても起こると考えられている。たとえば，輸出が多くなると，日本に流入する外貨が多くなり，（　A　）が進む。その結果，（　B　）が増え，つまり（　C　）になる。

	A	B	C
1	ドル売り／円買い	ドルの需要	円安
2	ドル売り／円買い	円の需要	円高
3	円売り／ドル買い	円の需要	円高
4	円売り／ドル買い	ドルの需要	円安
5	円売り／ドル買い	ドルの需要	円高

解法のステップ

問題文をばらして解説します。

まずは「輸出が多くなると，日本に流入する外貨が多くなり，（　A　）が進む」の部分です。

輸出が多くなると，輸出商品の代金（外貨）が，日本にたくさん流入するため，輸出企業のドル売り／円買い（A）が進みます。

次に「その結果，（　B　）が増え，つまり（　C　）になる」の部分です。

円買いが進む結果，外国為替市場では円の需要（B）が増え，円相場は円高（C）になります。

よって，正答は**2**となります。

確認

日本の輸出企業は輸出した商品の代金をドルで受け取る。
↓
そのドルを円に交換する＝ドル売り／円買い
||
円の需要が高まったことを意味する（円高）

例題3

文中の空欄A～Eに当てはまる語句の組合せとして正しいものは，次のうちどれか。

（大卒警察官　改題）

円高／ドル安になると，輸出が（　A　）し，輸入が（　B　）する結果，経常収支は（　C　）となる。この状況下で国内では，消費量は（　D　）し，経済は（　E　）になる。

	A	B	C	D	E
1	減少	増加	黒字	増加	インフレーション
2	減少	増加	赤字	増加	デフレーション
3	増加	減少	赤字	減少	インフレーション
4	増加	減少	黒字	減少	デフレーション
5	減少	増加	黒字	減少	インフレーション

解法のステップ

本問も問題文をばらして解説します。

前半の「円高／ドル安になると，輸出が（　A　）し，輸入が（　B　）する結果，経常収支は（　C　）となる」の部分は，これまでの説明で大丈夫ですね。

「円高／ドル安になると，輸出が減少（A）し，輸入が増加（B）する結果，経常収支（貿易収支）は赤字（C）」となります。

●円高になると輸入は？

「円高になると輸入が増加する」について補足説明しておきます。

アメリカから1ドルの商品をドル建てで輸入する場合，為替レートが1ドル＝200円であれば，その商品は日本国内において理論上は200円で販売されます。

しかし，1ドル＝100円の円高／ドル安になると，日本国内で販売される価格は100円となってその商品の価格が半額になるので，需要は通常増加します（つまり安いから売れる)。したがって，円高によって，輸入は増加することになります。

貿易収支＝経常収支？

すでに学んだように（⇒p.88），貿易収支は経常収支の一部ですが，公務員試験の経済学対策としては「貿易収支＝経常収支」とみなしても構いません。
本問も，正確にいえば，「貿易収支は赤字になるので，経常収支もその影響で赤字となる」となります。

一方向だけ覚えればOK

円安⇒輸出↑なら輸入↓，
円高⇒輸出↓なら輸入↑。
どちらか一方を確実に覚えておけば，後は「逆」を考えればいいのです。本問も「円高で輸出が減少するから輸入は増える」といった具合です。

●円高になるとデフレ？　インフレ？

では，後半の，「この状況下で国内では，消費量は（　D　）し，経済は（　E　）になる」の部分はどうでしょうか。

結論から先にいえば，Dには増加，Eにはデフレーションが入ります。

この部分の論点は何かといえば，貿易収支の赤字が国内経済にどういう影響を与えるか，もっと具体的にいえば，円高によって物価はどうなるか，ということです。

［円高］
輸入価格の低下・輸入増
（貿易赤字）
↓
国内物価の低下
↓
デフレ要因

［円安］
輸入価格の上昇・輸入減
（貿易黒字）
↓
国内物価の上昇
↓
インフレ要因

●円高／ドル安になると物価は？

円高／ドル安によって，海外の安い商品が国内に入ってくることから，同じような財を作る国内企業も価格が安い輸入商品に対抗するために価格を引き下げざるをえなくなり，国内物価全体が低下するのです。

つまり，経済は，円高によって物価が低下するデフレーション（E）圧力がかかります。その一方で，価格が下がるので国内消費は増加（D）することになります。よって，正答は**2**です。

●円安／ドル高になると物価は？

逆に，円安／ドル高になった場合を考えると，輸入商品や原材料の価格が上昇するので，輸入が減少します（貿易収支は黒字）。

たとえば，円安／ドル高に伴う輸入原材料価格の上昇を受けて，企業の生産コストが上昇するため商品の国内価格が上昇し，インフレ（コスト・プッシュ・インフレ）につながります。

円安／ドル高で，輸出が好調となるので景気が拡大し，物価が上昇することでインフレにつながる可能性も出てきます。この場合は，**ディマンド・プル・インフレ**と呼ばれるインフレのケースです。いずれにしても，試験対策としては**円安になるとインフレ**と覚えておいてください。
もちろん，「通貨が安いから，モノの価格が上がり，インフレになる」的な覚え方でもOKです。

このあたりは，経済学を初めて学ぶ人にとって，一度や二度読んだだけで完全に理解できるものではありません。わかるようになるまで，繰り返し読みこなしていってください。

もう１問練習してみましょう。

例題4

次の文は，為替相場について記述したものであるが，A～Fに入る語句の組合せとして妥当なのはどれか。

（市役所　改題）

（　A　）の下では，為替相場は，貿易に携わる企業に大きな影響を及ぼす。1ドル＝160円から1ドル＝80円と（　B　）になった場合で考えてみる。パルプ，石油化学，電力などの原材料を大量に輸入する業種では，輸入する原材料の円評価額が（　C　）ので，（　D　）を受ける。反対に，自動車，電機，機械などの輸出産業では，製品を輸出するときに受け取る円が（　E　）ので，（　F　）を受けることになる。

	A	B	C	D	E	F
1	変動相場制	円高	下がる	メリット	減少する	デメリット
2	変動相場制	円高	上がる	メリット	増加する	デメリット
3	変動相場制	円高	下がる	デメリット	減少する	メリット
4	固定相場制	円安	下がる	デメリット	減少する	メリット
5	固定相場制	円安	上がる	デメリット	増加する	メリット

解法のステップ

各選択肢の穴埋めをしながら説明します。

A．変動相場制。為替相場が貿易に影響を与えるのは，為替レートが変化することで，相手国や自国の購入価格が変化する変動相場制です（次項でさらに説明）。もしも，1ドル＝360円のように為替相場が固定されている固定相場制であれば，貿易には何の影響も与えません。

B．円高。改めてこれは説明するまでもないでしょう。

C．下がる。

D．メリット。輸入する原材料の円評価額とは，簡単にいえば輸入原材料の円価格のことです。1ドル＝160円から80円に円高になると，今まで1ドル＝160円で買っていた商品がその半分の80円で買えることを意味します。

E．減少する。

F．デメリット。輸出産業では，通常のドル建ての場合，輸出した商品の代金をドルで受け取ってこれを円に換えることになります。たとえば，商品を1万ドル分輸出していたとすると，1ドル＝160円では160万円の輸出代金を受け取っていたものが，1ドル＝80円になった結果，80万円しか

円高メリットとデメリット

この問題では，DとFの穴埋め部分が重要です。

円高メリットとは，円高によって輸入する製品や原材料の（円での）値段が下がり，輸入企業は同じ製品や原材料を安く購入できるメリットを受けることになります。**円高メリットは輸入企業が受けます。**

逆に，**円高デメリットは，輸出企業が受けます。**Fの説明以外にも，円高によって，相手国では同じ日本からの製品の（ドルでの）値段が高くなってしまい輸出が減少するという問題点（デメリット）が発生します。

受け取れなくなってしまうことから，デメリット（不利）を受けることになります。

以上から，正答は**1**となります。

これまでの話はすべて変動相場制を前提としていました。しかし，外国為替の世界では，固定相場制というのもあります。次は少し横道にそれて，両制度について考えてみます。

変動相場制と固定相場制について

前述したように，変動相場制は，自国通貨と外国通貨が外国為替市場で自由に取引され，そのときの需給関係で為替レートが決まりました。固定相場制はこうした為替レートの変動を認めず，中央銀行が１ドル＝360円というように固定して管理している制度です。

円とドルの固定相場制

円とドルは，第二次世界大戦後から，1971年のニクソン・ショック（ニクソン米大統領が発表した金とドルの交換停止）まで，１ドル＝360円の固定相場制でした。

●為替リスクを負うのはどっち？

それぞれの特徴をみると，変動相場制であれば同じ商品を輸出あるいは輸入するにしても，為替レートの変化によって輸出価格や輸入価格が異なり，輸出企業や輸入企業は，もうけたり損をしたりしました。これを，**為替リスク**を負うといいます。

リスク？

リスクとは損失や被害やその他望ましくない出来事の起こる可能性です。

逆をいえば，固定相場制であれば，通貨を交換するレートは決まっているので，こうした為替リスクを負うことはありません。

●自動調整機能があるのはどっち？

これに対して，変動相場制には貿易収支の不均衡を自動調整するという機能があります。

たとえば，貿易黒字が発生すれば，輸出企業の円買い／ドル売りが優勢となって，為替は円高になりましたね。

ところが，円高になれば，輸出が落ちて輸入が増えるので，貿易黒字は減少します。

そして，貿易赤字になれば，為替は輸入企業の円売り／ドル買いが多くなるので円安になりますが，円安によって，輸出が回復して……というように，理論的には，為替レートの変化が媒体となって，貿易収支が調整されます。

見えざる手

イギリスの近代経済学の祖といわれるアダム・スミスの「（神の）見えざる手」のことです。
これは，価格が変化することによって，需要と供給の不均衡状態が自動的に調整されるといった自動調整機能のことを意味しています（⇒詳細は『ミクロ編』を参照してください）。
ここでの「見えざる手」とは，為替レートなのです。

【変動相場制下の貿易収支不均衡の自動調整機能】

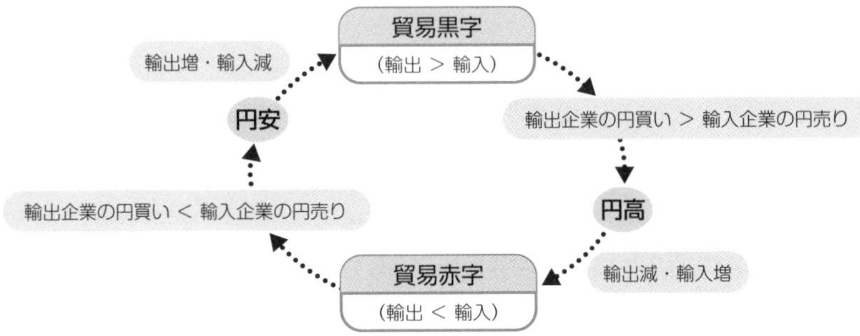

これも，通貨の需給関係という市場原理に任せておけば「見えざる手」によって調整されるというわけです。

では，これらのポイントをまとめるうえでの確認問題です。

例題5

為替相場に関する次の記述として正しいものはどれか。

（地方上級　改題）

1　変動相場制より固定相場制のほうが，海外の預金を自国の通貨で計算したときの価値がより不安定になる。

2　変動相場制より固定相場制のほうが，海外で得た賃金を本国に送金したときの本国での価値がより不安定になる。

3　ドルに対する為替レートが円安となると，輸入品の価格が低下して日本の物価を引き下げる効果がある。

4　変動相場制では，日本からアメリカへの輸出が増大すると，為替レートはドルに対して円安の方向に向かう。

5　変動相場制より固定相場制のほうが，２国間の輸出競争力の違いによる貿易不均衡を解消しにくい。

解法のステップ

1，**2**は，為替レートの変動があるので，変動相場制のほうが不安定になります。**3**はこれまでの復習で，円安になれば，輸入された外国製品の価格や原材料費が高くなるので，日本の物価を引き上げる結果になります。

4は，日本からアメリカへの輸出が増加すると，日本の企業が米国国内での輸出製品の売上げ代金であるドルを円に換金する必要性が高まり，為替市場では円買い／ドル売りが増加するので円高になります。

5は，変動相場制が自動調整機能によって貿易不均衡を解消します。よって正答は**5**です。

為替相場がどうして変化するかという問いに対しては，貿易収支の変化が挙げられました。そして，変動相場制下にあっては，その貿易不均衡をも調整する機能があるわけです。為替相場の変動要因に関しては，貿易収支以外にも，金利や物価があります。

そもそも貿易不均衡はなぜ起こる？

補足ですが，貿易不均衡が生じるのは，2国間の輸出競争力の違いがあるからです。輸出競争力がある製品とは質が高く，安く売れる製品のことです。安いので，相手国からの需要が増加して輸出が伸びるのです。

為替レートと金利の関係

為替レートと金利の関係を理解するには，資本移動についての理解が不可欠になります。

資本？

資本というのは，ミクロ経済学では機械・設備のことをさしますが，マクロ経済学では単純にお金のことを意味します。

●資本移動

資本移動とは，国外からの資本の流入ないしは国外への資本の流出を意味します。ですから，かつての資本収支（⇒p.90）とは，国外からの資本の流入と国外への資本の流出の差といういい方もできるわけです。

この資本移動を引き起こす最大の要因が利子率（金利）の変化です。

お金（投資資金）は，利益を求めて利子率（金利）の高い投資商品に向かいます。

金融格言

「水が必ず高いところから低いところへ流れるように，お金は必ず金利の低いところから高いところへ流れる」
資本移動を理解するために，参考になると思います。

<国債で考えると>

たとえば，日本の国債とアメリカの国債があって，日本の国債の利子率（利回り）がアメリカの国債の利子率よりも高かったとすると，アメリカの投資家は，利回りの高い日本の国債を購入しようとします。理由は利息（利子）をたくさん稼げるからです。

ここで，アメリカの投資家による日本の国債投資（購入），つまり日本債に対する支払いが行われます。このことを，アメリカから日本に資金が流入（**資本流入**）してくるというい方をしています。

逆に，利子率が逆転して，日本の投資家が米国債に投資

国債？

国債についてはp.70をみてください。

金利と利子率？

公務員試験対策としては，「金利＝利子率－利回り」とみなしてください。

【金利と資本の動き】

日本の国債　米国債
利子率↑ ＞ 利子率↓
投資する
アメリカから日本への資本流入
利子を稼ぎたい
アメリカ人投資家

日本の国債　米国債
利子率↓ ＜ 利子率↑
投資する
日本からアメリカへの資本流出
利子を稼ぎたい
日本人投資家

(購入) したとすると，これは日本からの**資本流出**を意味します。

＜銀行預金で考えると＞

国債の理解が厳しい人には，預金と利子率を使った説明のほうがわかりやすいかもしれません。

日本の銀行の（預金）金利がアメリカの銀行の（預金）金利より高ければ，アメリカ人は利子を自国よりもらえる日本の銀行に預金をしてくるようになります。このとき，アメリカから日本の銀行に資金が流入（**資本流入**）してくるといいます。

逆に，日本の銀行の（預金）金利がアメリカの銀行の（預金）金利より低ければ，日本人がアメリカの銀行に預金をしたいと考えてアメリカの銀行に預金したとします。これは日本からみた**資本流出**です。

自国の金利↑（↓） ⟹ 資本流入（流出）

●資本移動と為替レート

ここまでの金利の変化に伴う資本移動の変化の過程で，為替レートのことは無視していましたが，実際には，外国債の売買や，外国の銀行の預金口座の開設の際には，通貨の交換が行われます。

たとえば，日本の金利が高くなって，外国人投資家が，利回りの高い日本の債券を購入しようとしても，ドルでは買えません。また，外国人が，金利が高い日本の銀行に預金をし

流入？

資本流入といっても，お金が飛行機や船で運ばれてくるのではなく，銀行のオンラインで，外国の銀行の口座から日本の銀行の口座に預金が移されるだけの話です。

外貨預金ブーム

かつて，銀行などで外貨預金を勧める広告が盛んに出された時期がありましたが，日本の金利がゼロに近かった超低金利の頃でした。これこそ，「外国の銀行に預ければ，利子を稼げる」と期待されたのです。ただし，外貨預金の場合，為替の変動リスクを負ったり取引手数料を取られることをお忘れなく！

ようとしても，ドルではそのまま預金できません。

彼らは，手持ちのドルを円に交換しなければなりません（ドルを売って円を買う）。つまり，外国為替市場では，日本の金利が上昇することで，ドル売り／円買いが活発になります。すなわち，日本の金利の上昇によって円高になります。

【日本の利子率上昇による影響】

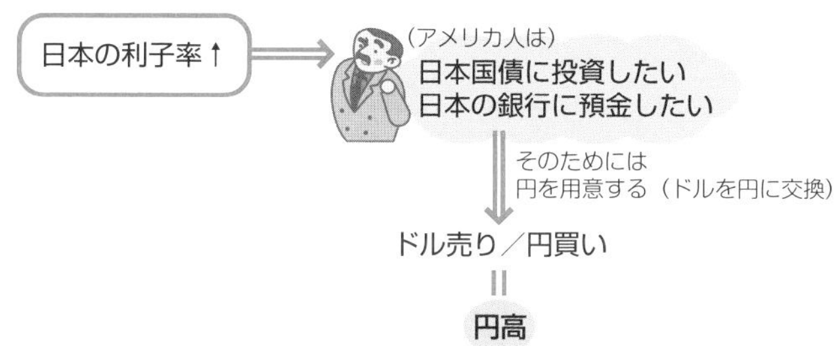

逆に，金利（利子率）が低くなれば，今の説明とまったく反対のことが起きて，日本から資金が流出して，円安になります。

金利と為替レートの関係

金利の上昇 → 資本流入：円買い/ドル売り → 円高
金利の低下 → 資本流出：円売り/ドル買い → 円安

為替レートと物価の関係

為替レートと物価の関係を表す理論に，**購買力平価説**というものがあります。

購買力平価とは，簡単にいえば，買い物した価格が為替レートとして等しい価値があるという意味です。これは，同じ財は２国間でも等しい価値であるという「**一物一価**」の原理に基づいています。

たとえば，同じマクドナルドのハンバーガーが，アメリカでは１ドル，日本では100円で販売されていたとすると，このときの為替レートは，購買力平価により１ドル＝100円ということになります。

購買力平価によれば，自国（日本）の物価上昇率が，相手国（アメリカ）の物価上昇率より大きくなれば，円の価値は

なぜマクドナルドのハンバーガー？

実際の購買力平価説では，両国で共通の消費者物価指数などが使われますが，共通の物価指数といってもピンと来ないので，共通のモノとしてマクドナルドのハンバーガーなどが事例として用いられます。

低下し，円安／ドル高になります。

【購買力平価】

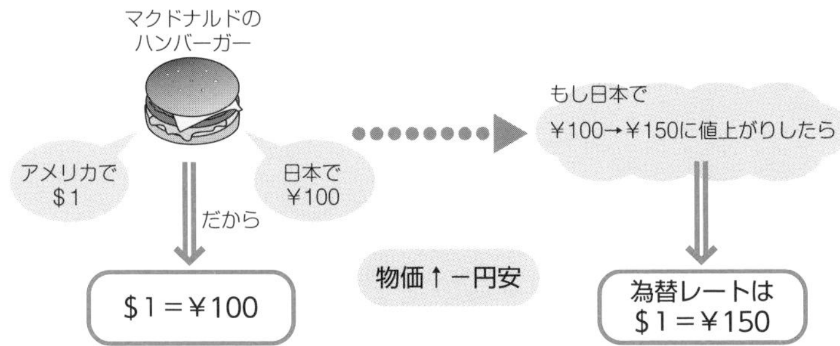

仮に，日本の物価が50％上昇してハンバーガーも150円に値上がりしたとき，アメリカの物価上昇率が０％であれば，為替レートはこの場合，１ドル＝150円の「円安」になります。

このように，物価と為替レートには，**日本の物価が上昇（低下）すると，為替レートが円安（円高）にふれる**という関係が見出せます。

物価と為替レートの関係

「赤字は嫌われる」の原則（⇒p.95）と同様に，物価の上昇はインフレを引き起こす懸念が高まることから，「インフレになるおそれのある国の通貨は持たないほうがよい」と，その国の通貨は売られます。

では，為替レートの変動に関する総合問題です。今までの知識をフル活用して解答してみてください。

例題6

日本の経済状況が次のような状況にあるとき，為替相場が一般に「円高」となるものはどれか。

（大卒警察官）

1　日本の物価上昇率が外国の物価上昇率よりも高いとき
2　日本の公定歩合が外国に比べて相対的に高いとき
3　日本の投資家がアメリカの債券を活発に購入するとき
4　日本の経常収支の黒字を上回る資本収支の赤字があるとき
5　日本の内需拡大によって外国からの輸入が増えたとき

解法のステップ

1は物価と為替レート（為替相場）の関係，**2**，**3**は金利と為替レートの関係，**4**，**5**は貿易収支と為替レートの関係についての問いです。各選択肢をそれぞれ解説します。

1．日本の物価が高いと，購買力平価説の観点から考えても，またインフレ懸念の高まりなどを考えても，円安になります。

2．「日本の公定歩合が外国に比べて相対的に高い」とは，「日本の金利が外国の金利よりも高い」ということです。したがって，日本への資金流入が起こり，その過程で円買い／ドル売りが活発となり，為替は「円高」になります。よってこの**2**が正答です。

3．日本の投資家がアメリカの債券を活発に購入するとは，**2**とは逆に，日本の金利が外国の金利より低いので，日本の投資家が，アメリカの銀行に預金しようとしたり，アメリカの債券を購入しようとしたりするために，円を売ってドルを買う動きが活発になるので，為替レートは「円安」になります。

4．日本の経常収支の黒字は輸出が輸入を上回るので，為替レートは，輸出企業の円買い／ドル売りが活発になるため，「円高」になります。

資本収支の赤字の場合，日本を中心に考えれば，資本の流入（外国から日本にお金が入ってくる）よりも資本流出（日本から外国へお金が出ていく）が多くなり，為替市場では，円売り／外国通貨買いのほうが円買い／外国通貨売りよりも優勢となるので，為替レートは「円安」になります。

したがって，日本の経常収支の黒字を上回る資本収支の赤字があるときは，「円安」です。

5．輸入の増加は，輸入先の国への（輸入製品に対する）支払いが増えることを意味するので，外国為替市場では円売り／外国通貨買いが多くなり，「円安」になります。

以上，なぜ為替レートが変動するかについて，**2**～**5**で説明してきました。まとめると次のようになります。

為替レートの変動要因（日本からみた場合）

貿易黒字 ⇒ 円高	**貿易赤字 ⇒ 円安**
金利↑ ⇒ 円高	**金利↓ ⇒ 円安**
物価↑（インフレ）⇒ 円安	**物価↓（デフレ）⇒ 円高**

経常収支と貿易収支（肢４）

国際収支のところで説明したように，貿易収支は経常収支の一部なのですが，マクロ経済学の理論の世界では，**経常収支＝貿易収支と考えて差し支えありません。**

内需拡大で輸入は増えるの？（肢５）

内需とは，国内の需要で，消費，投資，政府支出（公共事業）で，**外需とは輸出をさします。**GDPの式で示せば，

$Y=C+I+G+(X-M)$

となります。

また，マクロ経済学では，所得が増えると輸入が増える（$Y\uparrow -M\uparrow$）とみなします。ですから，本肢は，内需拡大で国民所得が増えるから，輸入が増えるというのが正確なところです。

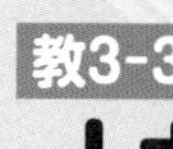

教3-3

Jカーブ効果とISバランス
～貿易黒字が減らないわけ～

Jカーブ効果とは？

これまでみてきたように，通常，変動相場制下で貿易黒字が発生した際には，為替レートが円高になるとともに経常収支が赤字になって貿易黒字が解消しますが，円高になっても，短期的には貿易黒字が解消しないどころか，反対に貿易黒字が拡大することがあります。しかし，中長期的には本来の効果を取り戻し，貿易黒字解消の方向へ向かうことになります。このように，為替レートの変化で，一時的に貿易収支の不均衡が拡大し，やがて徐々に不均衡が縮小していきますが，この一連の動きを，時間と黒字幅を軸にとってグラフにするとＪのような形をとることから，これを**Ｊカーブ効果**といいます。

Ｊのような形？

Ｊといっても，Ｊをひっくり返して，横にしたような形になります。

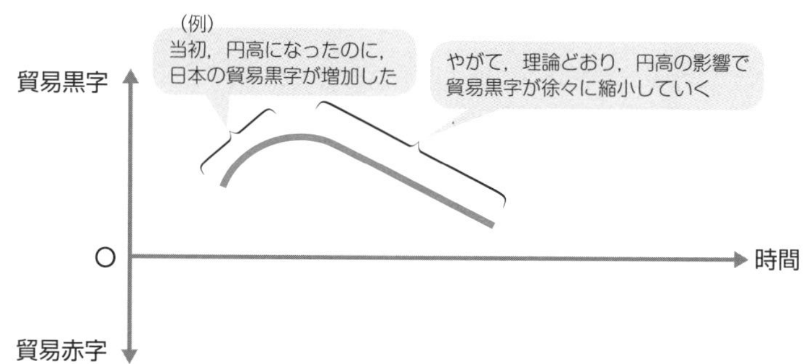

Ｊカーブ効果が起こる理由を考えてみましょう。

円高になったときには，貿易黒字（輸出＞輸入）が解消することが期待されますが，円高によって直ちに輸出量が減少するわけではありません。たとえば，円高が進んでいる状況でも，円高がどこまで進むか見極められないと，輸出企業は多少の円高でもこれ以上の為替差損を防ごうと，駆け込み的に輸出を増加させる場合があります。このような場合，貿易黒字はさらに増加することになります。

Ｊカーブ効果の実際

Ｊカーブ効果は，1985年のプラザ合意後に話題になりました。円高になっても，アメリカの対日貿易赤字は減らないどころか，一時的に悪化したのです。しかし，時間がたって貿易不均衡は解消していくかに

しかし，中長期的には調整機構が正常に働き，貿易黒字は減少していきます。つまり，**為替レートの調整と輸出入額の調整のタイムラグがＪカーブ効果を生み出している**のです。

ここで「円安になったときは？」と思われたら逆を考えればいいのですが，紙面の関係で割愛します。でもご安心ください。過去問の中で，Jカーブ効果について円安を事例として出題されたことは，私の知る限りありません。

みえましたが，現実的に，日本の対米貿易黒字は減少していません。
Ｊカーブ効果はあくまで理論であり，実体経済において，為替レートだけで貿易収支が均衡することはないのです。

ということで過去問に移ります。

例題7

Ｊカーブ効果に関する次の記述のうち，最も妥当なものはどれか。

（国家一般職［大卒］）

1　円高（安）がもたらすＪカーブ効果によって国際収支の黒字が増加（減少）すると，それを反映してさらに円高（安）が進行することから，為替レートの国際収支調整機能がまったく失われるようになった。

2　円レートの上昇（下降）は，輸出減（増）を通じて国際収支を悪化（改善）させるＪカーブ効果を持つ。

3　為替レートの変化が当初は国際収支の不均衡を拡大する方向に働き，その後，徐々に縮小させるように作用することをＪカーブ効果という。

4　Ｊカーブ効果は，日本のように純輸入に占める原材料輸入の割合が大きい国では，円高によって輸入数量が増加する効果が大きいことから生じる。

5　Ｊカーブ効果は，マーシャル=ラーナーの安定条件が短期的に満たされるが，長期的には満たされないことを示している。

解法のステップ

Ｊカーブ効果の正しい説明文を探せばよいので**3**が正答となります。

1，**2**は，Ｊカーブ効果によって国際収支の不均衡は一時的でやがて是正されることを知っていれば誤りだとわかります。

また，**4**についてですが，原材料輸入の割合が大きい国は，円高になったとしても，必要な輸入数量はすぐに増加しません。日本のように資源のない国にとって原材料というのは，是が非でも必要なもので，生活必需品のように為替レートの変化で輸入数量が劇的に変化するとは考えられません。

5のマーシャル＝ラーナーの安定条件は，専門試験レベルで扱う内容ですが，ここでは結論だけ覚えておきましょう。

マーシャル=ラーナーの安定条件

これは，「**自国と外国の輸出価格弾力性の和が1より大きい場合には，自国通貨の減価（円であれば円安）は，経常収支を改善させる**」という理論のことです。
Ｊカーブ効果は，短期的には経常収支の不均衡を拡大させることになりますから，たとえ両国の輸出価格弾力性の和が1より大きい場合でも，短期的にはマーシャル＝ラーナーの安定条件は満たされないことになるのです。

ISバランスとは

*IS*バランス論は専門科目のテーマですが国際経済についての理論なのでJカーブ効果とともに取り上げました。

三面等価の原則（⇒ p.26）でも触れたように，総支出とは，必要があったからお金を使ったわけなので，**総需要**のことになります。したがって，総需要は，

総需要Y_D＝民間消費C＋投資I＋政府支出G
＋（輸出X－輸入M）

という式が成り立ちます。

一方，総供給Y_Sといった場合，GDP（GNP）を分配面からみることです。具体的には，所得が分配されるということになります。所得は家計においてどのように分配されるかといえば，消費か貯蓄に回され，さらには租税という形で政府に納められることになります。したがって，総供給に関しては以下の式が成り立ちます。

総供給Y_S＝民間消費C＋貯蓄S＋租税T

経済学というのは需要と供給の学問です。マクロ経済学においても総需要と総供給が一致するところで均衡します。したがって，総需要と総供給が均衡する場合には，$Y_D = Y_S$より，

$$C+I+G+(X-M)=C+S+T$$

という式が成立し，これを変形した式が***IS*バランス**の式です。

ISバランスの式

（輸出X－輸入M）＝（貯蓄S－投資I）
＋（租税T－政府支出G）

$X-M$は海外部門の貿易収支（経常収支），$S-I$は民間の貯蓄投資バランス（民間収支），$T-G$は政府部門の財政収支をさします。

したがって，$(X-M)=(S-I)+(T-G)$の式とは，

（経常収支）＝（民間収支）＋（財政収支）

を意味します。

この式から，たとえば，民間部門で貯蓄不足が生じ（$S-I$がマイナス），政府部門で財政赤字となる場合（$T-G$がマイナス）には，経常収支（貿易収支）は必ず赤字（$X-M$がマイナス）となります。

IS？

Iは投資，Sは貯蓄でISバランスとは，投資と貯蓄が均衡している（等しい）状態のことです。これが経済学で何を意味するのかがここでのテーマです。
なお，「貯蓄・投資バランス論」などとも呼ばれています。

消費Cが両方の式に入っている…

総需要と総供給の式は，経済をみる視点がそれぞれ異なります。繰り返しになりますが，総需要の式では，家計がお金を使うという観点で出てきている一方，総供給の式では，所得がいかに分配されるかという視点で消費が示されています。

もちろん…

式変形の結果，$(S-I)=(G-T)+(X-M)$などの形も成立しますが，本書では，$(X-M)=(S-I)+(T-G)$を基本形として説明します。

T－Gの意味？

政府の歳入は租税，歳出が公共投資や政府消費などの政府支出ですので，租税収入以上に政府がお金を使えば財政赤字となります。

ISバランスって？

政府や海外部門を考えない閉鎖経済のモデルでは，総需要$Y_D=C+I$，総供給$Y_S=C+S$となります。そこで経済が均衡していると

$$(X-M)=(S-I)+(T-G)$$

❷必ずマイナス　❶ともにマイナスなら

あるいは，経常収支（貿易収支）が均衡し（$X-M$はゼロ），民間では貯蓄よりも投資が下回っていれば，必ず政府財政収支は黒字が発生していることになります。

$$(X-M)=(S-I)+(T-G)$$

❶ゼロ かつ ❷マイナスなら　❸必ずプラス

では，ISバランスの問題を解いてみましょう。上のバランスの式を覚えておけば，なんでもない問題になりますので，得点源としておきたいところです。

き，$I=S$が実現しているから，ISバランスと呼ばれます。つまり，投資Iは需要，貯蓄Sは供給をそれぞれ代表しているのです。

経常収支？

$X-M$は厳密には貿易収支ですが，この種の問題では，貿易収支が経常収支の主要項目であることから，経常収支と記載されることが多いようです。ですから，本問のような場合，貿易収支＝経常収支とみなしてください。

例題8

民間投資が10，民間貯蓄が15，政府支出が12，租税が９であるとき，貯蓄・投資バランス論に従えば，経常収支の額はいくらか，最も妥当なものはどれか。

（国家一般職［大卒］）

1　経常収支赤字額は８である。
2　経常収支赤字額は４である。
3　経常収支赤字額は２である。
4　経常収支黒字額は２である。
5　経常収支黒字額は８である。

解法のステップ

ISバランスの式$(X-M)=(S-I)+(T-G)$に，条件の数値を代入するだけで簡単に求めることができます。

経常収支は，$(X-M)=(15-10)+(9-12)=2$となります。よって，正答は**4**です。

さて，本項のサブタイトルの問いである「貿易黒字が減らないわけ」は，このISバランスの式が答えてくれます。左辺の貿易収支が黒字であるのは，右辺の貯蓄Sが多いからか，財政収支（$T-G$）が黒字だからということになります。

日本の貿易黒字の背景ISバランス式か？

日本の財政は悪化していることを考慮すれば，日本がとりわけ貿易大国といわれていた時代は，家計の金融資産（1,500兆円）などに支えられていたことが示唆されます。

第3章のまとめ

●国際収支

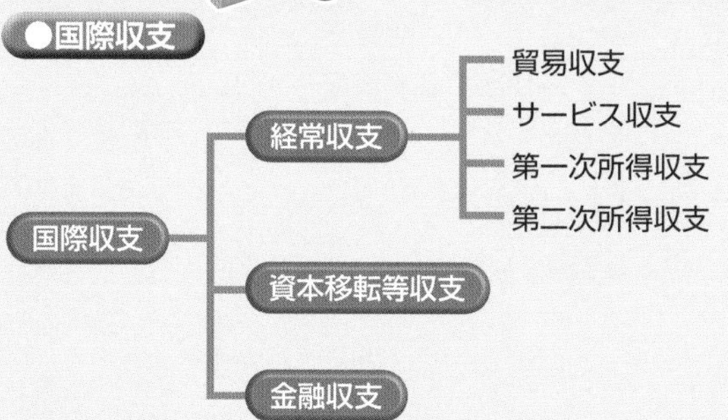

為替レート

固定相場制：かつての１ドル＝360円のように交換レートが定まっている制度
変動相場制：現在のように市場の取引によって交換レートが変動する制度

為替レートと貿易収支

円高⇒輸出↓輸入↑⇒貿易赤字
円安⇒輸出↑輸入↓⇒貿易黒字

貿易黒字（輸出＞輸入）＝輸出企業の円買い＞輸入企業の円売り⇒円高
貿易赤字（輸出＜輸入）＝輸出企業の円買い＜輸入企業の円売り⇒円安

為替レートと金利の関係

金利の上昇→資本流入：円買い／ドル売り→円高
金利の低下→資本流出：円売り／ドル買い→円安

為替レートと物価の関係

物価の上昇（インフレ）⇒円安
物価の低下（デフレ）⇒円高

●Ｊカーブ効果

為替レートの変化が当初は国際収支の不均衡を拡大する方向に働き，その後，徐々に縮小させるように作用すること。

●*IS*バランス

$(X-M) = (S-I) + (T-G)$
貿易収支　民間収支　財政収支

最初でつまずかない経済学
マクロ編

専門試験レベル

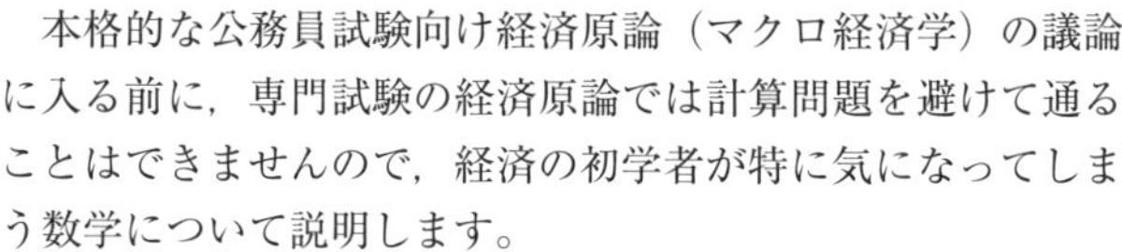

ウォーミングアップ マクロ経済学の数学 ～連立方程式だけだよ～

本格的な公務員試験向け経済原論（マクロ経済学）の議論に入る前に，専門試験の経済原論では計算問題を避けて通ることはできませんので，経済の初学者が特に気になってしまう数学について説明します。

ただし，「数学」といっても，「経済学で使う数学」です。しかも，基本的に「暗記科目」である「公務員試験の経済学」なので，さらに限定されます。

また，本格的な専門試験のマクロ経済学の問題といっても，普通の**四則**（しそく）**計算**（足し算，引き算，掛け算，割り算）や**小数**計算，**分数**計算に加えて，$y = ax + b$といった**関数**に，連立方程式の計算だけで対応できるのです。

どんどん飛ばして！

できる人はわざわざ最初から読む必要はありません。不安だなと思うところだけ読んで確認してもらえれば結構です。

四則計算？

足し算（加法），引き算（減法），掛け算（乗法），割り算（除法）の４つの計算のことを四則計算といいます。「加減乗除」といういい方もありますね。
足し算の答えを「和」，
引き算の答えを「差」，
掛け算の答えを「積」，
割り算の答えを「商」
と呼んだりもします。

計算のきまりと分数計算

計算のきまりといっても，たいしたことでありません。足し算（加法），引き算（減法），掛け算（乗法），割り算（除法）は普通に計算するだけでいいのです。

ただ，少し気をつけたいことがあるので，具体的に計算例を挙げながら説明してみます。

●負の数の引き算

$8-(-3)=8+3=11$

$(-2)-(-6)=-2+6=4$

●負の数の掛け算・割り算

符号（＋，－）の違いだけに注意！　**負の数が偶数個あるときは正の符号，負の数が奇数個あるときは負の記号になります。**

$(-12)\times(-4)=48$

$(-12)\div 4=-3$

$54\div(-9)=-6$

正・負？

正（せい）というのは「＋（プラス）」のことで，負（ふ）というのは「－（マイナス）」のことです。

●分数の足し算・引き算

分母が同じとき：分母はそのままで，分子の足し算，引き算をします。

分母が異なるとき：分母を同じに（通分）してから分子の足し算，引き算をします。

$$\frac{1}{5}+\frac{3}{5}=\frac{4}{5}$$

$$\frac{1}{2}+\frac{1}{6}=\frac{3}{6}+\frac{1}{6}=\frac{4}{6}\quad \text{約分して}\quad =\frac{2}{3}$$

$$\frac{5}{6}-\frac{4}{9}=\frac{15}{18}-\frac{8}{18}=\frac{7}{18}$$

$$\left(-\frac{7}{2}\right)-\left(-\frac{7}{3}\right)=-\frac{7}{2}+\frac{7}{3}=-\frac{21}{6}+\frac{14}{6}=-\frac{7}{6}$$

●分数の掛け算・割り算

掛け算：分子どうし・分母どうしを掛けます。

割り算：掛け算に直して計算します（「割る」とは，その数の逆数を掛けることと同じです）。

$$\left(-\frac{3}{4}\right)\times\frac{1}{2}=-\frac{(3\times1)}{(4\times2)}=-\frac{3}{8}$$

$$\left(-\frac{3}{4}\right)\div\frac{1}{2}=-\frac{3}{4}\times\frac{2}{1}=-\frac{(3\times2)}{4}=-\frac{6}{4}=-\frac{3}{2}$$

●四則を含む計算

①**かっこがあるときはかっこの中を先に計算**します。

②**掛け算と割り算は，足し算・引き算より先に計算**します。

$$10+(-5)\times3=10+(-15)=10-15=-5$$

$$12\times(8-3)=12\times5=60$$

$$8+2\times(9-6)=8+2\times3=8+6=14$$

$$4-\frac{3}{4}\div\left(\frac{2}{3}-\frac{3}{4}\right)=4-\frac{3}{4}\div\left(\frac{8}{12}-\frac{9}{12}\right)$$

$$=4-\frac{3}{4}\div\left(-\frac{1}{12}\right)$$

$$=4-\frac{3}{4}\times(-12)$$

$$=4+\frac{36}{4}$$

$$=4+9=13$$

通分？

分母どうしを同じ数にすることです。

$\frac{5}{6}-\frac{4}{9}$

を例にみてみましょう。

分母の6と9の最小公倍数は18です。

それで分母が18になるように，$\frac{5}{6}$の分子と分母には3を掛け，$\frac{4}{9}$の分子と分母には2を掛けて，

$\frac{15}{18}-\frac{8}{18}$

とするのです。

分母が同じになれば，あとは分子どうしを計算すればOKです。

約分？

分母，分子の両方を割れる数をみつけてどんどん割っていくことです。

$\frac{4}{6}$は，分母も分子も2で割れるので，それぞれ割って$\frac{2}{3}$となります。

逆数？

2つの数を掛けると1になるとき，一方の数を他方の数の逆数といいます。

つまり，$\frac{2}{3}$の逆数は$\frac{3}{2}$，4の逆数は$\frac{1}{4}$，ちなみに，1の逆数は1，−1の逆数は−1です。

分数の符号の表記

$-\frac{3}{4}=\frac{(-3)}{4}=\frac{3}{(-4)}\cdots$

3つとも同じです。

小数計算

小数とは，１よりも小さい数を表すものです。マクロ経済学ではこの小数が分数と混在して出てくる計算が多いので，その解き方を確認しておきましょう。

●小数と分数が混在している場合

分数に小数が入っている場合は，小数で計算できるところは計算してから，分数の形に直していきます。

$$\frac{1}{1-0.8}$$

$$=\frac{1}{0.2}$$

分子，分母に10を掛けて，

$$=\frac{10}{2}$$

$$=5$$

$$\frac{1}{1-0.5(1-0.4)}$$

$$=\frac{1}{1-0.5\times0.6}$$

$$=\frac{1}{1-0.3}$$

$$=\frac{1}{0.7}$$

分子，分母に10を掛けて，

$$=\frac{10}{7}$$

$$\frac{-0.6}{1-0.6(1-0.2)}\times(-13)$$

$$=\frac{-0.6}{1-0.6\times0.8}\times(-13)$$

$$=\frac{-0.6}{1-0.48}\times(-13)$$

小数は分数で

小数はできるだけ分数の形にしたほうがミスを防げます。小数点の打ち間違いなどを避けることもできます。１÷0.2とするよりも，$\frac{1}{0.2}$ の分子・分母を10倍して，$\frac{10}{2}$ とするほうがおススメです。

計算順序の確認

① かっこが先
② 次に掛け算・割り算
③ それから足し算・引き算

小数の掛け算は大丈夫？

0.6×0.8＝0.48

```
  0.6 ←小数点１つ
×0.8 ←小数点１つ
 0.48
  ↖小数点２つシフト
```

マイナスの処理は大丈夫？

－A×(－B)＝AB
↑　　↑
マイナスとマイナスで相殺されプラス（＋）

$$= \frac{-0.6}{0.52} \times (-13)$$

分子，分母に100を掛けて，

$$= \frac{-60}{52} \times (-13)$$

分母の52は13で割れるので，

$$= \frac{-60}{4} \times (-1)$$

$$= \frac{60}{4}$$

$$= 15$$

●小数を含む方程式

$$0.02 = \frac{x}{5}$$

両辺を５倍して，

$$0.02 \times 5 = \frac{x}{5} \times 5$$

$$x = 0.1$$

$$\frac{50}{x} = \frac{140}{0.2 + 0.8x}$$

両辺にxを掛けて，

$$50 = \frac{140x}{0.2 + 0.8x}$$

両辺に（$0.2 + 0.8x$）を掛けて，

$$(0.2 + 0.8x) \times 50 = 140x$$

$$10 + 40x = 140x$$

$$100x = 10$$

$$x = 0.1$$

関　数

数学が苦手な人の中には「関数（かんすう）」と聞いただけで「うわ！もう絶対わからない！」という拒否反応を示す人もいるほど，本当に嫌われていますよね。なかには関数のことを「せきすう」と呼んでしまう学生もいるくらいです。

xにかかる分数を整数に

先ほど「小数は分数に」といいましたが，ここではxを求めるために，$\frac{x}{5}$という分数を整数にすることを優先しました。

xが分母にあったら？

分母にあるxを消すことを考えます。分母の数を掛ける（場合によっては繰り返す）ことで分数の形ではなくなりました。

あれ？なんで分数にしないの？

方程式の場合は，求めている答えが小数なのか分数なのかをまずは確認しましょう。

0.1はもちろん，$\frac{1}{10}$です。

関数の表し方

関数は英語で「function」なので，よくfが使われます。xの関数yを$f(x)$と書いたりしますし，$x=a$を代入したときに決まる関数の値を$f(a)$と表すこともあります。

しかし，関数といっても「数学の関数」ではなく，「経済学で扱う関数」なので内容はシンプルです。

●関数とは？

ある値（たとえば x）を決めると，それに対応して別の値（たとえば y）が1つ決まるとき，数学では「y は x の関数である」といういい方をします。

つまり，**関数**というのは，「x と y の関係を式の形にしたもの」ということができます。ですから，その式に従って，x の値が変化することで，y の値も変わってくるわけです。

二次関数も三次関数もあるの？

一次関数は $y=ax$～，二次関数は $y=ax^2$～，三次関数は $y=ax^3$～という形なのですが，公務員試験の経済学では「こういうときにはこうする」ということだけを覚えていれば解ける問題がほとんどなので，そんなに怖がる必要はありません。

●一次関数

では，具体的な関数の例として，最も基本的な一次関数を紹介します。これこそが公務員試験の経済学の理解に必要な関数です。

一次関数は，$\boldsymbol{y=ax+b}$ の形です。たとえば，$y=3x+4$ の式があれば，$x=1$ なら $y=7$，$x=2$ なら $y=10$ というように，x の値が変化することで y の値も変わっていきます。

経済学で重要なのは**傾き**の概念です。$y=ax+b$ の式では傾きは a に相当し，今の $y=3x+4$ の例では「3」が傾きとなります。また，$y=ax+b$ の「b」は，x の値がゼロのときの y の値（**y 切片**（せっぺん））になります。

ここがポイント

一次関数の傾きは，経済学の基礎であるだけでなく，実際に問題を解く際に，傾きを使うことが多くありますので，非常に重要なポイントです。しっかり身につけておきましょう。

一次関数 $y=3x+4$ のグラフは以下のようになります。

【一次関数 $y=3x+4$ のグラフ】

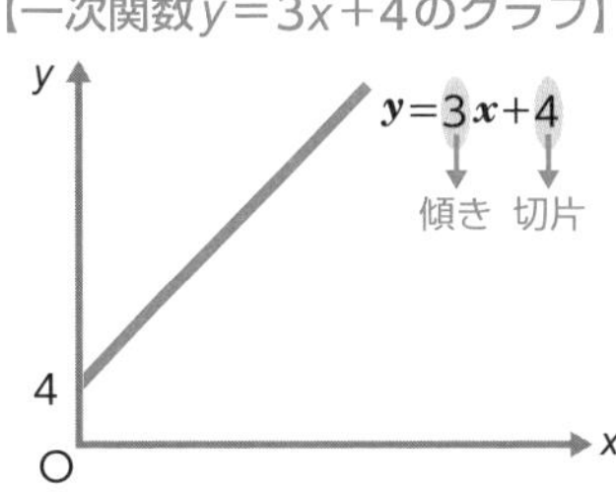

⊿って何の記号？

⊿は「デルタ」と読みます。⊿がついたときには，その変化分（変化量）を意味します。たとえば x が10から15に増加すると，⊿x は5といった具合です。

では，傾きってどう求めるのでしょうか。傾きは，横軸（x 軸）の変化に対する縦軸（y 軸）の変化で求められます。

$$\text{傾き（勾配）}=\frac{\text{縦軸の変化（⊿}y\text{）}}{\text{横軸の変化（⊿}x\text{）}}$$

【$y=\frac{1}{4}x+3$のグラフ】

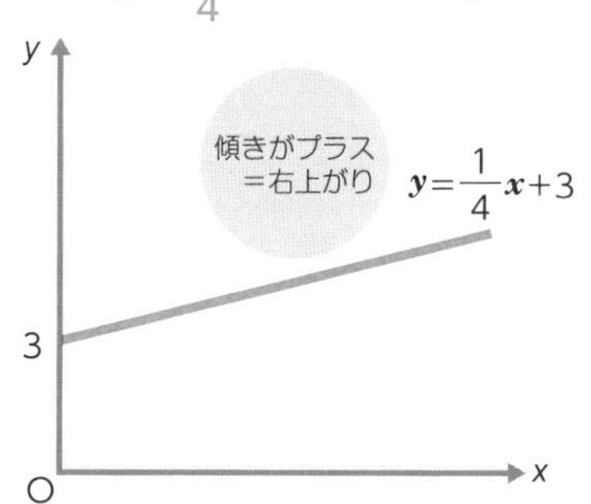

【$y=-x+8$のグラフ】

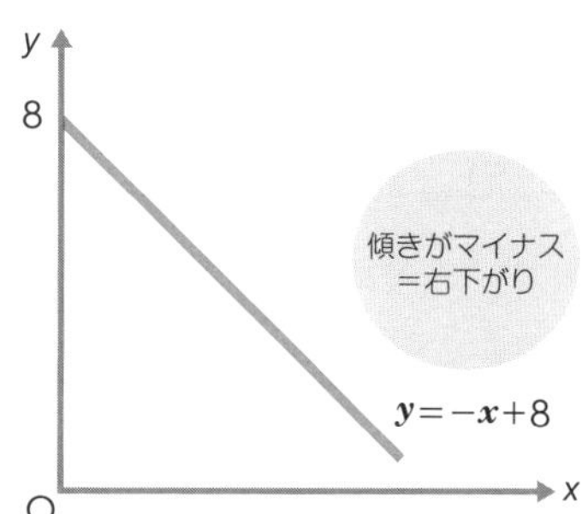

傾きが負（マイナス）のときは，右上の図のように，$y=-ax+b$で右下がりのグラフに変わり，$y=-x+8$であれば，傾きは-1，y切片（y軸）の値は8になります。

需要曲線と供給曲線も，数学的には，P（価格）とX（数量）の一次関数です。需要曲線が右下がりであるということは，傾きが負（マイナス）になっているということです。

また，需要と供給の均衡点（均衡価格と均衡数量）というのは，需要曲線と供給曲線の**交点**のことであり，数学では需要曲線と供給曲線を**連立方程式**にして求めることになります。

連立方程式は，マクロ経済学では頻繁に使いますので，次に説明します。

連立方程式

連立方程式では，x，yを求めるために，xかyどちらか計算しやすいほうを，最小公倍数を利用して消すのがコツです。

$$\begin{cases} 2x-3y=4 & \cdots\cdots\cdots\cdots① \\ 3x-4y=5 & \cdots\cdots\cdots\cdots② \end{cases}$$

この例では，xを消すのであれば，2と3の最小公倍数が6なので，

①×3　⇒　$6x-9y=12$　…………①′

②×2　⇒　$6x-8y=10$　…………②′

よって，①′－②′で$y=-2$が得られます。

あとは，①式か②式に，$y=-2$を代入して，$x=-1$を求めるだけです。

傾きの求め方

では次のグラフで傾きは何でしょうか。

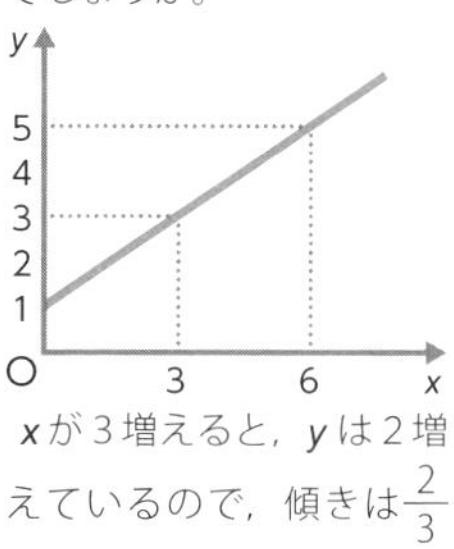

xが3増えると，yは2増えているので，傾きは$\frac{2}{3}$です。

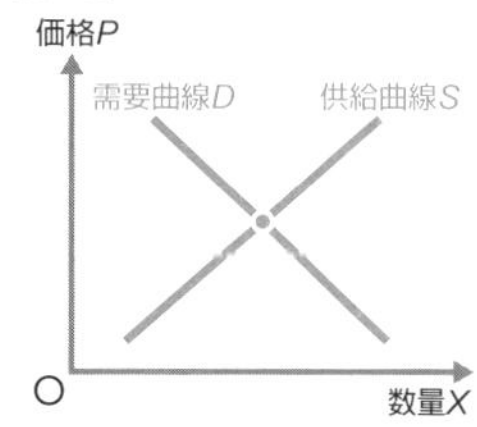

連立方程式といっても…

それほど難しいものをやるわけではなく，中学2年生でやる数学のレベルなので安心してください。

よって，この例の解は，$x=-1$，$y=-2$となります。

では，次に経済学っぽい連立方程式を解いてみましょう。

$$\begin{cases} y=2x-3 \\ y=-\dfrac{1}{2}x+1 \end{cases}$$

両方とも「$y=\sim$」の形になっているので，**代入**するだけでyを消去できます。

$$2x-3=-\frac{1}{2}x+1$$

移項して整理すると，

$$2x+\frac{1}{2}x=1+3$$

$$\frac{5}{2}x=4$$

$$x=4\times\frac{2}{5}$$

$$x=\frac{8}{5}$$

$x=\dfrac{8}{5}$を$y=2x-3$に代入して，

$$y=2\times\frac{8}{5}-3$$

$$y=\frac{16}{5}-\frac{15}{5}$$

$$y=\frac{1}{5}$$

よって，この例の解は，

$x=\dfrac{8}{5}$，$y=\dfrac{1}{5}$です。

ちなみに，$x=\dfrac{8}{5}$を$y=-\dfrac{1}{2}x+1$の式に代入しても同じ答えを得られます。

①′－②′？

$$\begin{array}{rr} & 6x-9y=12 \\ -) & 6x-8y=10 \\ \hline & -y=2 \end{array}$$

というやり方です。
手順としては，
①′の$6x$から②′の$6x$を引くので，

$6x-6x=0$

これで，xが消えます。
次は①′の$-9y$から②′の$-8y$を引くので，

$-9y-(-8y)=-9y+8y=-y$

次は①′の12から②′の10を引くので，2。
これで，$-y=2$が求められます。

代入？

文字または変数を，数または文字・式などで置き換えることです。
たとえば，左の計算でいえば，「$y=-2$」ということは，「yという文字と-2は同じ」ということなので，①式$2x-3y=4$の「y」を「-2」に置き換えてxを求めます。

$2x-3\times-2=4$
$2x+6=4$
$2x=4-6$
$2x=-2$
$x=-1$

移項して整理？

「＝」の右側から左側へ（右辺から左辺へ），左側から右側へ（左辺から右辺へ）移動させることを移項といいます。
移項するときは符号が逆になる（プラスならマイナス，マイナスならプラス）と覚えておいてください。
ちなみに「整理」というのは，同じ文字項どうしをまとめることをさしています。

数量方程式（増分法）

連立方程式に関連して，マクロ経済学では，古いいい方ですが増分法とか，数量方程式（計量方程式）という手法を使って計算することが多々あります。

＜例1＞

連立方程式で計算した結果，

$Y=800+2X+5Z$

という式があったとします。ここで，Xの値が50増加すると，Yがどれだけ増加するかという問いに答えるために，増分法と呼ばれる手法を使います。

結論からいったら，変化分（Δ（デルタ））の式，つまり変化する数値のみの形の式，

$\Delta Y=2\Delta X$

として，ΔXに50を代入して，$\Delta Y=100$を得ます。

これを正確にやると

$Y=800+2X+5Z$ …………①

このとき，Xの値が変化すれば，式からYの値も変化するので，変化した後の値をX'，Y'とすれば，変化後の式は，

$Y'=800+2X'+5Z$ …………②

となります。

そこで，Xの値が50増加すると，Yがどれだけ増加するかという問いに対しては，

②－①より，

$Y'-Y=2(X'-X)$

となります。これがすなわち

$\Delta Y=2\Delta X$

のことです。

ですから，慣れてきたらいちいち$Y'-Y$，$X'-X$の手順は踏まずに，「変化分をとる」という形でΔの式を作ってください。

Δって？

Δ（デルタ）とはどれだけ変化したかを示すもので，たとえばYの値が100から120に変化した場合は，$\Delta Y=20$といういい方をします。

Zが増えても同じこと？

そのとおりです。Zの値が5増えたときには，まず，

$\Delta Y=5\Delta Z$

と変形して，ΔZに5を代入して，$\Delta Y=25$を得ます。

<例2>

増分法は，式がどんなに長くなっていても，その中で変化しているアルファベットの値に変化を示す記号Δをつけて，Δのついていないものをザクッと消去できるので，一種の「快感」があります。

たとえば，連立方程式の結果，

$$Y=-4X+Z-\frac{A}{3}+9B+120$$

という式があって，「Xの値が10，Bの値が5増加すれば，Yがどれだけ増えるか」という問題が出されたとするとどうすればいいのでしょうか。

変化する値は，XとBと，その結果としてのYなので，

$$\Delta Y=-4\Delta X+9\Delta B$$

と変形できます。

ここに，$\Delta X=10$，$\Delta B=5$を代入すると，

$$\Delta Y=-4\times 10+9\times 5=5$$

で，Yは5増加するとなります。

この一連の作業は実は微分なのですが，マクロ経済学では，微分を意識する必要はまったくありませんので，「変化分の式を作る」としてΔの式を作って，変数を代入していくという作業をやっていけばいいのです。

では，以上の点だけマスターできれば，マクロ経済学の計算問題など臆することはありません。がんばってください。

実は微分なのです

増分法の「変化分をとる」の式を作って答えを得るやり方は実は微分計算をしているのです。
たとえば**例1**で，

$$Y=800+2X+5Z$$

の式を変化分の式に

$$\Delta Y=2\Delta X$$

と変形しましたが，これって，さらに式展開すると，

$$\frac{\Delta Y}{\Delta X}=2$$

となります。
$Y=aX+b$の式で，YをXで微分するといえば，

$$\frac{\Delta Y}{\Delta X}=\sim$$

でしたね。
詳しくは「ミクロ編」を参照してください。

● 専門試験レベルの「出題傾向」

専門試験レベルについては，試験によって出題傾向が大きく異なっているので，各章の初めに，その章の出題頻度を4段階で記しています。

無星　：近年出題がない
★　　：ときおり出題がある
★★　：繰り返し出題がある
★★★：毎年のように出題がある

この出題傾向を参考にして，勉強を進めていってください。

専門試験レベル　第1章

ケインズの乗数理論

ケインズ経済学の本質を学ぶ

マクロ経済学とは，実質的にケインズ経済学を学ぶことだといっても過言ではありません。ケインズ理論の中心は45度線分析および乗数理論です。公務員試験では*IS*-*LM*分析とともに重要度が高く，かつ出題頻度も高いテーマです。本章を大きく分けると，乗数と45度線分析，インフレ・ギャップとデフレ・ギャップの２つですが，出題頻度は前者のほうが高いといえます。

マクロ経済の計算問題の基礎となるところでもありますので，乗数の公式や代入法など柔軟に駆使できるようにしましょう。

出題傾向

国家総合職：★　国家一般職：★★★　地方上級：★★★
国税専門官：★★　市役所：★

専1-1

有効需要について
～ケインズ経済学の基本です～

有効需要って何？

ケインズ経済学の考え方の根底にあるのが，**有効需要政策**，つまり政府による**総需要管理政策**です。

「総需要管理政策」といっても，初めての内容ではありません。教養試験レベルでみてきた国民総支出の内訳（⇒ p.24）にあった消費*C*，投資*I*，政府支出*G*を増減させるような政策を，景気の動向に応じて実施することです。

支出をするということは，家計，企業，政府に「需要がある」ということでした。したがって，国民総支出＝総需要となります。

総需要の式

総需要Y_D＝消費*C*＋投資*I*＋政府支出*G*

また，ただ単に何かのモノが「欲しい」（これも需要の一種）ではなく，実際に支出を伴う需要（結果的に国民所得の増加につながる需要）をケインズは**有効需要**と呼びました。この有効需要の増加によって，国民所得水準が決定することを**有効需要の原理**といいます。

この「有効需要の原理」に立つと，需要を拡大したり，縮小したりする最も有効な方法は，これまでみてきた政府・日銀による財政・金融政策です。このため，ケインズ経済学においては，政府の役割が極めて重要になってきます。

では，総需要の意味を確認するために次の過去問に当たってみてください。

ケインズ

ケインズ（1883 ～ 1946）は20世紀を代表するイギリスの近代経済学者で，1936年に『雇用・利子および貨幣の一般理論（一般論）』を発表，経済への政府の積極的な介入を正当化する経済理論を提唱し，経済学界にケインズ革命を引き起こしました。

輸出は？

通常，経済理論の説明において，海外部門は単純化のために無視されます。ここでも，輸出*X*－輸入*M*の項目は入れていません。

三面等価の原則

GNPやGDPは国民経済を生産の面から測ったものですが，支出面と所得面（分配面）からとらえても，この３つの値は等しくなることを三面等価の原則といいました。

例題1

次の記述のうち，総需要管理政策にならないものはどれか。

（地方上級）

1 所得税の減税を行い，個人消費の増大を図る政策
2 交通・通信施設の拡大など社会資本の拡充を図る政策
3 高所得者と低所得者の租税の負担割合を変更する政策
4 政府が国債を市場に売りに出す政策
5 中央銀行がマネーサプライの余剰分を吸収する政策

解法のステップ

3を除けばすべて総需要管理政策です。

1．減税による消費の増大はまさしく需要を喚起します。

2．社会資本の拡充は公共投資によって実施されることなので，政府支出は増大し，総需要を拡大させます。

3．租税負担の割合を変更させるとは，高所得者の税率を上げて低所得者の税率を引き下げることによって，高所得者から低所得者への所得再分配を図る政策のことで，総需要管理政策にはなりません。本問は当てはまらないものを選ぶ問題ですから，正答は**3**ということになります。

4．政府が国債を市場に売りに出して，その資金で公共投資を行えば，**2**と同様に総需要管理政策となります。

5．本肢の内容は，売りオペレーションのことです。売りオペによって，資金が金融市場から吸収されるので，市中銀行による企業への貸出しが減少することになります。銀行の貸出しの減少は，企業の設備投資の落ち込みにつながるので総需要を減少させます。

ここが決め手！

活用するのは総需要の式（総需要Y_D＝消費C＋投資I＋政府支出G）で，総需要の内訳にある右辺の項目の何かを刺激するか，しないかです。
右辺の構成要因の中でどれかが増加（減少）すれば総需要が増加（減少）し，景気は拡大（縮小），経済は成長（減速），国民所得は増加（減少）するということになります。

さて，こうした総需要管理政策を，式の形で説明しようというのが，次の段階です。

忘れないで！

ここで大切なことは，あくまで総需要のほうが主役だということです。ケインズ経済学においては有効需要の大きさが需給関係を決め，国民所得や国民（国内）総生産を決定します。

消費の式を考えよう！

三面等価の原則などから，国民総生産は，国民総支出や国民所得の式に置き換えることができました。

国民所得Y＝消費C＋投資I

この中の消費Cについては，次のように表します。

$$C = C_0 + cY$$

ここで，C_0 とは**基礎消費**のことで，所得の大きさなどには関係なく，最低限生きていくのに必要な消費のことです。食費や生活必需品の購入などがこれに当たります。

cY の部分は所得の大きさによって決まる消費量のことです。この c のことを**限界消費性向**といいます。

限界消費性向とは，所得が１単位変化すれば消費がどれだけ変化するか（所得の変化に対する消費の変化）ということになります。たとえば，所得が１万円増加して，消費が8,000円増加すれば，限界消費性向 c は0.8となります。

消費の式（消費関数）

$$C = C_0 + cY \quad \left[\begin{array}{l} C_0：基礎消費，Y：所得，\\ c：限界消費性向（0<c<1） \end{array} \right]$$

ということは，所得が１万円増加して8,000円を消費すれば，残りの2,000円は貯蓄に回すことになります。ここから，「所得が（追加的に１単位）増加すれば，貯蓄Sがどれだけ増えるか」を示す**限界貯蓄性向 s** という概念も導けます。この場合，限界貯蓄性向は0.2となります。

また，限界消費性向 c は，$0<c<1$ という条件がつくことも留意しておきましょう。１万円の臨時収入が入れば１万円すべてを消費する人もいるかもしれません。

しかし，経済学では，必ず消費か貯蓄に振り分けるとみなすので，限界消費性向 c，限界貯蓄性向 s ともに，$0<c<1$，$0<s<1$ という条件がつきます。もしも，所得が１単位（たとえば１万円）増加してすべてを消費に回せば，限界消費性向は１，限界貯蓄性向は０となりますが，この状況は考えないということです。

このことから，経済が家計と企業から成り立つ（$Y=C+I$）とした場合，限界消費性向 c と限界貯蓄性向 s の関係も $c+s=1$ と表すことができます。今の例でも $c=0.8$，$s=0.2$ から $c+s=1$ を確認できると思います。

限界消費性向cと限界貯蓄性向sの関係

限界消費性向 c ＋限界貯蓄性向 s ＝１

また，消費 C を所得 Y で割った値 $\frac{C}{Y}$ は，所得全体のうちどれだけ消費に費やしたかを表す値で**平均消費性向**と呼びます。

限界？

ミクロ経済学でも出てきますが，「限界」とは，「追加的な１単位」，簡単にいえば「もう１つ加えると」という発想です。
「限界」というのは「もう限界だ」の限界（limit）ではなく，「ぎりぎりの」という意味の限界で，英語ではmarginalに相当します。

１単位？

状況に応じてどうとでもいい表せます。リンゴなら１個単位でも，１箱単位でも，10kg単位でもいいわけです。

経済学ではこう考える

海外や政府部門を考えない最も単純な経済モデル（これを閉鎖経済といいます）では，所得は，消費か貯蓄に振り向けるとみなします。式で表せば，$Y=C+S$ です。

C？　S？

C は消費（Consumption）の C，S は貯蓄（Saving）の S です。消費関連用語には C，貯蓄関連用語には S が何らかの形で用いられます。

平均消費性向

$$平均消費性向=\frac{消費C}{所得Y}$$

例題2

次の文中の空欄A～Cに当てはまる語句の組合せのうち，妥当なものはどれか。

（大卒警察官　改題）

消費額は所得が増加すると（　A　）。また，所得が増加すると，平均消費性向は（　B　）が，限界消費性向は（　C　）。なお，消費関数は$C=C_0+cY$であるとする。（Yは国民所得，c，C_0は正の定数）

	A	B	C
1	減少する	減少する	増加する
2	増加する	増加する	増加する
3	増加する	減少する	減少する
4	増加する	増加する	一定である
5	増加する	減少する	一定である

解法のステップ

所得が増加すれば，人々はその一部を消費に回すので消費額は増加します（A：増加する）。

Bは理屈で考えるよりも，問題文中に出てきた「消費関数$C=C_0+cY$」を使って説明します。平均消費性向が$\frac{C}{Y}$ですから，平均消費性向を消費の式で表せば，

$$\frac{C}{Y}=\frac{C_0+cY}{Y}=\frac{C_0}{Y}+c$$

と示すことができます。条件よりc，C_0は正の一定値なので，Yが増加すれば$\frac{C_0}{Y}$の値は減少することから，平均消費性向は減少（B：減少する）となります。

また，限界消費性向cは正の定数でしたので，所得が増加しても限界消費性向自体は変化しません（C：一定である）。

よって，正答は**5**となります。

平均消費性向と限界消費性向

図示するとこうなります。

$$\downarrow\frac{C}{Y}=\frac{C_0}{Y}\uparrow+c$$

❸ 平均消費性向

❶ 所得Yが増加しても

限界消費性向は変らず ❷

専1-2

45度線分析と乗数理論を学ぶ
～これがケインズ経済の核心だ！～

では次に，ケインズ経済学の最重要ポイントである乗数理論を45度線分析と呼ばれる方法を紹介しながら説明します。

45度線分析って何だろう

経済学の基本は需要と供給であることはミクロ経済学でもマクロ経済学でも同じで，一国レベルの経済を扱うマクロ経済学では，需要と供給ではなく，**総需要**と**総供給**といういい方をする違いがあるだけです。そして，総需要と総供給が一致するところで一国の経済が均衡します。総需要曲線についてはすでに学びました。

総需要の式

総需要Y_D＝消費C＋投資I＋政府支出G

総供給Y_Sですが，総供給は所得と同義です。先ほど人々は所得を消費と貯蓄に回すと説明しました（所得Y＝消費C＋貯蓄S）。また，経済モデルに政府部門まで含めるとこれに税金Tが加わります。したがって，政府部門まで含めた所得の式は，所得Y＝消費C＋貯蓄S＋税金Tとなり，これが総供給の式となります。

総供給の式

総供給Y_S＝所得Y＝消費C＋貯蓄S＋税金T

45度線分析ではグラフの縦軸に総需要量Y_Dと総供給量Y_Sをとり，横軸に国民所得Yをとるという当時の常識を破る革命的なグラフが描かれ，均衡国民所得が求められます。

需要の経済学であるケインズ経済学において，グラフでは，総供給曲線が45度線として固定されます。45度線はx軸とy軸からの距離が等しい状態であり，総供給Y_S＝所得Yを導出できます。

このように，総需要と総供給の均衡から**均衡国民所得**を求

確認しておこう！

前項で説明した政府部門もない状態（閉鎖経済）であれば，
総需要Y_D＝消費C＋投資I
とする場合もあります。
一方，海外部門まで含めた経済モデルを**開放経済**といいます。その場合の総需要の式は，もちろん，
Y_D＝C＋I＋G＋（輸出X－輸入M）
です。

Y_D，Y_S？

Y_Dは総需要，Y_Sは総供給をさします。もともと，YはYield（産出，生産）で，三面等価の原則（生産＝支出＝所得）から所得にも用いられました。三面等価の原則では，支出が需要，所得（分配）が供給を意味したことから，総需要Y_D，総供給Y_Sが定番になったと推察されます。

総供給Y_Sの式の意味

所得は消費か貯蓄さらに政府への支払いである税金に振り分けられるということです（分配）。まさに，所得は三面等価の原則でいう「分配」なのです。

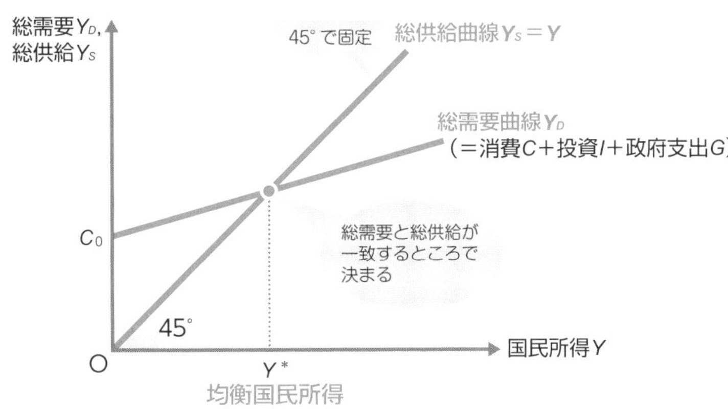

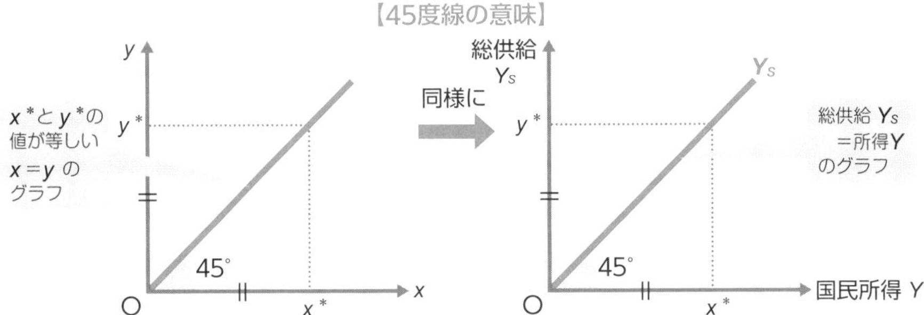

める分析方法を**45度線分析**と呼びます。

x軸とy軸の値が同じということを，そのグラフの傾きをとって45度線といっています。30度線とか60度線というのは出てきませんよ。

ケインズ経済学の45度線分析においては，総供給曲線が45度で固定されているので，総需要のほうが変化することによって均衡国民所得が定まることになります。具体的には，総需要の構成項目である消費や投資や政府支出といった有効需要が変化することで，つまり総需要の増減によって，国民所得が増えたり減ったりします。

前ページの図のように，当初の経済は総需要曲線Y_Dと総供給曲線Y_Sの状態にあって，Y^*で均衡していたとします。ここで，公共投資などの政府支出Gや企業の設備投資Iが増大したとしましょう。総需要が増大しますから，総需要曲線Y_Dは上方にシフトします。これに伴って均衡国民所得も増加することになります。

例題3

消費関数が，

$C=0.8Y+500$ 　　$\left[\begin{array}{l} C：消費\quad Y：均衡国民所得 \\ I：投資 \end{array}\right]$

$I=1000$

と示されるとする。投資を200増加させた場合の均衡国民所得として最も妥当なものはどれか。ただし，政府部門および海外との取引は無視するものとする。

（地方上級）

1　8,000
2　8,500
3　9,000
4　9,500
5　10,000

解法のステップ

本問の場合，条件に消費と投資しかありませんのでマクロ経済の式は $Y=C+I$ と閉鎖経済を想定しています。

また，投資 I を200増加した後の投資 I は，$I'=1000+200=1200$ となります。

このタイプの問題は，代入法というやり方で均衡国民所得を求めます。

具体的には，マクロ経済の式（$Y=C+I$）に，投資 $I'=1200$ と消費関数の式を代入して Y について解いて求めます。

$Y=C+I=(0.8Y+500)+1200$

これを式変形して，

$0.2Y=1700$，$Y=8500$

よって，求める均衡国民所得 Y は，$Y=8500$ となり，正答は**2**です。

なお，投資を200増加させる前の均衡国民所得の大きさは，

$Y=C+I=(0.8Y+500)+1000$

より $Y=7500$ となることも確認しておきましょう。

また，本問では消費関数が，$C=0.8Y+500$ で与えられています。これは消費関数の公式と対応していることも合わせて確認してください。

$C=\ cY+\ C_0$
　　↓　　↓
$C=0.8Y+500$（限界消費性向 $c=0.8$，基礎消費 $C_0=500$）

代入法？

連立方程式の解き方の一つです。
Y や C などの変数の数を減らして解きやすくします。
本問の場合
$C=0.8Y+500$
$I'=1200$
なので，$Y=C+I$ の C と I の値をそれぞれ置き換えて（これを代入するといいます），
$Y=(0.8Y+500)+1200$
としたのです。

0.2Y=1700？

小数点が出てきたのでわかりにくいですね。
両辺を10倍すると
$2Y=17000$
となるので，$Y=17000\div2=8500$ ですね。

【投資を増加させたときの動き】

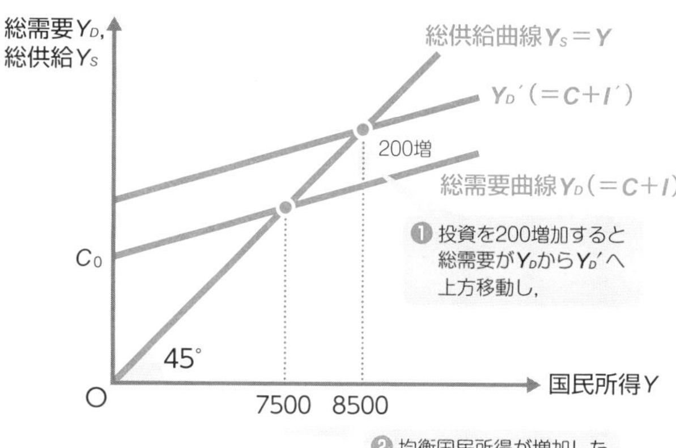

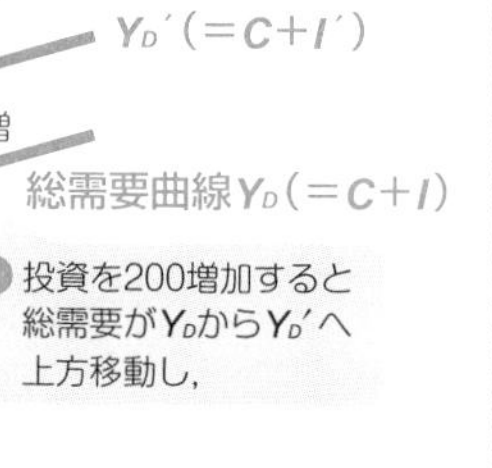

I'？ Y_D'？

「I'」は「Iが変化したもの」ということです。「′」や「″」は，もともとあったものが変化したものですよということを示しています。

政府支出乗数

いよいよ乗数について本格的な説明に入ります。公共投資（政府支出）を増加させれば，国民所得が増加することはわかってもらえたかと思います。

では，公共投資をたとえば1兆円増加させれば，国民所得も1兆円増加するのでしょうか？

答えは，公共投資が1兆円増加すると，国民所得は1兆円以上増加するという不思議な現象が起きます。どれだけ増加するかというと，乗数倍だけ増加することになります。政府支出の増加分に対して，掛け算した数，すなわちある倍率だけ増加するのです。

乗数の乗とは？

加減乗除の乗（掛け算）のことです。つまり，乗数効果とは，ある倍数だけ経済が大きくなることを意味します。

では，このことを数字を使って詳しく説明します。

公共投資が1兆円増加すると，まずは国民所得も1兆円増加しますが，これだけでは終わらないのです。

たとえば，公共投資によって建設会社で働く人々の所得が増加した結果，彼らが電気製品を購入したとします。彼らの消費を受けて電気メーカーは生産を拡大させます。生産拡大の結果，電気メーカーで仕事をする人々の所得が増加し，彼らの消費も拡大する……というように次から次へ**派生需要**が拡大していきます。これが**乗数効果**の仕組みです。

派生需要はどう生まれる？

派生需要が次から次に生まれる理由は，$Y=C+I+G$式の消費Cが$C=C_0+cY$で示されるように，所得の増加に伴って消費が増えているのです。

$Y=C+I+G$

C_0+cY

❶ 1兆円の公共事業によって

❷ 所得が増えた分の消費が伴い

❸ 国民所得は1兆円以上増加する

以上のことを式で説明すれば，今指摘したように均衡国民所得水準（$Y_D = Y_S = Y$）において，$Y = C + I + G$が成り立っており，この式に消費の$C = C_0 + cY$を代入すると，

$$Y = C_0 + cY + I + G$$

となり，この式をYで整理すると，次のようになります。

$$(1-c)Y = C_0 + I + G$$

$$Y = \frac{1}{1-c}(C_0 + I + G)$$

上の式より，公共投資などの政府支出Gが変化する（ΔG）ことによって，均衡国民所得は，

$$\Delta Y = \frac{1}{1-c}\Delta G$$

だけ変化することになります。つまり，公共投資を増やせば（ΔG），乗数倍$\left(\frac{1}{1-c}\right)$だけ国民所得が増加（$\Delta Y$）することを示しています。このとき，乗数の値は$\frac{1}{1-c}$で，これを**政府支出乗数**といいます。

乗数の基本公式①

政府支出乗数：$\frac{1}{1-c}$　　$\left(\Delta Y = \frac{1}{1-c}\Delta G\right)$

投資乗数

同様に，投資が増加したときにも，乗数倍だけ国民所得が増加します。

$$\Delta Y = \frac{1}{1-c}\Delta I$$

このとき$\frac{1}{1-c}$を**投資乗数**といいます。

乗数の基本公式②

投資乗数：$\frac{1}{1-c}$　　$\left(\Delta Y = \frac{1}{1-c}\Delta I\right)$

先ほどの**例題3**の問題も乗数の公式を使って解くことができます。

Δって何の記号？

Δは「デルタ」と読みます。Δがついたときには，その変化分を意味します。たとえば政府支出Gが10から15に増加すると，ΔGは5といった具合です。

政府支出乗数の導出方法

$$Y = \frac{1}{1-c}(C_0 + I + G) \quad \cdots\cdots①$$

で，政府支出Gが増加してG'になり，国民所得YもY'になったとすれば，

$$Y' = \frac{1}{1-c}(C_0 + I + G') \quad \cdots\cdots②$$

と書き換えることができます。ここで，乗数効果を意味する「政府支出が増加して国民所得がどれだけ増えたか」は，②－①で求めることができます。このとき基礎消費C_0と投資Iは変化していないので，引き算によって消えるので，

$$Y' - Y = \frac{1}{1-c}(G' - G)$$

すなわち$\Delta Y = \frac{1}{1-c}\Delta G$

となります。

投資乗数の導出方法

$$Y = \frac{1}{1-c}(C_0 + I + G) \quad \cdots\cdots①$$

で，投資Iが増加してI'になり，国民所得YもY'になったとすれば，

$$Y' = \frac{1}{1-c}(C_0 + I' + G) \quad \cdots\cdots②$$

②－①より，

$$Y' - Y = \frac{1}{1-c}(I' - I)$$

すなわち

$$\Delta Y = \frac{1}{1-c}\Delta I$$

このときの限界消費性向cは，消費関数$C=0.8Y+500$より，0.8とわかります。これを投資乗数の公式に代入すると，

$\frac{1}{1-c}=\frac{1}{1-0.8}=5$ です。

よって，投資が200増加すると，投資乗数の5を掛けるので，国民所得は1,000（$=5\times200$）増えることになります。当初の均衡国民所得が7,500でしたので，答えの8,500を得ます。

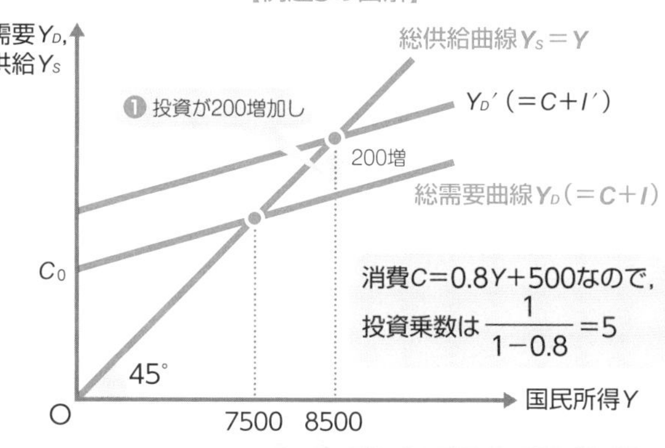

記号の再確認

Y：国民所得
C：消費
I：投資
G：政府支出
Y_D：総需要
Y_S：総供給
C_0：基礎消費
c：限界消費性向

例題4

10億円の財政支出をすることにより国民所得が25億円増加した。そのときケインズの乗数理論による限界消費性向として，最も適切なものはどれか。

（地方上級）

1　0.1
2　0.2
3　0.4
4　0.6
5　0.8

解法のステップ

政府支出乗数を含む式は，$\Delta Y=\frac{1}{1-c}\Delta G$で示されました。

条件よりΔGに10，ΔYに25を代入して，式を変形すると，

$$25=\frac{1}{1-c}\times10$$

この問題の政府支出乗数

$\frac{1}{1-c}=\frac{1}{1-0.6}=\frac{1}{0.4}=\frac{10}{4}$

$=\frac{5}{2}$となります。

よって，求める限界消費性向cは，

$$\frac{1}{1-c}=\frac{25}{10}$$

両辺に（1－c）を掛けて，

$$\frac{1}{1-c}\times(1-c)=\frac{25}{10}(1-c)$$

$$1=\frac{25}{10}(1-c)$$

両辺を10倍して，

$$10=25(1-c)$$

$$10=25-25c$$

$$25c=15$$

$$c=0.6$$

正答は**4**となります。

租税乗数

政府支出や投資以外にも，租税（減税）による景気刺激効果があります。つまり，減税によって乗数倍だけ国民所得が増えるという効果です。

租税乗数を導出してみましょう。

消費の式$C=C_0+cY$を，租税を考慮に入れた式に書き換えると，税金Tは所得Yの中から支払われるので，

$$C=C_0+c(Y-T)$$

となります。

$Y-T$のことを，実際に使える（処分できる）所得という意味で**可処分所得**といいます。この式をマクロ経済学の公式$Y=C+I+G$に代入すると，

$$Y=C_0+c(Y-T)+I+G$$

さらにこれをYで整理して，

$$Y=\frac{1}{1-c}(C_0-cT+I+G)$$

となります。政府支出乗数や投資乗数の導出と同様に，この式から租税乗数を求めると$\frac{-c}{1-c}$となります。

丁寧に説明すると

$$Y=\frac{1}{1-c}(C_0-cT+I+G) \quad \cdots\cdots①$$

たとえば行政が増税してTからT'になると，

$$Y'=\frac{1}{1-c}(C_0-cT'+I+G) \quad \cdots\cdots②$$

②－①より，

$$Y'-Y=\frac{1}{1-c}\{-c(T'-T)\}$$

$$Y'-Y=\frac{-c}{1-c}(T'-T)$$

$$\Delta Y=\frac{-c}{1-c}\Delta T$$

となります。

乗数の基本公式③

租税乗数：$\dfrac{-c}{1-c}$　$\left(\Delta Y=\dfrac{-c}{1-c}\Delta T\right)$

租税を増加（ΔT）すると，すなわち増税されると，均衡国民所得は$\Delta Y=\dfrac{-c}{1-c}\Delta T$だけ減少し，逆に減税（$\Delta T$はマイナス）によって，国民所得は乗数倍だけ増加することになります。

租税乗数の値はマイナス？

ほかの乗数と違って，租税乗数の値はマイナスになることにも注意しましょう。

例題5

完全雇用国民所得が500億円であり，現在の均衡国民所得が380億円，限界消費性向が0.8である場合，減税によって完全雇用を達成するには，政府はいかほどの減税を行う必要があるか，最も妥当なものを選べ。

（国家一般職［大卒］）

1　10億円
2　24億円
3　30億円
4　45億円
5　50億円

租税乗数の式は$\Delta Y=\dfrac{-c}{1-c}\Delta T$，限界消費性向は条件から$c=0.8$なので，租税乗数の値は，

$$\frac{-c}{1-c}=\frac{-0.8}{1-0.8}=-4$$

よって，$\Delta Y=-4\times\Delta T$

また，減税によって国民所得が380億円から500億円に増加したことになるので，

$$\Delta Y=500-380=120$$

これらを租税乗数の式に代入すると，

$$120=-4\times\Delta T$$
$$\Delta T=-30$$

政府は30億円の減税をすればよいので，正答は**3**です。

題意は？

完全雇用国民所得という用語はまだ説明していませんが，題意より，減税後の（理想的な）国民所得のことです。本問は，現在の均衡国民所得380億円が，減税によって乗数倍だけ国民所得が増加し500億円になるようには，どれだけ減税しなければならないかを問うています。求める値はΔTです。

次の問題は政府支出乗数と租税乗数を比較する問題です。

不況のとき，公共投資と減税どちらの効果が大きいのでしょうか？

例題6

減税と政府支出増加の効果について述べた文のうち，妥当なものはどれか。ただし，文中のcは限界消費性向である。

（地方上級　改題）

1　1兆円の政府支出の増加と1兆円の減税は，それぞれGDPを$\frac{1}{1-c}$，$\frac{c}{1-c}$倍だけ増加させる。景気浮揚効果は政府支出の増加のほうが大きい。

2　1兆円の政府支出の増加と1兆円の減税は，それぞれGDPを$\frac{1}{1-c}$，$\frac{c}{1-c}$倍だけ増加させる。景気浮揚効果は減税のほうが大きい。

3　1兆円の政府支出の増加と1兆円の減税は，それぞれGDPを$\frac{1}{1-c}$，$\frac{c}{1-c}$倍だけ増加させる。景気浮揚効果はどちらも同じである。

4　1兆円の政府支出の増加と1兆円の減税は，それぞれGDPを$\frac{c}{1-c}$，$\frac{1}{1-c}$倍だけ増加させる。景気浮揚効果は政府支出増加のほうが大きい。

解法のステップ

景気浮揚効果の比較は，ΔYが政府支出と減税でどちらが大きいかを調べることになります。つまり，景気を拡大させるために，政府支出（公共投資）と減税ではどちらがより有効かということを見出していくわけです。

したがって，政府支出乗数$\frac{1}{1-c}$と減税した場合の租税乗数である$\frac{c}{1-c}$の大きさを比較します。

両者を比べてみると，分母が共通ですので，分子を比較して，$1>c$か$1<c$かを判断すればよいことがわかります。

限界消費性向のところで学んだように，限界消費性向の条件は$0<c<1$であったことを思い出してください。

したがって，$\frac{1}{1-c}$と$\frac{c}{1-c}$では，$\frac{1}{1-c}>\frac{c}{1-c}$の関係が成り立ちます。

よって，景気浮揚効果は政府支出の増加のほうが大きくな

本問の論点は？

政府支出乗数と租税乗数の値が正しいかという点と，景気浮揚効果はどちらの政策が有効かという点です。

景気浮揚効果って？

景気をよくする効果。ここでは，景気を不況から回復に向かわせるための政策効果の意味です。

限界消費性向 $0<c<1$？

所得が増えれば，必ず消費か貯蓄に配分される，つまり所得のすべてを消費には回さないと経済学では考えるので，限界消費性向は$0<c<1$となります (⇒p.124) 。

るので，正答は**1**です。

ちなみに**4**は，それぞれの乗数の値が間違っています。

ここまで，乗数は**政府支出乗数**，**投資乗数**，**租税乗数**を取り上げました。政府支出乗数と投資乗数は同じなので，2つの乗数をしっかりと覚えておきましょう。

覚えておくべき乗数

政府支出乗数：$\frac{1}{1-c}$

租税乗数：$\frac{-c}{1-c}$

政府支出乗数と租税乗数はどっちが大きい？

$\frac{1}{1-c}$と$\frac{c}{1-c}$を比較

$0<c<1$の条件より，

政府支出乗数$\frac{1}{1-c}$のほうが大きい。

定額税と比例税の場合の乗数

経済理論において，租税Tは性質的に，所得（利益）Yから独立しているか否かで，定額税と比例税に区分されます。

●定額税

定額税とは，家計の所得や消費，企業の利益に関係なく，「とにかく」課せられる税金のことです。たとえば，神社の祭りのときに出店の店主たちが神社側に払う使用料みたいなイメージです。

これまで3つの乗数の公式を学びましたが，すべて租税Tは所得から独立で固定的な**定額税**ということを前提としていました。したがって，厳密にいえば前出のそれぞれの乗数の公式は，租税が定額税の場合の乗数ということになります。

定額税のときの乗数の公式

政府支出乗数：$\frac{1}{1-c}$ ⇒ $\Delta Y=\frac{1}{1-c}\Delta G$

投資乗数：$\frac{1}{1-c}$ ⇒ $\Delta Y=\frac{1}{1-c}\Delta I$

租税乗数：$\frac{-c}{1-c}$ ⇒ $\Delta Y=\frac{-c}{1-c}\Delta T$

確認しよう！

Y：国民所得
c：消費性向
t：税率
C：消費
T：租税
I：投資
G：政府支出

●比例税

専門試験の経済原論対策としては，定額税のときの乗数以外に比例税のときの乗数を理解しなければなりません。

比例税とは，所得や収入の額に応じて課せられる税で，現行の税体系では法人税がこれに相当します。たとえば，30%の比例税なら利益が1,000万円の企業は300万円の税を納める

比例税

経済原論においては，所得税も所得に依存しているという点で，比例税として扱われます。

といった具合です。

そこで，比例税か定額税かを見分けるには，問題の条件の租税の式があるかどうかから判断します。定額税の場合は，租税Tは一定だったのに対して，比例税は消費関数に似た$\boldsymbol{T=T_0+tY}$という式で表されます。

T_0は消費関数の基礎消費C_0に相当する定額税部分と考えてよいでしょう。また，tは所得に対する税の税率で**限界税率**といいます。

比例税の式

$$T=T_0+tY \quad \left[\begin{array}{ll} T_0：定額税 & r：所得 \\ t：限界税率（0<t<1） & \end{array}\right]$$

財政学上の分類

参考までに，現行の制度では，
所得税：累進税
法人税：比例税
消費税：従価税
酒税・たばこ税：従量税
となります。

●比例税の場合の乗数

この租税の式をマクロの均衡式$Y=C+I+G$に代入すると，

$$\begin{aligned} Y &= C_0+c(Y-T)+I+G \\ &= C_0+c(Y-tY-T_0)+I+G \\ &= C_0+c(1-t)Y-cT_0+I+G \end{aligned}$$

さらにYで整理すれば，

$$\{1-c(1-t)\}Y=C_0-cT_0+I+G$$

となるので，この場合の均衡国民所得は以下の式で示され，

$$Y=\frac{1}{1-c(1-t)}(C_0-cT_0+I+G)$$

ここから各乗数を導出することができます。

比例税のときの乗数の公式

投資乗数：

$$\frac{1}{1-c(1-t)} \Rightarrow \Delta Y=\frac{1}{1-c(1-t)}\Delta I$$

政府支出乗数：

$$\frac{1}{1-c(1-t)} \Rightarrow \Delta Y=\frac{1}{1-c(1-t)}\Delta G$$

租税乗数：

$$\frac{-c}{1-c(1-t)} \Rightarrow \Delta Y=\frac{-c}{1-c(1-t)}\Delta T$$

覚えるのは大変でない！

定額税の場合の乗数を覚えるだけでも大変なのに，比例税の乗数までという感じがあるかもしれませんが，定額税と比例税の乗数では，後者の場合，分母に（1−t）がついているという違いがあるだけです。しかも，投資乗数と政府支出乗数は同じです。

例題7

マクロ経済モデルが次のように示されているものとする。

$Y=C+I+G$

$C=2.5+0.5(Y-T)$

$T=-1.0+0.4Y$

〔Y：国民所得，C：消費，I：投資，G：政府支出，T：税収〕

今，財政支出を１兆円増やしたとき，国民所得はいくら増加するか。

（国家一般職［大卒］ 改題）

1 1兆円

2 $\frac{5}{4}$兆円

3 $\frac{10}{7}$兆円

4 $\frac{5}{3}$兆円

5 $\frac{10}{3}$兆円

解法のステップ

まず，乗数の公式が使えるかどうかを確認します。「〜が増加（減少）すれば国民所得がどう変化するか」のパターンの問題は乗数の公式がそのまま活用できます。

本問は政府支出が増加すれば国民所得はいくら増加するかと問うているので，政府支出乗数の公式$\Delta Y=\frac{1}{1-c}\Delta G$を活用します。

次に，公式が使えるとなると，定額税か比例税かを判断しなければなりません。これらの見極めは，条件の租税の式（T＝の式）をみることです。

定額税の場合は，租税の式がないか，または一定という表記になっています。

所得Yに依存する比例税であれば，租税の式が必ず，$T=T_0+tY$の形をしています。これより，本問における租税は比例税であることがわかります。

したがって，この問題では，比例税のときの政府支出乗数の公式，$\Delta Y=\frac{1}{1-c(1-t)}\Delta G$を活用します。

消費の式$C=2.5+0.5(Y-T)$，租税の式$T=-1.0+0.4Y$

①乗数の公式を使える問題なのかの確認
②税が定額税なのか比例税なのかの確認
③乗数の式を立てる

より，限界消費性向cと限界税率tの値は，$c=0.5$，$t=0.4$ですから，これらとさらに，$\Delta G=1$を公式に代入すれば，

$$\Delta Y=\frac{1}{1-0.5(1-0.4)}\times 1$$

$$=\frac{1}{1-0.5\times 0.6}\times 1=\frac{1}{1-0.3}\times 1=\frac{1}{0.7}=\frac{10}{7}$$

となり，正答は**3**です。

計算の順番を間違えないように！

①カッコの中
②掛け算，割り算
③足し算，引き算

例題8

ある国のマクロ経済が，

$Y=C+I+G$
$C=10+0.6(Y-T)$
$T=T_0+0.2Y$

［Y：国民所得
C：消費，I：投資
G：政府支出，T：税収］

で示され，また，投資Iが200，政府支出Gが210，T_0が63であるとする。T_0が50に減少したとき，均衡国民所得はどれだけ増加するか。

（国税専門官）

1　5
2　10
3　15
4　20
5　25

解法のステップ

本問は比例税のときの租税乗数$\Delta Y=\dfrac{-c}{1-c(1-t)}\Delta T$を活用して解くことができます。

公式に$c=0.6$，$t=0.2$，$\Delta T=50-63=-13$を代入して，計算すると，

$$\Delta Y=\frac{-0.6}{1-0.6(1-0.2)}\times(-13)$$

$$=-\frac{0.6}{0.52}\times(-13)=\frac{7.8}{0.52}=15$$

よって，正答は**3**です。

見極めよう！

まず，公式が使えるかどうかを調べると，租税が減少（減税）したとき，国民所得がどうなるかですので，「～が増加（減少）すれば国民所得がどう変化するか」のパターンに該当し，租税乗数が活用できます。次に定額税か比例税かですが，$T=T_0+0.2Y$の式より比例税であることがわかります。

●公式を使わない解き方

ここで，公式を使わない「代入法」と呼ばれる方法で解いてみましょう。

計算のコツ

計算が苦手な人は，小数はできるだけ整数に直して計算しましょう！

まずは，条件の消費Cの式と租税Tの式をマクロの均衡式に代入していきます。

$$\begin{aligned}Y&=C+I+G\\&=10+0.6\{Y-(T_0+0.2Y)\}+I+G\\&=10+0.48Y-0.6T_0+I+G\end{aligned}$$

この式をさらにYで整理すると，

$$0.52Y=10-0.6T_0+I+G$$

となります。

この後は，T_0の値が変化するときの均衡国民所得Yの変化を示す数量方程式に変形します。

$$0.52\varDelta Y=-0.6\varDelta T_0$$

両辺に$\frac{1}{0.52}$を掛けて整理して，

$$\varDelta Y=-\frac{0.6}{0.52}\varDelta T_0=-\frac{60}{52}\varDelta T_0=-\frac{15}{13}\varDelta T_0$$

条件には，T_0の値を63から50に減少したとあるので，減税分は$\varDelta T_0=-13$です。

これを上の式に代入すると，次のようになります。

$$\varDelta Y=-\frac{15}{13}\times(-13)=15$$

以上の解法が代入法です。

では，やや発展的な問題を，公式と代入法の両方で解いてみてください。

数量方程式とは？

変化分$\varDelta$の式のことで，増分法ともいいます。本問では，租税Tと国民所得Yの変化分をとります。厳密にいえば，Yの式をT_0で微分することです。

代入法について一言

代入法だと公式を覚える必要はまったくありませんが，時間がかかるというのが難点です。一方，利点は公式が問題によっては使えないのとは対照的に，代入法はマクロ経済学のどんな問題にも適用できることです。

例題9

マクロ経済モデルが次式で示されるものとする。

$Y=C+I+G$　　［Y：国民所得　C：消費　I：投資

$C=0.8(Y-T)+100$　　G：政府支出　T：租税］

いま政府支出を30，租税を20だけ同時に増加させたとすると，均衡国民所得水準はどれだけ増加するか。ただし，投資，政府支出，租税は外生変数であるとする。

（国税専門官）

1　10
2　30
3　50
4　70
5　90

解法のステップ

●公式を利用した解き方

政府支出乗数$\Delta Y=\frac{1}{1-c}\Delta G$と租税乗数$\Delta Y=\frac{-c}{1-c}\Delta T$の2つの乗数を同時に1つの式にします。

$$\Delta Y=\frac{1}{1-c}\Delta G+\frac{-c}{1-c}\Delta T$$

計算しやすくするために$\frac{1}{1-c}$でくくって，

$$\Delta Y=\frac{1}{1-c}(\Delta G-c\Delta T)$$

この式に$\Delta G=30$，$\Delta T=20$，$c=0.8$を代入して，

$$\Delta Y=\frac{1}{1-0.8}\times(30-0.8\times 20)$$

$$=5(30-16)=150-80=70$$

となり，正答は**4**です。

●公式を使わない解き方

次に，代入法で解いてみましょう。国民所得の均衡条件式$Y=C+I+G$に，消費の式を代入して整理します。

$$Y=0.8(Y-T)+100+I+G$$

$$0.2Y=-0.8T+I+G+100$$

ここまででもいいのですが，計算しやすいように$Y=$の形に直せば，

$$Y=5(-0.8T+I+G+100)$$

となり，これを変化分をとった数量方程式に変形すれば次のとおりです。

$$\Delta Y=5(-0.8\Delta T+\Delta G)=-4\Delta T+5\Delta G$$

この式に$\Delta G=30$，$\Delta T=20$を代入すれば正答を得ます。

$$\Delta Y=-4\times 20+5\times 30=70$$

外国部門を考慮した乗数

●輸入の式がある

外国部門まで含めた**均衡国民所得**の式は$Y=C+I+G+$(輸出$X-$輸入M)で示されます。新しく出てきたのが輸出と輸入ですが，輸出Xは所得から独立の値として一定とされま

見極めよう！

「〜が増加すれば国民所得がどう変化するか」のパターンですので，公式が活用できます。そして，条件に租税の式がないので，租税は定額税であることがわかります。前2問と違う点は，政府支出と租税とを同時に増加させるというので，租税が定額税のときの政府支出乗数と租税乗数の2つの乗数を使うということです。

外生変数？

外生変数とは，30とか20とかいった一定の数値が与えられる変数のことです。本問では気にせずに解いても差し支えありません。

計算のヒント！

$0.2=\frac{2}{10}=\frac{1}{5}$

ですから，両辺を5倍すれば左辺の0.2は消え，右辺は×5となります。

代入法をまとめると

①条件の式をマクロ経済の均衡式に代入して，
②変化する項だけを取り出した式を作り，
③変化した数字を代入して，答えを出します

す。しかし，輸入Mは所得に依存するとみなされます。所得が増えれば高い輸入製品も購入できるという考えからです。そこで**輸入関数**の式は，

$$M=M_0+mY$$

と表されます。M_0は国民生活を維持するために所得に関係なく行われるある一定の輸入量のことです。

限界輸入性向mは，「所得が１単位増加すれば輸入がどれだけ増えるか」を表します。条件に$0<m<1$があるのは，所得が増えた分，輸入がまったく行われないことや，すべての所得が輸入に回されることはありえないという前提だからです。

輸入関数の式

$M=M_0+mY$ 〔m：限界輸入性向（$0<m<1$）〕

これまでさまざまな乗数を学びましたが，外国部門を考慮に入れた場合，２つの内容が新たに加わります。一つは**貿易乗数**で，もう一つは，外国部門が入ったことで，これまでの政府支出乗数や租税乗数なども変化してくることです。

●貿易乗数

貿易乗数も，租税が定額税と比例税の場合で異なりますが，基本的に外国を考慮した場合，定額税のときの最もシンプルな乗数の公式の分母に限界輸入性向mを加え，かつ比例税となれば，限界消費性向cに（$1-t$）倍した形となります。

定額税の場合の貿易乗数

貿易乗数：$\dfrac{1}{1-c+m}$ ⇒ $\Delta Y=\dfrac{1}{1-c+m}\Delta X$

比例税の場合の貿易乗数

貿易乗数：

$\dfrac{1}{1-c(1-t)+m}$ ⇒ $\Delta Y=\dfrac{1}{1-c(1-t)+m}\Delta X$

●外国部門を考慮した場合の乗数

外国部門が入ってきたことで，投資乗数，政府支出乗数，租税乗数の値も，次のように変化します。しかも定額税と比

こうしてみると

消費Cの式も，租税Tの式も，輸入Mの式も基本的に同じ形態をとっていることがわかりますね。

$C=C_0+cY$
$T=T_0+tY$
$M=M_0+mY$

貿易乗数の求め方

■**定額税の場合**

マクロの均衡式$Y=C+I+G+X-M$に$C=C_0+c(Y-T)$と$M=M_0+mY$を代入して，Yで整理すると，

$Y=\dfrac{1}{1-c+m}(C_0-cT+I+G+X-M_0)$ ……①

このとき，輸出がΔXだけ増加したとすると，国民所得は$\Delta Y=\dfrac{1}{1-c+m}\Delta X$だけ増加します。$\dfrac{1}{1-c+m}$が貿易乗数です。

■**比例税の場合**

均衡国民所得の均衡式$Y=C+I+G+(X-M)$に，輸入の式$M=M_0+mY$は同じですが，消費の式が異なり，$C=C_0+c\{Y-(T_0+tY)\}$を均衡国民所得の式に代入して，Yについての式に整理していけば，

$Y=\dfrac{1}{1-c(1-t)+m}(C_0-cT_0+I+G+X-M_0)$ ……②

を得ます。ここから，定額税の場合と同様に，貿易乗数$\dfrac{1}{1-c(1-t)+m}$を導出できます。

例税でもまた異なります。

外国部門・定額税の乗数の公式

政府支出乗数：$\dfrac{1}{1-c+m} \Rightarrow \Delta Y=\dfrac{1}{1-c+m}\Delta G$

投資乗数：$\dfrac{1}{1-c+m} \Rightarrow \Delta Y=\dfrac{1}{1-c+m}\Delta I$

租税乗数：$\dfrac{-c}{1-c+m} \Rightarrow \Delta Y=\dfrac{-c}{1-c+m}\Delta T$

外国部門・比例税の乗数の公式

政府支出乗数：

$$\frac{1}{1-c(1-t)+m} \Rightarrow \Delta Y=\frac{1}{1-c(1-t)+m}\Delta G$$

投資乗数：

$$\frac{1}{1-c(1-t)+m} \Rightarrow \Delta Y=\frac{1}{1-c(1-t)+m}\Delta I$$

租税乗数：

$$\frac{-c}{1-c(1-t)+m} \Rightarrow \Delta Y=\frac{-c}{1-c(1-t)+m}\Delta T$$

各乗数の求め方は，前ページ側注の①式と②式から，政府支出がΔG，投資がΔI，租税がΔTだけ増えたら……というふうにしながら，実際の乗数の値を求めることができます。

では，ここで外国部門を含んだ均衡国民所得に関する問題に当たります。貿易まで考慮したときの乗数値が複雑な形態であったように，外国が絡む問題は難易度も高めです。

乗数って複雑？

これまで何通りもの乗数をみてきた感じがしますが，整理すると意外とそうではありません。
貿易乗数は，外国部門があるときの政府支出乗数と投資乗数と同じなので，覚えることはみた目ほど多くありません。

例題10

マクロ経済が，

$Y=C+I+G+X-M$

$C=0.8Y+20$

$M=0.2Y+10$

〔Y：国民所得　C：消費　I：投資
G：政府支出　X：輸出　M：輸入〕

で示され，当初，投資が100，政府支出が50，輸出が80であった。政府支出を20増加させた場合，貿易収支（$=X-M$）はどのように変化するか。ただし，当初の投資および輸出は変化しないものとする。

（国家一般職［大卒］）

1　当初貿易収支は赤字であり，その赤字がさらに10増える。
2　当初貿易収支は赤字であり，その赤字が10減る。
3　当初貿易収支は黒字であり，その黒字が10減る。
4　当初貿易収支は黒字であり，その黒字がさらに10増える。
5　貿易収支は変化しない。

解法のステップ

当初の貿易収支

貿易収支は輸出X－輸入Mなので，輸入を$M=0.2Y+10$の式から求めればよいことがわかります（輸出はすでに80と与えられています）。そのためには，国民所得Yの大きさを求める必要があります。財市場の均衡条件である$Y=C+I+G+X-M$に，消費と輸入の式をそれぞれ代入すると，

$Y=0.8Y+20+I+G+X-(0.2Y+10)$

式を整理して，

$0.4Y=I+G+X+10$

となります。

この式に，当初の投資$I=100$，政府支出$G=50$，輸出$X=80$を代入して，

$0.4Y=240$

よって当初の均衡国民所得$Y=600$が得られます。

このときの貿易収支（$X-M$）の値は，

$M=0.2Y+10=0.2\times600+10=130$　より，

貿易収支$X-M$は，$80-130=-50$（50の赤字）となります。

政府支出の増加後の貿易収支

政府支出が増加（ΔG）すれば，所得がどれだけ増えて（ΔY），その結果，増加した輸入の大きさ（ΔM）そのもの

素早い解法

外国部門を含むほとんどの問題のカギは，輸入の式（$M=M_0+mY$）です。ということは，輸入に大きな影響を与える国民所得Yを求めることが最も重要な作業となります。結局，乗数に絡む問題では，難易度が上がろうとも，公式や代入法を駆使して，均衡国民所得の大きさを求めていくことになりますね。

が，貿易収支（$X-M$）の赤字の増加分となります。

政府支出を増加させた後の国民所得の増加分（$\varDelta Y$）は，乗数の公式を使って求めることができます。条件から租税が定額税で，外国部門を含んだときの政府支出乗数の公式 $\varDelta Y=\dfrac{1}{1-c+m}\varDelta G$ を使います。$c=0.8$，$m=0.2$，$\varDelta G=20$ を公式に代入すればいいですね。

$$\varDelta Y=\frac{1}{1-0.8+0.2}\times 20=50$$

次に輸入の増加分ですが，輸入の式$M=0.2Y+10$を，数量方程式（変化分の式）の形にすると，

$$\varDelta M=0.2\varDelta Y$$

となり，この式に$\varDelta Y=50$を代入して，

$$\varDelta M=0.2\times 50=10$$

を得ます。10の輸入の増加で，貿易赤字はさらに10増えました。よって，正答は**1**となります。

即答できる

本問の後半については，政府支出が増加すれば，所得が増加するので，その分，輸入の式から輸入も増加することがわかります。したがって，貿易収支（輸出－輸入）は悪化する（赤字が増える）ので，選択肢から，正答は**1**と即答できます。

それでは，本項最後に，乗数理論の中でも出題頻度の高いテーマを取り上げます。

均衡予算乗数について

歳出（支出）と歳入（収入）が等しい均衡予算を維持している国があったとします。

その国で，公共投資を行おうとすると，歳出が増加することから（公共投資は歳出に含まれる），予算の均衡は崩れ，財政は赤字（歳出＞歳入）になります。

そこで，**均衡予算を維持するなら，公共投資のために必要な額と同額の増税をすればいいことになります**。つまり，歳出増加に伴う赤字分の歳入を増やさなければならず，これを増税で行うというわけです。公共投資を行うためにかかる費用がたとえば３兆円だとすると，３兆円の増税を行うということです。

このとき，政府支出乗数の値は１にしかなりません。たとえば，政府支出Gが３兆円増加しても乗数効果は働かず，国民所得の増加も３兆円にしかならないのです。

どうしてこういうことが起きるのでしょうか。

政府支出を増やした場合の動き

均衡予算：歳出（政府支出）＝歳入（租税）

経済学では歳出＝政府支出，歳入＝租税とみなします

政府支出（公共事業）を増やすと ➡ 歳出＞歳入

財政赤字を意味し，均衡予算でなくなってしまう

公共事業を増やした分の増税をすると ➡ 歳出＝歳入

再び均衡予算の状態に戻る

政府支出を増加させると同時に，増税によって公共事業の財源を得るようにすると，均衡国民所得の増加は，以下のように示すことができます。

公共事業を行うために　　増税する

$$\Delta Y = \boxed{\frac{1}{1-c}\Delta G} + \boxed{\frac{-c}{1-c}\Delta T}$$

ここで，政府支出と同じ額だけ増税するわけですから$\Delta G = \Delta T$となり，ΔTをΔGに置き換えると上の式は，

ΔTをΔGに置き換える　　式を整理すると

$$\Delta Y = \frac{1}{1-c}\Delta G + \boxed{\frac{-c}{1-c}\Delta G} = \frac{1-c}{1-c}\Delta G = 1 \cdot \Delta G$$

と変形できます。

これで政府支出の増額分だけしか国民所得は増加せず，乗数の値が1になっていることがわかります。

このように，政府支出を同額の増税で賄ったときの乗数を**均衡予算乗数**といい，その値は通常1になります。

均衡予算乗数

均衡予算乗数 ＝ 1

現実的に説明すると

前述した乗数効果の派生需要についての説明（⇒p.129）を利用して述べてみましょう。

「公共投資に伴い，建設会社の社員の人たちの国民所得が増加した。そこで，電器屋さんに行って消費をしようと思っていたが，増税があり，所得の増加分すべてが税の支払いに回ってしまったため電化製品を買うことはできなかった。この結果，電器屋さんの所得は増えないので，派生需要は発生せず，公共投資による所得増加分しか，国民所得全体の増加につながらなかった」といった感じです。

例題11

ある閉鎖された国のマクロ経済が，

$Y = C + I + G$

$C = 0.8(Y - T)$

〔Y：国民所得　C：消費　I：投資(一定)　G：政府支出　T：徴収された租税〕

で示されるとする。この国の政府は10の政府支出拡大を行う一方で，均衡財政を維持するために同時に10の増税を行うことを決定した。この政策の国民所得に与える効果として最も妥当なものはどれか。

（国家一般職［大卒］）

1　国民所得は40減少する。
2　国民所得は変わらない。
3　国民所得は10増加する。
4　国民所得は40増加する。
5　国民所得は50増加する。

解法のステップ

「10の政府支出拡大を行う一方で均衡財政を維持するために同時に10の増税を行う」とあるので，均衡予算乗数の話だとわかります。均衡予算乗数は１でしたので，10の政府支出の増加によって国民所得は10しか増加しないことになります。

したがって正答は**3**です。

均衡予算乗数？

均衡予算乗数とは，政府支出を同額の増税でまかなったときの乗数のことをいい，均衡予算乗数は１になりました（⇒p.144）。

例題12

マクロ経済モデルが，

$Y = C + I + G + B$

$C = C_0 + 0.9(Y - T)$

$B = B_0 - 0.1Y$

［Y：国民所得　C：消費　I：投資（一定）
G：政府購入　B：純輸出　T：税収　C_0, B_0：定数］

で示されるとする。政府購入Gと税収Tを同時に同額増加させたときの均衡予算定数の値はいくらか。

（地方上級）

1　0.1
2　0.2
3　0.5
4　1.0
5　2.0

解法のステップ

本問では，「政府購入Gと税収Tを同時に同額増加させたときの均衡予算定数」とあるので，すぐに１としてしまうと誤りです。前問との違いは何でしょうか？　実は，均衡予算乗数１が成り立つためにはある条件が伴います。

●均衡予算乗数の例外

均衡予算乗数が実現する条件には，

(1) 租税が定額税であること

(2) 外国部門（輸出入）を考えないこと

があります。つまり，租税が比例税であったり，貿易など外国部門を含んでいたりすれば，均衡予算乗数は１にならないということです。

本問では，条件に租税の式がありませんので定額税とみなせますが，条件にBの純輸出が含まれているので，均衡予算乗数は１になりません（別解参照）。よって**4**を選択すれば

即誤りとなります

●代入法による解き方

鉄則どおり，マクロの均衡式$Y=C+I+G+B$に，与えられている消費と純輸出の式を代入すると以下のように展開できます。

$$Y=C_0+0.9(Y-T)+I+G+B_0-0.1Y$$

$$0.2Y=C_0-0.9T+I+G+B_0$$

ここで，増分（変化分）をとると，変化する項は政府購入Gと租税Tと国民所得Yなので，

$$0.2\varDelta Y=0.9\varDelta T+\varDelta G$$

$$\varDelta Y=5\ (-0.9\varDelta T+\varDelta G) \quad \cdots\cdots\cdots\cdots①$$

また，本問では，均衡予算は維持されるので，$\varDelta T=\varDelta G$より，①式は，

$$\varDelta Y=5(-0.9\varDelta G+\varDelta G)=5(0.1\varDelta G)=0.5\varDelta G$$

と置き換えることができます。

つまり，この式は政府購入Gと租税Tを同時に同額増加させると，国民所得がその増加額の0.5倍増えることを示しています。よって，このときの均衡予算定数（乗数）は0.5となり，正答は**3**です。

●公式による解き方(別解)

乗数の公式を使って式を立てると，定額税で外国部門を伴う政府支出乗数と租税乗数なので，

$$\varDelta Y=\frac{1}{1-c+m}\ \varDelta G+\frac{-c}{1-c+m}\ \varDelta T$$

となり，$\varDelta G=\varDelta T$より，$\varDelta T$を$\varDelta G$に置き換えて式を整理すると次のようになります。

$$\varDelta Y=\frac{1-c}{1-c+m}\ \varDelta G$$

ここで，$c=0.9$，$m=0.1$を代入すると，

$$\varDelta Y=\frac{1-0.9}{1-0.9+0.1}\ \varDelta G=0.5\varDelta G$$

均衡予算定数？

均衡予算乗数のことですが，海外部門を伴う場合の均衡予算を維持する国の乗数の値は，本問では0.5になります。

$\varDelta Y=0.5\varDelta G$と乗数の式の形をしていますね。

$m=0.1$？

$B=B_0-0.1Y$のBは純輸出（輸出－輸入）となっています。したがって，B_0が輸出，$0.1Y$が輸入の式であることがわかります（通常の輸入Mの式，$M=M_0+mY$のM_0が削除されている）。

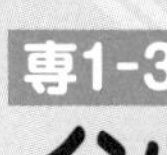

専1-3

インフレ・ギャップとデフレ・ギャップって何？

～需要が多いか少ないかってこと～

インフレとデフレについての基本的な概念はすでに学びましたが（⇒ p.48, 51），これらの基本項目をフル回転させて，45度線分析を使ってケインズ理論のもう一つの柱であるインフレ・ギャップとデフレ・ギャップについて学んでいきます。

均衡国民所得水準は，総需要の大きさに応じて総供給と一致する水準で決まりました。総需要が小さいと小さい水準で均衡するし，多ければ多い水準で均衡します。つまり，失業率が2ケタのような経済状態であっても均衡は均衡というわけです。

しかし，ケインズが理想とした国民所得水準は，インフレにもデフレにもならず，働きたい人がみんな仕事に就ける完全雇用が達成される国民所得水準で，これを**完全雇用国民所得 Y_F**と呼んでいます。

以下に，完全雇用国民所得と，均衡国民所得の関係などを検証しながら，インフレ・ギャップとデフレ・ギャップを考えていきます。

ギャップ？

ギャップというのは「差」のことです。
ここで問題になるのは何の差なのかといえば，需要の差です。国民所得Yの差ではないことに注意しましょう。

Y_Fって？

国民所得YにFがついていますが，このFはfull-employment（完全雇用）を意味するFです。

デフレ・ギャップについて

まず，次ページの図のような総需要曲線と総供給曲線が存在し，均衡国民所得Y^*が完全雇用国民所得Y_Fより低い水準にあるとします。

このとき，Y_Fの水準における（理想的な）総需要B点は，総需要C点より上方に位置するため，需要不足の状態になります。この状態が持続すると価格の低下，つまりデフレ（デフレーション）が発生することになります。この需要不足であるBCの部分を**デフレ・ギャップ**と呼びます。

簡単にいえば，デフレ・ギャップとは，完全雇用国民所得水準を達成するために増加させなければならない総需要（支出）の大きさのことです。

デフレってことは不況なの？

デフレ・ギャップが存在する場合，本来は企業の生産能力（供給能力）からすれば，完全雇用国民所得水準Y_Fまで生産できますが，Y^*のところで均衡してしまっています。したがって，均衡国民所得水準Y^*では，完全雇用が実現できずに失業者が出ることになります。ですから，経済は不況です。

【デフレ・ギャップの状態】

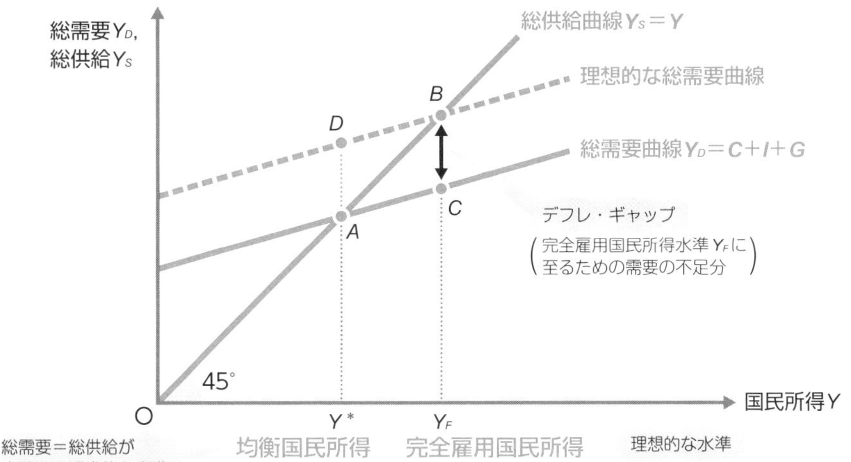

デフレ・ギャップはBCといいましたが，別段ADであっても構いません。ただ，問題を解くうえでは完全雇用国民所得水準を基準に考えたほうが何かと都合がいいので，BCの位置と理解しておいてください。

破線は何をさす？
破線は，もし完全雇用の国民所得水準が実現することを想定した場合の総需要曲線です。

インフレ・ギャップについて

今度は逆に，次図のような総需要曲線と総供給曲線が存在し，交点であるA点における均衡国民所得をY^*とし，本来あるべき完全雇用国民所得Y_Fが均衡国民所得Y^*より低い水準にあるとします。

これは，理想とされる完全雇用水準Y_Fにおいて総需要B点は（理想的な）総需要C点より上方に位置するため過剰需要の状態になり，この状態が持続すると価格の上昇つまりインフレ（インフレーション）が発生することを意味します。このとき，この過剰需要であるBCの部分を**インフレ・ギャップ**と呼びます。

別のいい方をすれば，インフレ・ギャップとは，完全雇用国民所得水準を達成するために減少させなければならない総需要（支出）の大きさのことです。

【インフレ・ギャップの状態】

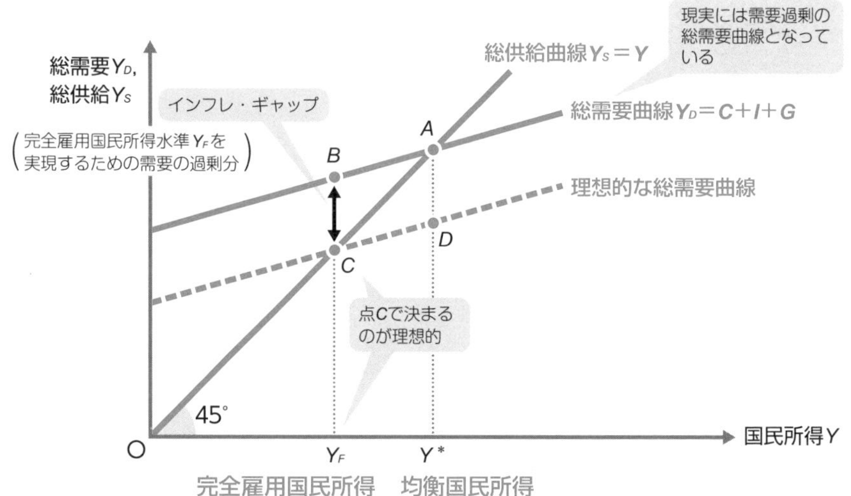

理解をさらに深めるために，インフレ・ギャップ，デフレ・ギャップを同じグラフで示してみました。

このとき，インフレ・ギャップはAC，デフレ・ギャップはBCの位置に当たります。

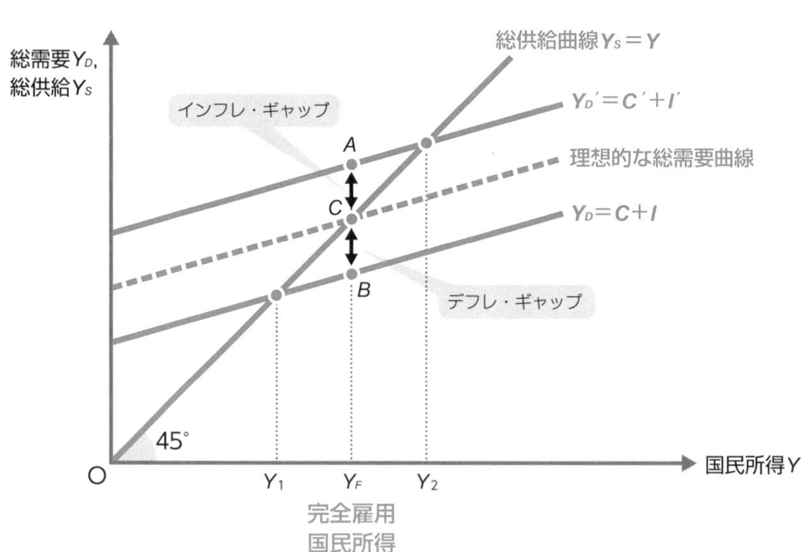

ギャップの見極め方

では，前ページの下のグラフを使ってギャップの見極め方を紹介します。

●インフレ・ギャップかデフレ・ギャップの見分け方

均衡国民所得水準（前ページの下図ではY_1とY_2）と完全雇用国民所得Y_Fの位置関係を比較します。

⬇

完全雇用国民所得Y_Fよりも均衡国民所得Y_2が大きければ（$Y_F < Y_2$），好況の状況つまり経済はインフレであり，そこで発生するギャップは**インフレ・ギャップ**です。

逆に，完全雇用国民所得Y_Fよりも均衡国民所得Y_1が少なければ（$Y_1 < Y_F$），不況の状況つまりデフレであり，そこで発生するギャップは**デフレ・ギャップ**となります。

●ギャップの大きさの見極め方

経済が完全雇用国民所得Y_Fの状態にあれば実現している総需要曲線を引きます（図の破線）。

そこで，完全雇用国民所得Y_F水準で総需要の大きさを比較します。C点は本来あるべき総需要の大きさですので，これよりも大きいか小さいかで，インフレ・ギャップとデフレ・ギャップの大きさがわかります。

A点はC点を上回っているのでACがインフレ・ギャップ，B点はC点を下回っているのでBCがデフレ・ギャップです。

では，過去問に当たりましょう。

基本的にはグラフが与えられて，発生するギャップがインフレ・ギャップかデフレ・ギャップかが問われ，かつそのギャップの大きさを計算させる問題が主流です。

インフレ・ギャップとデフレ・ギャップ

基礎認識：インフレ＝好況，デフレ＝不況
ギャップ：需要の差（所得の差ではない）

インフレ・ギャップが発生するとき：$Y^* > Y_F$
デフレ・ギャップが発生するとき：$Y^* < Y_F$

インフレ・ギャップの大きさ：Y_Fの総需要を上回った部分
デフレ・ギャップの大きさ：Y_Fの総需要を下回った部分
（Y_F：完全雇用国民所得水準
Y^*：均衡国民所得水準）

例題13

ある国のマクロ経済が次の図のように表されていたとする。ここで，Y_Fは完全雇用国民所得を表し，Y_1，Y_2はそれぞれ国民所得水準を，D_1，D_2はそれぞれ総需要曲線を表している。次の記述のうち図を正しく表しているものはどれか。

（地方上級　改題）

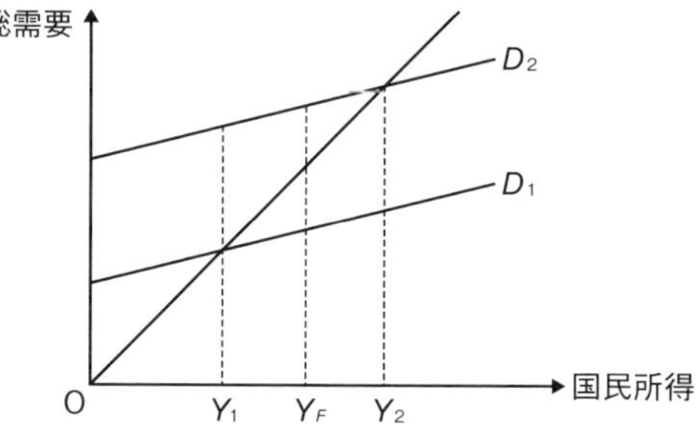

1　総需要がD_1のとき国民所得がY_Fの水準で均衡し，デフレ·ギャップが存在する。

2　総需要がD_1のとき国民所得がY_1の水準で均衡し，デフレ·ギャップが存在する。

3　総需要がD_1のとき国民所得がY_1の水準で均衡し，インフレ·ギャップが存在する。

4　総需要がD_2のとき国民所得がY_Fの水準で均衡し，インフレ·ギャップが存在する。

5　総需要がD_2のとき国民所得がY_2の水準で均衡し，デフレ·ギャップが存在する。

解法のステップ

前述した解き方を用いれば，まず総需要がD_1のときの均衡国民所得はY_1で，この水準は完全雇用国民所得水準より小さいので，このとき発生するギャップはデフレ・ギャップとなります。

よって，正答は**2**となります。

ちなみに，総需要がD_2のときは，国民所得がY_2水準で均衡し，インフレ・ギャップが存在しています。

例題14

図は国民所得と総供給，総需要の関係を表したものである。ここでY^*は均衡国民所得，Y_Fは完全雇用国民所得であり，Y_Fは500兆円である。また，投資を100兆円とし，消費関数を$C=0.5Y+50$（単位は兆円）とする。

このとき，Y_Fに関する次の記述のうち，最も妥当なものはどれか。ただし，政府部門は考慮せず，総需要は消費と投資からなるものとする。

（国家一般職［大卒］）

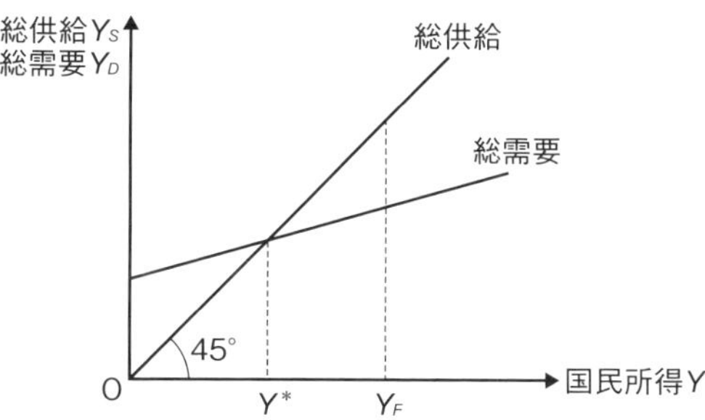

1　Y_Fにおいては，インフレ・ギャップが生じており，その金額は200兆円である。
2　Y_Fにおいては，デフレ・ギャップが生じており，その金額は200兆円である。
3　Y_Fにおいては，インフレ・ギャップが生じており，その金額は100兆円である。
4　Y_Fにおいては，デフレ・ギャップが生じており，その金額は100兆円である。
5　Y_Fにおいては，インフレ・ギャップもデフレ・ギャップも生じていない。

解法のステップ

●インフレ・ギャップかデフレ・ギャップかを見極める

均衡国民所得Y^*が完全雇用国民所得水準Y_Fよりも低い水準であるので，このときに発生するギャップはデフレ・ギャップだとわかります（側注の解法の手順の①②）。

$Y^*<Y_F$のとき，完全雇用を実現するほど景気は芳しくない，つまり不況でデフレになる可能性が高くなります（③④）。不況のときには総需要が不足しており，その不足分がデフレ・ギャップと呼ばれ，次の図ではABの部分に相当しました。

次に，ギャップの大きさ（AB）を求めますが，実際には$A'B'$を求めることになります。総需要は，条件より，

$$Y_D=C+I=(0.5Y+50)+100$$

整理して，

$$Y_D=0.5Y+150$$

解法の手順

①発生しているギャップが，インフレ・ギャップなのかデフレ・ギャップなのかを判別
↓（そのためには）
②均衡国民所得Y^*と完全雇用国民所得水準Y_Fを比較する
↓
③経済が（あえていえば），インフレ（好況）かデフレ（不況）かを判断。
||
④これで，インフレ・ギャップかデフレ・ギャップかを判別できる。
↓
あとは，グラフ上で，ギャップの大きさを計算する。

となります。

●B点を求める

そこで，B点は，完全雇用国民所得$Y_F=500$のときのY_D上の点なので，$Y_D=0.5Y+150$のYに500を代入することで，B（B'）点の大きさを得ることができます。代入して計算すれば，

$$Y_D=0.5\times500+150=400$$

となります。

【デフレ・ギャップの状態】

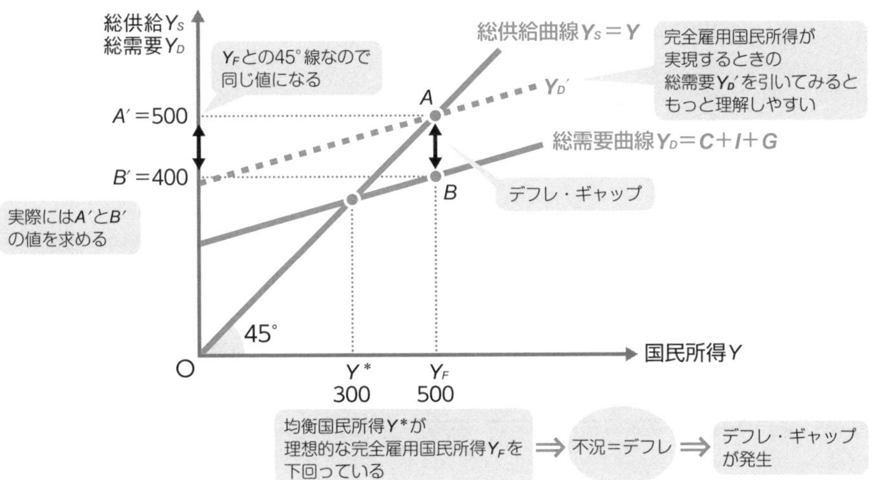

●A点を求める

次にA点の大きさですが，A点は総供給Y_S曲線上にあります。総供給曲線Y_Sは$Y_S=Y$と45度線で描かれているので，Y_Fが500であればA点も500ということになります。

こうした考え方ができるように，ケインズは，総供給曲線を45度線としたことが推察されます。

以上より，デフレ・ギャップの大きさABは100で，正答は**4**です。

ギャップの大きさの求め方にはほかにも何通りかの方法がありますが，これが最も基本的なやり方です。

グラフがない場合の解法

ここで，問題の解説を離れていくつか指摘をしておきたいことがあります。

本問のようにグラフが与えられていたら，一見しただけでインフレ・ギャップかデフレ・ギャップかがわかるので楽なのですが，グラフがない場合にはどうしたらいいでしょうか？　例題14でグラフが与えられなかった場合を想定して考えてみましょう。

その場合には，インフレ・ギャップかデフレ・ギャップのどちらが発生しているかを見極めるために，Y_F水準が500と与えられているので，均衡国民所得Y^*を計算すればいいですね。

インフレ・ギャップかデフレ・ギャップかの見分け方は，均衡国民所得と完全雇用国民所得Y_F水準を比較すればよかったことを思い出しましょう。

均衡国民所得水準では，$Y_D = Y_S (= Y)$が成立しているので，

$$Y^* (= Y_S = Y_D) = 0.5Y + 150$$

$$Y^* = 300$$

となり，デフレ・ギャップが発生していることがわかりました。($Y^*300 < Y_F 500$)

そこで皆さんは，デフレ・ギャップのグラフを描いて，あとは解説のとおりに進めればいいことになります。

またこのときデフレ・ギャップの大きさを，決して500－300＝200としないことにも十分気をつけてください。200は完全雇用国民所得Y_Fと均衡国民所得Y^*の差です。デフレ・ギャップは総需要の不足分なのでABの大きさのことになります。そういう意味でも，グラフを描いて，どこを求めるのかを常に意識しておくことが肝要です。

グラフがない場合の解法の手順

均衡国民所得を求めて，完全雇用国民所得水準と比較して，デフレ・ギャップが発生するのか，インフレ・ギャップが発生するのかを見極める。
↓
わかったらグラフを描く
↓
ギャップの大きさを求める。

ギャップの解消法とは？

次は，ギャップの解消法です。まず，デフレ・ギャップの解消法を考えてみましょう。

●デフレ・ギャップの解消法

デフレ・ギャップを解消するには総需要の不足分が解消されればいいので，均衡国民所得Y^*の水準が完全雇用国民所得Y_Fの水準と一致すればいいことになります。

その方法としては，2つあります。

【ギャップの解消法】

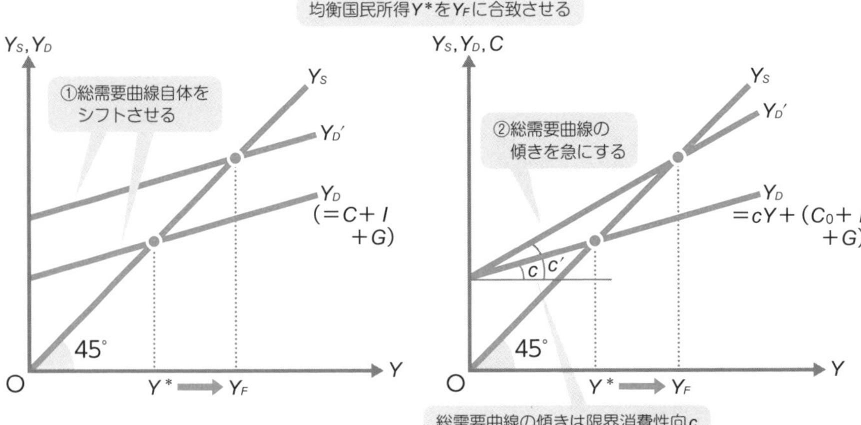

①総需要曲線Y_D自体をシフトさせる

上の左のグラフをみてください。Y_D'線は完全雇用国民所得水準が実現するための本来あるべき総需要曲線ですので，もともとのY_D線がY_D'線の位置に上方移動すればいいのです。

そして，総需要曲線自体をシフトさせるための具体的な政策としては，所得水準を上げることが必要になるので，投資や政府支出を増加させる方法が挙げられます。

問題の傾向

これまで日本経済はデフレの状況であった影響から，公務員試験のギャップの問題の多くがデフレ・ギャップでした。しかし昨今のインフレで，そうとも限らなくなってきました。

②総需要曲線Y_Dの傾きを急にする

上の右のグラフがこれを示しています。この場合は，均衡

国民所得 Y^* を増加させる必要はありません。限界消費性向 c を高めることで Y_D 曲線の勾配を急にさせるのです。

ポイント

総需要曲線 Y_D の傾きは，限界消費性向 c であることです。

総需要曲線 $Y_D = C + I + G$ に，消費関数 $C = C_0 + cY$ を代入して，

$$Y_D = cY + (C_0 + I + G)$$

という形に変形できます。

これは，総需要 Y_D を y 軸に，国民所得 Y を x 軸にしたグラフではその傾きが c であることを示しています（一般的な一次関数は，$y = ax + b$ で a がその傾き）。

限界消費性向 c が高まるということは，所得が増えて貯蓄よりも消費にたくさん分配され，乗数効果で総需要が拡大することを意味します。

●インフレ・ギャップの解消法

インフレ・ギャップを解消させるためには，デフレ・ギャップの解消とは逆に，

①総需要 Y_D 曲線自体を下方にシフトさせる方法

②Y_D 曲線の傾きを緩やかにする方法

があります。

具体策としてはそれぞれ，

①投資や政府支出を削減させる

②限界消費性向を低くする

ことです。

第１章のまとめ

●ケインズの乗数理論

乗数効果：たとえば，政府支出などの増加によって，国民所得が，政府支出の増分以上に増えること

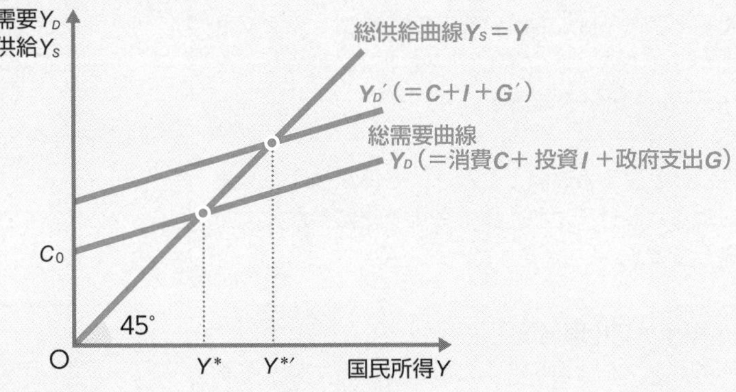

乗数のまとめ

	外国部門がない		外国部門がある	
	定額税	比例税	定額税	比例税
投資乗数	$\frac{1}{1-c}$	$\frac{1}{1-c(1-t)}$	$\frac{1}{1-c+m}$	$\frac{1}{1-c(1-t)+m}$
政府支出乗数	$\frac{1}{1-c}$	$\frac{1}{1-c(1-t)}$	$\frac{1}{1-c+m}$	$\frac{1}{1-c(1-t)+m}$
租税乗数	$\frac{-c}{1-c}$	$\frac{-c}{1-c(1-t)}$	$\frac{-c}{1-c+m}$	$\frac{-c}{1-c(1-t)+m}$
貿易乗数	—	—	$\frac{1}{1-c+m}$	$\frac{1}{1-c(1-t)+m}$

均衡予算乗数

政府支出を同額の増税で賄ったときの乗数のことをいい，均衡予算乗数は１。①租税が定額税であること，②外国部門を考えないことが条件

●インフレ・ギャップ

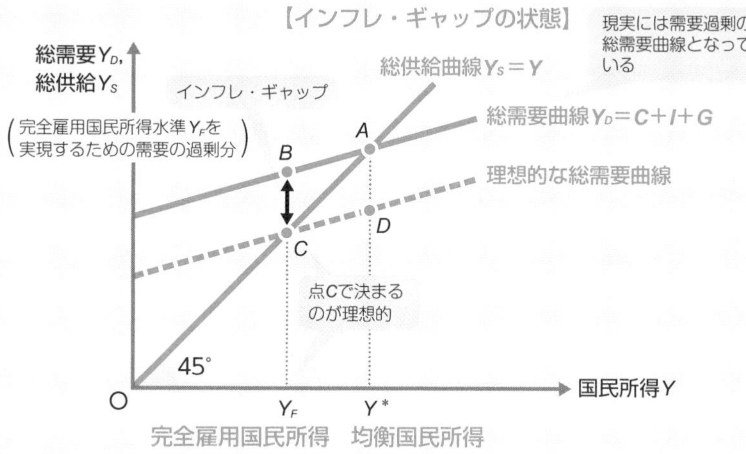

●デフレ・ギャップ

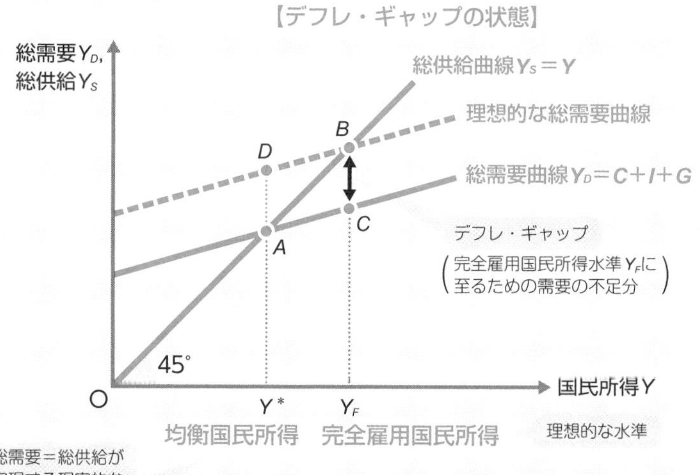

専門試験レベル　第2章

IS-LM曲線

ケインズ理論をかくも簡潔に

IS-*LM*曲線は，マクロ経済学の中ではダントツに出題頻度の高いテーマです。国家一般職や地方上級を中心にすべての試験区分で出題されています。

学ぶ内容でも質・量ともに，ほかの章を圧倒していますから，マクロ経済を制するには，*IS*-*LM*曲線を制しなければなりませんね。

本章では，次のような多彩な内容を含みます。

▶教養試験レベルの知識を活用した計算問題

▶財政・金融政策の効果を*IS*-*LM*曲線上で体系的に分析

▶貨幣市場における発展的な理論を学ぶ

▶学説の対比…ケインズ理論に対抗する「古典派」の学説

出題傾向

国家総合職：★★　国家一般職：★★★　地方上級：★★★

国税専門官：★　市役所：★

専2-1

財市場とIS曲線の関係 ～投資Iと貯蓄Sの世界～

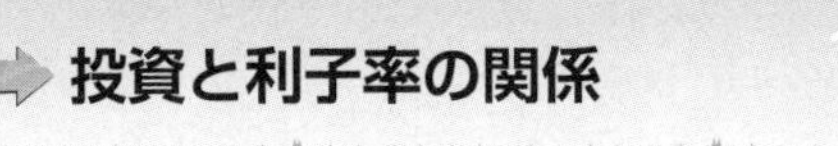

投資と利子率の関係

IS曲線の理解のために，まず，ケインズ経済学が考える投資と利子率の関係を確認します。

前章の45度線分析の項では，閉鎖経済$Y=C+I$において，消費Cの大きさは消費関数$C=C_0+cY$が示すように国民所得Yの大きさで決まっていましたが，投資Iはある一定値とみなしてきました。

しかし，企業による投資もある要因によって変化します。それが利子率です。結論からいえば，**利子率が上昇（低下）すれば投資は減少（増加）**します。

●利子率が高いとき ⇒ 投資は減少

企業が投資を行うのは収益（利益）を上げるためであり，コストが高く収益が上がらないならば投資は行いません。

たとえば，ある事業計画があり，銀行から資金を調達して投資をしようとしても，資金を借りるときの利子率が，投資による予想収益よりも高ければ，企業はその投資を控えるでしょう。

【投資と利子率の関係】

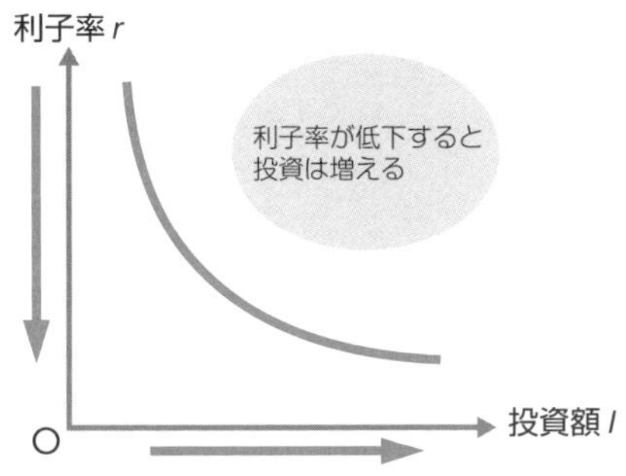

IS曲線の「IS」って何？

ISのIは投資，Sは貯蓄をさしています。つまりIS曲線とは，投資と貯蓄の関係を示したものです。

閉鎖経済？

海外のことや政府部門のことを考えない最も単純な経済モデルです。

略語の意味

Y ：国民所得
C ：消費
I ：投資
S ：貯蓄
C_0：基礎消費
c ：限界消費性向
r ：利子率

増加（減少）？どっちなの？

「利子率が上昇（低下）すれば投資は減少（増加）します」とありますが，これは「利子率が上昇すれば投資は減少し，利子率が低下すれば投資は増加する」という意味です。

●利子率が低いとき ⇒ 投資は増加

逆に，利子率（金利）が低ければ，銀行からの資金調達コストが低いので，事業計画をどんどん推進するために投資を増やしていきます。

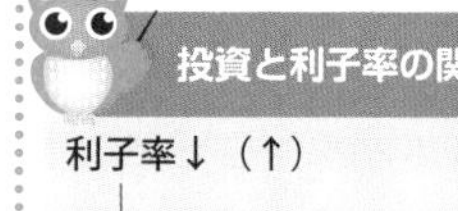

投資と利子率の関係

利子率↓（↑）
｜
投　資↑（↓）

IS曲線を導出する

では，IS曲線の説明に移ります。

IS曲線を正確に定義づけると，「財市場が均衡するときの国民所得と利子率の組合せを示した曲線」となります。

IS曲線は国民所得Yを横軸，利子率rを縦軸にとったとき，**右下がりの曲線**となります。

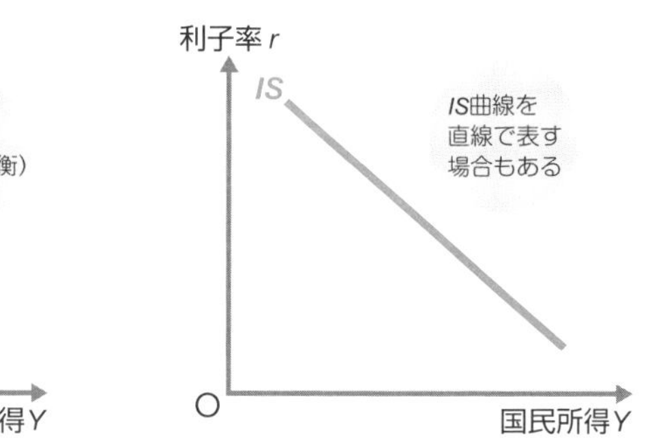

財市場の均衡とは何をさすでしょうか？　ミクロ経済学と同様に，モノやサービスの市場において，総需要と総供給が一致することです。

財市場の最も単純なケースにおいて，総需要と総供給の式はそれぞれ，

総需要Y_D＝消費C＋投資I

総供給Y_S＝消費C＋貯蓄S

でした。この総需要と総供給が一致しているということは，

$$C+I=C+S$$

が成立します。これを整理して，

$$I=S$$

を得ます。

つまり，財市場の均衡条件は，需要側の投資Iと供給側の貯蓄Sが等しくなることであるといえます。そして，IS曲線上においては，財市場が均衡し，投資Iと貯蓄Sが等しくな

曲線になってないけど？

単純化を旨とする経済学においては，需要供給曲線の場合と同じように，IS曲線を直線で示す場合もあるのです。

っています。

●IS曲線が右下がりになる理由

たとえば，IS曲線上の需要側の投資Iと供給側の貯蓄Sが均衡している状態（たとえば下図のA点）から，利子率rが低下すると，貯蓄よりも投資にお金を回そうとするために需要側の投資が増加します。このとき財市場では超過需要（需要＞供給）が発生し，$I>S$となります。

そのため再びIS曲線上の均衡状態（C点）に戻すためには，貯蓄Sが増加する必要があります。貯蓄Sが増加するためには国民所得Yが増加しなければなりません。

要するに，均衡状態から利子率が低下すると，均衡のバランスが崩れたために，もとの均衡状態，つまりIS曲線上に戻すには国民所得が増加しなければならないということです。

C点→D点→E点についても同様の説明がつきます。

したがって，均衡点A・C・Eをたどると，IS曲線は右下がりの曲線となります。

IS曲線のポイント

IS曲線上では財市場が均衡し，投資I＝貯蓄Sが実現している。（IS曲線は右下がり）

理屈は難しそうですが，IS曲線の定義と「グラフでは右下がりになる」とだけ覚えておけば十分です。しかしながら，以下のような過去問もありますので，大まかにでもこの考え方を理解しておきましょう。

I＝Sを具体的なイメージで

数式ではピンと来ないという人のために現実的な話をしましょう。
私たちは貯蓄のために銀行に預金をしますが，銀行はわれわれから預かったお金を企業に貸し出して，それを企業が投資しているわけです。
つまり，銀行を介在して，入ってくるお金（貯蓄S）と出ていくお金（投資I）が同額であれば，財市場が均衡しているということになります。

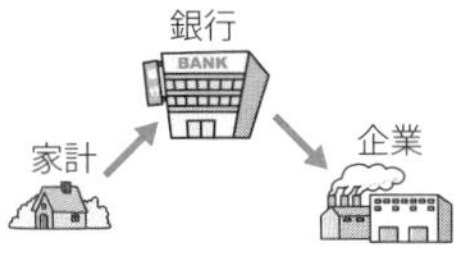

貯蓄されたお金は
企業への投資資金として
貸し出される

貯蓄Sと国民所得Yの関係

ケインズ経済学では，貯蓄は所得が増える（減る）と増える（減る）とみなします。

【IS曲線と経済の動き】

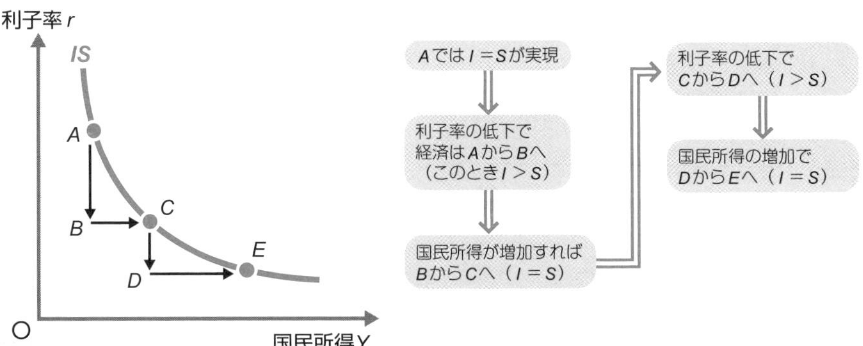

例題1

ケインズ経済学における*IS*曲線に関する次の記述の空欄A～Dに該当する語句の組合せとして妥当なものはどれか

（大卒警察官）

*IS*曲線は（　A　）の均衡を維持することのできる利子率と国民所得の組合せを示すものである。総需要が消費と投資のみで成り立っているとすると，利子率が低下した場合（　B　）が増加する。一方，需給が均衡するためには（　B　）と量的に等しい（　C　）も増加しなければならない。したがって，利子率が低下した場合，国民所得は（　D　）する。

	A	B	C	D
1	生産物市場	消費	投資	減少
2	生産物市場	投資	貯蓄	増加
3	生産物市場	投資	消費	減少
4	貨幣市場	消費	貯蓄	増加
5	貨幣市場	消費	投資	減少

解法のステップ

本問はここまで学んだ*IS*曲線の意味と*IS*曲線が右下がりである理由を問うています。

A：生産物市場。生産物市場は財市場と同じ意味です。

B：投資。投資と利子率の関係は，利子率↓（↑）－投資↑（↓）でした。

C：貯蓄。財市場の均衡条件は$I=S$でした。

D：増加。利子率が低下すれば投資が増加します。投資の増加で，国民所得は増加します。マクロ経済の均衡式$Y=C+I+G$より，投資の増加で乗数倍だけ国民所得は増加しました。

よって，正答は**2**となります。

以上が，財市場における利子率と国民所得の均衡を示す*IS*曲線の説明でした。次に，貨幣市場（金融市場）での均衡を示す*LM*曲線に移ります。

貯蓄は所得の増加関数である理由

所得は消費か貯蓄に振り向けます。

$Y=C+S$

これを式変換して、消費の式を代入してまとめると次のようになります。

$S=Y-C$

$S=Y-(C_0+cY)$

$S=(1-c)Y-C_0$

この式から，所得*Y*が増加（減少）すれば貯蓄*S*も増加（減少）することがわかります。

専2-2

貨幣市場とLM曲線の関係
～貨幣の需給関係の世界～

LM曲線を導出する

LM曲線とは，結論からいえば「貨幣市場の需要と供給を均衡させる国民所得と利子率の組合せを示した曲線」で，LM曲線上では貨幣需要＝貨幣供給が実現しています。

そこでLM曲線をグラフに描こうとすると，LM曲線は国民所得Yを横軸，利子率 r を縦軸にとったとき，**右上がりの曲線**となります。

LM曲線のポイント

LM曲線上では，貨幣市場が均衡し貨幣需要L＝貨幣供給Mが実現している。
LM曲線は右上がり

では，LM曲線がなぜ右上がりなのかを説明しますが，その前に，教養試験レベルで学んだ貨幣需要について少し復習しておきます（⇒詳細はp.76へ）。

貨幣需要Lは，取引需要（動機），予備的需要，投機的需要の3つが想定されました。取引需要と予備的需要は所得の大きさに依存し，所得Yが増加（減少）すれば，それぞれの需要は増加（減少）した一方，投機的需要は利子率rに依存

LM曲線のLって？

LM曲線のLは，**流動性選好**（Liquidity Preference）という金融用語から来ています。通貨（お金）は，ほかの財（モノ）や株式・債券など金融資産の交換にいつでも利用できることから，「貨幣は流動性が高い」といういい方をすると説明しました（⇒p.77）。まさに貨幣を需要すること（貨幣が好まれること）を流動性選好というのです。

LMのMって？

LMのMは文字どおりマネーサプライ（Money Supply）のMとわかりやすいです。

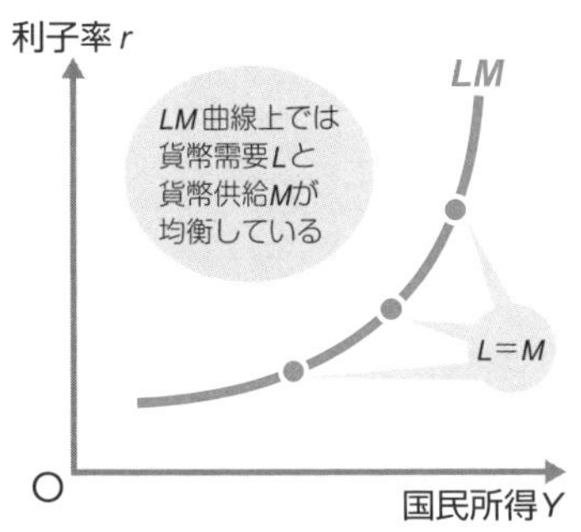

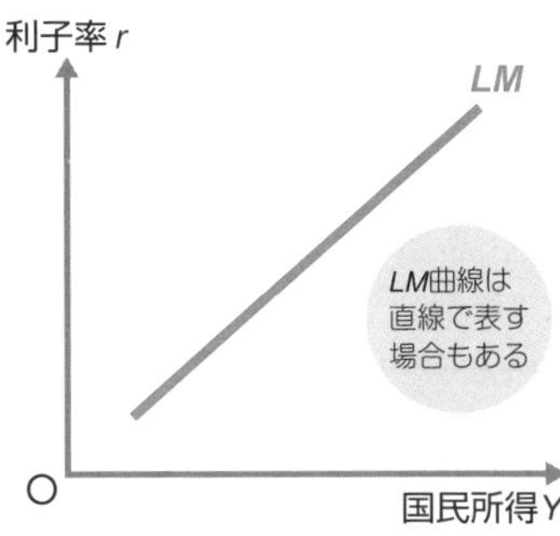

【LM曲線と経済の動き】

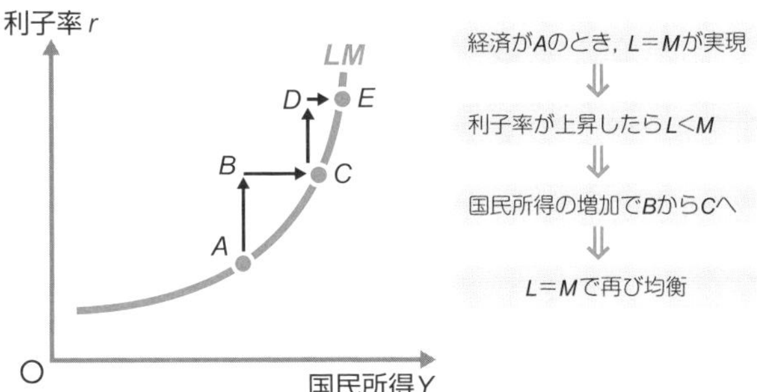

貨幣市場の均衡条件は，専門試験のマクロ経済学では，実質貨幣供給の概念が導入されて，$L=\frac{M}{P}$（Pは物価）となりますが，今は貨幣需要L＝貨幣供給（マネーサプライ）Mと考えておいて差し支えありません。実質貨幣供給量については後述します。

し，利子率が上昇（低下）すれば，その分，資産としての債券需要が増加（減少）するので，投機的需要は減少（増加）しました。

このことを式の形で示せば

$$L=L_1(Y)\ +L_2(r)$$

と表記されることがあります。$L_1(Y)$ は取引需要と予備的需要，$L_2(r)$ は投機的需要を意味します。

さて，LM曲線が右上がりになる理由ですが，LM曲線上においては貨幣市場が均衡しています。これは，貨幣需要L＝貨幣供給Mの関係が成立しているということを意味します。

ここで，貨幣需要L＝貨幣供給Mの均衡状態（上図の点A）から利子率が上昇したとすると，貨幣の投機的需要が減少するので，貨幣の需要は一時的に落ち込み，$L<M$の関係が成り立ちます（点B）。

貨幣供給量は日銀が任意に決定するので一定とみなすため，再びL＝Mの均衡状態にするには貨幣需要Lが再び増加，つまりこの場合，貨幣需要の中の取引需要が増加しなくてはなりません。

貨幣の取引需要は国民所得が増えれば増加しました。したがって，貨幣の取引需要を増加させて均衡状態（点C）にするためには，国民所得Yが増加する必要があります。

点Cから点Eへの動きも同様の経路をたどります。

したがって，LM曲線は右上がりの曲線となるのです。

LM曲線右上がりを式から解説

貨幣需要式
$L=L_1(Y)+L_2(r)$ より
利子率rの上昇で
$L_2(r)$が減少
↓
再び均衡になるには
$L_1(Y)$ が増えればよい
↓
そのためには所得が増えればよい
となります。

専2-3

IS-LM分析
～定義をしっかり確認しよう～

*IS*曲線と*LM*曲線をそれぞれ導出したので，今度は両者を合わせた*IS-LM*曲線を通じて，財市場と貨幣市場について考えます。

ケインズとヒックス

*IS-LM*分析は，ケインズその人の理論ではなく，ヒックス（1904～1989）がケインズの「一般論」を体系化してまとめたものです。

IS-LM曲線の特徴

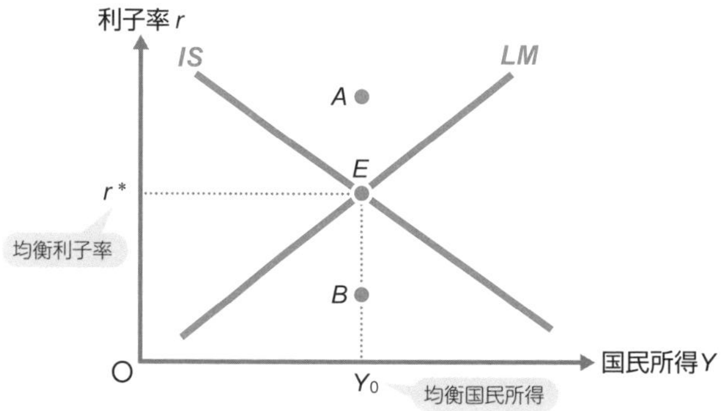

*IS*曲線と*LM*曲線の交点である*E*点は，財市場と貨幣市場の両方が同時に均衡する点で，このときの利子率r^*を均衡利子率，国民所得Y_0を均衡国民所得といいます。

点*E*では，財市場と貨幣市場が均衡していることから，財市場において，需要側の投資*I*と供給側の貯蓄*S*が一致し（$I=S$），貨幣市場においては貨幣需要*L*と貨幣供給*M*が一致（$L=M$）しています。

ただし，需要曲線と供給曲線と同様，*IS-LM*曲線においても，最初から均衡しているとは限りません。

*IS*曲線，*LM*曲線上にない点（上図では*A*点，*B*点）ではどういう状態でしょうか。*IS*曲線と*LM*曲線に分けて考えていきます。

I=S？

なぜ需要が*D*ではなく*I*なのかと思われる人もいるかもしれませんね。マクロ経済学では以下のようになっています。

総需要$Y_D=C+I$
総供給$Y_S=C+S$
↓
均衡点では，$Y_D=Y_S$
↓
$C+I=C+S$
↓
$I=S$
（⇒p.163）

【IS曲線と財市場】

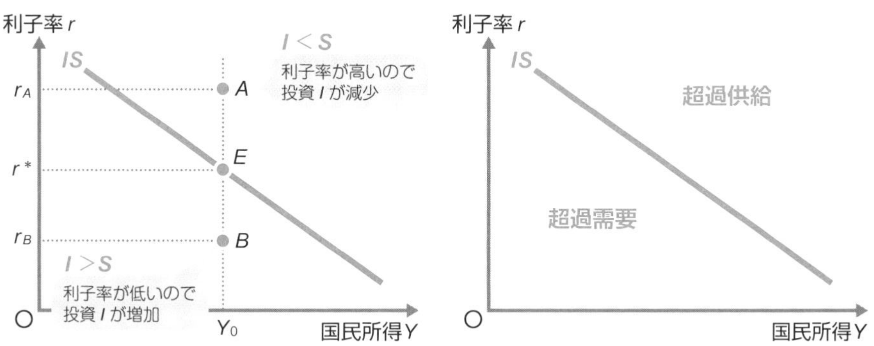

IS曲線の場合

IS曲線上にない点として，IS曲線より右上方にあるA点と，左下方にあるB点でみてみましょう。

IS曲線上であれば財市場が均衡しているので需要I＝供給Sなのですが，それぞれの点が超過需要（需＞供）なのか超過供給（需＜供）なのかが問題になります。

そのことを考えるに当たって，まずは，同じ国民所得水準での利子率を比較するために，横軸に垂直な線（縦線）をどこでもよいので引いてみます。

上の図でA点のようなIS曲線より上の利子率は，IS曲線上の均衡利子率 r^*と比べて高い利子率r_Aとなっています。投資 I は利子率が高いと減少するので，A点において投資 I は均衡点E点よりも少なくなります。

したがって，均衡点では財市場の均衡を示す需要I＝供給Sが成立していますが，A点では需要 I＜供給Sとなってしまい，財市場においては超過供給が発生していることになります。

逆に，IS曲線の下方にあるB点では同様の方法で確認すると超過需要が生じていることになります。

以上のことから，IS曲線よりも上方であれば**超過供給**（供給超過），下方であれば，**超過需要**（需要超過）が発生します。

LM曲線の場合

一方，LM曲線の場合も同様に，LM曲線より左上方にあるA点と，右下方にある，B点で検討します。

思い出そう！

投資は利子率の減少関数
＝
（例）利子率↑－投資↓
（⇒p.162）

ポイント

超過需要か超過供給を調べるコツは，横軸に垂線（縦線）を引いて考えることです。

B点の状態（IS）

B点での利子率は，均衡の利子率r^*より低い
↓
投資Iが増加し
↓
$I>S$の状態
IS曲線の下方では超過需要

【LM曲線と貨幣市場】

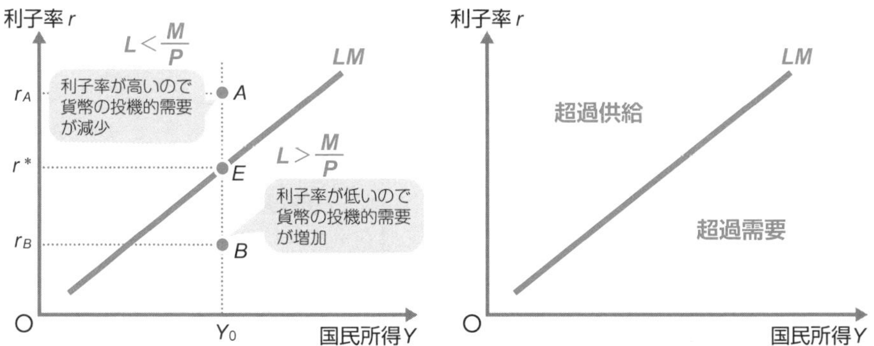

やはり先ほどと同様に任意に横軸に垂直な縦線を引いて，A点と貨幣市場の均衡（$L=M$）を示すLM曲線上のE点で比較してみます。

A点では，利子率が，均衡利子率r^*よりも高くなっています。利子率が高水準であれば，貨幣の投機的需要が減少しましたね。この結果，貨幣市場の均衡関係は，投機的需要が減少する分だけ貨幣需要が小さくなり，L（貨幣需要）<M（貨幣供給）となります。

したがって，LM曲線より左上方にあるA点では貨幣市場において超過供給が生じます。

同様の方法で確認すると，LM曲線より右下方にあるB点では貨幣市場において超過需要が生じます。

よって，LM曲線より左上方では**超過供給**，右下方では**超過需要**が発生します。

なお，余談ですが，財市場・貨幣市場における点Aや点Bの状態から均衡点Eに調整される場合，調整のスピードは，貨幣市場が財市場よりも速く均衡します。これは，お金の移動より，投資や貯蓄が変化するほうが，時間を要するからです。

この辺りがきちんと理解できたかどうか，過去問で確認してみましょう。実際の問題では，IS曲線とLM曲線を個別にみるのではなく，IS-LM曲線の中で同時にみるパターンが一般的です。

復習しておこう！

利子率の上昇で，貨幣の投機的需要がどうなりましたか？
資産として，貨幣よりも，利子をたくさんもらえる債券を保有しようとするので，**貨幣の投機的需要が減少**しました。
↓
利子率の上昇（低下）で，債券需要が増加（減少）し，貨幣の投機的需要が減少（増加）する。⇒p.75

B点の状態（LM）

B点において，利子率は，均衡の利子率r^*よりも低い
↓
貨幣需要の投機的需要が増える
↓
貨幣需要L>貨幣供給M
↓
B点では超過需要

例題2

以下の図における*A*, *B*, *C*, *D*点に関する次の記述のうち，妥当なものはどれか。

（地方上級　改題）

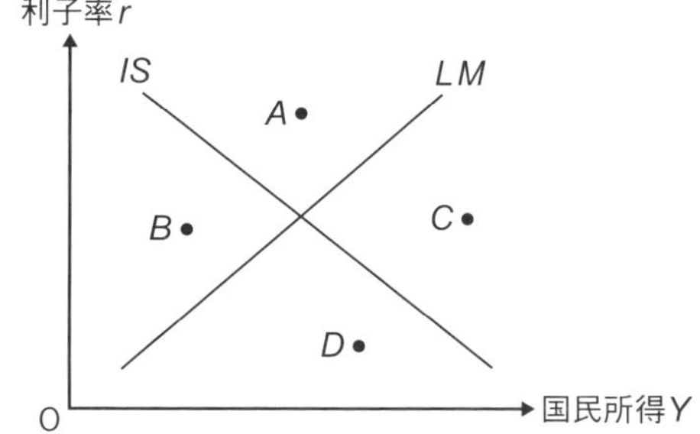

1　*A*点では，財市場は需要超過で，貨幣市場は供給超過である。
2　*B*点では，財市場は需要超過で，貨幣市場は需要超過である。
3　*C*点では，財市場は供給超過で，貨幣市場は需要超過である。
4　*D*点では，財市場は供給超過で，貨幣市場は需要超過である。

解法のステップ

慣れるまでは，*IS*曲線と*LM*曲線でそれぞれ超過需要か超過供給かを見分けることを優先して判断していってください。今説明してきたとおりの方法で確認していけば，正答は**3**となりますね。

まとめると次のとおりです。

	財市場（*IS*）	貨幣市場（*LM*）
A	超過供給	超過供給
B	超過需要	超過供給
C	超過供給	超過需要
D	超過需要	超過需要

縦線は有効

グラフに縦線を引いて超過需要と超過供給を調べる方法は，ほかのテーマでも活用されているので極めて有効です。

専2-4

*IS-LM*曲線からみた財政・金融政策
～最重要のテーマです～

ここでは，財政政策や金融政策が実施されると*IS*－*LM*曲線がどのように変化するかをみていきます。

まず，前段階として理解しておくべきことは，*IS*曲線は財市場の均衡を表すので，財政政策による影響を直接受け，*LM*曲線は貨幣市場の均衡を表すので金融政策を反映するというところです。

財政政策…*IS*曲線
金融政策…*LM*曲線

財政・金融政策？

財政政策とは，公共投資や減税などによって有効需要のコントロールを行うこと。
金融政策とは，貨幣供給（マネーサプライ）の調整を行うことです。

財政政策と*IS*曲線の関係

結論からいえば，不況時の財政政策として，公共事業によって政府支出を拡大させたり，減税を実施したりすると，*IS*曲線は右にシフトします。

財政拡張政策によって，なぜ*IS*曲線が右にシフトするかについて，まず，純粋に経済学的な説明をします。政府部門まで考慮した総需要曲線と総供給曲線の式は，以下のように書くことができます。

総需要曲線Y_D＝消費C＋投資I＋政府支出G
総供給曲線Y_S＝消費C＋貯蓄S＋租税T

このときの財市場の均衡条件（$Y_D=Y_S$になる条件）は，

投資I＋政府支出G＝貯蓄S＋租税T

となります。

ここで，政府支出の増加や，減税（Tの減少）によって

$I+G>S+T$

の状態になります。

再び均衡状態を保つためには，投資Iが減少するか，貯蓄Sが増加するかしかありません（租税と政府支出は政府によって与えられているものなので一定とみなされる）。

また需要と供給なの？

経済学はいってみれば需要と供給の学問で，あらゆる経済理論は需要と供給の観点から説明されます。
ここでも，*IS*曲線のシフトを需給関係から説明しようというわけです。

政府支出？

政府支出はこの場合，公共事業（公共投資）などの財政支出のことをさします。

***T*？**

*T*は租税（Tax）の*T*のことです。

【IS曲線のシフト】

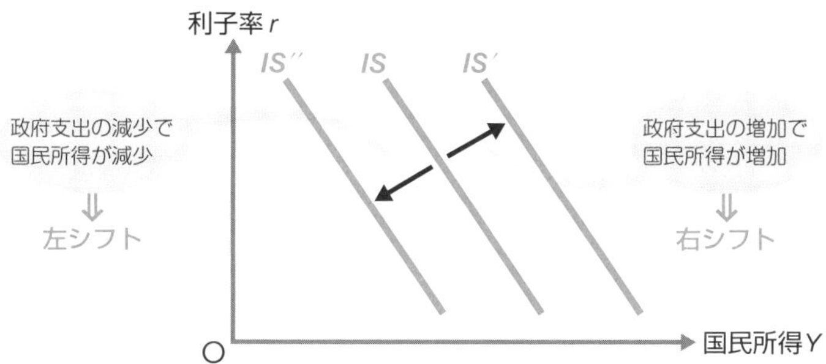

具体的には，利子率が上昇して投資Iが減少するか，国民所得Yが増加することで，貯蓄Sが増えればいいのです。

そのとき，*IS*曲線は利子率の上昇または国民所得Yの増加の方向，すなわち，右上方向にシフトすることになります。

このように，政府支出の増加，または減税によって，*IS*曲線は右方向にシフトします。

この説明の逆の考え方で，政府支出が減少したり，増税が行われたりすれば，*IS*曲線は左方向にシフトすることになります。ここは，結論だけ覚えておきましょう。

また，財政政策では財市場の均衡を示す*IS*曲線のみがシフトし，*LM*曲線は一切変化しないことにも注意しておいてください。

これまでのところのポイントをまとめると，以下のようになります。

財政政策による*IS*-*LM*曲線の変化

	*IS*曲線	*LM*曲線	国民所得
政府支出の増加	右(上)方	変化なし	増加
政府支出の削減	左(下)方	変化なし	減少
減税	右(上)方	変化なし	増加
増税	左(下)方	変化なし	減少

ざっくばらんに考えたら

*IS*曲線のシフトについて，極めて簡単に考えれば，政府支出Gの増加や減税は，所得Yを増やす効果があるので，*IS*曲線は右方向へ移動する，さらにいえば，政府支出の増加や減税は，われわれにとってよいことで，所得の増加につながる，と割り切って覚えてもらっても構いません。

↓

公共投資の増加や減税はわれわれにとってよいこと
⇒*IS*曲線は右（所得が増える方向）

右？　右上？
左？　左上？

グラフのシフトの方向について，右といったり，右上といったりします。どちらも同じことで，右の方向という意味です。左についても同様です。

公務員試験では，政府支出Gの増加でIS曲線がなぜ右移動するかと理由を尋ねる問題はほとんどなく，「Gの増加（減少）でIS曲線が右（左）に移動する」ことを知っておけば解けるような問題が多いようです。

金融政策とLM曲線の関係

続いて金融政策です。

金融緩和政策として，マネーサプライ（貨幣供給量）Mを増加させるとLM曲線はどう変化するでしょうか。

こちらも，最初は経済学的な説明をしてみます。

LM曲線の均衡式は，簡単に示せば「貨幣需要L＝貨幣供給M」となりますが，貨幣需要はすでに学んだ取引需要（予備的需要もこれに含めます）と投機的需要（資産需要）に分けられました。前述したようにこのことを経済学では，

貨幣需要$L = L(Y) + L(r)$

と表すことがあります。$L(Y)$は国民所得Yに依存する取引需要と予備的需要で，$L(r)$は利子率rに依存する投機的需要のことです。

この均衡状態からマネーサプライMが増加すると，

$L(Y) + L(r) < M$

となります（超過供給）。

前述したようにマネーサプライは日本銀行が利子率などとは無関係に任意に決定するので一定値と考えました（⇒p.81）ので，再び均衡状態に戻すには，左辺の$L(Y) + L(r)$を増加させなければなりません。

$L(Y) + L(r) < M$

それには，国民所得Yが増加して取引需要$L(Y)$が増加するか，利子率rが低下して投機的需要が増加する必要があります。国民所得の増加または利子率の低下は，LM曲線の右下方向の移動にほかなりません。

したがって，LM曲線はマネーサプライMが増加すると，右下方向にシフトすることになります。逆にいうと，マネーサプライが減少すると，LM曲線は左上方向へシフトすることになります。

このように，IS曲線と同様，結論を暗記しておくだけでも結構です。また，マネーサプライの変化でIS曲線が変化

金融緩和政策？

お金の供給量を増やして経済を刺激する（景気を上向かせる）政策のことで，具体的には買いオペレーションによる貨幣供給量の増大と政策金利の引き下げ（利下げ）があります（⇒p.82）。

ざっくばらんに考えたら

「貨幣供給量（マネーサプライ）の増加によって，景気が刺激されると生産と所得が増加する，だからLM曲線は所得Yが増加する方向である右方向へシフトする」。

さらに，「お金の供給量が増えるということは，私たちの所得が増えるよいことである」。

↓

Mの増加によって，LM曲線はYが増える右下方向へシフトする。

マネーサプライ？貨幣供給量？

どちらも同じ意味で，過去問では両方とも出てくるので慣れておきましょう。マネーサプライはマネーストックと表記される場合もあります。

【貨幣供給とLM曲線のシフト】

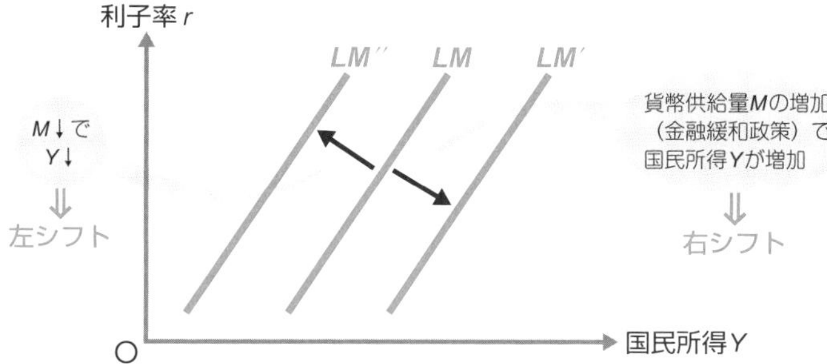

することはないというところにも注意です。

これまでのところのポイントをまとめると，以下のようになります。

 金融政策による*IS*-*LM*曲線の変化

	*IS*曲線	*LM*曲線	国民所得
貨幣供給の増加	変化なし	右(下)方	増加
貨幣供給の削減	変化なし	左(上)方	減少

貨幣需要と*LM*曲線の関係

ここで，金融政策ではありませんが，貨幣需要の増減によって，*LM*曲線がどうシフトするかを検討します。

今度は，現実的な解釈を先にしてみましょう。

貨幣需要の増加とは，みんながお金を必要としていることなので，銀行にお金を借りに来る人々が増えることを意味します。そうすると，銀行は「この高い金利（利子率）でも借りますか？」とばかりに，どんどん貸出金利を引き上げていきます。

逆に，だれもお金を借りに来なければ（貨幣需要の減少），銀行は「金利（利子率）を下げますからお金を借りてください」ということで，どんどん貸出金利を引き下げてき

ざっくばらんにいえば

貨幣需要の増加（減少）は，相対的に貨幣供給が減少（増加）したことになるので，*LM*曲線が左上（右下）方向へ移動すると考えることもできますね。

貨幣需要が高まると金利（利子率）は上昇する　　**貨幣需要が減少すると金利（利子率）は低下する**

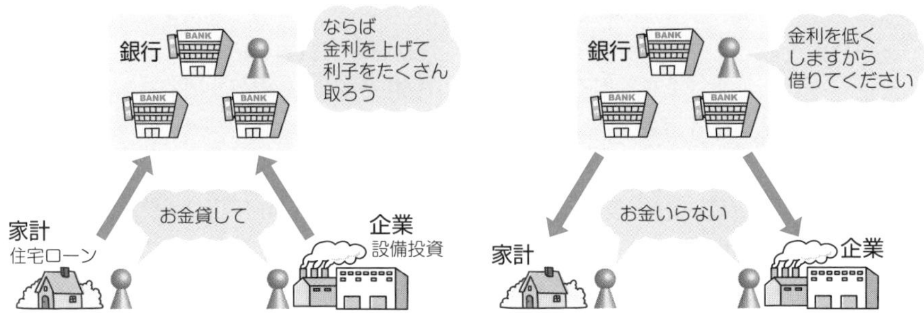

ます。

つまり，貨幣需要の増加（減少）によって*LM*曲線は利子率が上昇（低下）する方向，すなわち左上（右下）方向へ移動します。

貨幣需要*L*の変化による*LM*曲線の変化

貨幣需要*L*	*LM*曲線	利子率	国民所得
増大	左(上)方	上昇	減少
減少	右(下)方	低下	増加

経済学的に考えれば

貨幣需要が増加すると貨幣市場では**超過需要（貨幣需要＞貨幣供給）**になります。この超過需要を解消して均衡を維持するためには貨幣需要の投機的需要が減少する（利子率の上昇）か，取引需要が減少する（国民所得の減少）ことになります。つまり*LM*曲線は左上方向へシフトします。

【貨幣需要と*LM*曲線のシフト】

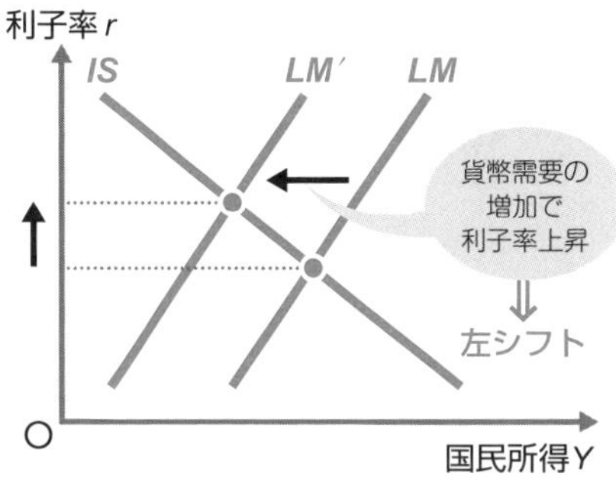

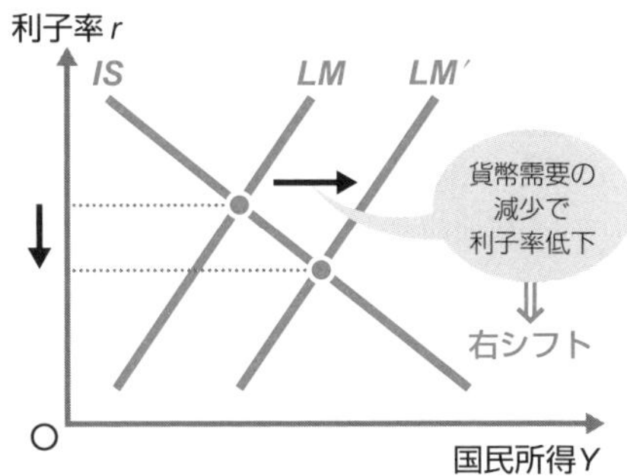

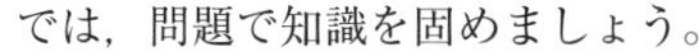

では，問題で知識を固めましょう。

例題3

*IS-LM*曲線が図のように示されるとき，次の記述のうち最も妥当なものはどれか。

（国税専門官）

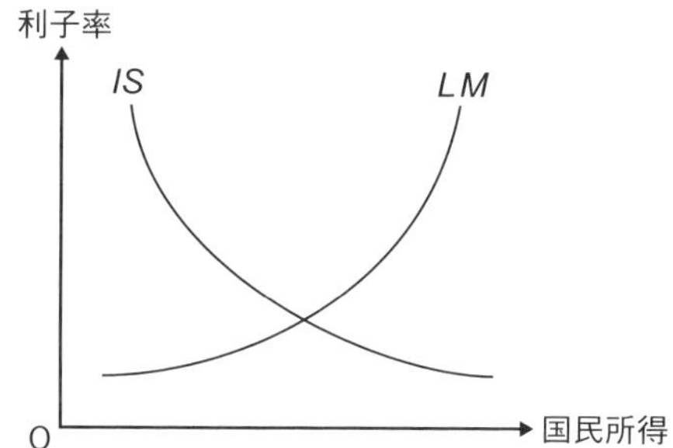

1 経済全体の投資意欲が増大すると，*LM*曲線は左にシフトする。
2 経済全体の貯蓄意欲が増大すると，*IS*曲線は左にシフトする。
3 政府支出が増大すると，*IS*曲線は左にシフトする。
4 貨幣需要量が増大すると，*IS*曲線は左にシフトする。
5 貨幣供給量が増大すると，*LM*曲線は左にシフトする。

解法のステップ

順に解説します。

1．投資意欲と*LM*曲線とは無関係です。

2．貯蓄意欲の増大が消費の減少につながるということを思い出してください。総供給の式は閉鎖経済においては，「所得Y＝消費C＋貯蓄S」でした。所得は消費か貯蓄に回されます。したがって，貯蓄意欲の増大に伴う消費の減少で総需要が減少するために，*IS*曲線は左にシフトします。よって，本肢が正答です。

3．政府支出の増加によって総需要が増大する分所得の増加につながるので*IS*曲線は右にシフトします。「左にシフト」としているので誤りです。

4．「貨幣需要量が増大」と，*IS*曲線とは無関係なので誤りです。貨幣需要の増大で，*LM*曲線は左に移動します。

5．貨幣供給量Mが増加すれば，人々の手持ちの貨幣量が増加し，経済は拡大して所得も増加することから*LM*曲線は右にシフトします。「左にシフト」とあるので誤りです。

ポイントは…

*IS*曲線は財市場の均衡を念頭に置いているので，均衡式$Y=C+I+G$に関連することが*IS*曲線をシフトさせる要因になります。つまり，消費，投資，政府支出（公共投資）の変化です。一方，*LM*曲線は貨幣市場の均衡を示す曲線なので，これをシフトさせる要因としては貨幣供給量Mの増減，物価の変動です（後述）。

【*IS*-*LM*曲線のシフト要因】

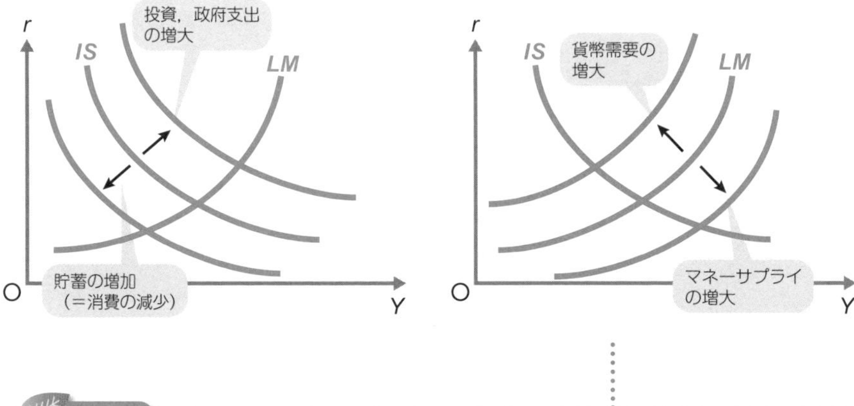

例題4

図は，生産物市場および貨幣市場の同時均衡を示す*IS*および*LM*曲線である。これに関する次の記述のうち，妥当なものはどれか。

（国税専門官　改題）

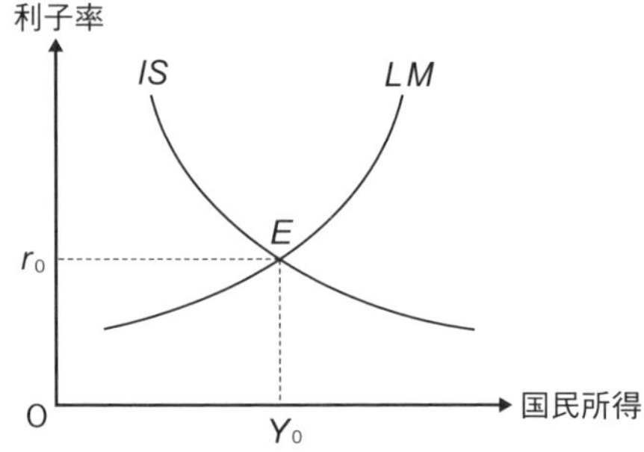

1　増税による財政支出の増加は，*IS*曲線を左方にシフトさせ，均衡利子率を引き下げ，均衡国民所得Y_0を減少させる要因となる。

2　財政支出の増加は，*IS*曲線を右方にシフトさせ，均衡利子率r_0を引き下げ，均衡国民所得Y_0を増加させる要因となる。

3　中央銀行の貨幣増発は，LM曲線を左方にシフトさせ，均衡利子率r_0を引き上げ，均衡国民所得Y_0を減少させる要因となる。

4　*IS*曲線と*LM*曲線の交点では，財市場と貨幣市場をともに均衡させるような物価水準と国民所得との組合せが決定される。

5　*IS*曲線と*LM*曲線の交点では，財市場，貨幣市場，債券市場のすべてを均衡させるような利子率の水準と国民所得との組合せが決定される。

解法のステップ

1．増税とあるので*IS*曲線が左方に移動するので正答と考えてしまう方もいたかもしれません。

確かに，増税によって消費や投資が減少しますが，文意は増税による資金で公共投資など財政支出を行うといっています。ですから，政府支出Gの増加によって*IS*曲線は右方シフトし，均衡利子率は上昇し，均衡国民所得は増加するので誤りです。

2．**1**の説明のように，政府支出Gの増加は，利子率を引き上げるので誤りです。

3．中央銀行の貨幣増発，すなわち，マネーサプライの増加によって，*LM*曲線は右にシフトし，均衡利子率は低下し，均衡国民所得は増加するので誤りです。

4．*IS*曲線と*LM*曲線の交点は，グラフをみてもわかるように，財市場と貨幣市場をともに均衡させるような利子率と国民所得との組合せで決定されるのであり，物価水準ではないので誤りです。

5．貨幣市場が均衡しているときは債券市場も均衡していることに注意しましょう。貨幣市場と債券市場は表裏一体の関係にあります。よって本肢が正答です。

投機的需要（資産需要）としての貨幣需要が増加（減少）すれば，債券需要が減少（増加）したように貨幣市場が超過需要（超過供給）であれば，債券市場は超過供給（超過需要）になります。貨幣市場が均衡すれば債券市場も均衡するのです。

ここがポイント

1～**3**については，前問と実質的に同じ問題です。*IS*–*LM*曲線のシフトの後の利子率と国民所得の関係を，グラフで判断していきます。

つまり，ちなみに…

1・**2**の選択肢の主語は，「政府支出の増加」です。ちなみに，復習ですが，この場合，増税による財政支出の増加は均衡予算を意味します。

貨幣と債券

貨幣市場の超過需要
＝
債券市場の超過供給

貨幣と債券についてはわかりにくかったと思いますので，しっかり復習しておいてください（⇒p.75）。

【肢1，2】

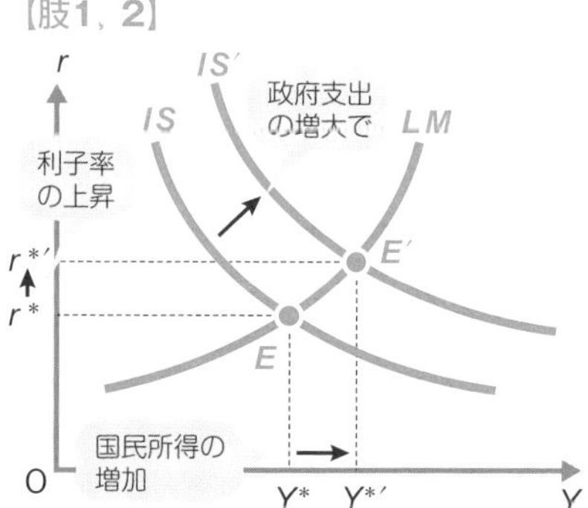

【肢3】

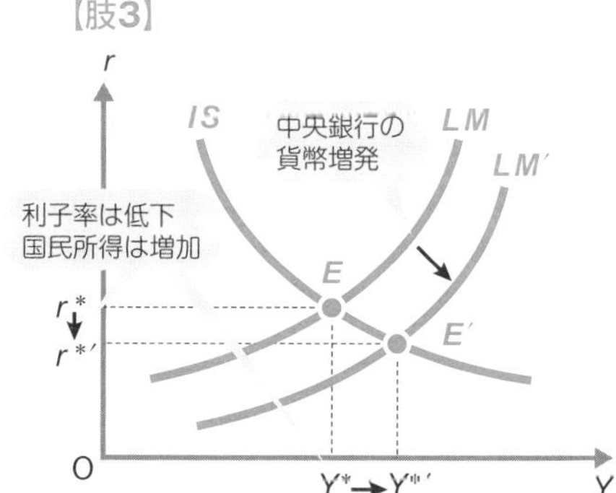

物価の上昇とIS-LM曲線の関係

物価の変化は，IS曲線，LM曲線どちらに影響を与えるのでしょうか？　一見すれば，物価の変化は，財市場のIS曲線に影響を与えそうですが，そうではなく貨幣市場のLM曲線に影響を与えます。では，このことを，過去問を通して確認してみましょう。

例題5

物価水準が変化したときのIS-LM曲線のシフトと均衡国民所得に関する次の記述のうち，最も妥当なものはどれか。

（国税専門官）

1　物価水準が下落したとき，IS曲線が左下にシフトし，均衡国民所得は増加する。
2　物価水準が上昇したとき，IS曲線が右上にシフトし，均衡国民所得は増加する。
3　物価水準が上昇したとき，LM曲線が右下にシフトし，均衡国民所得は増加する。
4　物価水準が上昇したとき，LM曲線が左上にシフトし，均衡国民所得は増加する。
5　物価水準が下落したとき，LM曲線が右下にシフトし，均衡国民所得は増加する。

解法のステップ

物価の変動はLM曲線を変化させるので，この時点で，**1**，**2**は誤りです。

ではなぜ，物価変動がLM曲線に反映するかをみてみます。貨幣市場の均衡条件を厳密に示せば，マネーサプライ（貨幣供給量）は名目値Mではなくて，**物価を考慮した実質**

実質マネーサプライ（実質貨幣供給量）

「名目値」と「実質値」の違いについては，教養試験レベルでもGDPのところで説明しました（⇒p.56）。マネーサプライでも，物価の影響を排除し，**購買力ベースで測る**のが実質マネーサプライです。
日銀がマネーサプライを増加させても，物価も同じ割合だけ上昇すれば，実質的にマネーサプライは増えたことにはなりません。
↓たとえば，
（名目）マネーサプライが，総額10,000円あって，そこで1,000円のモノを10個買えたとします。その後，（名目）マネーサプライが増加して，総額20,000円になっても，物価も2倍になって1,000円のものが2,000円になれば，購買力は10で変わりません。
この場合，実質マネーサプ

【実質マネーサプライの意味】

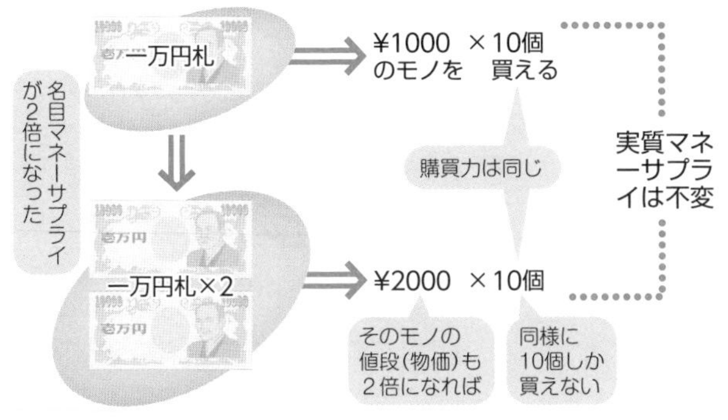

値$\dfrac{M}{P}$をとるからです。

したがって，厳密な意味での貨幣市場の均衡条件は，**貨幣需要L＝貨幣供給$\dfrac{M}{P}$**となります。この場合，仮に日本銀行が名目マネーサプライ（名目貨幣供給量）を一定値に維持しても，物価Pが変動すれば，実質マネーサプライも変動することになります。

具体的には，物価水準Pが上昇すれば，実質マネーサプライ（実質貨幣供給量）$\dfrac{M}{P}$は減少します。このとき，LM曲線は左にシフトし，均衡利子率rは上昇，均衡国民所得Yは減少します。

逆に，物価が低下すれば，実質マネーサプライは増加，すなわちLM曲線は右にシフトし，国民所得は増加します。

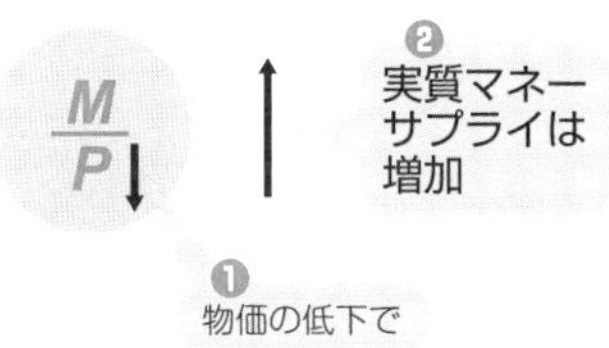

以上の点から，「物価水準が下落したとき，（実質貨幣供給量が増加して）LM曲線が右にシフトし，均衡国民所得は増加する」とした**5**が正答となります。

ライは増えていないといえます。

名目か実質か？

マネーサプライにしろ，GDPにしろ，名目か実質かの指摘がないときには名目値をさします。実質値のときには「実質○○」と表記されますので覚えておきましょう。

マネーサプライとマネーストック

現在，統計上，マネーサプライはマネーストックに取って代わられましたが（⇒p.78），理論上は使われています。

【物価とLM曲線の関係】

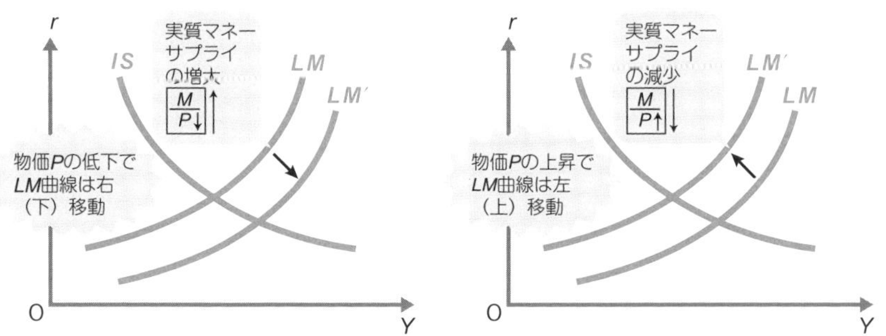

IS-LM分析の計算問題に挑戦！

*IS-LM*分析の計算問題は教養試験では扱わない専門試験だけの範囲です。解法パターンを覚えて，あとは数をこなしてください。

例題6

マクロ経済が，

$Y=C+I+G$

$C=C_0+0.9Y$

$I=I_0-1000r$

$0.2Y-500r=\frac{M}{P}$

〔Y：国民所得　C：消費　I：投資
G：政府支出　r：利子率
M：貨幣供給量　P：物価水準（一定）
C_0，I_0は正の定数〕

で示されるとする。このとき，政府支出Gを1兆円だけ追加的に増加させたならば，国民所得Yはいくら増加するか。

（国税専門官　改題）

1　2兆円
2　4兆円
3　6兆円
4　8兆円
5　10兆円

解法のステップ

題意を図示すると次のようになります。

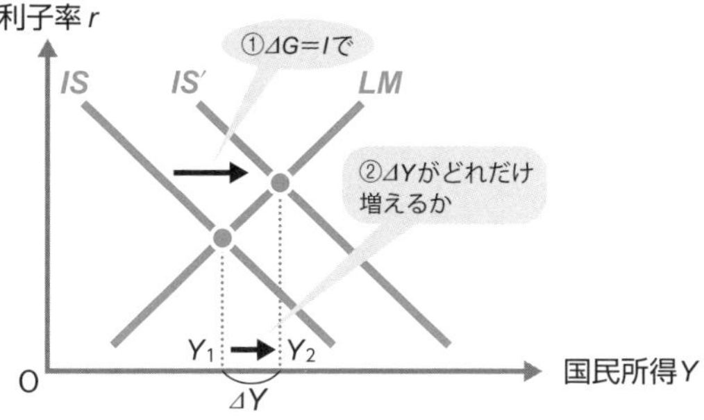

まず，解答を得るためには，*IS*曲線と*LM*曲線の式を導出しなければなりません。基本的なやり方としては，次のように条件の式を使って代入法で求めます。

IS-LM曲線のポイント

*IS-LM*曲線のグラフは，y軸に利子率r，x軸に国民所得Yで描かれていることからもわかるように，**IS曲線とLM曲線の式は利子率rと国民所得Yの関係式です。**本来$Y=\sim r$の形（①）で十分ですが，なかには数学の一次関数$y=ax$に近い形にするために，わざわざ$r=\sim Y$の形（①′）で表すこともあります。

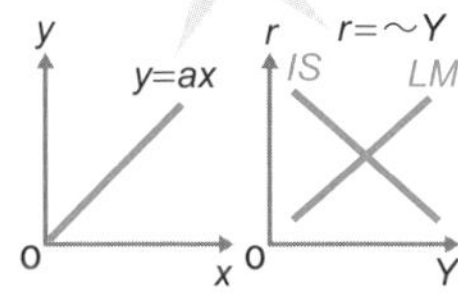

IS曲線を式で表す

財市場の均衡式$Y = C + I + G$が与えられており，これに消費Cと投資Iの式を代入します。

$$Y = (C_0 + 0.9Y) + (I_0 - 1000r) + G$$

この式を国民所得Yについて解くと，

$$0.1Y = C_0 + I_0 + G - 1000r \quad \cdots\cdots\cdots\cdots ①$$

となります。これがIS曲線の式です。

利子率rと国民所得Yの関係式になっていることを確認しましょう。

r=〜 yの式

①を利子率について解いて，

$$r = \frac{1}{1000}(-0.1Y + C_0 + I_0 + G)$$

としても同じですが，後の計算が複雑になるので推められません。

LM曲線を式で表す

貨幣市場の均衡条件が貨幣需要L＝貨幣供給$\frac{M}{P}$でしたが，条件に$0.2Y - 500r = \frac{M}{P}$とあり，これが貨幣市場の均衡式を示すと同時に$LM$曲線の式になります。

$$0.2Y - 500r = \frac{M}{P} \quad \cdots\cdots\cdots\cdots ②$$

左辺が貨幣需要Lの式で国民所得Yと利子率rの式になっているということは，国民所得Yに依存する取引需要・予備的需要（$0.2Y$の部分）と，利子率rに依存する投機的需要（$-500r$の部分）を反映しています。

この後は，連立方程式と数量方程式を駆使して式を単純化していきます。

LM曲線の式を解読

左辺の貨幣需要L

$= \underbrace{0.2Y}_{\text{取引・予備的需要}} \quad \underbrace{-500r}_{\text{投機的需要}}$

※ここで，投機的需要は利子率が上昇すると減少したので，マイナスです。

なぜ，利子率を消去するの？

利子率と国民所得共通項の中で，どうして利子率を消去するかといえば，設問から，国民所得を求めるためです。

連立方程式を解く

求めるのは均衡国民所得の増加分なので，①，②より利子率rを消去することで均衡国民所得Yを求めると以下のようになります。

$$0.1Y = C_0 + I_0 + G - 1000r \quad \cdots\cdots\cdots\cdots ①$$

$$0.2Y - 500r = \frac{M}{P} \quad \cdots\cdots\cdots\cdots ②$$

①＋②×2より，

$$\begin{array}{rrl} & 0.1Y = & C_0 + I_0 + G - 1000r \\ +) & 0.4Y = & \frac{2M}{P} \qquad\qquad + 1000r \\ \hline & 0.5Y = & \frac{2M}{P} + C_0 + I_0 + G \end{array}$$

数量方程式に変形

次に，問題文の意図は，政府支出Gが増加するとどれだけ国民所得Yが変化するかです。つまり，変化する部分はGとYですので，変数G，Yの変化分（増分）の式に変形します。

$$0.5\Delta Y=\Delta G$$

政府支出を1兆円増加するので，ΔGに1を代入して，

$$0.5\Delta Y=1$$

$$\Delta Y=2$$

を得ます。

よって，正答は**1**となります。

> **IS-LM曲線の計算問題の解法パターン**
> ①IS曲線，LM曲線の式を作る
> ②連立方程式で均衡式を作る（求めるものによって消去するのがrかYかは異なる）
> ③変数だけを取り出した増分の式（数量方程式）を作る
> ④条件を代入して，解答を得る

例題7

マクロ経済におけるIS-LM曲線が，

IS曲線：$Y=100-10r+G$

LM曲線：$Y=45+10r+0.5M$

〔Y：国民所得　r：利子率（%）　G：政府支出　M：マネーサプライ〕

で示されたとする。今，政府支出が10増加し，マネー・サプライが不変であったとき，利子率はどのようになるか。ただし，物価水準は一定である。

（国家一般職［大卒］）

1　不変である。
2　0.25%上昇する。
3　0.5%上昇する。
4　0.75%上昇する。
5　1%上昇する。

解法のステップ

前問とは異なり，利子率の変化が問われているので，連立方程式の計算では国民所得Yを消します。

題意を図示すると次のようになります。

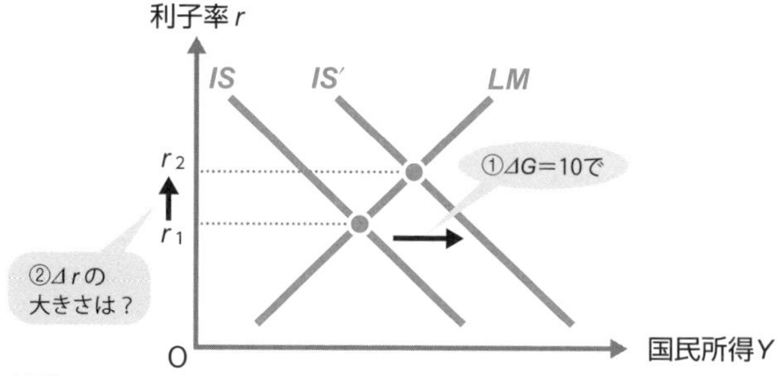

本問ではすでにIS曲線，LM曲線の式が与えられているので，前ページの側注に示した解法パターンの②から入ります。

$Y=100-10r+G$ …………①

$Y=45+10r+0.5M$ …………②

①－②より

$0=55-20r+G-0.5M$

$20r=G-0.5M+55$

ここで，変数は，政府支出Gと利子率rなので，

$20\Delta r=\Delta G$

条件より，政府支出Gが10増加となっているので，

$\Delta G=10$を代入すると，

$20\Delta r=10$

よって，$\Delta r=0.5$となり，**3**が正答です。

ポイント

本問は利子率rを求めるので，連立方程式で消去するのは国民所得Yのほうとなります。前問と比較してください。

変化分の式には慣れた？

$20r=G-0.5M+55$

の中で，GやrやMは変数です（本問ではMは不変）。ですから変化分をみるときにはΔ（デルタ）をつけますが，55は変数でないので無視していいのです。

専2-5

クラウディング・アウトを学ぼう
～IS-LM分析に欠かせない理論だよ～

次にIS-LM分析に関しての発展的な理論として「クラウディング・アウト」を紹介します。

クラウディング・アウトとは？

政府の財政政策によって政府支出Gが増大すると，最終的にIS曲線とLM曲線の均衡点はE_1からE_3へ移動し，均衡国民所得はY_3，利子率r_3になることは，これまででの説明でわかってもらえると思います。

●財市場だけみると（IS曲線の分野）

ところが，その過程において，重要なポイントがあります。政府支出Gの増大で，IS曲線はIS'曲線に移動しますが，このとき，貨幣市場を無視して，財市場だけを考慮した場合，政府支出の増大は乗数倍だけ国民所得を増加させます。

この変化を表したのがグラフの矢印❶であり，これは点E_2で表され，国民所得はY_1からY_2へ増加します。

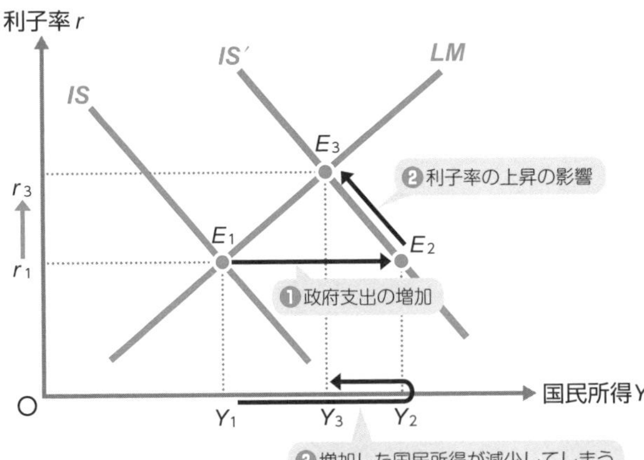

乗数倍？

政府支出乗数，$\Delta Y=\frac{1}{1-c}\Delta G$の詳細は，p.129を参照してください。

「クラウディング・アウト」は，英語では「締め出し」という意味です。何が締め出されるかといえば，利子率の上昇によって，民間投資が締め出されるのです。

●貨幣市場も考慮すると（LM曲線の分野）

しかし，貨幣市場を考慮した場合，国民所得がY_1からY_2へ増加した結果，貨幣市場に超過需要が生じることになります。所得の増加で人々の消費も増えることから，企業は生産拡大のために資金を調達しようとするからです。そうすると，貨幣市場では貨幣需要が増加することから，利子率が上昇していくことになります。

このとき財市場の均衡を保ちながら貨幣市場の均衡を達成するために，均衡点はIS'曲線に沿って左上にシフトし，最終的にE_3となります。この結果，国民所得はY_1からY_3へ増加し，均衡利子率はr_1からr_3へ上昇します。この変化を表したのが矢印❷と❸です。

ここで，均衡利子率の上昇に着目すると利子率の上昇は投資$I(r)$を減少させます。

このように，政府支出の増大によって利子率が上昇し，民間投資が抑制されることを**クラウディング・アウト**と呼びます。このとき，均衡国民所得は増加した政府支出の政府支出乗数倍よりも小さい水準でしか増加しないことになります。

クラウディング・アウトの仕組み

公共投資をする（政府支出の増大）
↓
乗数倍だけ国民所得が増加する（本来）
↓
貨幣需要の増大（好況）
↓
利子率の上昇
↓
民間投資が抑制
↓
国民所得が減少（結果）

例題8

ある国のマクロ経済は次のように示されているものとする。

$Y=C+I+G$
$C=0.8Y$
$I=60-r$
$G=20$
$\frac{M}{P}=Y-2r$
$M=330$
$P=1$

［Y：国民所得　C：消費　I：投資
r：利子率　G：政府支出
M：マネーサプライ　P：物価水準］

政府が政府購入を増やして34にしたときの，クラウディング・アウトされる民間投資額として，最も妥当なものはどれか。ただし，完全雇用国民所得は無視できるものとする。

（国家一般職［大卒］改題）

1　5
2　10
3　15
4　20
5　25

解法のステップ

求めるのは「クラウディング・アウトされる民間投資額」です。政府支出（政府購入）増加の前と後で利子率がどれほど変化したかを知ることが正答への道です。

そのためには，①政府支出を増やす前と後における均衡利子率 r_1 と r_3 を求めます。それから，②投資がどれだけ減少したかは，条件に出ている $I=60-r$ の式を活用します。

●均衡利子率 r_1 と r_3 を求める

政府支出が20のとき

*IS*曲線は，財市場の均衡式 $Y=C+I+G$ に，消費と投資の式，および $G=20$ を代入して，$Y=0.8Y+(60-r)+20$ を得ます。これを整理して，

$$Y=-5r+400 \quad \cdots\cdots\cdots（IS曲線の式）①$$

となります。

一方，*LM*曲線は，$\dfrac{M}{P}=Y-2r$ の式で与えられており，条件の物価水準 (P) 1とマネーサプライ (M) 330を代入すると，

$$\frac{330}{1}=Y-2r$$

これを整理した*LM*曲線は，

$$Y=2r+330 \quad \cdots\cdots\cdots（LM曲線の式）②$$

となり，*IS*曲線と*LM*曲線の式を連立させて，利子率について解くと，均衡利子率 $r_1=10$ となります。

復習しよう！

クラウディング・アウトとは，政府支出の増大によって，利子率が上昇し民間投資が抑制されることでした（⇒p.186）。結果としてグラフのように，最終的に*IS*曲線と*LM*曲線の均衡点は E_1 から E_3 へ移動し，均衡国民所得は Y_3，利子率 r_3 になります。

$r=10$ の式展開

①－②より，

$0=-7r+70$

$7r=70$

$r=10$

【クラウディング・アウト】

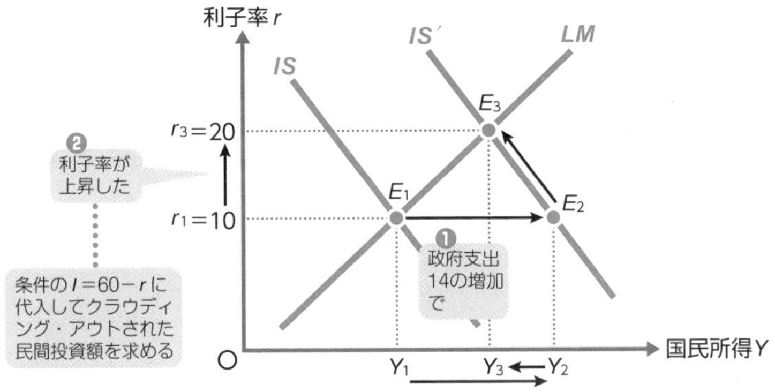

政府支出が34に増加したとき

同様の方法でIS曲線を求めると，

$Y=-5r+470$ …………③

となり，この式と先ほど求めたLM曲線

$Y=2r+330$ …………②

との連立方程式で利子率r_3を求めると，

③－②より

$0=-7r+140 \quad 7r=140 \quad r=20$

これが利子率r_3となります。

●投資がどれだけ減少したかを求める

この$r_1=10$と$r_3=20$のときの投資Iはどうやって求められるかといえば，条件の投資の式$I=60-r$の式に，利子率$r=10$，20を代入します。そのときの投資額は以下のようになります。

$r_1=10$のときの投資額は，$I=60-10=50$

$r_3=20$のときの投資額は，$I=60-20=40$

よって，政府支出の増加により，投資が$50-40=10$だけ減少したことになり，これがクラウディング・アウトされた額となります。正答は**2**です。

＜推奨される解き方＞

今の解法は，クラウディング・アウトをよく理解してもらうためのものでした。今後，慣れてきたら以下の効率的な解き方をお勧めします。

本問は，政府購入（政府支出G）が34に増えたときの投資Iの変化額を求めていますが，最初に（1）政府支出Gの増加に伴うクラウディング・アウトによって，利子率rがどれだけ上昇するかを計算したうえで，（2）その利子率の上昇による投資の変化額を求めます。条件の投資Iの式($I=60-r$)にも示されているように，投資と利子率は密接な関係があるからです。

（1）政府支出Gと利子率rの関係

まず，IS曲線の式を次のように立てます。

$0.2Y=60-r+G$

$Y=300-5r+5G$ …………①

先ほどの式($Y=400-5r$)との違いは，政府支出G(＝20)を

投資の式

投資Iは利子率rの減少関数でした（⇒p.162）が，$I=60-r$という式の形にもrが増えればIが減ることが現れていますね。

率なのに%じゃないの？

「率ってことは%じゃないの？なんで整数なの？」と思う人もいるでしょう。確かに，率は%ですが，ここでは%か整数かを気にする必要はありません。$r=10$のとき，10%ですが，%は省略されています。これに異を唱え，0.1を代入して計算してもその結果は選択肢にありません。

代入せずにそのまま残したことです。理由は，本問の政府支出Gは（20から34に増加する）変数だからです。

次に，LM曲線はすでに求めたように

$Y=330+2r$ …………②

なので，①，②の式を連立させて，利子率について解く（①－②）と，

$0=-30-7r+5G$

これを変化分Δの式（数量方程式）にすると，次のように整理できます。

$$7\Delta r=5\Delta G \qquad \Delta r=\frac{5}{7}\Delta G$$

ここで，ΔGに14（＝34－20）を代入すると，

$$\Delta r=\frac{5}{7}\times 14=10$$

となり，政府支出Gの増加で，利子率が10上昇（$\Delta r=10$）したことがわかりました。

（2）利子率rと投資Iの関係

利子率rの上昇で，投資がどれだけ変化（減少）するかをみるために，投資Iの式を変化分Δの式（数量方程式）に変形して，Δrに10を代入します。

$I=60-r$

$\Delta I=-\Delta r=-10$

以上から，政府支出Gを増加させた（政府購入を増した）とき，クラウディング・アウトによって投資Iが10減少した（クラウディング・アウトされた民間投資額は10となった）ことが判明しました。

コラム 小さな政府とクラウディング・アウト

1980年代のアメリカでは，（法人税）減税，規制緩和を柱とした**レーガノミックス**（レーガン大統領の経済政策）と呼ばれる政策が実施されました。その理念は，政府の役割を小さくし（**小さな政府**），民間の活力を生かすことで経済を回復させようというものでした。「小さな政府」とは，国にあるお金を政府よりも民間企業にできるだけ使わせて，民間企業の創意工夫を生かして経済を成長させようという考え方です。そうすると，政府の仕事というのは，外交や治安維持，徴税などに限定されてきます。

実際，経常赤字と貿易赤字（**双子の赤字**）の弊害もありましたが，アメリカ経済の長期的成長という面で一定の大きな成果を上げることはできました。

アメリカ政府も，「政府が公共投資などで積極的に経済に関与しても，クラウディング・アウトが発生するので，大きな経済成長を期待できない。それよりも，減税と規制緩和による民間の活力を生かして経済を促進させることができれば，より大きなパイを生むことができる」との立場でした。その後も，アメリカ（とりわけ共和党政権）が基本的に**小さな政府**を志向するのは，クラウディング・アウト効果に批判的であるからだと推察されます。

専2-6

貨幣需要と投資の利子弾力性について ～流動性のわなとは？～

弾力性についてはミクロ経済学の消費者行動理論の中で，需要の価格弾力性を中心に学びましたが，*IS*-*LM*曲線においても弾力性が登場します。これが貨幣需要の利子弾力性と投資の利子弾力性という概念で，出題頻度の高いテーマです。

需要の価格弾力性

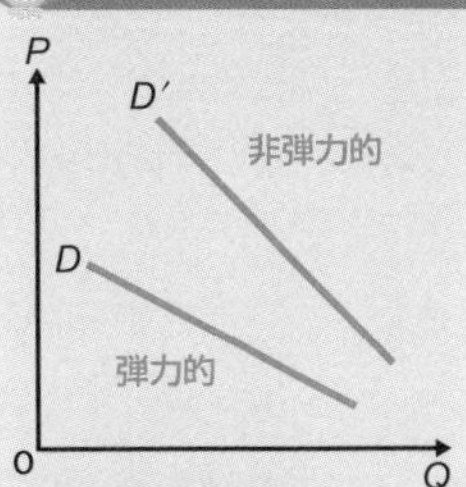

需要の価格弾力性

$$=\frac{\text{需要の変化}}{\text{価格の変化}}$$

貨幣需要の利子弾力性も投資の利子弾力性も同じ原理です。

貨幣需要の利子弾力性について

結論からいえば，貨幣需要の利子弾力性とは*LM*曲線の傾きをさします。貨幣需要の利子弾力性は正確には，

$$\text{貨幣需要の利子弾力性}=\frac{\text{貨幣需要の変化率}}{\text{利子率の変化率}}$$

という計算式で表すことができます。

たとえば，貨幣需要の利子弾力性が大きいということは，貨幣需要が旺盛であるということで，それだけ経済活動が活発，すなわち人々の所得も需要も伸びているといえるので，貨幣需要の変化量は国民所得の変化量であるともいえます。

貨幣需要って確か…

貨幣需要についてはこれまで学んだ取引需要，予備的需要，投機的需要という区分についてはここでは完全に無視し，文字どおり貨幣を必要とするということを景気を軸に考えてください。
つまり，
好況（所得↑）
＝貨幣需要↑＝利子率↑
不況（所得↓）
＝貨幣需要↓＝利子率↓
ととらえましょう。

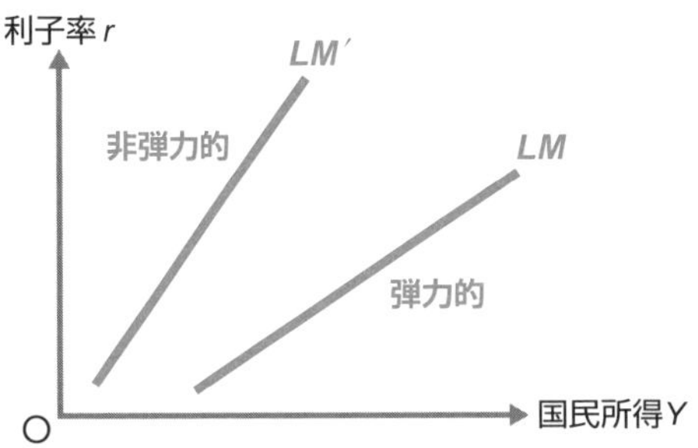

よって公式も次のように書き換えることができます。

$$\text{貨幣需要の利子弾力性}\fallingdotseq\frac{\text{国民所得の変化率}}{\text{利子率の変化率}}$$

この貨幣需要の利子弾力性に関して極端なケース，すなわち，貨幣需要の利子弾力性が無限大（完全弾力的＝*LM*曲線水平）とゼロ（完全非弾力的＝*LM*曲線垂直）の場合を考えます。とりわけ前者は「**流動性のわな**」と呼ばれ，*IS*-*LM*分析ひいてはマクロ経済学の中でも最重要・最頻出のテーマの一つです。

流動性のわな？

流動性とは貨幣の流通度であり，流動性のわなとは，貨幣需要が利子率のわずかな変化であたかも「わな」にかかったように急増したりする現象をいいます。なお，流動性のわなの状態を貨幣需要の利子弾力性が無限大〈完全弾力的〉といういい方をすることもあります。

流動性のわなとは？

これまでの議論では，貨幣供給量（マネーサプライ）が増加すれば*LM*曲線が右下方に移動し，利子率は低下しました。

通常，利子率（金利）はゼロより下がることはありませんので，利子率が下がり続けるとゼロ％に近づき，*LM*曲線は徐々に平行に近くなっていきます。このとき，マネーサプライをいくら増やしても利子率を下げることはできません。

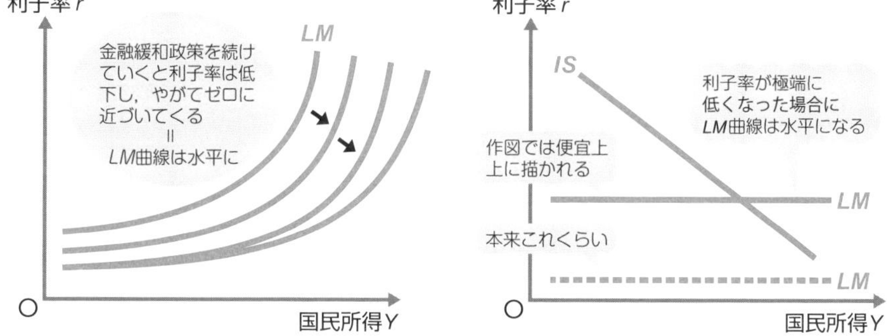

こうした，*LM* 曲線が水平な状態のことを**流動性のわな**と呼びます。

流動性のわなは，利子率が0％に近づくような極端に低い状況であるときに発生します。ということは，*LM*曲線のグラフを描くとゼロ近辺に「張り付いて」いる形になるはずです。しかし，一般的な*LM*曲線のグラフでは，便宜的に実勢よりも若干高い位置で平行になって描かれます。この辺はあまり気にしないでくださいね。

●流動性のわなのときの政策効果

まず，金融政策をみると，流動性のわなに陥った場合，マネーサプライ*M*を増やしても，*LM*曲線はもはや横滑りのような形となって，利子率が低下することはありません（左下図）。

理由は，一般的に利子率（金利）はゼロ％から下がらないので，金融緩和政策によって，*LM*曲線が下押されても，図において，水平で，本来ゼロ％に近い位置にある*LM*曲線は，横に動くことしかできないからです。

したがって，**流動性のわなのような場合**，利子率を下げようとする**金融政策は**国民所得が増加しないので**無効**となります。

これに対して，財政政策を講じて，*IS*曲線が右にシフトして*IS′*となった場合はどうでしょう。

たとえば公共投資などの政府支出を拡大させれば，右下のグラフからも判断できるように，クラウディング・アウト（⇒ p.186）をまったく起こさずに，（乗数倍も）国民所得が増加するので，**財政政策は極めて有効**となります。

水平の*LM*曲線が「横滑り」した状態をこのように示す場合もあります。

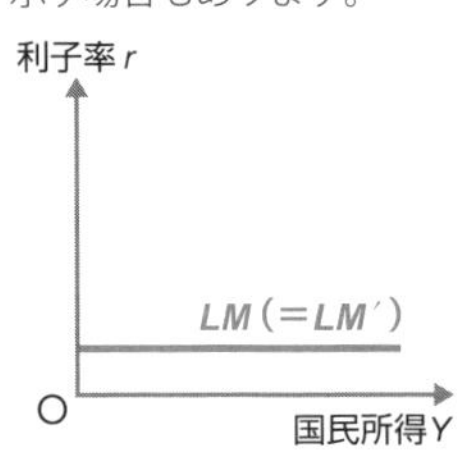

【流動性のわなのときの政策効果】

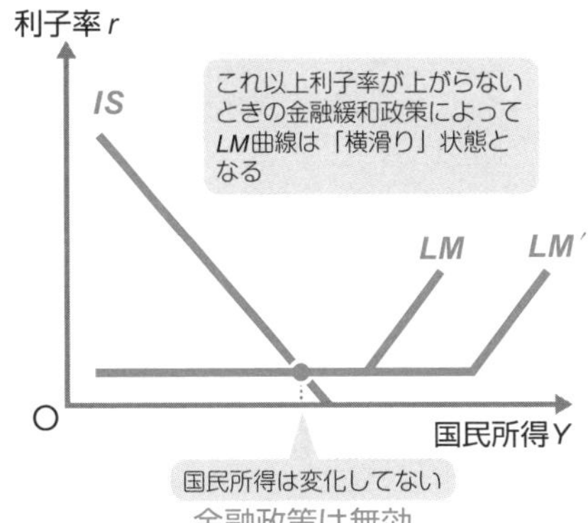

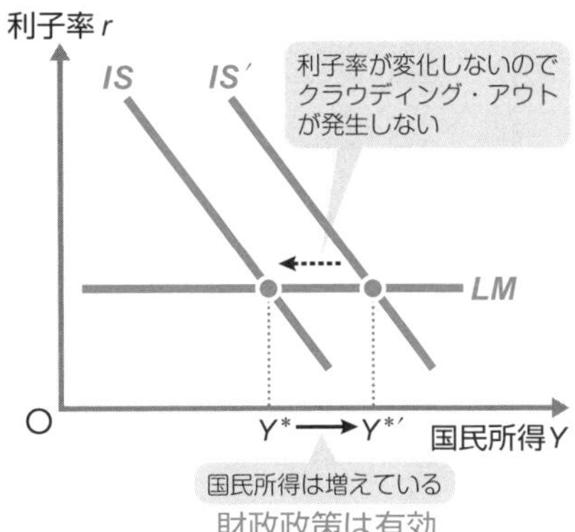

古典派のケースとは？

一方，貨幣需要の利子弾力性が非弾力的であるにつれ，つまり利子率の変化率に対して貨幣需要の伸び率が小さければそれだけ，*LM*曲線の傾きは垂直に近くなります。その極端

な場合，利子弾力性がゼロになればLM曲線は垂直になります。この状態を**「古典派のケース」**と呼びます。

貨幣需要の利子弾力性がゼロ（古典派のケース）になる場合は，貨幣需要が利子率に対してまったく反応しないときに起こります。

古典派のケースの古典派って？

ケインズより以前の経済学を総称して古典派と呼ぶ，と，とりあえず理解しておいてください。詳細は後で説明します（⇒p.246）。

【貨幣需要の利子弾力性がゼロ〈完全非弾力的〉】

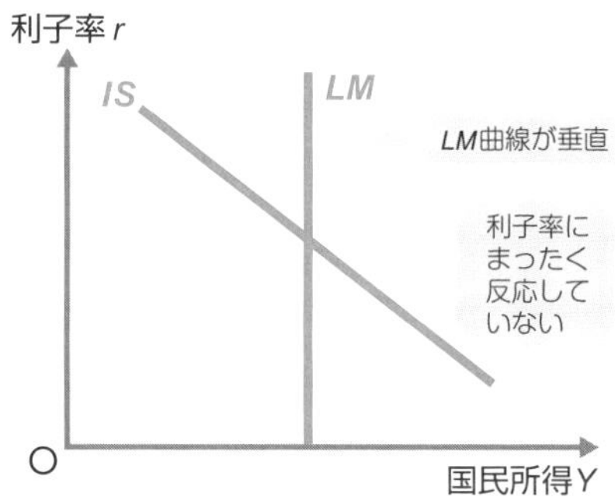

完全クラウディング・アウト？

クラウディング・アウトによって，財政政策による所得の増加分が，利子率の上昇に伴う投資の減少で完全に相殺されてしまう状態（所得の増加がゼロ）のことをいいます。

●古典派のケースのときの政策効果

財政拡大政策を行った場合，流動性のわなのケースとは逆に，完全クラウディング・アウトが発生し，政府による景気刺激策はまったく無効になります。

これに対して，金融緩和政策の場合は，貨幣供給量の増加分がそのまま国民所得の増加につながり有効です。

【古典派のケースのときの政策効果】

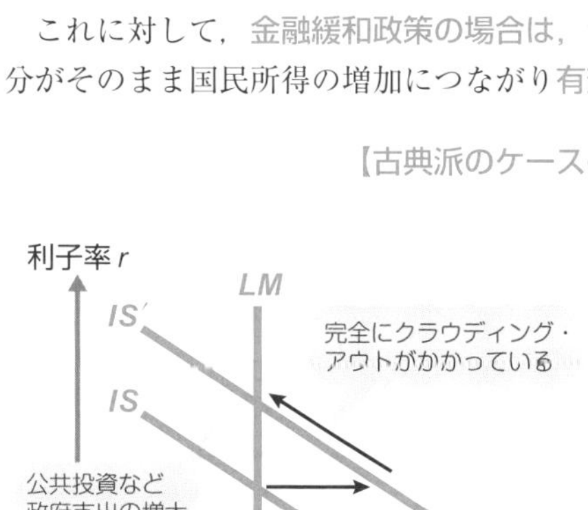

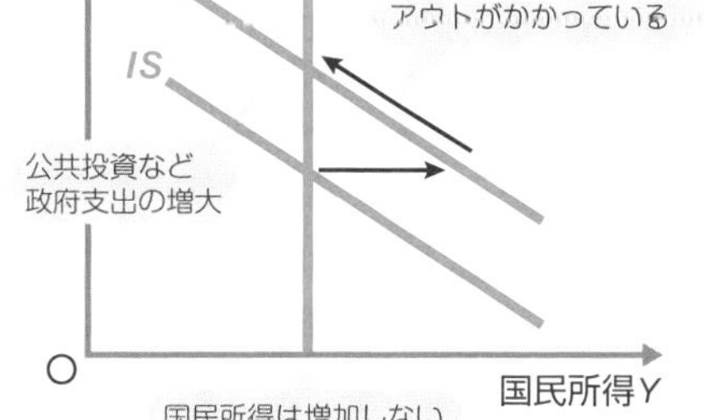

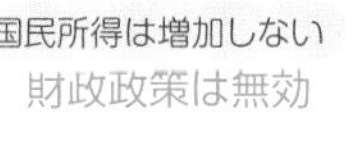

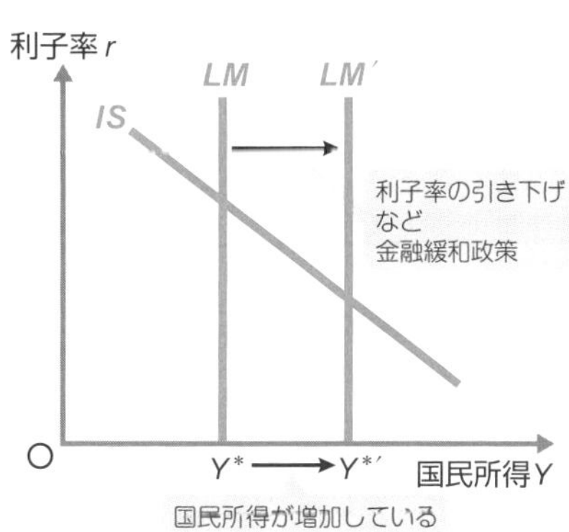

貨幣需要の利子弾力性と政策効果

	財政政策	金融政策
完全弾力的＝無限大（流動性のわな）	有効	無効
完全非弾力的＝ゼロ（古典派のケース）	無効	有効

貨幣需要の利子弾力性が，弾力的になればなるほど（*LM*曲線の傾きが緩やかになればなるほど），財政政策は効果が出てきて，金融政策は効果がなくなる

覚え方

財政政策と金融政策の効果が同じであることはありません（ともに有効，無効とはなりません）。
互いに政策効果は逆の関係になっています。

次に投資の利子弾力性に移ります。基本的な考え方は貨幣需要の利子弾力性と同じです。

投資の利子弾力性について

投資の利子弾力性とは*IS*曲線の傾きのことで，利子率の変化に対してどれだけ投資が変化するかを示します。

$$\text{投資の利子弾力性}=\frac{\text{投資の変化率}}{\text{利子率の変化率}}$$

また，投資が増加（減少）すれば，総需要が増加（減少）し，三面等価の原則から国民所得の増加（減少）ととらえることができるので，**投資の利子弾力性は*IS*曲線の傾きで示すことができます。**

どちらの出題頻度が高い？

貨幣需要の利子弾力性のほうが投資の利子弾力性より，多く出題されています。前者の理解があれば，投資の利子弾力性は簡単に感じられると思います。

●弾力的な場合

投資の利子弾力性が弾力的であるほど，*IS*曲線の傾きは緩やかになっていき，**無限大（完全弾力的）になると*IS*曲線は水平**になります。この場合（無限大）は，何らかの要因で投資が利子率に異常に敏感になる，すなわち利子率のわずかな変化で投資量が激変するケースです。

弾力的？

『マクロ編』から入った読者には初出ですが，「弾力的」のイメージはボールの弾み方と同じです。需要の価格弾力性という場合には，たとえば価格を２割下げて（ボールを２m下に落として），需要が４割増えた（４m跳ね上がった）ら弾力的だ，といういい方をします。

●非弾力的な場合

投資の利子弾力性が非弾力的であるほど，*IS*曲線の傾きは急になり，**弾力性がゼロの場合，*IS*曲線は垂直**になります。

投資の利子弾力性がゼロになるケースは，経済が深刻な不況の状況にある場合など，将来の景気に対して極めて悲観的になっており，利子率の変化でも投資意欲が高まらない場合

や，企業の設備が余っている状態で利子率の変化でも設備投資がまったく行われない場合などが挙げられます。

【投資の利子弾力性】

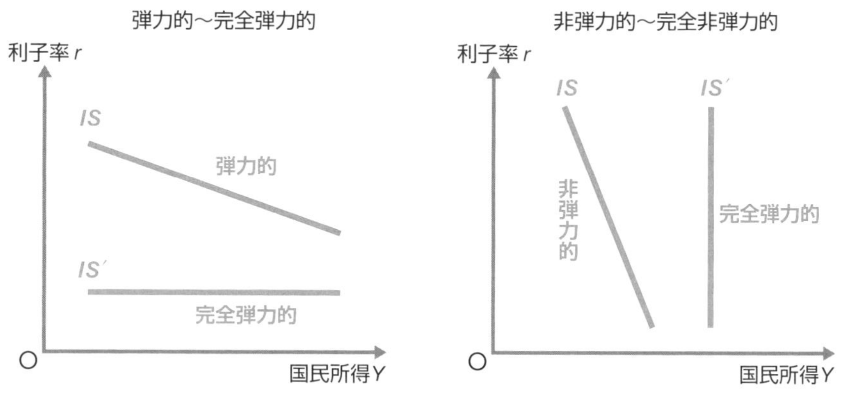

投資の利子弾力性と政策効果

次に，投資の利子弾力性の変化に伴う財政政策と金融政策の効果について考えます。

●投資の利子弾力性が無限大のときの政策効果

投資の利子弾力性が無限大，すなわち完全弾力的なとき，財政支出を拡大する財政政策によってIS曲線が右に移動しますが，IS曲線が水平になっているので，IS曲線は横滑りのような格好となり水平移動するだけです。これは，流動性のわなのときのLM曲線のシフトと同じ状況です。

したがって，LM曲線との交点は変化しないので**財政政策は無効**となります。

逆に，金融政策によってLM曲線が右にシフトすると，金融政策の効果がそのまま均衡国民所得に反映するので，**金融政策は極めて有効**となります。

政策効果の意味

財政（拡大）政策や金融（緩和）政策を施すことで，IS曲線とLM曲線が右にシフトし，国民所得が増加するかどうかで見分けます。
国民所得が増加
⇒政策は有効
国民所得が変化しない
⇒政策は無効
とみなしてください。

●投資の利子弾力性がゼロのときの政策効果

投資の利子弾力性がゼロ，すなわち完全非弾力的のとき，投資は利子率が変化しても一定となります。

したがって，財政政策によって，国民所得Yが増加します。また，財政政策の増加分そのまま乗数効果が働いているので**財政政策は極めて有効**となります。

逆に，金融政策を講じれば，利子率が低下しても投資は変化しないので，国民所得も変化しません。したがって**金融政策の効果は無効**となります。

【投資の利子弾力性が無限大のときの政策効果】

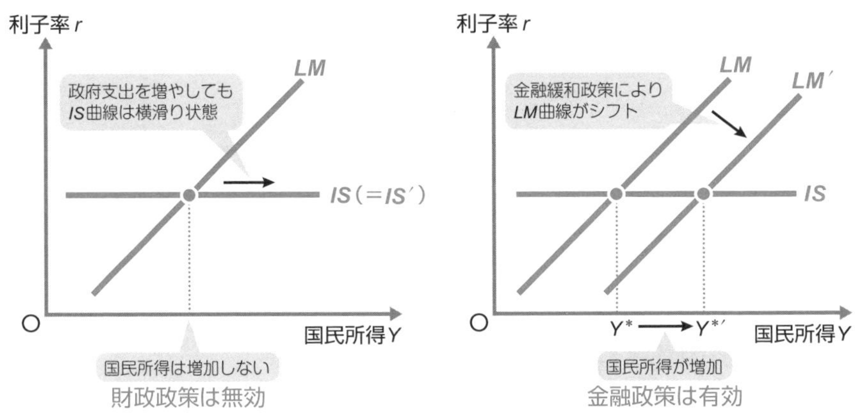

【投資の利子弾力性がゼロのときの政策効果】

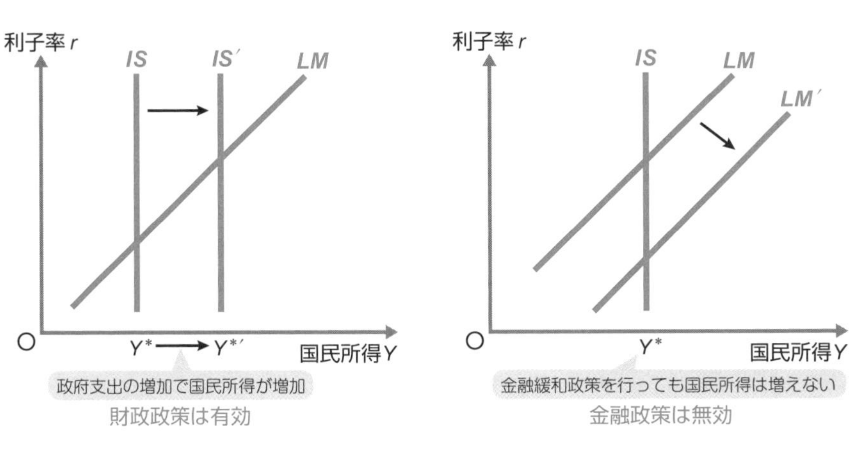

投資の利子弾力性の政策効果

	財政政策	金融政策
完全弾力的＝無限大	無効	有効
完全非弾力的＝ゼロ	有効	無効

投資の利子弾力性が，非弾力的に（小さく）なればなるほど（*IS*曲線の勾配が急になればなるほど），財政政策は効果が出てきて，金融政策は効果がなくなってきます。

勾配（こうばい）？

傾きのことですが，過去問には傾きではなく勾配と表記されることもあるので，慣れておきましょう。

それでは，これまでの知識の確認の意味で，貨幣需要と投資の利子弾力性に関する問題をまとめて解いてみましょう。

例題9

図１と図２は，２つの異なるマクロ経済における*IS*曲線と*LM*曲線を表したものである。これらの図に関する次の文章中の空欄ア～エに当てはまる語句の組合せとして，妥当なものはどれか。

（市役所）

流動性のわなの状態にあるのは，（　ア　）の経済であり，この経済で国民所得を増大させるには，（　イ　）を増大させる必要がある。また，完全なクラウディング・アウトが生じるのは（　ウ　）の経済であり，この経済で国民所得を増大させるには，（　エ　）を増大させる必要がある。

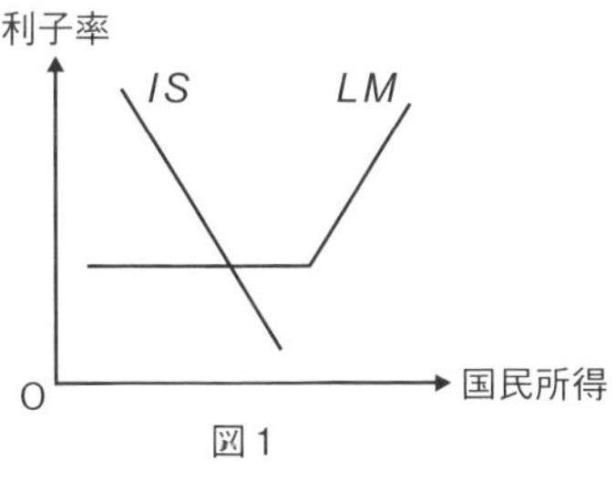

図１

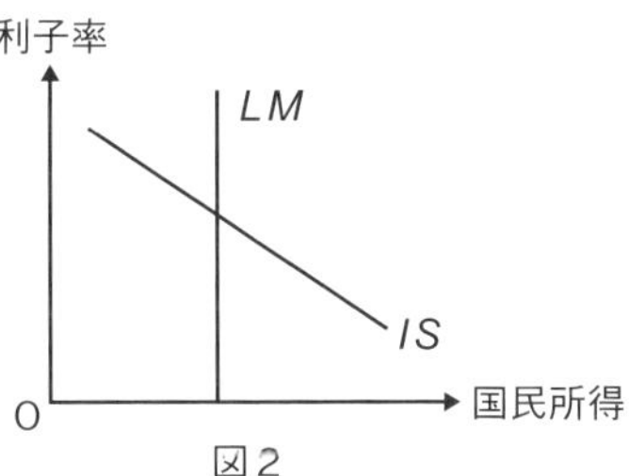

図２

	ア	イ	ウ	エ
1	図１	貨幣供給量	図２	租税
2	図１	政府支出	図２	貨幣供給量
3	図２	政府支出	図１	租税
4	図２	貨幣供給量	図１	政府支出
5	図２	租税	図１	貨幣供給量

解法のステップ

流動性のわなのケースは，*LM* 曲線の水平部分で *IS* 曲線と交わっている図１（**ア**）です。この場合は，金融政策を行って *LM* 曲線をシフトさせても，国民所得は増大しません。したがって，国民所得を増大させるには政府支出（**イ**）を増大させて *IS* 曲線を右にシフトさせる必要があります。

また**完全なクラウディング・アウト**が発生しているのは図２（**ウ**）のケースで，財政政策によって *IS* 曲線を右方向へシフトさせても利子率が上昇するだけで国民所得は変化しないので，*LM* 曲線を右にシフトさせて貨幣供給量（**エ**）を増大させる必要があります。よって正答は**2**となります。

クラウディング・アウトが発生しない？

流動性のわなの状態では，公共事業など政府支出を増大させても利子率が上昇しないので，民間の投資も締め出されることはありません。

例題10

ある経済が不完全雇用状態にあるとする。この経済の*IS*-*LM*曲線に関する次の記述のうち，最も妥当なものはどれか。ただし，特段の条件設定がない場合には，*IS*曲線は右下がり，*LM*曲線は右上がりであるものとする。

（国家一般職［大卒］）

1　投資の利子弾力性が無限大である場合，貨幣供給を増やすと均衡利子率は低下する。

2　投資の利子弾力性がゼロである場合，*IS*曲線は水平になる。

3　貨幣需要の利子弾力性がゼロである場合，*LM*曲線は水平になる。

4　政府が財政支出と租税とを同額だけ増加した場合，均衡利子率は低下する。

5　流動性のわなにおいては，財政支出の増加は均衡利子率を変化させない。

解法のステップ

各肢の条件を図で示せば，以下のようになり，結果，正答は**5**であることがわかります。なお，**4**は，均衡予算乗数（⇒ p.144）のケースですが，仮に乗数が１でも政府支出の増加によって国民所得は増加します。

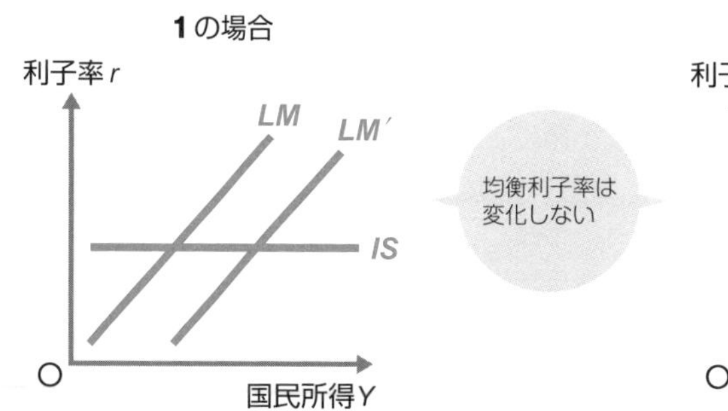

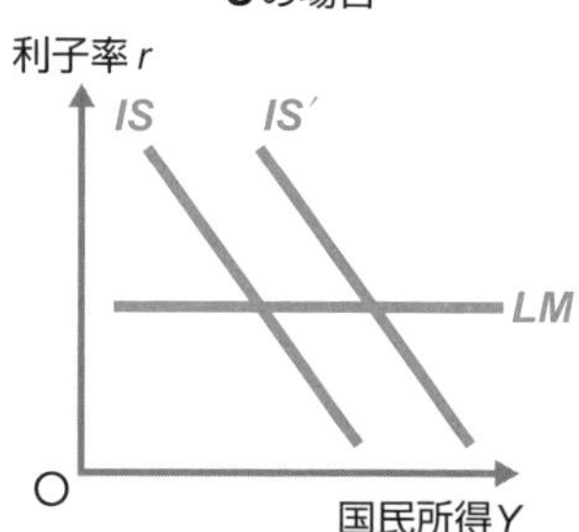

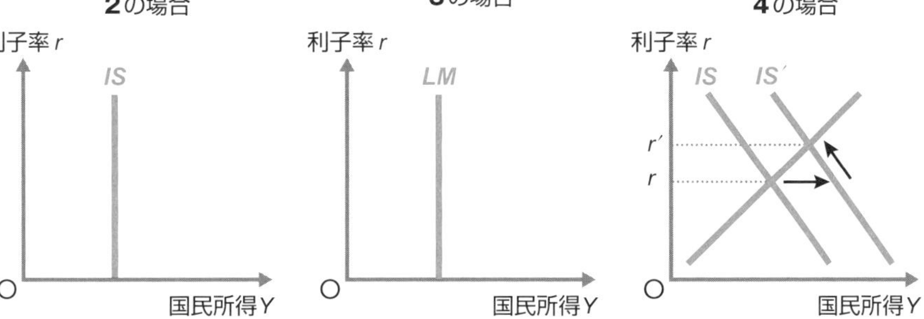

例題11

図のように，*IS*-*LM*曲線が表されているとき，次の記述のうち最も妥当なものはどれか。

（国税専門官）

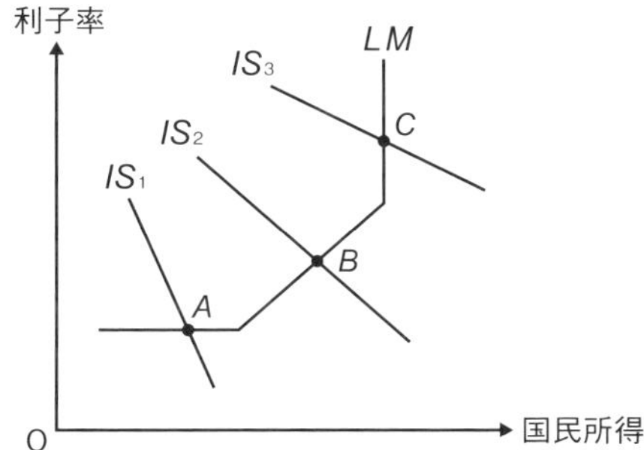

1　点*A*のような状況下では，貨幣供給を増やすと利子率が低下するが，国民所得はまったく変化しない。

2　点*A*のような状況下では，財政政策も金融政策もともに無効である。

3　点*B*のような状況下では，財政支出の増加は，*LM*曲線を右方にシフトさせ，利子率を引き下げ，国民所得を増加させる。

4　点*C*において，*LM*曲線が垂直に立っているのは，貨幣需要が利子率に対しては敏感に反応するが，所得水準にはまったく反応しないためである。

5　点*C*のような状況下で，財政支出の増加は，それと同じだけの民間投資支出をクラウディング・アウトにより減少させる。

解法のステップ

点*A*：流動性のわなの状況で，貨幣供給を増やしても利子率は上昇せず（**1**は誤り），金融政策は無効でしたが，財政政策はクラウディング・アウトがまったく発生しないなど極めて有効（**2**は誤り）となりました。

点*B*：一般的な*IS*曲線右下がり，*LM*曲線右上がりのケースですので，財政支出の増加によって*IS*曲線は右へシフトし，利子率は上昇（**3**は誤り），国民所得も増加します。

点*C*：*LM*曲線が垂直の古典派のケースは，貨幣需要が利子率に対してまったく反応せずに，所得水準にしか反応しないために起こりました（**4**は誤り）。この場合，財政支出を行っても，その効果をすべて無効にする完全クラウディング・アウトが生じました。

よって，正答は**5**です。

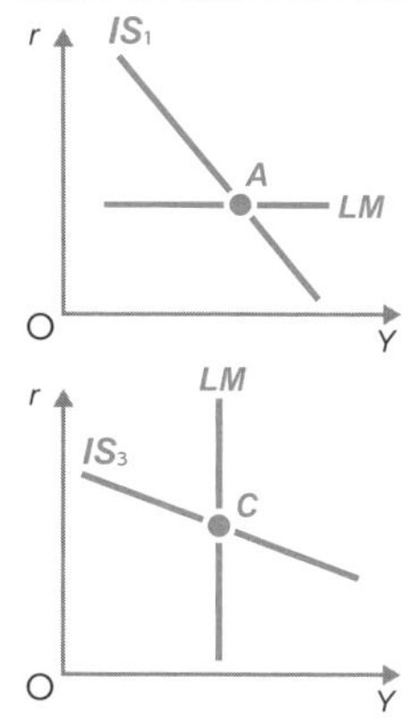

次の問題は，やや発展的な内容なので，５つの選択肢の中から２肢だけを取り上げました。正誤を判断してみてください。

例題12

図はA国とB国の*IS*-*LM*曲線を示したものである。これについて，次の記述のうち妥当なものはどれか。ただし，両国とも閉鎖経済であるとする。

（国家一般職［大卒］ 改題）

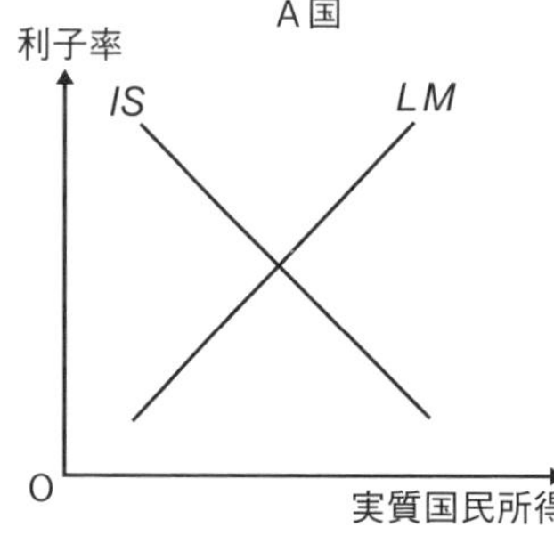

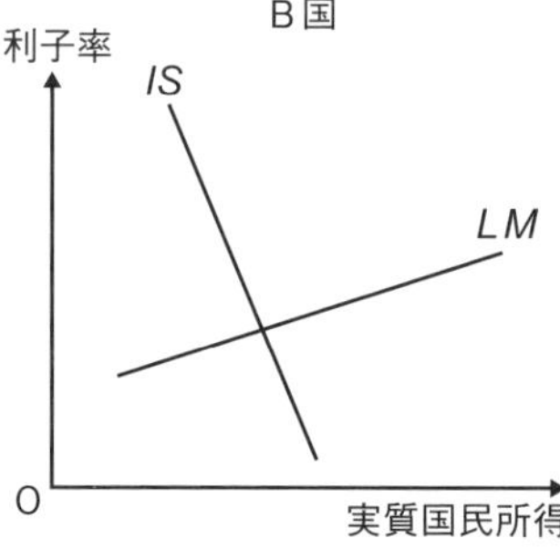

1　両国が公共投資を増やして景気を刺激しようすれば，クラウディング・アウトはA国のほうがB国よりも発生しやすい。

2　A国では金融緩和政策をとり，これによりマネーサプライが増加しても，国民所得の増加はB国よりも小さい。

1について，題意どおりに作図して検討すれば，クラウディング・アウトはA国のほうがB国より発生しやすいことがわかります（**1**は正しい）。

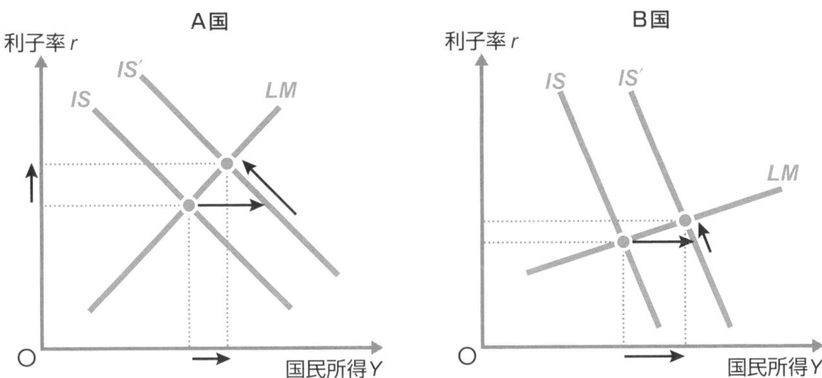

しかし，傾きによっては判断しづらいこともあります。そこで，*LM*曲線の傾きが，垂直，水平という極端な場合を考えてみましょう。

*LM*曲線が垂直な場合，完全クラウディング・アウトが発生し，流動性のわなの状況ではクラウディング・アウトがまったく起こらなかったように，クラウディング・アウトは*LM*曲線の傾きが急な（緩やかな）ほど生じやすい（にくい）という特質があります。この点からも，**1**が正しいことを確認できます。

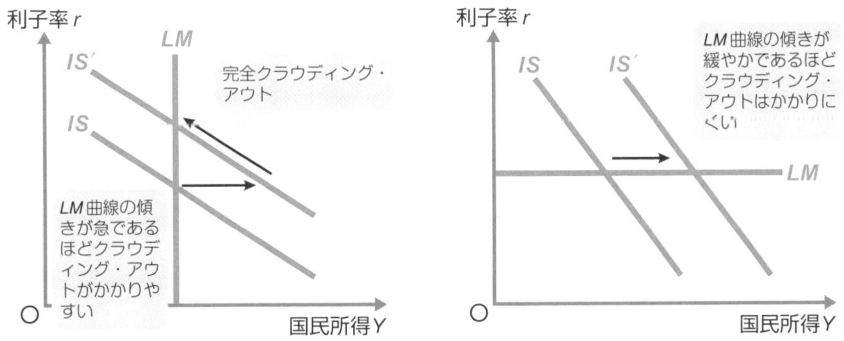

2について，まず，実際にマネーサプライの増加に伴う*LM*曲線の右移動で国民所得の増加の違いを比較しましょう。

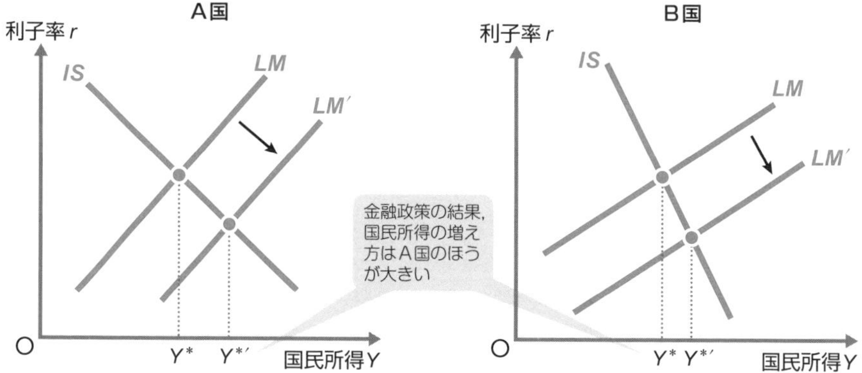

上図から判断すれば，金融緩和政策による国民所得の増加は，A国のほうがB国よりも大きくなりますが，こちらも傾きによってはわかりにくくなることがあります。そこで**1**同様極端な場合を想定します（*IS*曲線を水平と垂直で描く）。

これによって，国民所得の増加は，A国のほうがB国よりも大きくなります（**2**は誤り）。

解答のポイント

本問はA国とB国のグラフの傾きの違いに目をつけて解きます。このように，傾きが「より急な」グラフという設定はわかりづらいので垂直と水平という極端な場合で考えるのがベストです。

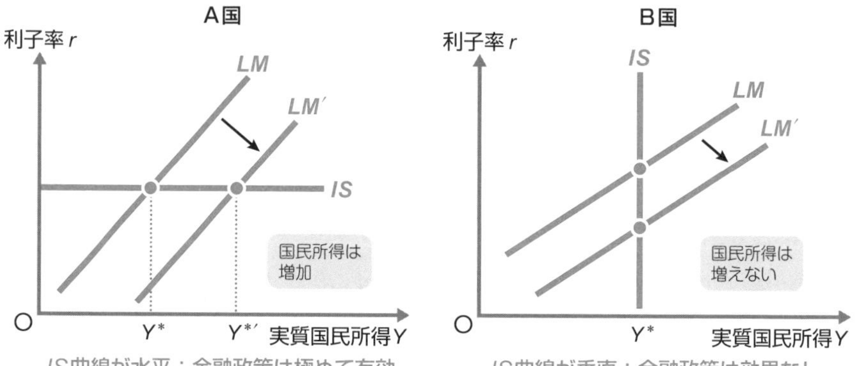

*IS*曲線が水平：金融政策は極めて有効　　*IS*曲線が垂直：金融政策は効果なし

ちょっとした法則性

金融政策の効果は，*IS*曲線の傾きに依存

傾きが急⇒効果㊧小　　傾きが緩やか⇒効果㊅大

財政政策の効果は，*LM*曲線の傾きに依存

傾きが急⇒効果小（クラウディング・アウト大）　　傾きが緩やか⇒効果大（クラウディング・アウト小）

以上が財市場と貨幣市場に関する**ケインズ経済学**の主な論点で，その中心は45度線分析と*IS*–*LM*分析でした。

しかし，経済学説の観点からいえば，マクロ経済学の中でもケインズ経済学がすべてではありません。ケインズが登場する前の**古典派**と呼ばれるアダム・スミスの流れをくむ経済学の立場があります。次はその古典派経済学の一つを紹介します。

古典派？

ケインズが自分よりも古い世代の経済学者のことを批判してそう呼んだといわれています。後に詳細に説明します（⇒p.207, 244）。

専2-7 貨幣数量説って何だろう

～古典派経済学の核心的理論を学ぼう～

古典派の主要な理論の一つである貨幣数量説を学びます。ここでは，フィッシャーとマーシャルの理論を取り上げます。

フィッシャーの交換方程式

まず，貨幣数量説の代名詞といってもいい**フィッシャーの交換方程式**を紹介します。この方程式は，

$$MV = PT$$

［M：貨幣供給量，V：貨幣の流通速度，P：物価，T：財の取引量］

で示されます。

仮に，千円札１枚しかなかったとして，ＡさんがＢさんから1,000円の財を購入したとすると千円札はＢさんの手元に渡ります。そして，ＢさんがＣさんから別の1,000円の財を買ったすると，千円札はＣさんが保持することになります。

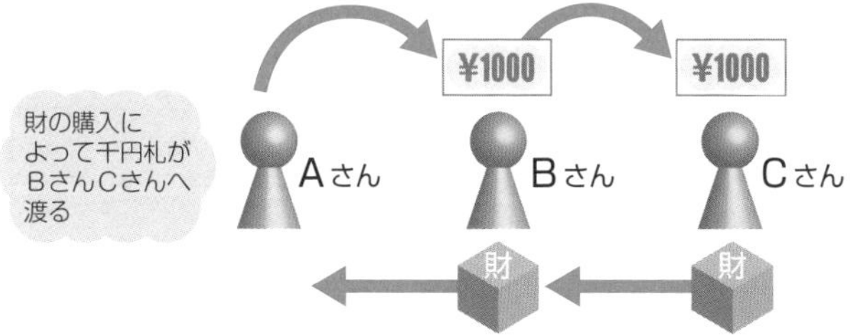

以上の取引を想定して，$MV=PT$を説明します。まず，左辺のMVは貨幣の総額を表しています。ここでは，貨幣供給量Mは1,000円です。**貨幣の流通速度**とは，同じ貨幣（千円札）が何回，財の取引に利用されるか（何回人の手に渡ったか）を示します。この例では２回ということになり，

MV＝1,000円×２回＝2,000円となります。

次に，PTは取引額を示します。Pの物価はこの場合1,000円で，財がいくつ取り引きされたかを示す取引量Tは２つと

一言…

貨幣数量説やマーシャルのkは，出題頻度は高くありません。

フィッシャー

フィッシャー（1867～1947）は，アメリカの代表的な新古典派の経済学者で，貨幣数量説を世に広めただけでなく，インフレ理論や無差別曲線などの理論にも影響を与えました。

貨幣数量説？

貨幣の供給量とその流通速度が物価の水準を決定しているという考え方をさします。

よく考えると…

フィッシャーの交換方程式は，貨幣の総額MVと取引額PTが等しいことを指摘した式ですが，財の取引に応じた貨幣が必要とされるというのは当たり前といえば当たり前のことです。だから，経済学というのは，実は単純なのです。

なり，この例では，1,000円×２つ＝2,000円が取引額です。

このように$MV=PT$が成立すると解釈されます。

古典派の貨幣数量説

やがてこのフィッシャーの交換方程式$MV=PT$のTを国民所得Yに置き換えて，**$MV=PY$**とする考え方が古典派経済学の中で定着していきます。

取引量Tは，生産された財（モノ）が取り引きされるので，生産水準と同義と考えられるようになり，取引量Tは生産量（所得）Yに置き換えられました。

貨幣数量説

$MV = PY$

〔M：貨幣供給量，V：貨幣の流通速度，P：物価，Y：生産量〕

さらに，古典派経済学では，市場原理に任せておけば常に理想的な国民所得水準，つまり，完全雇用が実現する国民所得Yの水準で常に決まると考えます。

$MV=PT$，あるいは$MV=PY$のTやYは完全雇用国民所得水準で一定であるとみなすのです。加えて，取引量（生産量）が理想的な状態で一定であることは，取引に応じた貨幣の流通速度Vも一定となります。

では，貨幣数量説$MV=PY$（VとYが一定）が経済学的に意味することは何でしょうか。

それは，政府の金融政策，つまり貨幣供給量Mは，国民所得Y（取引量T）に直接的な影響を与えず，物価Pだけに影響を与えるということです。すなわち，貨幣供給量Mの増加（減少）は物価Pだけを増加（低下）させるのです。

加えて，ここから，国民所得Y水準は，貨幣供給量Mとは

❶ 一定なので

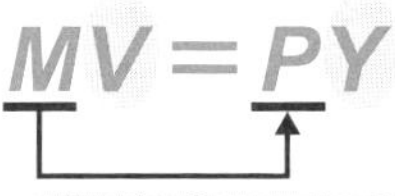

❷ 貨幣供給量Mは物価Pだけに影響を与える

貨幣市場と財市場は無関係
（M）　（Y）

古典派と新古典派

アダム・スミスを近代経済学の祖として，比較優位論の**リカード**の時代までの経済学の考え方を**古典派経済学**といいます。

↓

リカードの時代以降は**新古典派**と呼ばれ，ミクロ経済学ではおなじみのマーシャル，エッジワース，ピグーなどの経済学者が含まれます。

↓

しかし，ケインズは，リカード以後の自分と同じ時代の経済学者も「古典派」と呼んでいます。むしろ，経済学説の世界では「ケインズ派vs古典派」が定着していることから，新古典派も古典派の枠に入れられる場合があります。

ですから，どこを古典派と新古典派の境とするかについては諸説あるというのが現状です。

無関係であり，財市場（実物部門）だけの影響で決まることになります。ということは，金融政策は財市場に影響を与えないということを意味します。

さらにここから，貨幣市場と財市場（実物市場）は完全に分離しており，お互いに影響し合うことはないと考えられ，これを「**古典派の二分法**」または「**貨幣ヴェール観**」と呼びます。

では次の問題で今のポイントを確認しましょう。

例題13

「古典派的二分法」に関する次の記述のうち，最も妥当なものはどれか。

（国税専門官）

1　「古典派的二分法」は「貨幣ヴェール観」呼ばれる思想とほぼ同様の内容を持ち，貨幣が実物部門の諸変数に決定的な影響を及ぼすというものである。

2　「古典派的二分法」によると実質国民所得は貨幣数量から無関係に実物部門において決定される。

3　「古典派的二分法」によると金融政策は実質的な産出量や雇用量に影響を及ぼすことになる。

4　「古典派的二分法」によると貨幣数量の役割は物価水準と雇用量を決定することに限られる。

5　*IS-LM*モデルは実物部門と貨幣部門の「古典派的二分法」の考え方に立っている。

解法のステップ

これまでの説明で，正答は**2**ということは判断できると思います。若干補足すれば，古典派の考え方は，市場均衡において理想的な状況が実現するので，雇用量は完全雇用の状態であり，産出量も完全雇用の国民所得水準の産出量となります。

以下，**2**以外の選択肢のどこが違うかのみ指摘をしておきます。

1.「貨幣が実物部門の諸変数に影響を及ぼす」というところが誤りです。

3. 金融政策は産出量や雇用量に影響を与えません。

4. 貨幣数量の役割は物価水準のみを決定します。

5. *IS-LM*モデルは古典派ではなく，ケインズ・モデルです。

実物部門？

実物部門とは，財市場のことです。生産物市場ということもあります。

マーシャルの*k*について

次にフィッシャーの交換方程式を発展させたマーシャルのk理論を紹介します。

古典派の経済学者マーシャルは，貨幣数量説$MV=PY$の流通速度Vの逆数$\frac{1}{V}=k$として，kを**マーシャルの*k***と呼び，貨幣数量説の式を以下のように書き換えました。

$$MV=PY$$

両辺に$\frac{1}{V}$（マーシャルのk）を掛けて

$$M=\frac{1}{V}PY$$

$$M=kPY$$

マーシャルのkを含んだ式を**ケンブリッジ方程式**または**現金残高方式**と呼びます。

マーシャルのk

M = kPY

ケンブリッジ方程式（現金残高方式）

過去問では，以下のように「マーシャルのk」の定義に関する出題があります。ただ独立した問題は少なく，選択肢の中に一つ出てくるという程度です。では次の文は正しいでしょうか。

貨幣数量説によれば，貨幣の需要は，国民所得に基本的に依存するとされ，貨幣需要曲線の傾きの逆数であるマーシャルの*k*は，分母を国民所得，分子を貨幣の流通速度として得られる。

解法のステップ

マーシャルのkは，貨幣の流通速度Vの逆数$\left(\frac{1}{V}\right)$なので，「貨幣需要曲線の傾きの逆数」としているこの一文は誤りです。

また，$M=kPY$より，マーシャルのkを，

マーシャル

ミクロから入られた方は覚えているかと思いますが，あのマーシャル的均衡のマーシャルです。イギリスの（新）古典派の代表的な経済学者であるマーシャル（1842 ～ 1924）は，市場調整メカニズムを解明しただけでなく，限界効用や余剰分析などの分析，さらにはこの「マーシャルの*k*」理論を通じて「貨幣の流通速度」に関する研究など，経済学の世界において多大な貢献をしました。

いずれにしても…

公務員試験対策としてのマーシャルの*k*のポイントは，貨幣の流通速度*V*の逆数であるという定義を知っていることです。$k=\frac{1}{V}$

確認すると

マーシャル*k*理論も貨幣数量説の一種です。

$$k=\frac{M}{PY}$$

と変形できます。

つまり，マーシャルのkは，分母は名目国民所得，分子は貨幣供給量Mで求めることができます。

したがって，「分母を国民所得，分子を貨幣の流通速度として得られる」としている記述も誤りとなります。

なお，この変形式$k=\frac{M}{PY}$からマーシャルのkは人々が（名目）所得PYのうち貨幣Mの形態で保有したい割合」と定義づけることができます。

また，若干，応用のテーマになりますが，厳密にいえば，PYは名目国民所得，Yは実質国民所得を表します。物価の影響を取り除いた値である実質値に対して，名目値は物価が含まれている現実の値だからです。

思い出そう！名目と実質

名目値：現実の金額ベース，市場価格ベース
実質値：購買力ベース
（⇒p.56，181）

●LM曲線が垂直である理由

マーシャルのケンブリッジ方程式（現金残高方程式）は，LM曲線を垂直で描く古典派のケースを説明します。

貨幣市場の均衡式は$L=\frac{M}{P}$でしたが，ケンブリッジ方程式$M=kPY$を組み合わせれば，$L=kY$と置き換えることができます。

$L=kY$の導き方

$M=kPY$の両辺をPで割り算すると，$\frac{M}{P}=kY$になります。
貨幣市場の均衡式$L=\frac{M}{P}$から$L=kY$が導出できます。

つまり，古典派の貨幣需要Lは，国民所得Yに依存する取引需要と予備的需要しか想定していないことになります。古典派の経済学者は，貨幣需要として利子率rに依存する投機的（資産）需要を想定していないのです。

ですから，古典派にとって，貨幣需要は利子率rにはまったく反応しないので，LM曲線は垂直になるのです。

コラム 日本の金融政策と「貨幣数量説」

日本では，1999年２月に初めてゼロ金利政策が打ち出されました。当時，バブル崩壊後，日銀は利下げを行いましたが，効果がないので，「これでもか」「これでもか」とばかりに，当時の政策金利である公定歩合を引き下げ続けました。結局，最後は「ゼロ金利政策」と銘打ったわけです。この経緯は，まさに教科書どおりに，「流動性のわな」の状態に陥った状況を示しています。

以後，ゼロ金利政策は一時解除されることもありましたが，基本的に，日本は今も流動性のわなの状態にあるといえます。2016年１月からマイナス金利政策まで採用されています。

そうすると，ケインズ経済学の観点からいえば，流動性のわなの状態なのに，「異次元の金融緩和」を打ち出したアベノミクスが期待された成果を収めることができなかったのは，ある意味，当然といえば当然です（流動性のわなのとき金融政策は無効！）。

一方，これを貨幣数量説の立場からいえば，貨幣供給量の増大は物価を上昇させるので，日銀が量的質的金融緩和によって物価を引き上げる（デフレ脱却）ことをめざしたことは，理論上うなずけます。ただ，期待された物価上昇は，黒田日銀総裁の任期中，実現できませんでした。

専2-8

信用乗数と信用創造について

～お金の摩訶不思議な世界へようこそ～

本章最後に，専門試験レベルで扱う貨幣市場における典型的な２つのテーマを学びます。教養試験レベルで学んだ貨幣についての知識（⇒p.74）をフル回転させながら取り組んでください。

マネーサプライとハイパワード・マネー

まず，**マネーサプライ（貨幣供給）**についてですが，供給される「貨幣」と一口にいってもさまざまな種類があり，現金通貨C，預金通貨D，民間銀行の準備金Rなどがあることは教養試験レベルでも説明しました。

ここで，現金通貨Cと民間銀行の準備金Rは中央銀行（日銀）がコントロールできる貨幣です。

現金通貨，すなわち市場に出回っている貨幣である流通通貨を発行しているのは中央銀行である日本銀行です。

準備金は，日銀が準備率（法定準備率，現金準備率，預金準備率など）rを設定することで準備金の大きさを操作することができます。

このように中央銀行が管理できる貨幣を**ハイパワード・マネー*H***（ベース・マネーまたはマネタリー・ベースともいう）と呼び，ハイパワード・マネーは，

ハイパワード・マネーH＝現金通貨C＋準備金R

と表すことができます。

一方，**マネーサプライ（貨幣供給量）*M***は，市中銀行（民間銀行）から企業に流れるお金の量のことで，公式にはM_3でしたね。ただし，これを簡略化して

マネーサプライM＝現金通貨C＋預金通貨D

と示されます。

では，マネーサプライMとハイパワード・マネーHの量

マネーサプライ？マネーストック？

統計上はマネーサプライはマネーストックに変更されましたが（⇒p.78），理論上，貨幣供給量の意味で活用されています。

復習しよう！

日銀のマネーサプライの指標は，かつてはM_2＋CD，現在ではM_3（マネーストック）となっていることなどは教養試験レベルでも説明しています（⇒p.78）。

現金通貨C？

マネーサプライにもハイパワード・マネーにも現金通貨Cが含まれていますね。現金通貨は，発券銀行である日本銀行のものであると同時に，民間銀行においても，引き出しに来る顧客などにお金を供給するために保有しているものです。

はどちらが大きいのでしょうか。

結論からいえば，実際には中央銀行が供給するハイパワード・マネーに比べて，マネーサプライのほうが何倍もの量があるのです。

この理由については，この後，説明するとして，ここでは，ハイパワード・マネーとマネーサプライの関係を，乗数を用いた式の形で示していきます。

●信用乗数

ハイパワード・マネーHの何倍の貨幣がマネーサプライMとして供給されているかを表す数値を**信用乗数**（または**貨幣乗数**）$\boldsymbol{m}$と呼びます。

信用乗数mは以下の式で得られます。

$m=\dfrac{M}{H}=\dfrac{C+D}{C+R}$の式の分子と分母をそれぞれ$D$で割り算すると，次のように変形できます。

$$m=\frac{\dfrac{C}{D}+1}{\dfrac{C}{D}+\dfrac{R}{D}}$$

ここで，$\dfrac{R}{D}$は$\dfrac{準備金}{預金通貨}$ですから，これは，**準備率** $\boldsymbol{r}$のことです。また，$\dfrac{C}{D}$は$\dfrac{現金通貨}{預金通貨}$で**現金預金比率**と呼びます。

よって，信用乗数（貨幣乗数）は，

$$m=\frac{M}{H}=\frac{C+D}{C+R}=\frac{\dfrac{C}{D}+1}{\dfrac{C}{D}+r}$$

と示すことができます。

マネーサプライとハイパワード・マネー

信用乗数$\boldsymbol{m}=\dfrac{\dfrac{C}{D}+1}{\dfrac{C}{D}+r}$

マネーサプライ$\boldsymbol{M}$＝信用乗数$\boldsymbol{m}$×ハイパワード・マネー$\boldsymbol{H}$
($\boldsymbol{M=mH}$)

乗数？

そうです。あの「○○が増えれば乗数倍だけ●●が増える」の乗数です。ここでは，「ハイパワード・マネーHが増えれば，乗数倍だけマネーサプライMが増える」ということを意味しています。

$M=mH \Rightarrow \Delta M=m\Delta H$

用語の説明

準備率r：預金の中にどれだけ準備金があるかを示す比率です。法定準備率，預金準備率などと呼ばれます。

現金預金比率$\dfrac{C}{D}$：預金に対してどれだけの現金があるかを示す比率です。

信用乗数はなんでこんな「変な」形なの？

これでも，最も簡単にする最大努力がなされた結果です。実際，過去問では次の例題のように，複雑な信用乗数が，見事に簡潔な数字に収まるようにできているのです。

例題14

ある経済において，法定準備率が0.2であり，市中銀行は超過準備を保有せず，公衆は預金通貨のみを保有すると仮定する。このとき，ハイパワード・マネーが50兆円であるとすると，貨幣供給はいくらになるか，最も妥当なものはどれか。

（国家一般職［大卒］）

1　10兆円
2　40兆円
3　75兆円
4　125兆円
5　250兆円

解法のステップ

今説明した信用乗数の公式，$m=\dfrac{\dfrac{C}{D}+1}{\dfrac{C}{D}+r}$を使って解いていきます。

本問では，公衆は預金通貨のみを保有しています。現金通貨Cはゼロなので，$\dfrac{C}{D}=0$，法定準備率0.2をそれぞれ代入すると，$m=\dfrac{M}{H}=\dfrac{0+1}{0+0.2}=5$となります。

ここで，求めるのは貨幣供給量Mですから，$m=\dfrac{M}{H}$を$M=m\times H$と変形して，そこに$m=5$，ハイパワード・マネー$H=50$を代入すれば，

$$貨幣供給量M=\frac{0+1}{0+0.2}\times 50=5\times 50=250〔兆円〕$$

となります。よって正答は**5**です。

さて，この例で，貨幣乗数が5ということは，ハイパワード・マネーの5倍の貨幣供給量（マネーサプライ）があったことを意味します。

では，なぜ貨幣供給量がこんなに多くなるのでしょうか。それは，マネーサプライを構成する預金通貨に**信用創造**という仕組みが働いているからです。

現金預金比率$\dfrac{C}{D}$というとっつきにくい数値ですけど，過去問ではこのようにだいたいゼロになります。

信用創造について

次に**信用創造**という貨幣（金融）市場における「不思議な」世界を紹介します。

仮に，世の中に，お金が100万円（１万円札100枚）しかなく，Ａさんが全額保有していて，今，Ａさんがその100万円を銀行にすべて預金したとします。ただ，もったいなく思ったのか，Ａさんは，100枚の１万円札に，１から100まで番号を書いて預金としたらどうなるでしょうか？

もちろん，その後，そのお金は資金を必要としている企業などに貸し出されていくわけですが，最初は１から100まで番号が振られた紙幣が流通していましたが，いつしか，番号が書かれていない紙幣が市場に大量に出回るようになるのです。これが信用創造のイメージです。

実際，銀行は貸出しを通して私たちに「お金（＝信用)」を雪だるま式に供給（創造）しています。

信用創造とは，預金通貨が銀行から企業への貸出しを通じて，最初の預金額の何倍にも膨れ上がることです。

現金通貨と預金通貨

この事例で，Ａさんが手許に持っていたときの100万円は現金通貨で，預けたATM機の**扉(ふた)が閉じた時点で，そのお金は預金通貨となって，貸出し，貸出し……という**信用創造のプロセスに入っていきます。

信用って何？

辞書的には，融資とかクレジットとか説明されますが，ここではお金（＝通貨）そのものをさすと考えてよいでしょう。

では，信用創造の仕組みを，過去問の数字を使って解説してみます。

例題15

ある国の市中金融機関において，現金準備率を20％と仮定する。預金が100億円増加したとき，この預金の増分に対して銀行組織全体が新たに創造することができる預金総額（信用創造の量）はいくらか，最も妥当なものはどれか。

（国税専門官）

1　20億円
2　120億円
3　200億円
4　400億円
5　800億円

信用創造の理解は，銀行システムの理解にほかなりません。問題では，「預金が100億円増加したら……」でスタートしています。その後，どうなっていくかを順を追ってみていきます。

① 100億円がたとえばA銀行に預けられたとすると，現金準備率が20％なので，A銀行は20億円を準備金として保持しておき，80億円を貸し出すことができます。

② A銀行が80億円をA企業に貸し出し，その80億円を元手に投資をした後に得た利益をA企業が今度は，B銀行に80億円預金したとします。すると，B銀行では80億円の20％である16億円を準備金として保持して64億円を貸し出します。

③ そしてその64億円が今度はC銀行に預金されたとすると，C銀行は64億円の20％である12.8億円を準備金として保持し，51.2億円が貸し出され……というように，いったん銀行システムに預金として組み込まれた100億円が次々に預金という形で拡大していきます。この一連のプロセスが**信用創造**です。

【信用創造の仕組み】

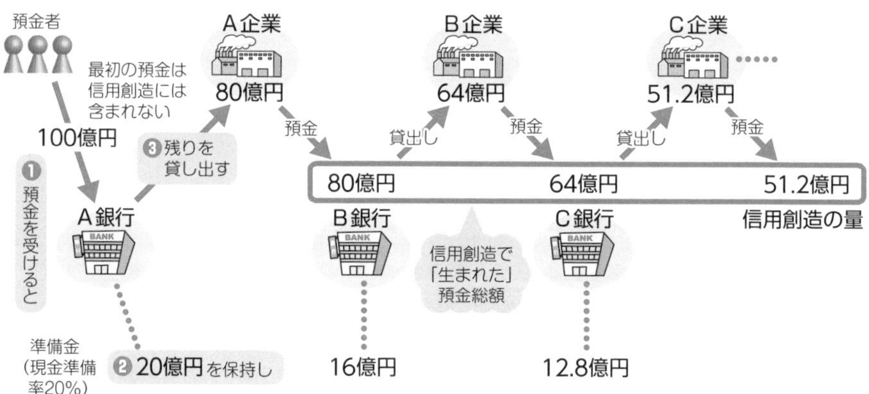

解法のステップ

それでは，問題の解答です。最終的にどれだけ預金額が増えたかといえば，

$$100+80+64+51.2\cdots=100\times(1+0.8+0.8^2+\cdots)$$

$$=100\times\frac{1}{1-0.8}=500\text{〔億円〕}$$

となります。数学が得意な人は初項が100で公比が0.8の等比数列の和だと気づいて簡単に答えを得ることができますが，そうでない人には簡単な覚え方を紹介します。

信用創造部分を含む預金総額は，

$$\textbf{預金総額}=\frac{\textbf{最初の預金額}}{\textbf{準備率}}$$

で求めることができます。

最初の現金100億円が，預金通貨として銀行システムに還流されると，500億円という預金を創造しているのです。この例では100億円という預金で５倍にもなっているので，世の中の預金通貨の量がいかに大量であるかは想像に難くないと思います。

さて，設問の答えですが，500億円ではないことに注意しましょう。設問では，「新たに創造することができる預金総額（信用創造の量）」となっています。新たな信用創造の量というときには，100億円という初めの預金が銀行システムに入った後にどれだけのお金が創造されたかということなので，最初の100億円は除外しなければなりません。

したがって，信用創造の量は500－100＝400〔億円〕で，正答は**4**となります。

$$\textbf{信用創造の量}=\frac{\textbf{最初の預金額}}{\textbf{準備率}}-\textbf{最初の預金額}$$

計算式は

預金総額＝$\frac{\text{最初の預金額100億円}}{\text{準備率（20\%=0.2）}}$

$\frac{100}{0.2}=\frac{1000}{2}$

＝500億円

命拾いした？

引っ掛け問題にできそうですが，本問の選択肢にはそもそも「500億円」がありません。これで命拾いした人もいるはずです。

コラム 日銀の金融政策が効果を発揮できない理由（ワケ）

このようにお金の世界は複雑です。貨幣供給量Mは実に奥が深い仕組みがありました。そしてこの貨幣供給量（マネーサプライ）に影響を与えようというのが，中央銀行である**日本銀行の金融政策**です。

厳密にいえば，日銀による**金利操作**，**公開市場操作**，**預金準備率操作**などの**金融政策**というのは，中央銀行が市中銀行への貨幣量を操作することになるので，ハイパワード・マネーには直接影響を与え，マネーサプライには間接的にしか影響を与えません。

実際，バブル崩壊後のデフレ経済の中で，日銀による量的金融緩和政策（実質的には買いオペ），ゼロ金利政策によっても，不良債権処理に苦しむ銀行は，不良債権の増加を懸念して企業への貸出しを増やしませんでした。

これは，ハイパワード・マネー（マネタリー・ベース）は増加してもマネーサプライはそれほど増加しなかったことを意味します。

この傾向は総じて現在も継続しているとみられ，日銀がいかに「異次元の金融緩和」と銘打って，マネタリー・ベースを大量に供給しても，景気が期待どおりに上向かなかった理由の一つはこの点にあります。

【金融政策とその影響】

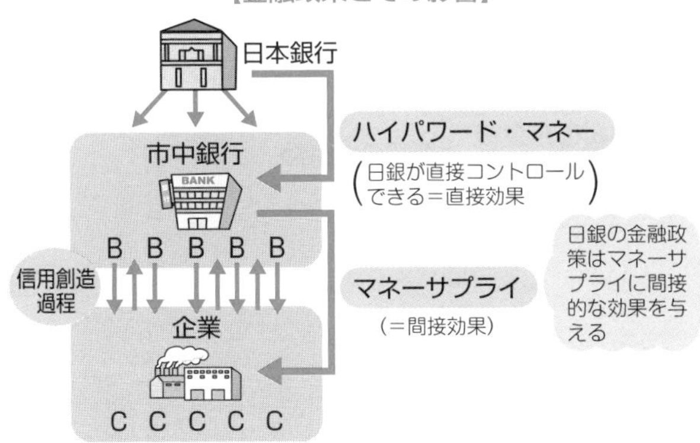

（B：Bank，C：Company）

もっとも，公務員試験の経済理論というレベルでは，ハイパワード・マネーの増加（減少）はマネーサプライの増加（減少）につながるとみなして結構です。つまり，**公定歩合の引き下げや買いオペによって，マネーサプライ（貨幣供給量）が増加する**と考えておいて構いません。

なお，ハイパワード・マネーは理論用語で，時事用語としては**マネタリー・ベース**が用いられます。

第2章のまとめ

●IS－LM曲線

IS曲線とLM曲線の交点であるE点は，財市場と貨幣市場の両方が同時に均衡する利子率と国民所得の組合せ

財市場（IS曲線）の均衡条件$\Rightarrow I=S$

貨幣市場（LM曲線）の均衡条件

$\Rightarrow$貨幣需要$L=$実質貨幣供給$\dfrac{M}{P}$

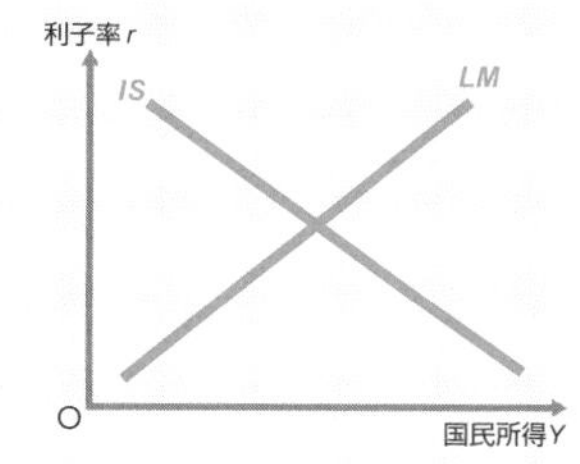

▶クラウディング・アウト

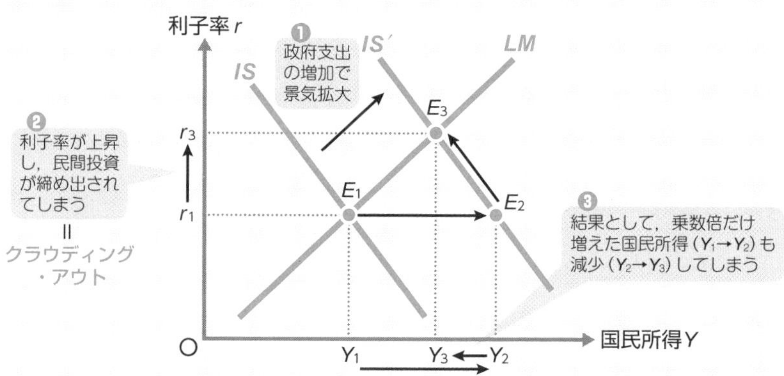

▶貨幣需要の利子弾力性

（LM曲線の傾きに反映）

流動性のわな

古典派のケース

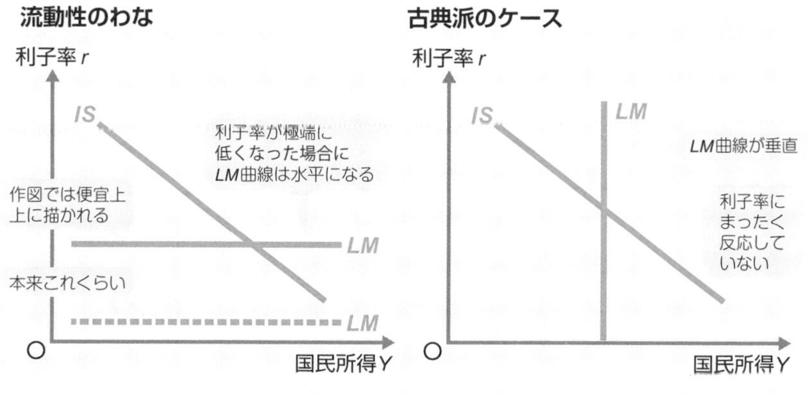

	財政政策	金融政策
流動性のわな（完全弾力的＝無限大）	有効	無効
古典派のケース（完全非弾力的＝ゼロ）	無効	有効

▶投資の利子弾力性

*IS*曲線の傾きに反映

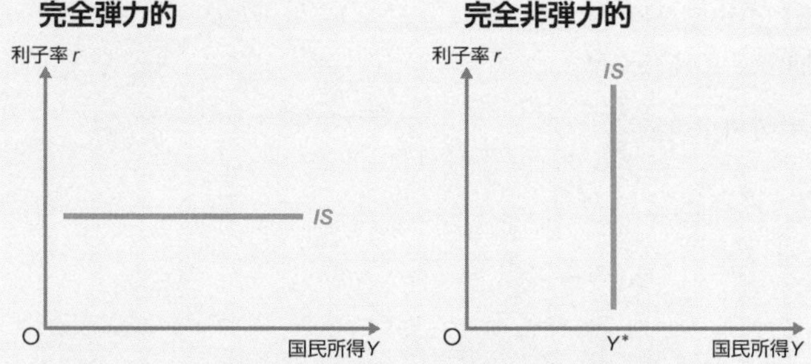

	財政政策	金融政策
水平（完全弾力的＝無限大）	無効	有効
垂直（完全非弾力的＝ゼロ）	有効	無効

●貨幣数量説

$$MV=PY$$

〔M：貨幣供給量，V：貨幣の流通速度，P：物価，Y：産出量〕

貨幣供給量Mは，物価Pだけに影響を与える⇒**古典派の二分法**

●信用乗数

ハイパワード・マネーH（マネタリー・ベース）の何倍の貨幣がマネーサプライM（マネーストック）として供給されているかを表す数値

信用乗数

$$\Delta M=\frac{\frac{C}{D}+1}{\frac{C}{D}+r}\Delta H \quad \left[\frac{C}{D}：現金預金率，r：準備率\right]$$

専門試験レベル　第3章

AD-AS曲線とフィリップス曲線

マクロ経済学がさらに深化する

これまで，45度線分析において，投資 *I* は一定，利子率を考慮しない単純化されたモデルでの財市場について学びました。次の*IS*-*LM*分析の*IS*曲線の中で，投資の変数としての利子率の概念を検証し，また，*LM*分析においては，新しく貨幣市場を取り上げました。つまり，これまでの学習は現実の経済の理解に一歩一歩近づいているのです。

AD-*AS*分析においては，新たに物価を考慮して経済を検討し，これまでの財市場，貨幣市場に加えて労働市場についても学んでいきます。

AD-*AS*分析とフィリップス曲線の問題は，*IS*-*LM*分析の問題と比べて，出題頻度は全体的に下がりますが，安定的に出題されているといえます。計算問題と択一の正誤問題では後者のほうがやや高めの割合です。*AD*曲線だけの問題があるのも特徴です。

出題傾向

国家総合職：★★　国家一般職：★★　地方上級：★★
国税専門官：★★　市役所：★

専3-1

知っておきたいAD曲線 ～新たに物価が登場してより現実的に～

AD曲線を導出しよう！

AD曲線（総需要曲線）は財市場と貨幣市場が均衡するときの物価と国民所得の組合せを示す曲線で，IS-LM曲線から導出されます。

はじめに

AD-AS分析については本章の扉で，その背景を説明しています。一読してからお進みください。

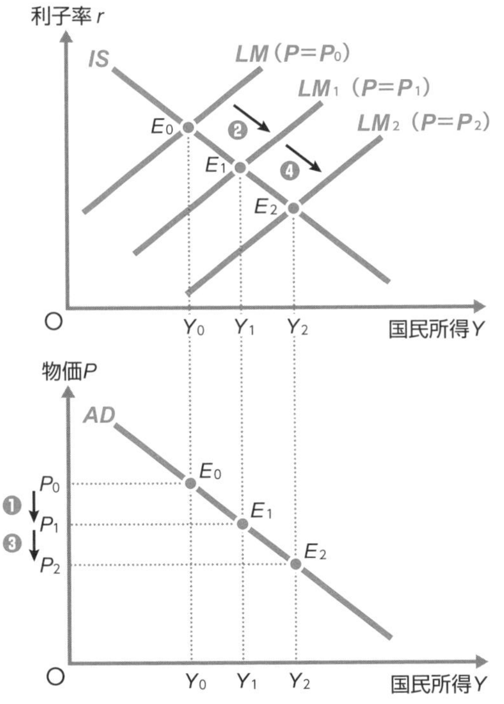

LM曲線

$$L=\frac{M}{P\downarrow}\uparrow$$

物価 P の低下で実質マネーサプライが増加
↓
LM曲線は右下方移動

当初の均衡点：E_0
物価の低下：$P_0 \to P_1$ ❶
↓
LM 曲線の右シフト：$LM \to LM_1$ ❷
↓
新たな均衡点：$E_0 \to E_1$ へシフト

物価の低下：$P_1 \to P_2$ ❸
↓
以下，上と同様の経路をたどる❹
↓
AD 曲線は右下がり

では実際にAD曲線がどのように描かれるかを上の図を使ってみてみましょう。たとえば，IS-LM曲線の均衡点がE_0であったときの物価水準がP_0とします。

ここで，物価がP_0からP_1へ低下したらどうなるでしょう

なぜ，総需要が「AD」なの？

総需要曲線は英語ではAggregate Demand Curveといいます。

か。LM曲線は均衡条件が$L=\frac{M}{P}$であったことから，物価の低下によって実質貨幣供給量が増加するので，LM曲線は右下方へ移動し均衡点もE_1に移ります（国民所得も増加）。

同様に物価がP_1からP_2へ低下すれば，LM曲線はやはり右下方にシフトし，均衡点はE_2へ移動します。このように，物価水準と均衡国民所得の関係を点で結んでいくと1本の右下がりの曲線を描くことができるのです。この曲線のことを**AD曲線（総需要曲線）**と呼びます。

注意点

AD曲線はLM曲線の動きに反応します。
↓これは，
LM曲線が物価に反応したからです。
↓
IS曲線は与えられたものとして変動しないことに注意しましょう。

●IS曲線とAD曲線

一般的にAD曲線は右下がりの形状をしていますが，もともとIS-LM曲線からできているので，IS-LM曲線の形状が特殊であれば，AD曲線の形状も変化してきます。

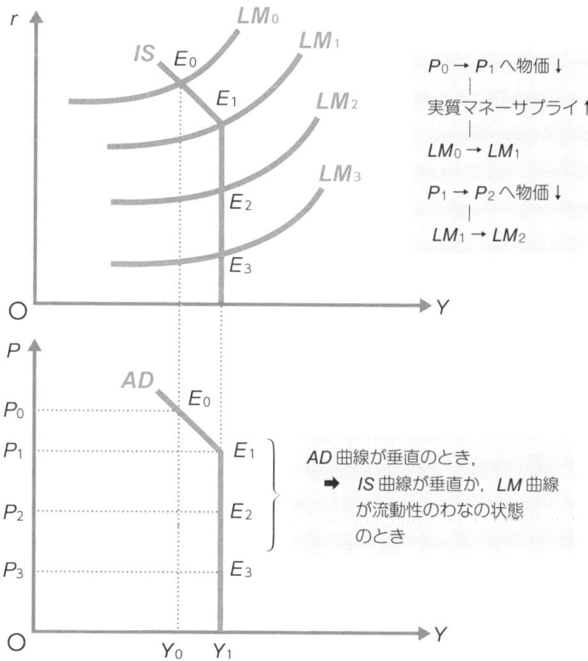

垂直なIS曲線とAD曲線

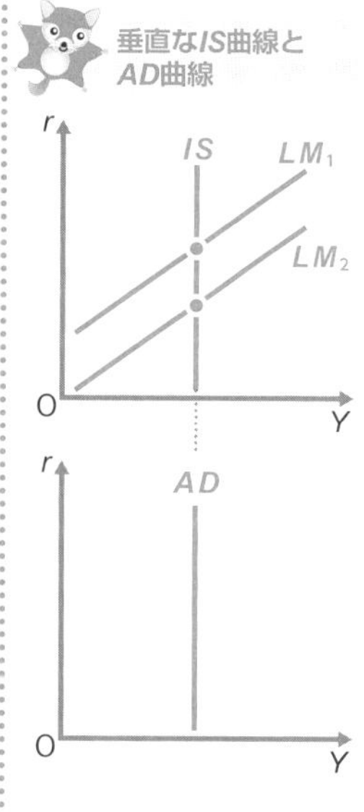

結論からいうと，一般的に，AD曲線はIS曲線の形状と同じになります。上図のように，IS曲線が右下がりで途中から垂直になっている特殊なケースを例として，このことを確認してみましょう。

第3章 AD－AS曲線とフィリップス曲線

物価Pの低下（$P_0 \to P_1$）により，実質貨幣供給量が増加するとLM曲線は右に移動し（$LM_0 \to LM_1$），IS曲線との交点も右下にシフトするため（$E_0 \to E_1$），均衡国民所得も増加します（$Y_0 \to Y_1$）。したがって，IS曲線が右下がりの部分まではAD曲線は右下がりの曲線となります。

その後，物価がP_1からP_2, P_3に低下し，LM曲線がLM_1からLM_2, LM_3へシフトしても，均衡国民所得水準はY_1で変化しません。つまり，IS曲線が垂直な部分はAD曲線も垂直になります。

このように，AD曲線はIS曲線の形状に依存しますが，例外として**流動性のわな**の状態のときが挙げられます。下図をみてください。

●流動性のわなとAD曲線

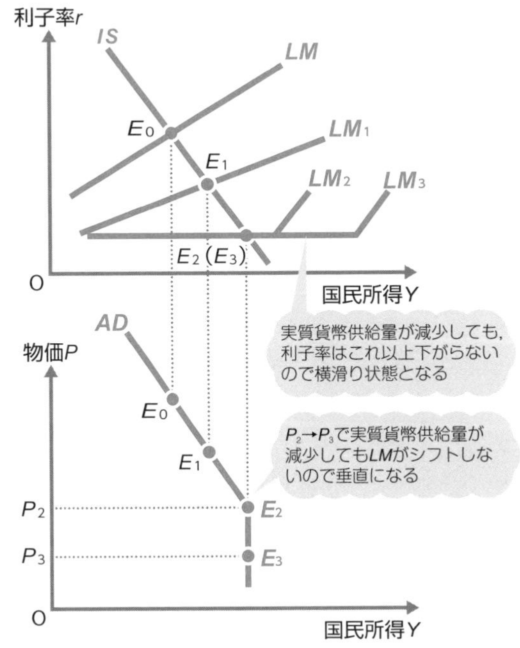

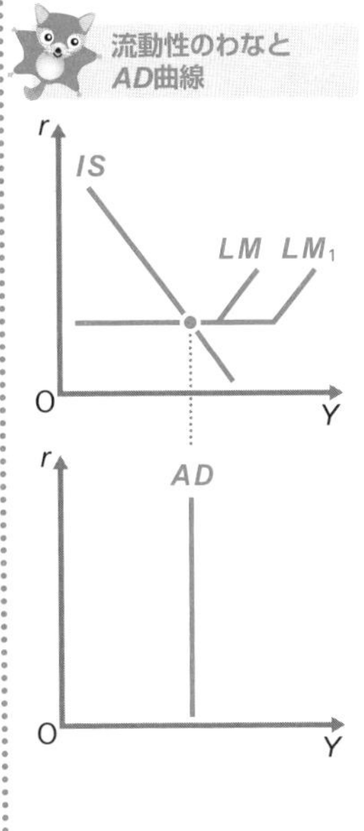

物価の低下でLM曲線が，LM_0，LM_1と右下シフトし，さらに物価がP_2に低下して，LM_2の「流動性のわな」の状態になると（均衡点E_2），その後，物価がP_2からP_3に低下しても，LM曲線は横滑りし，右下方へはシフトしないので，均

衡点E_2は変わらず，AD曲線は垂直になっていきます。

例題1

次のようなIS曲線，LM曲線が与えられている。

IS曲線：$I(r)=S(Y)$

LM曲線：$\dfrac{M}{P}=L(Y, r)$

［I：投資　S：貯蓄　r：利子率
Y：国民所得　M：名目貨幣供給
P：物価水準　L：実質貨幣需要］

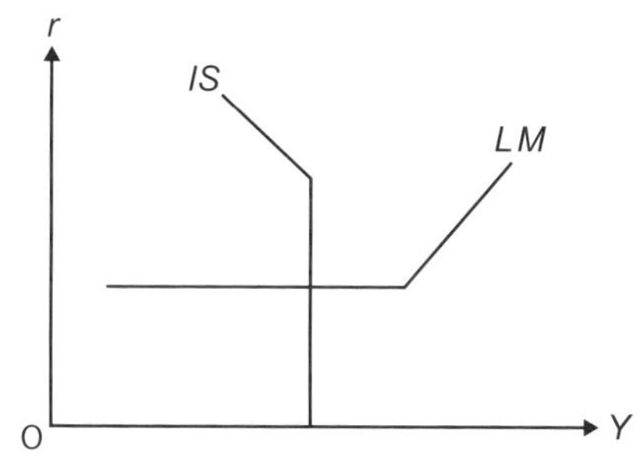

このときの総需要曲線ADの形状として，妥当なものはどれか。

（国税専門官）

1

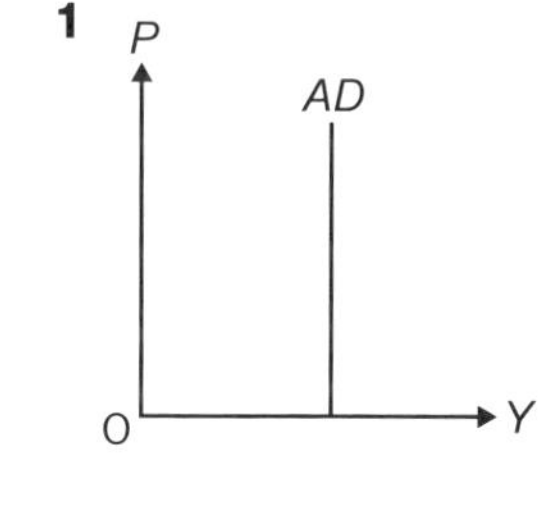

2

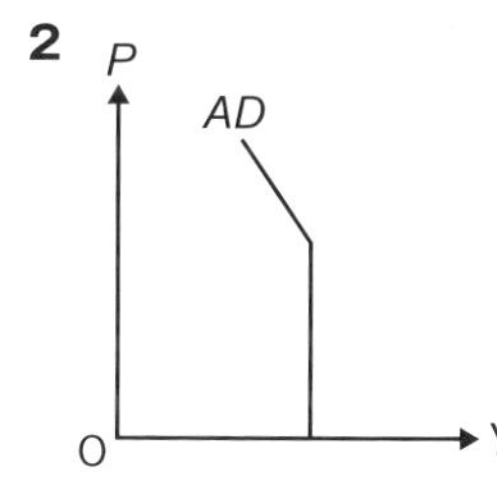

3

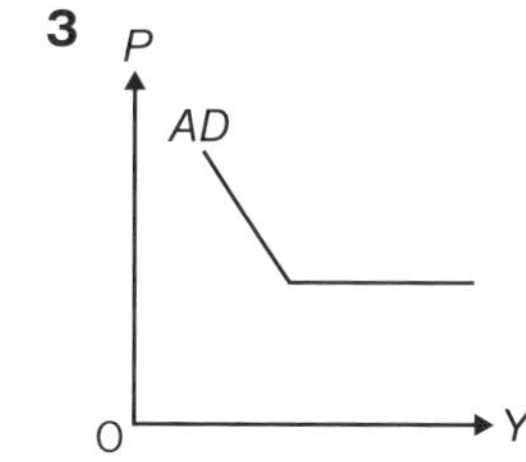

4

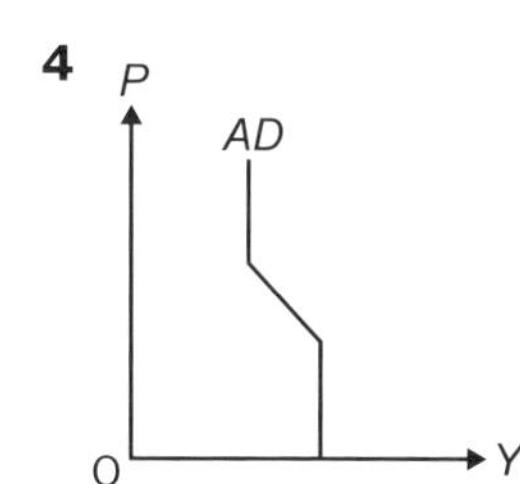

5

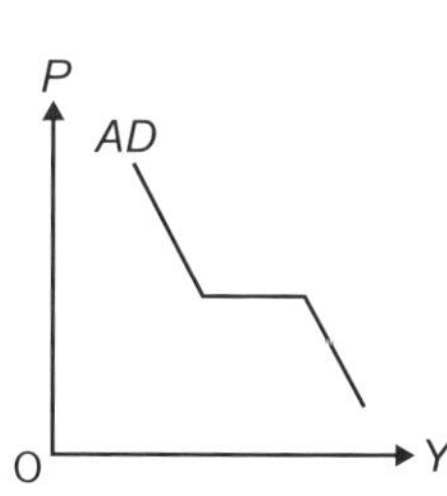

解法のステップ

ここまで説明してきたように，AD曲線はIS曲線の形状に依存するという関係から，また，流動性のわなの状態のときAD曲線は垂直であるという両方の点から，正答は**2**とわかります。

AD曲線の形状

AD曲線はIS曲線の形状に依存する。
LM曲線が「流動性のわな」の状態のとき，AD曲線は垂直になる。

次はAD曲線の計算問題です。

例題2

ある経済は次のモデルで示される。

$Y = C + I$
$C = 20 + 0.4Y$
$I = 100 - r$
$L = 100 + 0.4Y - r$
$M = 200$

［Y：国民所得　C：消費　I：投資
r：利子率　L：実質貨幣需要
M：名目貨幣需要］

物価水準Pが伸縮的であるとき，この経済の総需要曲線として，妥当なものはどれか。

（国税専門官）

1　$P = \dfrac{200}{Y-20}$

2　$P = \dfrac{100}{Y-20}$

3　$P = \dfrac{200}{Y-40}$

4　$P = \dfrac{100}{Y-40}$

5　$P = \dfrac{100}{Y-60}$

解法のステップ

総需要曲線（AD曲線）が，その物価Pの変化と，国民所得Yの変化との関係を表した曲線でしたので，物価Pと国民所得Yの関係式を作ることになります。

AD曲線が$IS-LM$曲線から導出されたことから，IS曲線の式，LM曲線の式を求めて，$P = ○Y + ○$の形のAD曲線の式を導出します。

出題パターン

IS–LM曲線の場合と異なり，AD曲線の計算問題は次のような1つのパターンといっても過言ではありません。

●IS曲線を求める

IS曲線は，$Y = C + I$の式に消費Cと投資Iの式を代入して，

$$Y = (20 + 0.4Y) + (100 - r)$$

$$0.6Y = 120 - r \qquad \cdots\cdots ①$$

となります。

●LM曲線を求める

また，LM曲線は貨幣市場の均衡式$\frac{M}{P} = L$に，貨幣需要Lと貨幣供給Mの式を代入して，

$$\frac{200}{P} = 100 + 0.4Y - r$$

$$0.4Y = \frac{200}{P} - 100 + r \qquad \cdots\cdots ②$$

を得ます。

●AD曲線を求める

①＋②より，利子率rを消去して，物価Pと国民所得Yの式に整理すると，

$$Y = \frac{200}{P} + 20$$

両辺にPを掛けて，

$$PY = 200 + 20P$$

$$P \times (Y - 20) = 200$$

両辺を$Y - 20$で割って，

$$P = \frac{200}{Y - 20}$$

したがって正答は**1**です。

確認すると

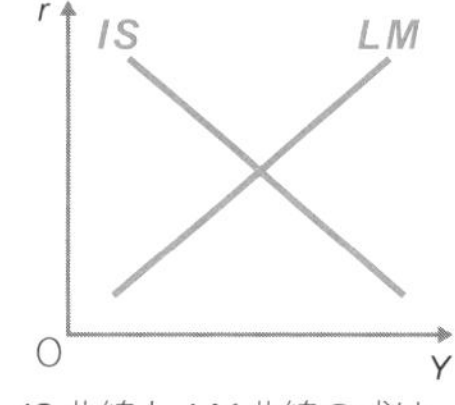

IS 曲線と LM 曲線の式は，
r=○Y+○
または，
Y=○r+○
の形で表されます。

AD 曲線の式は，
P=○Y+○
の形で表されます。

専3-2

労働市場とAS曲線の関係
～新しい市場の分析だ！～

労働市場の位置づけは？

***AS*曲線**は，労働市場が均衡しているときの物価と国民所得の組合せを示す曲線ですが，ここでは**財市場・貨幣市場**に続き新たに**労働市場**についてまず学習します。

労働市場とは，家計が貨幣を保有して財・サービスを得るために労働力を提供して賃金を得るという市場です。
「市場」というからには，財市場や貨幣市場と同様に，労働市場においても労働需要と労働供給が存在します。
ただし，労働市場に関しては，ケインズ派の労働市場と，ケインズが批判した古典派の労働市場の考え方が異なります。両者の立場をまずそれぞれ説明します。

古典派の労働市場

まず，古典派が考える労働市場を説明します。古典派は賃金に関して，物価を考慮した実質賃金$\frac{w}{P}$を想定しています。

●実質賃金

「実質」の概念については，実質GDP（⇒p.59），実質マネーサプライ（⇒p.180）のところで，「名目」との違いとともに説明しましたが，**実質値**とは，物価の変動の影響を取り除いて購買力ベースで計った値のことで，**名目値**とは，実際に市場で取り引きされている価格に基づいて示された金額でした。

そこで，名目と実質を賃金で説明すると，たとえば，「時給が1,000円から2,000円に上がった」といったときの賃金1,000円，2,000円は名目賃金のことです。

3つの市場

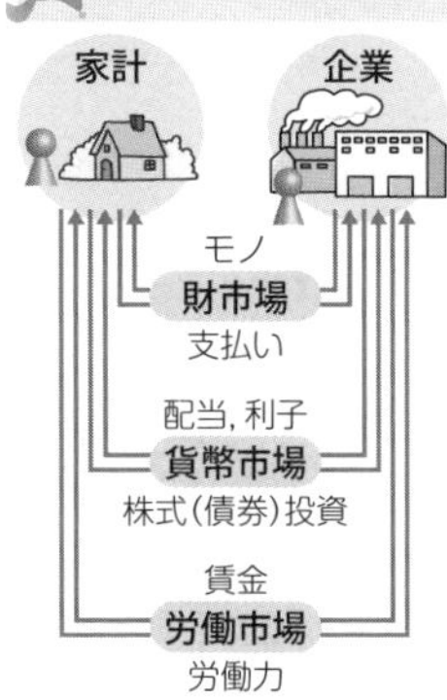

労働市場の中心テーマは失業の問題です。失業については後に，フィリップス曲線という理論と併せて紹介します。

注意！

労働市場における労働需要とは，私たちが仕事を必要とするのではなく，企業が私たちの労働力を必要とすることです。一方，労働供給は私たちが労働力を提供します。労働需要と労働供給の定義をまず間違えないようにしましょう。
↓
労働需要＝企業
労働供給＝家計

実質値は$\frac{\text{名目値}}{\text{物価}}$で求められました（⇒p.59）。仮に，物価（価格）Pをパン100円とすると，名目賃金が1,000円だったら，実質賃金は10で，「100円のパンを10個買えるだけの賃金」を得たことを意味します。また，パンの値段が100円のままで，名目賃金が2,000円に上がったら，実質賃金は$20\left(=\frac{2{,}000}{100}\right)$で，「パンを20個買えるだけの賃金に上昇した」といういい方になります。これが厳密な意味での「実質」の概念です。

名目と実質の確認！

名目：（実際の）金額ベース
実質：（何個分の）購買力ベース

実質値$=\frac{\text{名目値}}{\text{物価}}$

通常は名目値なので，賃金の場合，名目がついていなくても，賃金といえば，それは名目賃金のことをさします。実質の概念が出てきたときに，対義語として名目を使います。また，名目賃金は貨幣で受けとることから**貨幣賃金**という場合もあります。

●古典派の労働需要

古典派は企業の労働に対する需要を，実質賃金$\frac{W}{P}$と労働の限界生産力MP_Lに依存して決定すると考えます。

労働の限界生産力MP_Lは，「もう一人雇用を増やすと，どれだけ生産量が増えるか」を示す指標で，こちらは最初から単位は個数です。実質賃金と労働の限界生産力との関係をみれば，企業は実質賃金が高いと人件費の問題から雇用を積極的に増やそうとせず，実質賃金が低いとたくさん人を雇う，すなわち労働需要を増加させます。

そして，企業は実質賃金が高いか低いかの基準を労働の限界生産力MP_Lの水準で判断します。

たとえば，会社が，ある人物を採用するか検討している場合，実質賃金が10でその人の時間当たりの限界生産力が6（1時間ごとに6製品を作ることができるという意味）だと査定されれば，会社にとっては，生産を増やしても利益が出ないので，会社は雇用を控えるでしょう。

労働の限界生産力？

労働の限界生産力MP_Lを式の形で示せば，

$$MP_L=\frac{\Delta Y}{\Delta L}$$

となります（詳細は『ミクロ編』へ）。

要するに…

賃金が低いとたくさん人を雇用するということで，モノの世界で「安いモノをたくさん買う」という需要曲線と同じ考え方です。

【実質賃金と限界生産力】

利潤最大化をめざす企業は
利益が出るギリギリまで雇用する

	限界生産力 MP_L	実質賃金 $\frac{W}{P}$		
（例）	15	10	雇用する ⇒ 利益が出る	会社が耐えうる限界生産力は？（答）10
	11	10		
	10	= 10	雇用量を決定する水準	
	6	10	雇用しない ⇒ 利益が出ない	限界生産力はいくつか？（答）10未満

逆に，その人の限界生産力が15とみなされれば，賃金を払っても生産を増加した分，５個分の「もうけ」が出るので企業はその人を雇います。限界生産力が11でも採用しますが，９では採用しません。結局，会社が雇用を決定する基準は限界生産力10となりますね。

したがって，労働需要量は，

労働の限界生産力MP_L＝実質賃金$\frac{w}{P}$

の水準で決定されることになります。これを**古典派の第一公準**と呼びます。そして実質賃金が低下すれば，企業は労働需要を高めることから，**労働需要曲線は右下がり**となります。

古典派の第一公準

労働の限界生産力MP_L＝実質賃金$\frac{w}{P}$

●古典派の労働供給

一方，労働供給は私たちが労働力を提供することでしたが，これは労働者の効用最大化によって説明されます。結論からいうと，古典派によれば，私たちの労働供給量は，

労働の限界不効用MD_L＝実質賃金$\frac{w}{P}$

の水準で決定されます。これを**古典派の第二公準**といいます。

労働の限界不効用MD_Lとは，「追加的に１単位の労働を提供することで，労働者にどれだけの不満足（苦痛）を与えるか」という指標です。

労働の限界不効用が実質賃金を上回れば（$MD_L > \frac{w}{P}$），私たちは労働を供給しません。これは，「もう１時間残業するのが嫌だと思う気持ちが，賃金を得る満足度を上回ったから（残業代をもらっても働きたくない）」ですね。

逆に，労働の限界不効用が実質賃金を下回れば（$MD_L < \frac{w}{P}$），私たちは労働を供給します。これは，「残業したくないけど，賃金が高いから残業する」ということです。

このように，労働者の効用は，実質賃金（＝実質所得）に依存し，**実質賃金が増加（減少）すれば，労働者は労働力の提供を増加（減少）**します。ですから，労働供給量は実質賃

労働の限界不効用!?

何やらピンとこない用語ですが，英語のMarginal Disutility of Labor（MD_L）からの訳出です。
古典派の第二公準で取り上げられるMD_Lは，購買力ベースの実質賃金との関係で，不満足度（不効用）を，労働に伴う生産高（個数）で換算して考えるべきですが，公務員試験では出題頻度は低いので，正確な理解は不要です。イメージとして覚えておきましょう。

金$\frac{w}{P}$が上昇すれば増加するので，労働供給曲線は右上がりとなります。

> 古典派の第二公準
> **労働の限界不効用MD_L=実質賃金$\frac{w}{P}$**

> **労働のNとL**
> 一般的に，労働は，マクロ経済学ではN，ミクロ経済学ではLが英語の略字としては活用されることが多いです。労働の限界生産力MP_Lの労働がLで表記されるのは，労働の限界生産力がもともとミクロ経済学で扱われる理論（用語）だからです。

●古典派の労働市場

以上から，古典派によれば，労働需要曲線N_Dと労働供給曲線N_Sとの交点において均衡し，雇用量N_Fと実質賃金$\left(\frac{w}{P}\right)$が決定されます。また，この場合の均衡の雇用量N_Fでは完全雇用が実現されています。

【古典派の労働市場】

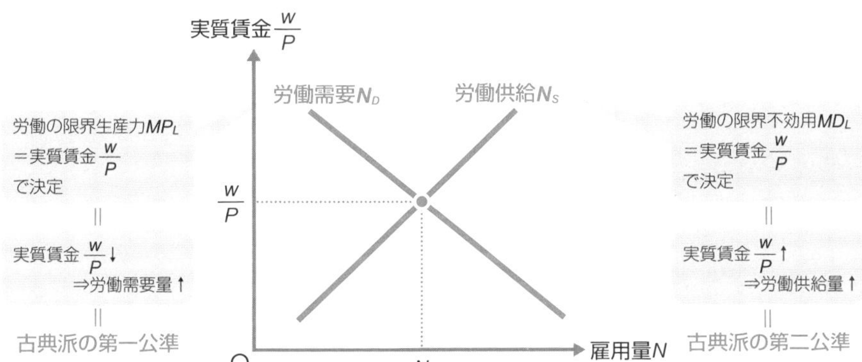

古典派の労働市場における均衡の雇用量は，非自発的失業が存在しない完全雇用状態を意味します。古典派の考え方では，たとえば，実質賃金率が均衡の賃金率より高い水準にあるために労働需要が労働供給を下回り，失業者が発生したとしても，長期において実質賃金率は低下して均衡点における実質賃金$\left(\frac{w}{P}\right)_F$に戻ることになります。

つまり，古典派は，実質賃金率が伸縮的に変化するので，長期的に非自発的失業というのは存在せず，常に**完全雇用**状態にあることになります。逆にいえば，古典派にとっての失業者とは**自発的失業者**などをさします。

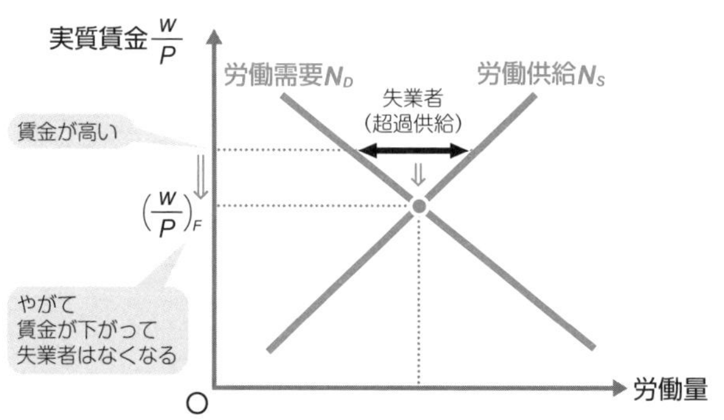

結局のところ…

通常，市場のグラフは縦軸に価格，横軸に数量をとり，右下がりの需要曲線，右上がりの供給曲線として描かれます。古典派の労働需要と労働供給のグラフも基本的に同じです。

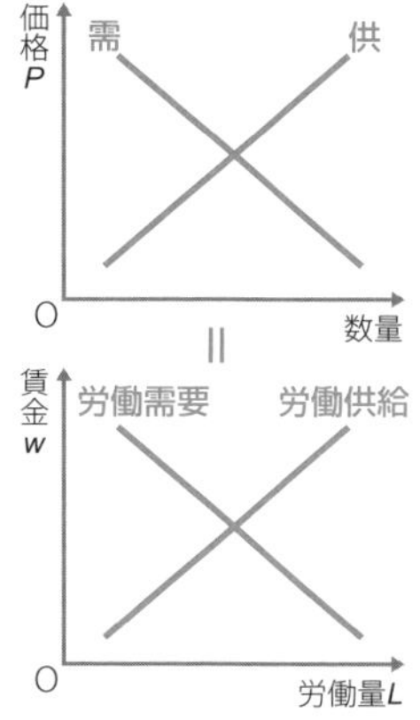

ケインズの労働市場

これに対しケインズの労働市場に対する考え方は，古典派と一部異なります。

●古典派の第二公準に反対

労働需要に関しては，古典派が主張したように，労働需要量が「限界生産物＝実質賃金の水準で決定される」という**古典派の第一公準に賛同**しましたが，労働供給については現実的ではないとして，**古典派の第二公準に異議**を唱えます。その理由として，**古典派の経済モデルにおいては非自発的失業の存在を説明できない**からです。しかし，試験対策の観点からは，以下の内容を押さえておいてください。

ケインズによれば，**労働供給は実質賃金$\frac{w}{P}$に依存するのではなく名目賃金によって決まります**。それは「人々は実質賃金を理解しない」からです。

実質賃金$\frac{w}{P}$とは物価を考慮したものですが，仮に賃金が時給1,000円から20％上昇して1,200円になったとします。このとき，名目賃金は20％上昇したことになりますが，同時に物価も20％上昇していたら，実質的に賃金が増えたことにはなりません。この場合，実質賃金の上昇率はゼロとなります。

ところが，ケインズは，「労働者は通常，物価の動きには敏

名目賃金と実質賃金

左本文の例は，図示すると以下のようになります。

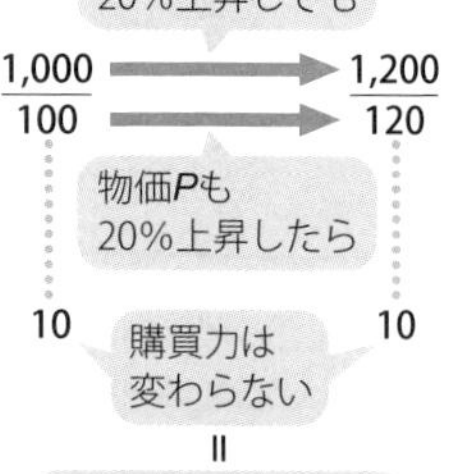

感ではなく，実質賃金を当初は理解しない」と主張します。つまり，「賃金は上がったが物価も上がるのでわれわれの給料は実質的に変わらない」という判断はせずに，名目賃金の上昇を受けて労働供給を増やしていくと考えたのです。

●賃金の下方硬直性

また，ケインズモデルにおいて，名目賃金はある水準で賃金が決まるとその水準から下がらないという**下方硬直性**を持つとされます。

たとえば，均衡の賃金水準より高い時給1,000円の水準で賃金が決まっていたとします。ところが労働供給が労働需要を上回った場合，自動調整メカニズムが働けば賃金が1,000円を下回ってくるわけですが，現実の経済で賃金はそう簡単には1,000円以下にはならないというのが下方硬直性です(その理由については右欄参照)。

古典派の労働市場とケインズの立場

古典派の第一公準 ⇒ 賛同

古典派の第二公準 ⇒ 反対

このような観点から，ケインズの労働市場のグラフ（縦軸に名目賃金w，横軸に労働量〈雇用量〉N）は下図のようになります。

【ケインズの労働市場】

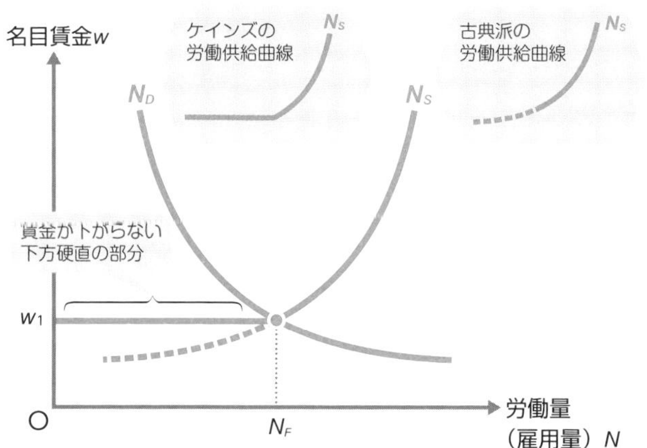

労働供給曲線N_Sが完全雇用N_Fの水準まで平行線であるのは，**賃金の下方硬直性**を示しています。一方，N_S曲線の破

なぜ，下方硬直性が起こるの？

まず①労働組合の力が強ければ賃下げは不可能です。もともと労働組合は労働者の雇用状況の改善をめざして運動をしていくので，賃下げどころか賃上げを求め，あるいは少なくとも現状維持を保とうとします。また，②政府が所得政策の中で，最低賃金制度を導入してその最低賃金がたとえば800円/時となれば，賃金が800を下回ることはありません。

労働市場は古典派中心！

マクロ経済学はケインズ経済学ともいえるように，ケインズの理論が中心ですが，労働市場については古典派を軸に展開しています。それで，古典派の考え方に対して，ケインズがどう対応したかという目線で理解しておいてください。

線部分は賃金の下方硬直性を考えない古典派のグラフです。

●非自発的失業者の存在

ここで，完全雇用の水準N_Fと均衡した状態で，何らかの理由（たとえば不況）によって物価が低下して実質賃金$\dfrac{w}{P}$が上昇し，労働需要がN_D'に減少したとします。

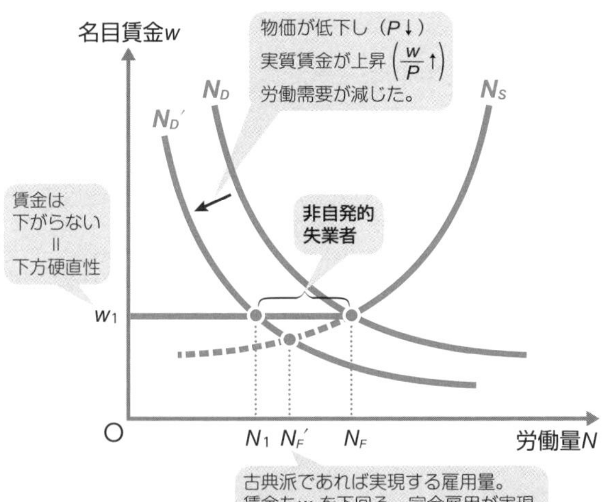

これが古典派的な発想であれば新しい雇用水準はN_F'となります。

しかし，ケインズモデルでは，労働供給は物価には反応せず，しかも下方硬直性が働くので，均衡点はN_1となり，N_1N_Fだけの非自発的失業が存在することになります。

●ケインズと政府の役割

この場合，非自発的失業者を減らして完全雇用を実現するためにはどうしたらいいのでしょうか。

賃金の下方硬直性から自動調整メカニズムは作用しません。ケインズの立場では，賃金が下がらないので企業は人を雇用しようとしません。よって，N_1N_Fの間では非自発的失業者が存在し続けます。むしろ，一般的には景気が回復しなければ物価は上昇しないので，市場原理に任せておいたのではいつまでたっても経済は回復せず，完全雇用の水準を満たすことができません。

確認しよう！

物価の低下で実質賃金上昇
$\dfrac{w}{P\downarrow}\uparrow$
分母の値が小さくなるので，全体の値は大きくなる。

もう少し具体的に説明すると…

「有効需要の喚起」とは，政府が公共事業を企業に発注すること
↓
政府から仕事をもらった企業は，人が必要になる⇒労働需要の増大

政府による公共事業が実施されると
⇓
労働需要が増大
（$N_D \rightarrow N_D' \rightarrow N_D''$）

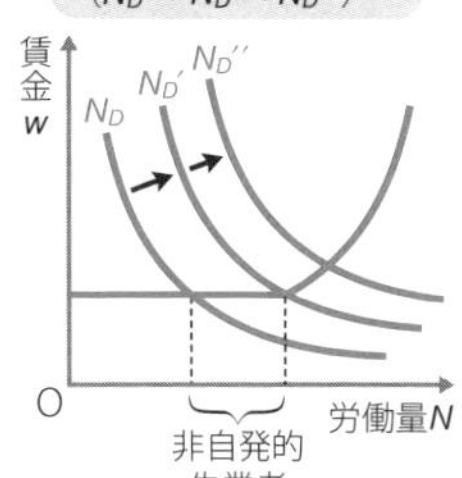

そこで政府の登場です。ケインズは公共投資など政府が積極的に経済に関与することで有効需要を喚起させれば，企業の労働需要が増加して，グラフではN_D'線が右へ移動し，完全雇用水準N_Fまで達すれば，非自発的失業者がなくなり，失業問題も解決すると考えました。

では，古典派とケインズ派の労働市場についての考え方の違いを次の問題を通して確認してください。

例題3

古典派とケインズの労働市場の分析についての次の記述のうち，妥当なものはどれか。

（国家一般職［大卒］）

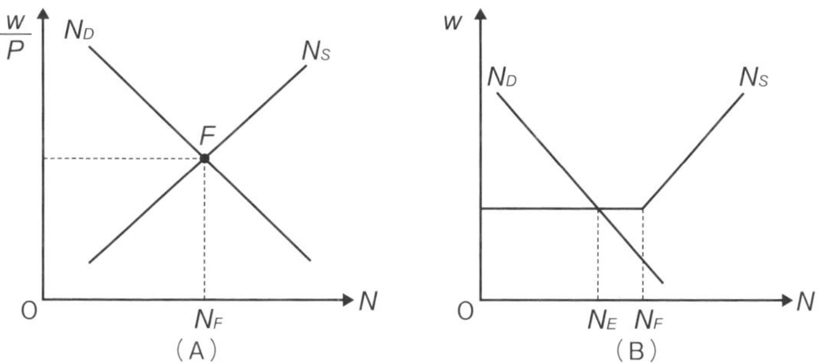

〔N_D：労働需要曲線，N_S：労働供給曲線，N：雇用量，N_F：完全雇用〕

1　古典派においても非自発的失業者は存在し，それは図（B）のN_F－N_Eとして示されている。

2　ケインズにおいては，労働供給は名目賃金の関数であり，完全雇用N_Fに至るまでは貨幣賃金率は一定であると考えている。

3　古典派における労働市場の均衡は，図（A）における労働の供給曲線N_Sと需要曲線N_Dとの交点Fによって与えられているが，これは必ずしも完全雇用均衡点であるとは限らない。

4　古典派の雇用理論が1930年代の大量失業＝非自発的失業を説明できないのは，雇用量を労働市場で完結的に決定されるものとしないからであると，ケインズは主張した。

5　ケインズの労働市場分析におけるいわゆる非自発的失業は，図（B）のON_Eで示されている。

解法のステップ

図（B）はケインズ派の労働市場のグラフなので**1**は誤りです。また，ケインズがいう非自発的失業の部分はN_F-N_Eなので**5**も誤りです。

2が正答で，ケインズ・モデルでは，労働供給量は実質賃金でなく名目賃金wの関数となり，名目賃金は下方硬直性を持つと仮定されたので貨幣賃金率は一定となります。

これに対して古典派は，非自発的失業者は存在せず，労働市場は常に完全雇用水準で均衡しています。よって**3**は誤りです。

また，古典派は雇用量が労働市場で完結的に決定される，つまり完全雇用が常に実現するとみなしている（これをケインズが批判した）ので，**4**は誤りです。

解答のポイント

図Aが古典派，図Bがケインズ派の労働市場に関するグラフで，図Bにおいて，N_F-N_Eの非自発的失業が発生します。

貨幣賃金率？

名目賃金のことです。

AS曲線を導出しよう

以上が古典派とケインズ派の労働市場の考え方でした。それでは議論を本題に戻して，労働市場が均衡するときの物価Pと国民所得Yの関係を示す**AS曲線（総供給曲線）**について説明します。

主役は再びケインズ

労働市場の説明では古典派が中心でしたが，AS曲線，その後のAD–AS分析の世界ではケインズ派が再び主役に戻ります。

●ケインズ派のAS曲線

まず，ケインズ派のAS曲線は右上がりの曲線で示されます。理由は以下のとおりです。

労働市場の最初の均衡点Eで物価Pが上昇すれば，労働需要は，実質賃金$\frac{w}{P}$の低下で増加して，労働需要N_D曲線は右にシフトし新しい均衡点はE'点になります。企業は労働需要を増やして生産を拡大させるので，三面等価の原則から国民所得も増加していきます。

同様に，さらに物価Pが上昇すれば，労働需要曲線がまた右へ移動し，国民所得も増加します。

したがってケインズの考え方からすれば，物価Pの上昇（低下）で国民所得は増加（減少）することからAS曲線は右上がりとなります。

確認

物価Pの上昇
⇓
実質賃金$\frac{w}{P\uparrow}$の低下
⇓
労働需要↑
⇓
国民所得↑

●古典派のAS曲線

一方，古典派のAS曲線はx軸に垂直な線で描かれます。古典派の場合，労働市場は常に完全雇用水準で均衡しますので，仮に，物価Pが上昇（低下）しても，長期的には賃金wも同様に上昇（低下）するので，実質賃金$\frac{w}{P}$は完全雇用水準で常に一定となります。したがって，国民所得Yも完全雇用国民所得Y_F水準で常に一定となります。

以上，AS曲線の導出を説明しましたが，公務員試験対策としては途中の過程を覚えておく必要はありません。

古典派とケインズ派のAD曲線

ケインズ派のAS曲線は右上がり
古典派のAS曲線は垂直

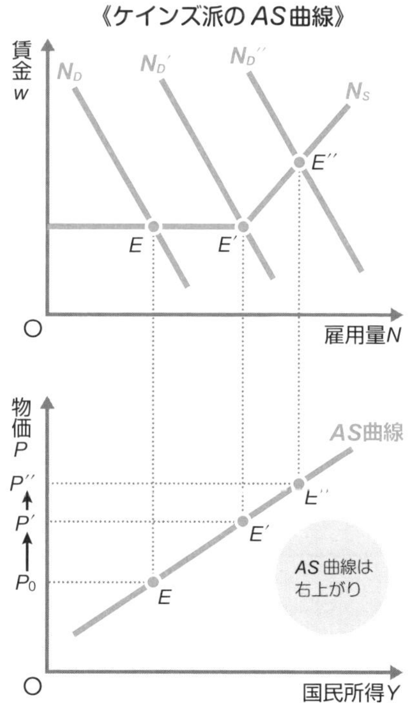

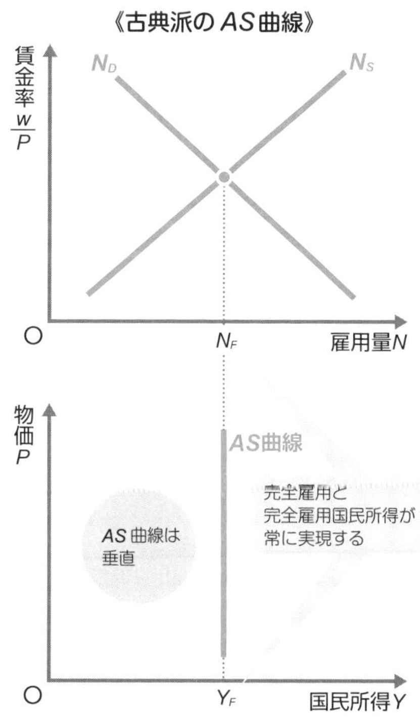

コラム 「賃金の下方硬直性」の裏の理由

ケインズの労働供給曲線で，水平になる部分は，賃金の下方硬直性を示すと，公務員試験対応の説明をしましたが，ここでは，マクロ経済学のさらなる理解のために，少し本格的な説明をしてみたいと思います。ただ，内容的には難しいので，経済学が苦手な方は飛ばして次項に進んでください。

マクロ経済にとっての労働量（雇用量）とは，社会全体の労働量であり，「労働時間×労働人数」で測られます。労働力が余っている（完全雇用でない）状態で，企業がたとえば，新規事業のために雇用を拡大しようとする場合，最初の手段として考えられるのは，1）今ある労働人数で，労働時間を増やすよりも，2）同じ労働時間で労働人数を増やそうとするでしょう。

というのは，1）の場合，労働時間を増やせば，労働者の限界不効用が高まるので，雇用量を確保するために賃金を引き上げなければならないからです。

ですから，企業は，完全雇用が実現するまでは，2）の賃金不変のまま労働人数を増やし，やがて，完全雇用が実現して初めて，1）の労働時間の延長を行う（結果的に労働の限界不効用が高まり賃金は上昇する）と，ケインズは考えたのです。

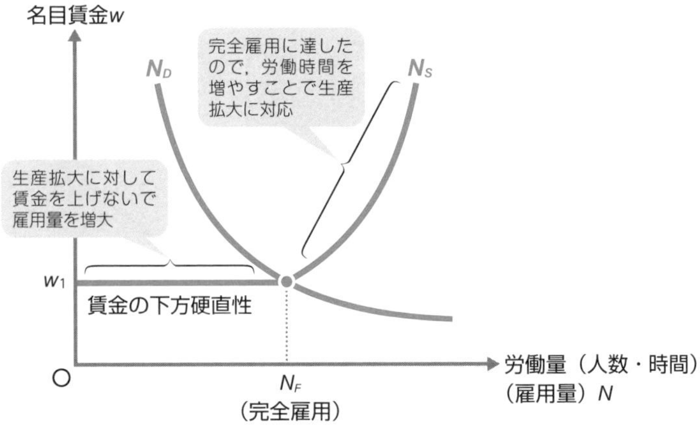

したがって，こうした順序でなされる企業の労働需要に対する，ケインズの労働供給曲線のグラフは，雇用量が完全雇用水準までは賃金に対して水平になり，完全雇用水準を超えたら右上がりを描きだすのです。

逆に古典派は，完全雇用を前提としているので，労働供給曲線は，最初から右上がりになることも理解できますね。（『経済学の歴史』有斐閣アルマ，参照）

コラム 「実質賃金」はこう使われる…

「名目」と「実質」について，名目値とは，実際に市場で取り引きされている現実（実際）の値であるのに対して，実質値は購買力ベースで計った値と説明しましたが，購買力ベースとは物価で換算した値を意味します。本書でも，これまで実質GDP（⇒p.58）や実質マネーサプライ（⇒p.180）を紹介しましたが，このコラムでは，実質賃金が現実の経済でどう使われているかを深堀りします。ただし応用のテーマなので関心のある方のみ読破してみてください。

たとえば，去年の時給が1,000円で，パンが１個100円であったとして，今年，時給が上がり1,500円になったと同時に，パンも300円に値上げしたとします。

この場合，名目賃金wは，実際に受け取ったとおりに，去年が1,000円，今年が1,500円で，500円増加したことになりますね。

では，**実質賃金**$\left(=\dfrac{w}{P}\right)$は，計算上，去年は$\dfrac{1{,}000}{100}=10$，今年は$\dfrac{1{,}500}{300}=5$となり，厳密には，去年の「100円のパンを10個買えるだけの賃金」から，今年は「300円のパンを５個買えるだけの賃金に減少」したというい方をします。

しかし，この理論に忠実な実質賃金の表現のしかたは現実的ではありません。実際には，実質賃金○○円という形で，「指数化」して金額表示されます。「指数化」の方法は，去年の物価（ここではパンの価格100円）を基準として，今年の実質賃金を金額表示します。具体的に，この事例で今年の実質賃金は，次のように計算されます。

$$\frac{1500(\text{名目賃金})}{300(\text{比較年の物価})}\times 100(\text{基準年の物価})=500\text{円}$$

比較年（今年）の購買数$\left(\dfrac{1{,}500}{300}=5\right)$に，基準年（去年）の物価（パンの価格100円）を掛け算するのですね。より一般化すれば，

$$\text{実質値}=\frac{\text{比較年の名目値}}{\text{比較年の物価}}\times\text{基準年の物価}$$

と公式化できます。

なお，基準年である去年の実質賃金は，$\dfrac{1{,}000\text{円}}{100\text{円}}\times 100\text{円}=1{,}000\text{円}$

で，基準年の名目賃金と実質賃金は必ず同じになります。

したがって，「今年の実質賃金は，去年の1,000円から今年500円に低下した」と数量的に表記されます。実質値の数量指数化は，GDP統計では普通になされ，実際，内閣府は，2021年の実質GDPは537.1兆円と発表しています。

専3-3

AD-AS分析をやってみよう！

～現実の経済モデルにさらに接近～

*AD*曲線と*AS*曲線をそれぞれ導出した後は，*AD*-*AS*分析で，*AD*-*AS*曲線のシフトやケインズ派と古典派の政策効果効果の違いなどをみていきます。

AD-AS曲線

これまで導出した*AD*曲線と*AS*曲線から，ケインズ派と古典派の*AD*-*AS*曲線はそれぞれ以下のように描かれます。

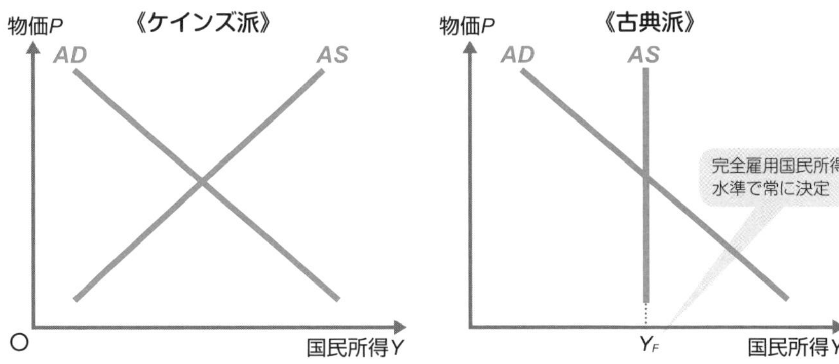

このことを確認したうえで，本項では，*AD*曲線と*AS*曲線のシフトについて考えます。

● AD曲線のシフト

IS-*LM*分析では，財政政策の結果が*IS*曲線，金融政策の結果が*LM*曲線のシフトに反映されましたが，*AD*-*AS*曲線ではどうでしょうか。*IS*曲線と同じパターンで，財政政策が*AD*曲線，金融政策が*AS*曲線にそれぞれ反映されるのでしょうか。答えはNO! です。

*AD*曲線は*IS*-*LM*曲線から導出されたので，財政政策も金融政策もその結果は*AD*曲線に反映され，財政拡大，金融緩和政策の場合は，*AD*曲線が右へ移動します。

整理しよう！

財政政策*G*↑
IS：右上
AD：右上
金融政策*M*↑
LM：右下
AD：右上

●*AS*曲線のシフト

*AS*曲線（総供給曲線）は，労働市場の均衡を示す物価と国民所得の関係を示しているので，供給側の企業行動が労働市場に影響を与え，それが生産の増減につながる要因によってシフトします。そのキーワードは賃金と生産性です。

*AS*曲線を右（下）にシフトさせるケースを考えると，賃金の低下（**賃金率の切り下げ**）は，企業に雇用を増加させるインセンティブを与え，生産の拡大につながります。

また，**技術革新**や**原材料費の低下**によって，生産性が向上すれば，企業は雇用を増やし，生産を拡大させます。**労働意欲**の向上も企業の生産性を高め，産出量が増えていきますね。

確認しよう！

P　AD　AD′　G↑　M↑　0　Y

P　AS　AS′　賃金↓　生産性↑　0　Y

ケインズ派 vs 古典派

ケインズ派と古典派の考え方の違いはグラフの形状に反映されるので，財政・金融政策の効果も異なります。

●ケインズ派

ケインズ・モデルでは，財政・金融政策は国民所得を増加させるので有効となり，政府の介入が正当化されます。しかし，副産物として物価や利子率が上昇してしまいます。

●古典派

これに対して，古典派はもともと市場の自動調整メカニズムによって，この場合であれば物価の調整を通じて均衡に達

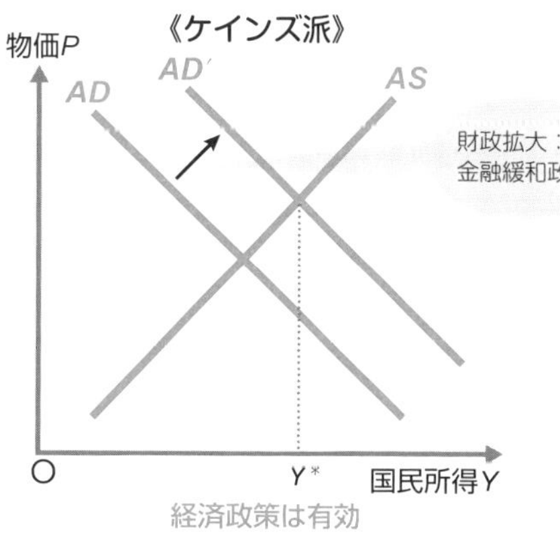

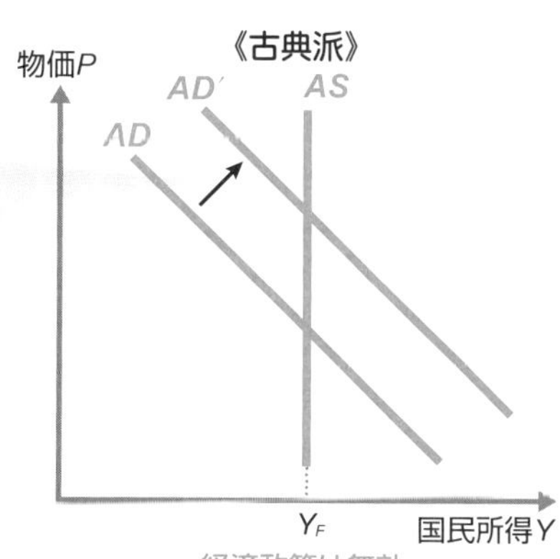

するとみているので，政府による財政・金融政策は無効という立場に立っています。

実際，AD-AS曲線においては，政府の介入によっても国民所得は増加せずに，物価だけが上昇する結果になってしまいます（前ページの右図）。

古典派の特徴

LM曲線の場合と同様にAS曲線も古典派にとっては，長期的には完全雇用国民所得Y_Fで必ず決定されます。

では，過去問でこれらのポイントを確認しましょう。

例題4

Ⅰ図，Ⅱ図は２つの異なるモデルにおける総需要曲線，総供給曲線を表したものである。この図に関する次の記述のうち，妥当なものはどれか。ただし，Pは物価水準，Yは国民所得，Y_Fは完全雇用国民所得，ASは総供給曲線，ADは総需要曲線である。

（国家一般職［大卒］ 改題）

Ⅰ図

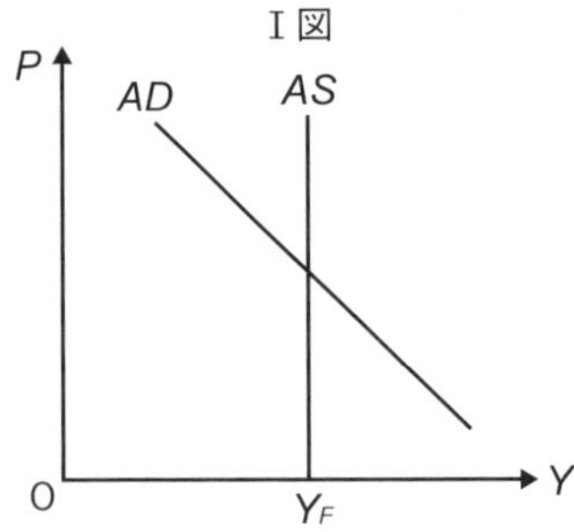

Ⅱ図

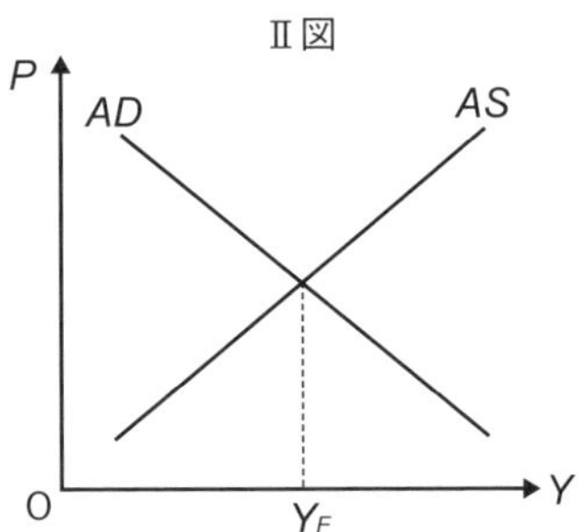

1　Ⅰ図において，政府支出を増加させると国民所得が増加し，総需要は拡大するが，物価は変化しない。

2　Ⅰ図において，マネーサプライを増加させると国民所得は増加するが，物価は低下する。

3　Ⅱ図において，財政支出を拡大させた場合，国民所得が増加し，利子率と物価は上昇する。

4　Ⅱ図において，マネーサプライを増加させた場合，国民所得が増加し，利子率が上昇し，物価が下落する。

5　Ⅱ図において，財政支出の増加により総需要を拡大させなくても，物価の調整により失業は解消される。

解法のステップ

最初の２つの選択肢は古典派モデルに関する問題です。

1．古典派モデルのⅠ図において，政府支出の増加は総需要

*AD*曲線の右方シフトをもたらすため，物価が上昇しますが，国民所得は総供給曲線が横軸に垂直であるため変化しません。

2．Ⅰ図において，マネーサプライを増加させると*AD*曲線が右方へ移動しますが，そのとき，国民所得は変化せず，物価だけが上昇します。

残りの3つがケインズ派モデルについての問いです。

3．Ⅱ図において政府支出を増加させると，*AD*曲線が右方シフトするため，国民所得，物価が上昇します。また，利子率に関しても，*IS-LM*曲線から政府支出の増大によって*IS*曲線は右方へシフトし利子率が上昇します。よって本肢が正答です。

4．ケインズモデルのⅡ図において，マネーサプライが増大するので，*AD*曲線が右方シフトし，国民所得が増加，物価は上昇します。利子率はマネーサプライの増大によって*LM*曲線の右方シフトによって低下します。

5．物価の調整が失業を解消すると考えているのは古典派モデルです。Ⅱ図はケインズモデルなので誤りです。

〈速解〉

Ⅰ図が古典派のモデルだとわかれば，古典派は，財政・金融政策が行われても「国民所得は増加せず，物価だけが上昇する」とみなすので，「国民所得が増加，物価は変化しない」とする**1**と，「国民所得は増加，物価は低下」とする**2**はともに誤りであることがすぐに判別できます。

また，Ⅱ図がケインズ派のモデルだと解れば，**5**にある「調整」は古典派のキーワードなので，**5**は誤りです。さらに，ケインズモデルでは，古典派が指摘するように物価は上昇するので，「物価が下落」としている**4**も誤りであると推察できます。

このように，学説の理解から即答することもできます。

解答のポイント

ここまでみてきたように，Ⅰ図は古典派，Ⅱ図はケインズ派のグラフであることをすぐに見極められれると思います。

注意！

両派のケースで，金融政策によって*AS*曲線ではなく*AD*曲線がシフトすることをしっかりと認識しておいてください。

専3-4

意外におもしろい経済学説史
～ケインズと古典派がより明確に～

ここで，古典派とかケインズ派とか，あまりはっきりしないという読者もいたことかと思いますので，経済学説の歴史について簡単にまとめておきます。

アダム・スミスから古典派へ

皆さんもご存じのように，近代経済学の祖といわれるのは**アダム・スミス**です。「（神の）見えざる手」と述べて，政府は経済活動に関与せず，市場原理に任せておくことの需要性を説いた人です。以後，経済学は，市場の力を重視するアダム・スミス流の理論を受け継いで発展しました。

【経済学説の流れ】

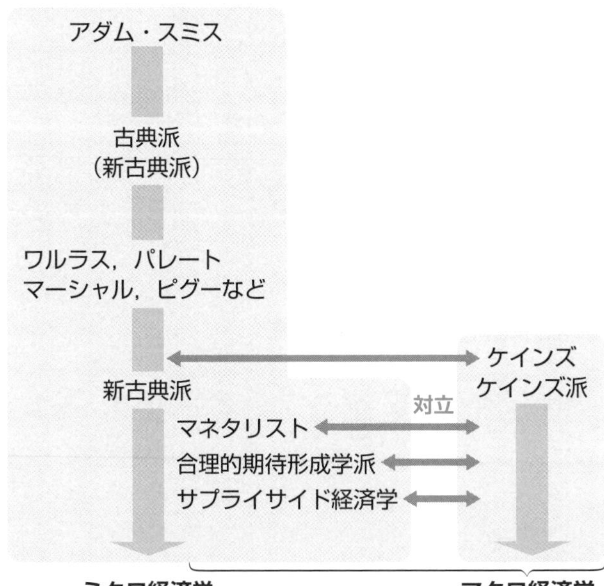

ミクロ経済学とは

ミクロ経済学とはアダム・スミス流の経済学で，『ミクロ編』に登場するワルラス的調整のワルラス，マーシャル的調整のマーシャル，パレート最適のパレート，エッジワース・ボックスのエッジワース，ピグー税のピグーなどもすべて古典派に属します。
アダム・スミスからリカードまでを古典派，それ以降を新古典派といういい方もあります（⇒p.207）。

経済学説史の理解のために

本書では，登場した経済学者に，生存年代を付記しています。学説史の理解の助けになります！　ご活用ください。

世界大恐慌の襲来とケインズ登場

しかし，1930年代の大恐慌の際，市場調整メカニズムを信奉した「無策な」経済学者を「古典派」と呼んで批判して立ち上がったのが**ケインズ**です。その主著**『雇用・利子及び貨幣の一般理論（一般論）』**の中で，ケインズは不況のような状況においては，公共投資など政府による積極的な経済への介入が有効であると主張しました。

アメリカではニューディール政策の一環としてテネシー川流域の大規模公共事業が行われ，ケインズ的政策が恐慌からの脱出に貢献したと評価されています。

以後，経済学界はケインズ派が一世を風靡（ふうび）します。1940年代から60年代後半まで，「だれもがケインジアン（ケインズ派）」といわれるほどケインズ経済学が主流となりました。

マクロ経済学とは

マクロ経済学とは実質的にケインズ経済学です。皆さんがこれまで学んだ45度線分析，*IS*－*LM*分析などはすべてケインズの経済学です。

1970年代の スタグフレーションの時代

ところがケインズ一色の流れはそう長くは続きませんでした。第一次石油危機が発生した1970年代初期のスタグフレーション（不況下の物価高）の時期のことです。大恐慌時にケインズが古典派と呼んでそれまでの経済学を批判したように，**マネタリスト**（マネタリズム）と呼ばれる学派が，スタグフレーションを説明できないケインズ派を批判しました。

また，1970年代にはマネタリストの流れから**合理的期待形成学派**と呼ばれるグループも台頭してきます。さらに1980年代には**サプライサイド経済学**（供給重視の経済学）も出てきました。マネタリスト，合理的期待形成学派，サプライサイド経済学は，市場原理を重視する**（新）古典派**の流れに属しながら，マクロ経済学でケインズ派と対抗する学派として扱われます。

マネタリスト①

マネタリストは，基本的に政府の介入を排除した市場原理を評価しています。古典派の流れをくみますが，経済学の世界では「マネタリスト」と別枠で扱われます。マネタリストの創始者が**フリードマン**です(⇒p.249)。

本書に出てくるテーマでも，*IS*－*LM*分析における*LM*曲線の形状，労働市場，*AS*曲線の形状などにはケインズ派 vs 古典派という構図があります。また，貨幣数量説はケインズ派にはない古典派の理論でした。学派の違いに注目するともっと経済学がおもしろくなりますよ。

専3-5

フィリップス曲線って何だろう

～大論争の発端？～

フィリップス曲線とは？

イギリスの経済学者**フィリップス**（1914～1975）は，約100年間（1861年から1957年まで）の統計から，名目賃金率が上昇（低下）すると失業率が低下（上昇）するということを見出しました。この負の相関関係（逆の関係）を，横軸に失業率 u，縦軸に名目賃金の上昇率 $\frac{\Delta w}{w}$ をとると，右下がりの曲線で描かれます。この曲線をその名にちなんで**フィリップス曲線**といいます。

フィリップス曲線

名目賃金上昇率と失業率の間にある関係を示した曲線
賃金↑(↓) － 失業↓(↑)

また後に，賃金上昇率 $\frac{\Delta w}{w}$ と物価上昇率 $\frac{\Delta P}{P}$ と置き換えることもできるとみなされるようになりました。これを**物価版フィリップス曲線**と呼び，物価が上昇（低下）すれば，失業率が低下（上昇）するという関係が示されています。

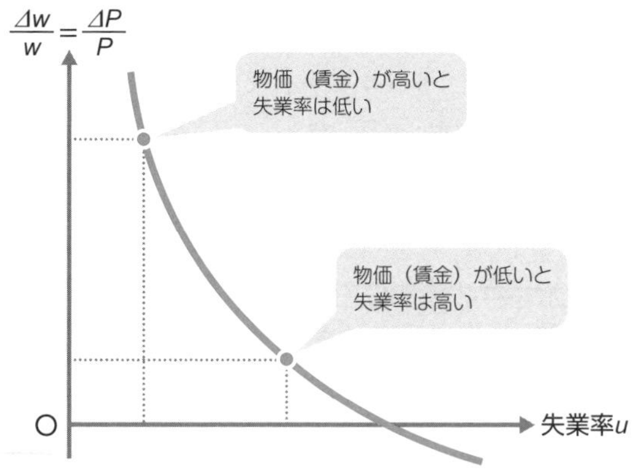

負の相関関係？

「一方が上がると他方が下がる」といった逆の関係になっていることを，「負の相関関係」といいます。**「トレード・オフ」**ということもあります。

***u*って？**

失業率の*u*は失業を意味するunemploymentの頭文字です。

賃金＝物価？

賃金の上昇は企業にとってはコスト（費用）の増加です。一般的に企業はコストが増えれば，価格に転嫁します（消費税増税の際に価格が上がったことを思い出そう！）。製品の価格は，社会全体では物価と呼ばれるので，賃金上昇率＝物価上昇率の関係が見出せます。

物価版フィリップス曲線

物価上昇率と失業率の間の関係を示した曲線
物価↑（↓）－ 失業↓（↑）

物価（賃金）が上がるということは，通常，経済は好況であり，景気がいいということは，失業率は下がるので，理論そのものは理解しやすいと思います。

ケインズ派 vs マネタリスト

●ケインズ派のフィリップス曲線

このフィリップス曲線は統計上見出されたものでしたが，ケインズ派はこの右下がりのフィリップス曲線が理論的に正しいとして支持しました（ケインズ派も賛同）。

●マネタリストのフィリップス曲線

これに対して，異議を唱えたのがマネタリストです。結論からいえば，**マネタリスト**は「短期的にはケインズ派と同様にフィリップス曲線は右下がりとなるが，長期的には自然失業率水準で垂直になる」と主張しました。

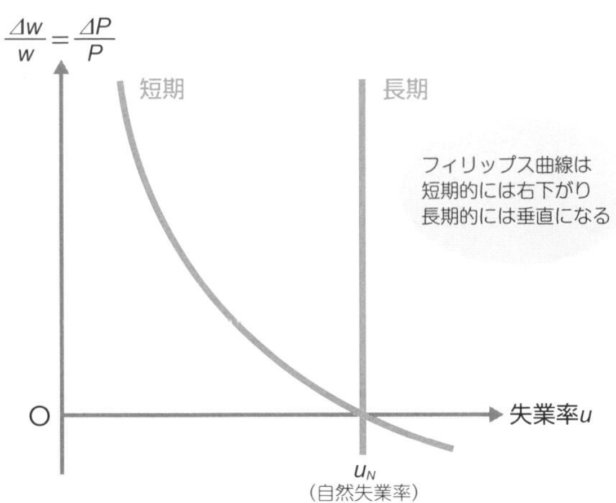

自然失業率とは理想的な完全雇用が実現しているときの失業率水準のことをいいます。これは，働く意思のない**自発的失業**（ニートを含む）や一時的な**摩擦的失業**による離職者は

失業率の定義

失業率とは労働力人口に占める完全失業者の割合です。

失業率＝$\frac{\text{完全失業者}}{\text{労働力人口}}$

完全失業者：無職で職探しをしている者
労働力人口：15歳以上の就業者＋完全失業者

ニートは職探しすらしていないので，完全失業者ではなく自発的失業者で，完全失業者とは非自発的失業者のことをさします。

失業にもいろいろ

完全雇用：働く意思がある者がすべて雇用されている状態です。
自発的失業：賃金や待遇など労働条件に不満があるなどして，労働者自らが失業を選択している状態です。働く意思のないニートもこの自発的失業者に属します。
非自発的失業：働く意思があるにもかかわらず，不況などにより，就職できないで失業している状態です。

摩擦的失業

求人と求職がかみ合わない一時的な失業状態をいいます。

いますが，**非自発的失業者**はいない雇用状況のことです。

マネタリストによれば，長期的には名目賃金がどのように決まっても物価の調整によって，完全雇用を達成できる実質賃金の水準を常に維持することができます。そのため，マネタリストのフィリップス曲線は長期的には，自然失業率u_Nの水準で垂直な直線となります。この理論を**自然失業率仮説**といいます。

完全雇用の誤解

自然失業率における完全雇用の状態とは，働く意思のある人は働けている状態をいい，すべての人が働いていることをさすのではありません。ですから，自然失業率は完全雇用という環境下で，文字どおり「自然」に発生する失業率とでもいえます。

●短期的には右下がりである理由

❶賃金が低いので働く意思のなかった自発的失業者が多数いて，当初，経済が点Aの状態であったとします。ここで政府が点Aの失業率水準を下げるために，財政政策を実施して有効需要を拡大させたとすると，名目賃金は上昇，労働供給は増大，失業率も改善して経済は点Bの状態になります（点A→点B）。

このとき，労働者が労働供給を増やしたのは，短期的に名目賃金（貨幣賃金）wが上昇したからですが，労働者は名目賃金が上昇したことで，やがて物価Pが上昇し，実質賃金$\frac{w}{P}$が変化しないことに当初は気づきません。このことを**貨幣錯覚**と呼びます。これが短期的にフィリップス曲線が右下がりになる理由です。

つまり こういうこと…

完全雇用の状態とは，非自発的失業者がいないことで，完全雇用でも自発的失業者は存在します。いい換えると，完全雇用の状態とは，働きたい人はすべて働けている状態のことをさします。

【長期のフィリップス曲線が垂直になる理由】

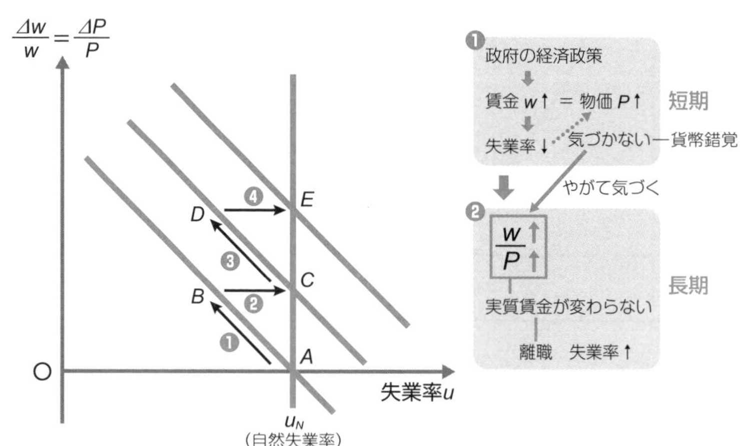

●長期的には垂直になる理由

❷ところが，長期的にみれば，働き出した労働者は，実質賃金が増えていないことに気づくと仕事を辞めてしまいます(貨幣錯覚から覚めた！)。この結果，労働供給量はもともとの水準，つまり自然失業率の水準に戻ることになります（点B→点C)。

●フィリップス曲線の上方移動

また，人々が「物価は上昇する」と予想する物価上昇率を**期待物価上昇率π^e**といいます。その期待物価上昇率π^eが，現実の物価上昇率と一致すれば，短期フィリップス曲線は右上方へ移動します。このとき人々は貨幣錯覚に気づき，名目賃金の上昇を受けて現実の物価も上昇したことを認識しています。

❸そこで，失業率がもとの水準に戻ったことで，政府が再び経済政策を行えば，短期的に失業率が低下，経済の状態は上方へシフトしたフィリップス曲線上を移動して点Dになります（点C→点D)。

❹しかしここでも，長期的に賃金上昇を伴う物価上昇によって実質賃金が結局変わらないと後になってわかれば，労働供給はもとに戻り，経済の状態も点Eになってしまいます(点D→点E)。

このように，いくら政府による有効需要の拡大政策によって一時的に失業率が改善したとしても，物価だけが上昇したまま，もともとの完全雇用の状態である自然失業率水準に戻ることになります。

ですから，長期フィリップス曲線は自然失業率の水準で垂直な直線で示されることになります。

フィリップス曲線の解釈

ケインズ派　：右下がり
マネタリスト：短期的に右上がり，長期的には自然失業率の水準で垂直

●マネタリストのケインズ批判

結局，ケインズ的な裁量的経済政策は，物価の上昇つまりインフレを引き起こすだけで，無効と批判されます。

マネタリストの立場からすれば，経済は完全雇用の自然失

マネタリスト②

貨幣政策の重要性を主張する経済学。その経済学の基盤にあるのは，市場メカニズムを重視する新古典派の経済学です。ケインズ経済的な裁量的経済政策に対して，貨幣数量説やk%のルール（次章で説明）を主張するのがマネタリストです。

フリードマン

フリードマン（1912～2006）は，アメリカの経済学者（ハンガリー生まれ）で，**マネタリズム**（マネタリストの信奉者の集まり）の総帥です。シカゴ大学で教鞭をとり，**シカゴ学派**の代表としてアメリカだけでなく，南米など世界各国の経済政策にも影響を与えました。規制のない自由主義経済を掲げ（新自由主義）として，反ケインズの急先鋒に立ちました。1976年にノーベル経済学賞を受賞しています。

期待物価上昇率？

期待物価上昇率は，**期待インフレ率**ともいわれ，将来予測される物価上昇率のことです。

裁量的経済政策

裁量的とは，何か経済の変動が起きたときに対応して行う経済政策（財政・金融政策）。悪い意味では，場当たり的，対症療法的な政策のことです。

業率水準で長期的に安定するので，ケインズ派が，失業率を自然失業率以下に保とうとして経済政策を施しても，物価上昇率（インフレ率）は，人々の予想を上回るスピードで加速度的に上昇するだけの結果になってしまいます。

フリードマンは，これを防ぐために，ケインズ政策を放棄して，貨幣供給を安定させることによって（k%ルール⇒p.264），経済の自律性を回復させることが重要であると主張しました。

例題5

フィリップス曲線および自然失業率仮説に関する記述として，妥当なものはどれか。

（地方上級　改題）

1　フィリップス曲線は，名目賃金上昇率と失業率との間の正の相関関係を示す右上がりの曲線をいい，1970年代のアメリカ経済におけるスタグフレーションの生成を検証したものである。

2　フィリップス曲線は，期待インフレ率の大きさに依存しており，期待インフレ率が上昇した場合，上方にシフトする。

3　自然失業率は，有効需要の減少によって，完全雇用が成立していない場合に存在する失業率をいい，全労働者に占める現行の市場賃金で働く意思がありながらも職をみつけることのできない失業者の割合である。

4　自然失業率仮説によると，政府が総需要拡大政策をとった場合，企業や労働者は，現実の物価上昇率と期待物価上昇率との乖離を正しく認識できるため，短期的に失業率を下げることはできない。

5　自然失業率仮説によると，長期的には，フィリップス曲線が垂直になるため，金融政策や財政政策によって，失業率を自然失業率より下げることができる。

解法のステップ

1．フィリップス曲線は，名目賃金上昇率と失業率との間の負の相関関係を示す右下がりの曲線でした。

2．正しい記述です。

3．非自発的失業についての記述です。

4．「短期的」ではなく，「長期的」となれば正しい記述です。

5．自然失業率仮説において，失業率は長期的に自然失業率水準で安定します。

では，本項の最後に**1**にあった，フィリップス曲線がスタ

再確認

自然失業率仮説では，政府が総需要拡大政策をとった場合，労働者や企業に貨幣錯覚が生じるため（企業も貨幣錯覚に陥る），短期的に自然失業率水準から失業率を下げることができますが，長期的には期待物価上昇率が上昇することにより，失業率は自然失業率に戻ります。

グフレーションの生成を検証したものなのかについて深掘り解説してみたいと思います。関心のある方はお読みください。

フィリップス曲線とスタグフレーション

フィリップス曲線においては，物価と失業の安定的な形のトレードオフの関係が1960年代までは確認されました。

しかし，1970年代に入ると事情は一変し，1973年の**第一次石油危機（オイルショック）**に伴い，物価は高くなり，失業率も上昇する**スタグフレーション**（不況下の物価高）が発生しました。このとき，フィリップス曲線は，スタグフレーションを説明できないと疑問視されたのです。そこで，フリードマンに代表されるマネタリストが，期待物価上昇率（期待インフレ率）の変化を加味したフィリップス曲線を示して，スタグフレーションの説明を次のように試みました。

①不況を受けて，政府が，経済政策を実施した場合，景気回復期待から，人々は，やがて物価が上昇すると予想（期待）するようになります。

②そうすると，自らの実質賃金$\dfrac{w}{P}$の低下を避けるために，労使の賃金交渉によって，名目賃金wの引き上げを求めます（1970年代，労働組合の力は強かった！）。

③この要求を受け入れた企業は製品価格を引き上げるので，社会全体の物価も上昇します。

この内容を試験対応のために少し理論的に説明してみましょう。

不況（高い失業率）で，将来の期待物価上昇率（期待インフレ率）が上昇し，物価上昇（インフレ）が起きると，政府・日銀が財政・金融政策による引締めを実施します。これにより，現実のインフレ率を落とすことができるにしても，期待物価上昇率がこれに追随して落ち着くまでは，高失業率と高インフレ率が共存してしまうとフリードマンは説明しました。

このように，インフレ期待の高まりにともなって，フィリップス曲線は短期的に右上シフトしたことで，インフレ率と失業率の上昇（スタグフレーション）が発生したという説明

スタグフレーション

不況（デフレ）なのに物価が上昇（インフレ）してしまう現象，インフレとデフレが同時にやってくる現象です。

インフレ率＝物価上昇率

インフレ率のインフレとは，貨幣価値を低下させる経済現象としてのインフレではなく，物価が持続的に上昇するという辞書的な意味でのインフレです。もともとインフレの訳出は物価上昇（率）です。

1970年代前半はこんな時代！

1）1971年8月のニクソンショックと1972年2月からの**変動相場制**への移行

2）1973年当時の田中角栄内閣が**列島改造計画**を打ち出したことで招いた土地の投機に加えて，当時の**過剰流動性**（カネ余り）も重なって起きた地価の高騰

3）1973年秋の**第一次石油危機**による狂乱物価

ができるのです。次の図では点Bから点D（または点Dから点E）へのシフトがこれに該当します。

【期待物価上昇率とスタグフレーション】

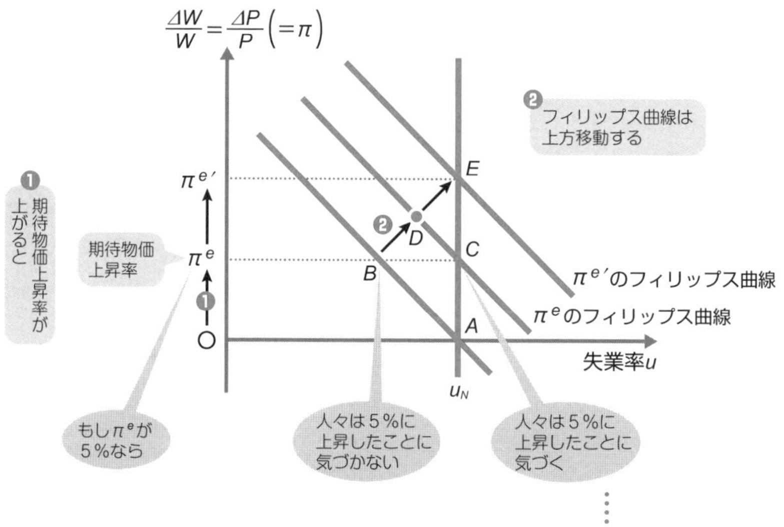

～貨幣錯覚のアナザーストーリー～

かつて**「実質賃金が予想と異なったために貨幣錯覚を起こした」**という仕立ての過去問がありました。

この場合，労働者（自発的失業者）は，実質賃金$\frac{w}{P}$を意識していると仮定しています。そのうえで，政府の経済政策によって，名目賃金wが上がったものの，労働者は物価上昇率について正確な情報を有していないため，少しでも実質賃金$\frac{w}{P}$が上昇したと誤認（貨幣錯覚）し，就業することにしました。この結果，生産が増加したことから，失業率も低下しました（**点*A*→点*B***）。（上図）

しかし，やがて時間の経過とともに，彼らは，正しく物価上昇率を予想するようになり（実質賃金が不変であることに気づく），それを織り込んで行動するようになりました（**点*B*→点*C***）。

なお，このとき，短期フィリップス曲線は，インフレ予想が織り込まれる分だけ，右上方にシフトする形となり，最終的（長期的）に人々が物価上昇率を正しく予想する状態になると，インフレと失業率とは相互に作用しなくなり，フィリップス曲線は，「自然失業率」で垂直になるのです。

第3章のまとめ

●労働市場

▶**古典派の第一公準**（労働需要）

労働の限界生産力MP＝実質賃金$\frac{w}{P}$　… ケインズ賛成

▶**古典派の第二公準**（労働供給）

労働の限界不効用MD_L＝実質賃金率$\frac{w}{P}$　… ケインズ反対

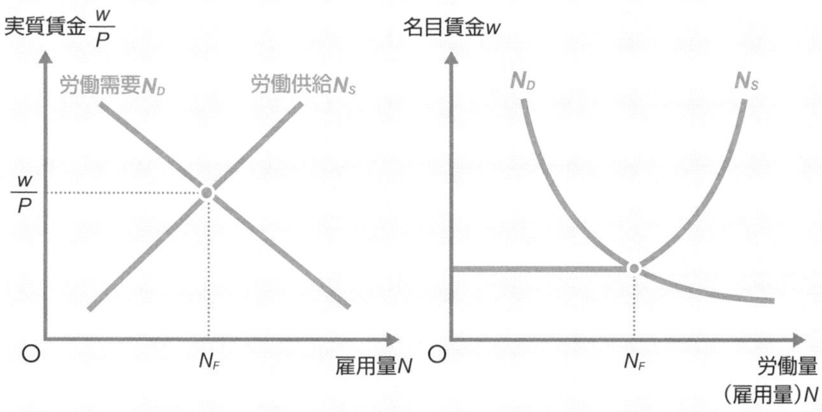

●AD曲線とAS曲線

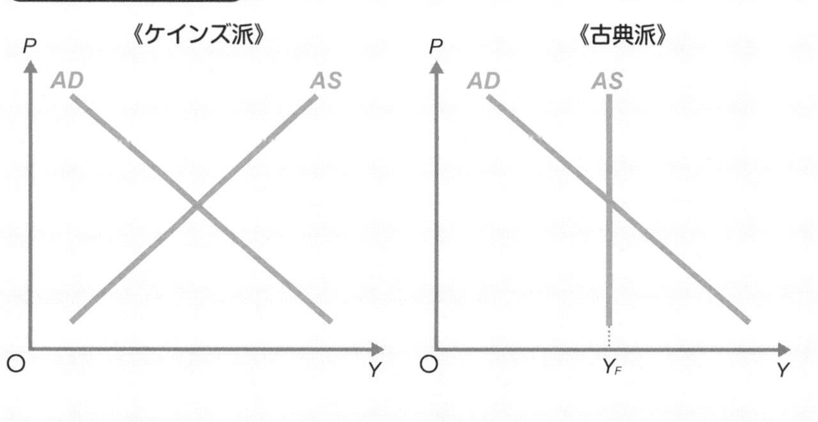

AD曲線（総需要曲線）：財市場と貨幣市場が均衡するときの物価と国民所得の組合せを示す曲線で，*IS-LM*曲線から導出される

AS曲線：労働市場が均衡しているときの物価と国民所得の組合せを示す曲線

▶AD-AS曲線でみる政策効果

財政政策*G*，金融政策*M*ともに→*AD*曲線に反映される

《ケインズ派》

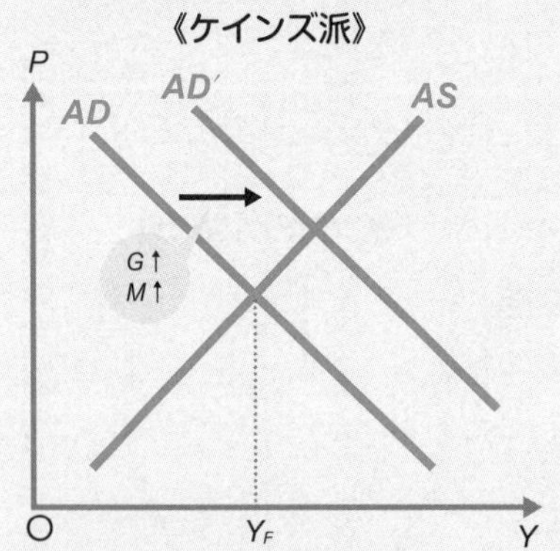

《古典派》

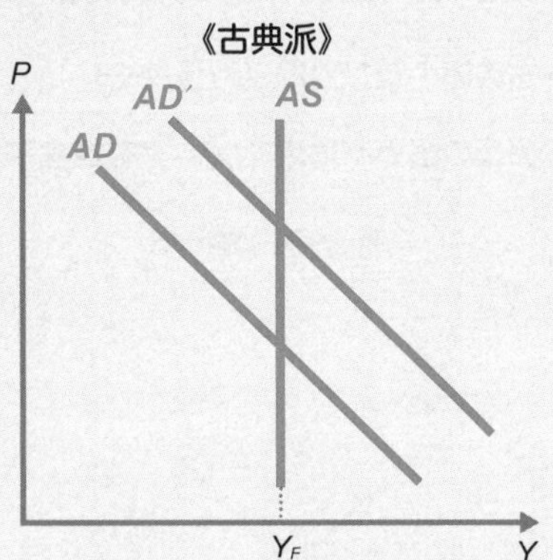

●フィリップス曲線

賃金上昇率（現在は物価上昇率）と失業率との関係を示した曲線。

名目賃金（物価）の↑（↓）→失業率の↓（↑）

《ケインズ派》

フィリップス曲線を認め，右下がり

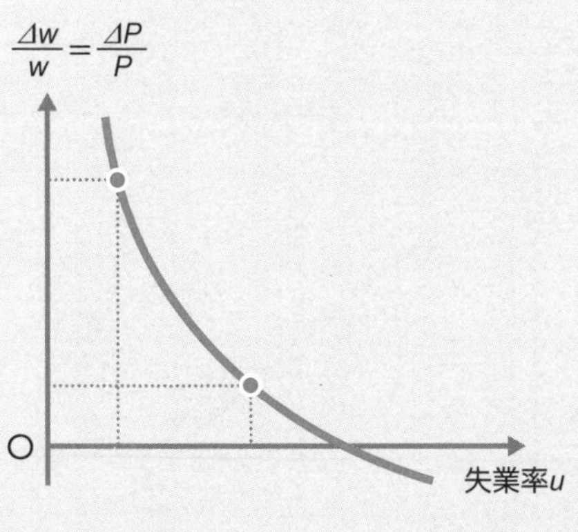

《マネタリスト》

短期的には右下がり，長期的には垂直

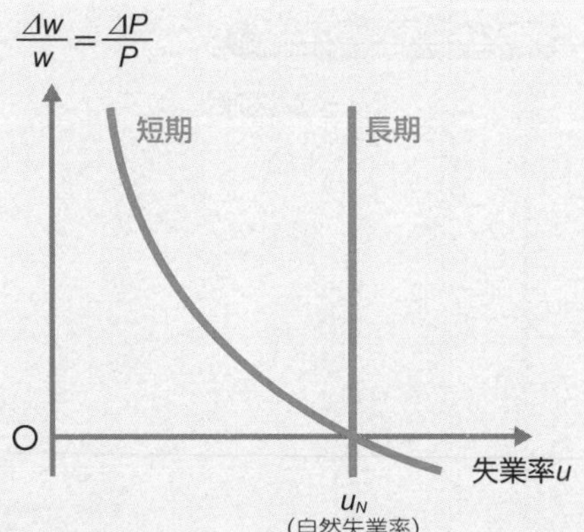

専門試験レベル　第4章

IAD-IAS曲線

見方を変えたAD-AS曲線と考えよう

今度はインフレ需要（*IAD*）曲線とインフレ供給（*IAS*）曲線について学びます。ただし，*IAD*曲線と*IAS*曲線といっても，すでに学んだ総需要*AD*曲線と総供給*AS*曲線の延長のような理論なので特に難しいものではありません。しかも，*AD*-*AS*曲線と本質的に同じであることから，前章から体系的に学べることが利点です。

AD-*AS*分析の問題よりも出題頻度は下がりますが，国家公務員試験の問題では，複雑な計算問題が出題され始めているような感じがします。

そういう意味で，国家総合職，国家一般職，国税専門官志望者は，本章でしっかりと学習してほしいと思います。

出題傾向

国家総合職：★★　国家一般職：★★　地方上級：★
国税専門官：★★　市役所：

専4-1

IAD-IAS曲線まで入っていこう ～何やら難しそうだけど～

インフレ需要曲線*IAD*とインフレ供給曲線*IAS*という新たな項目について学びますが，*AD-AS*曲線と同じ原理です。

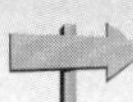

インフレ需要曲線*IAD*

インフレ需要曲線*IAD*は，財市場と貨幣市場の均衡を示す物価上昇率πと国民所得*Y*の組合せを示した曲線で，右下がりの曲線となります。

【*AD*曲線と*IAD*曲線】

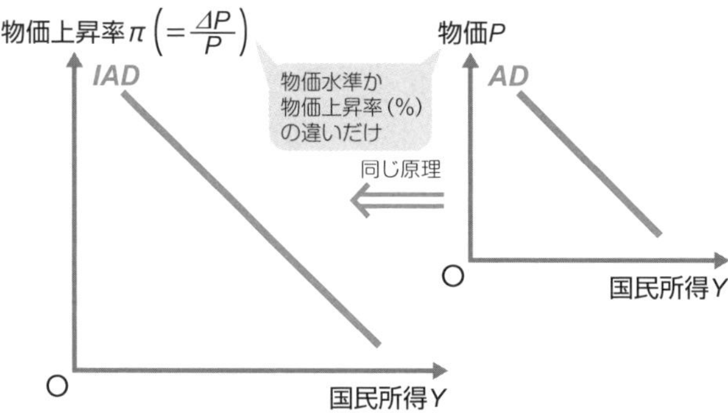

なぜ*IAD*曲線が右下がりかといえば，*IS*曲線と*LM*曲線からできていた総需要曲線*AD*と同じ理由です。*AD*曲線との違いは，縦軸の値が，*AD*曲線が物価*P*であったのに対して，*IAD*曲線は物価上昇率πをとっているということです。

なんで区別するの？

AD-*AS*曲線の頭に「インフレ」をつけて*IAD*-*IAS*なんて区別する理由がいったいどこにあるのかという疑問を抱く人も多いと思います。
確かに，*y*軸が物価水準から物価上昇率というふうに変わっただけですが，経済学的には重要な違いがあるようです。
マクロ経済学の最先端の分野は，「動学的分析」などの概念といわれています。
従来の経済学の分析対象は「現在」ですが，動学的分析とは，過去，現在，未来（将来）という時間的な変化を通じた経済行動の分析をするものです。
物価水準*P*というのは現在のある１点の状態だけの話ですが，*IAD*-*IAS*モデルで使う物価上昇率というのは，ある時点から連続している点で，「動学的分析」に近いものであるというのが私見です。

インフレ供給曲線*IAS*

インフレ供給曲線*IAS*は，労働市場の均衡を示す物価上昇率πと国民所得*Y*の組合せを示した曲線で，一般的には右上がりの曲線となります。*IAS*曲線も基本的な考え方は，総供給曲線ASと同じです。グラフも縦軸が物価上昇率πになっているだけですが，*IAS*曲線は，フィリップス曲線とオーカンの法則から導出されるという点が新しい項目です。

今回初めて出てきた**オーカンの法則**（オークンの法則）とは，「失業率と国民所得の大きさに関して，失業率uが上昇（低下）すれば，国民所得Yが減少（増加）する」という理論です。失業者が多い（少ない）ときは景気が悪い（よい）ので，所得水準が低い（高い）というのは理解しやすいと思います。

オーカンの法則

失業率u↑（↓）→ 国民所得Y↓（↑）

【*IAS*曲線の仕組み】

*IAS*曲線は，フィリップス曲線とオーカンの法則から導出される

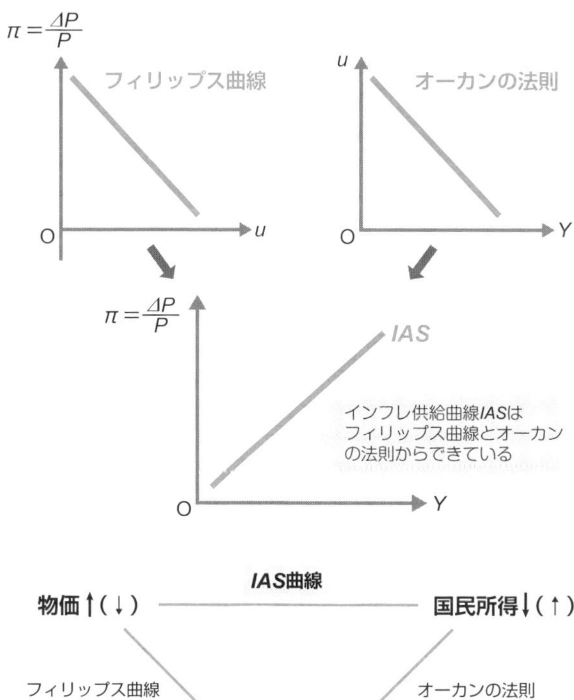

名称

*AD*曲線と*IAD*曲線の違いは，縦軸が物価水準から物価上昇率に変わっただけというい方をしましたが，慣例として，*IAD*をインフレ総需要曲線とはいわずにインフレ需要曲線といいます。*IAS*曲線も同様です。

一言

フィリップス曲線とオーカンの法則がどういう関係で*IAS*曲線を導出することになるのかということは，経済学という学問のレベルでは大事ですが，試験対策としては重要ではありません。**フィリップス曲線とオーカンの法則が*IAS*曲線の導出に活用される**ということだけを知っておいてください。

オーカン

オーカン（オークン）（1928～1981）は、アメリカの経済学者で，エール大学教授でした。ケネディ・ジョンソン政権下，大統領経済諮問委員を務めました。

専4-2

IAD-IAS曲線をめぐる政策論争 ～マネタリスト vs 合理的期待形成学派～

本項では，マネタリストと**合理的期待形成学派**の*IAD*-*IAS*曲線の形状の違いとそれに伴う政策効果の違いについてみていきます。違いの根底にあるのは，**両派の期待物価上昇率に対する見解の相違から，想定している*IAS*曲線の形状が異なっているということです。**

合理的期待形成学派？

合理的期待形成学派は，人々の合理性を信じ，マネタリストの考え方をさらに極端にした学派です。一種の人間の理性を重んじる理性主義の立場に立ちます。代表的な経済学者にルーカス（1937～2023）やバロー（1944～）がいます。

IAD-IAS曲線の形状の違い

マネタリストは，短期的には*IAS*曲線を右上がりとして，長期的には*IAS*曲線を垂直とみなします。

この考え方は，フィリップス曲線のときと同様，短期的には貨幣錯覚を起こすために，右上がりの*IAS*曲線となりますが，錯覚が解消された長期では，理想的な完全雇用国民所得水準を常に実現するので，*IAS*曲線は垂直になります。

これに対して，**合理的期待形成学派**の*IAS*曲線は，学派の名称のとおり，人々は最初から合理的に期待を形成するので，短期も長期も，*IAS*曲線は垂直な形状をしています。*IAD*-*IAS*曲線は次ページの図のように示されます。

【マネタリストの*IAD*-*IAS*曲線】

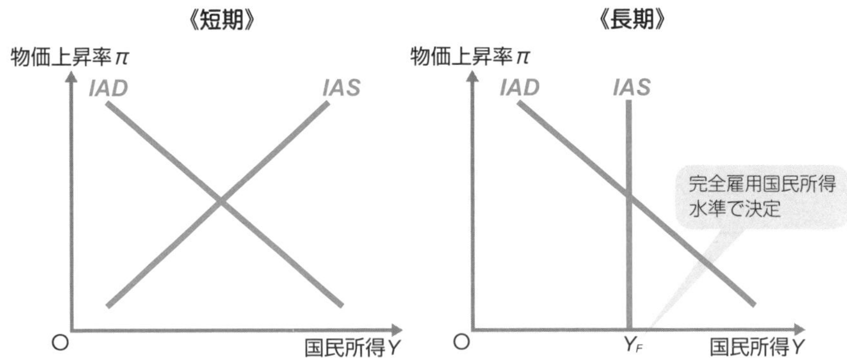

【合理的期待形成学派の*IAD*－*IAS*曲線】

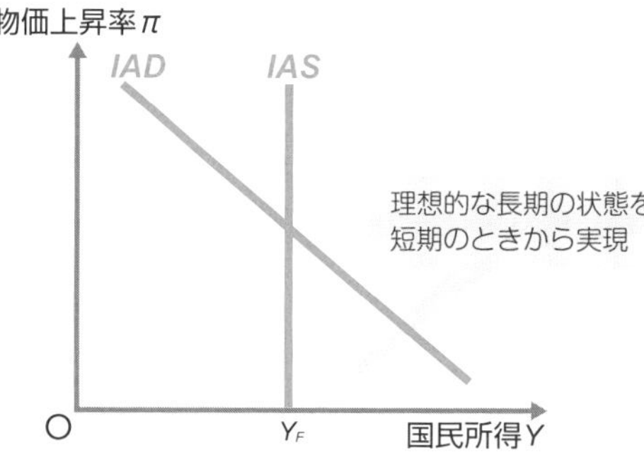

では，マネタリストと合理的期待形成学派の考え方の違いは何かというと，形成される「期待」が異なります。

適応的期待 vs 合理的期待

「期待」については，前章でも期待物価上昇率（期待インフレ率）で言及しました。これは人々の予想する物価上昇率でしたが，その予想の形成には２つのパターンがあります。

●適応的期待形成

適応的期待（適合的期待）とは，将来の物価上昇率（来期の期待物価上昇率）π^eを予想する際に，過去（前期）の物価上昇率π_{-1}の情報（データ）のみを用いて予測するという期待形成のことです。ただし，前期の期待形成の過程で生じた予測誤差，すなわち現実とのズレは徐々に修正されていきます。適応的期待を式の形で示せば，$\pi^e = \pi_{-1}$となります。

適応的期待形成では，あるお菓子がそれまでずっと100円であったとすると，明日から消費税が引き上げられることになっても，価格は100円のままだと当初は予測しますが，やがて，消費税率が２％上昇するなら，価格も２％上昇していくことを予見するようになります。

ある意味，**適応的期待はマネタリストの期待形成である**といえます。マネタリストがフィリップス曲線で示した短期的に起こる貨幣錯覚も，この適応的期待で説明できるからです。

やっぱり垂直

合理的期待形成学派も広い意味では新古典派に属します。古典派の流れをくむ学派にとっては，完全雇用が実現するところで国民所得が決定されます。したがって，合理的期待形成学派にとってもインフレ供給曲線*IAS*はやはり垂直になりました。

期待物価上昇率

現時点から将来（たとえば１年後）までに生じるインフレに関する予測値のことです。**期待インフレ率**とも呼びます。

物価上昇率＝π？

πはミクロ経済学では利潤をさしました。マクロ経済学ではなぜπが物価上昇率に活用されるのでしょうか。利潤はもともとProfitですが，PはPriceで価格の記号として使われているので，古代ギリシャでπをピーと発音，あるいはラテンアルファベットでπは*P*を表していることなどにより，物価上昇率$\frac{\Delta P}{P}=\pi$となったと推測されます。

適応的期待

$\pi^e = \pi_{-1}$

〔π^e：期待物価上昇率　π_{-1}：前年の物価上昇率〕

●合理的期待形成

合理的期待は，人々は将来の物価上昇率（来期の期待物価上昇率）π^eを予想する際に，利用可能なすべての情報を用いて，現時点で（今期π），正しく期待を形成できるという考え方です。合理的期待の公式は，$\pi^e = \pi$で示されます。

合理的期待形成の場合，明日から，消費税率が２％上昇するなら，物価上昇率もすぐに２％上昇すると正しく予測されます。これは文字どおり，**合理的期待形成学派**の立場であるということができます。

合理的期待

$\pi^e = \pi$〔π：現在の物価上昇率〕

そうすると，人々が合理的に期待形成できるとなれば，経済政策が打たれても，その前に人々は経済行動を変える（人々はその政策変更をすべて織り込んで行動する）ので，マクロ経済政策は無効になってしまいます。逆に，政府による経済政策が，人々の予想に反するような政策変更ならば，その経済政策は効果を発揮します。

また，合理的期待形成学派の立場からフィリップス曲線を描かせれば，短期も長期もなく，最初から自然失業率水準で垂直となります。人々は最初から合理的に期待を形成できるので，政府が経済政策を行っても，名目賃金と実質賃金の水準を，即座に正しく判断し，貨幣錯覚に陥ることはありません。

このように，期待形成が異なるので，マネタリストと合理的期待形成学派の*IAD-IAS*曲線に対する見方も異なります。

***IAS*曲線**

マネタリスト：短期的には右上がり，長期的には垂直

適応的期待　$\pi^e = \pi_{-1}$

合理的期待形成学派：短期も長期も垂直

合理的期待　$\pi^e = \pi$

こういうこと？

たとえば，来年の景気がどうなるかを予想する際に，適応的期待のマネタリストは過去のデータをもとに分析していくのに対して，合理的期待の合理的期待形成学派は，現在の景気を肌で感じて，理性的，合理的に来年の景気を予測するっていう感じですかね。

【マネタリストと合理的期待形成学派のフィリップス曲線】

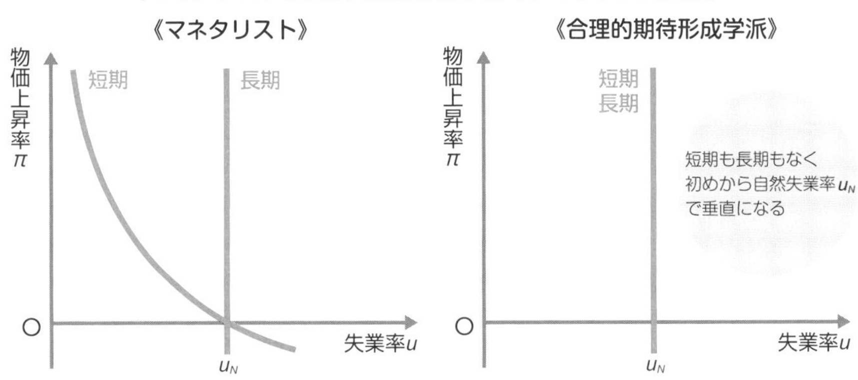

IAD–IAS分析による政策効果

次に政策効果ですが，基本的にAD－AS曲線と同様です。財政政策と金融政策を行ったときに移動するのは，ともに*IAD*曲線であることに気をつけましょう。

【IAD－IAS分析による政策効果】

《マネタリストの短期》

マネーサプライの
増加率を高めると，
(政府支出増加率も同様)

物価上昇率π

IAD′

IAS

IAD

短期的には
実質国民所得
水準は増加する

O

$Y_F \rightarrow Y_F'$

国民所得Y

財政拡大政策 g↑　金融緩和政策 m↑
ともに *IAD* 曲線が右上移動
⇓
国民所得増＝政策効果あり

《マネタリストの長期
合理的期待形成学派の短期・長期》

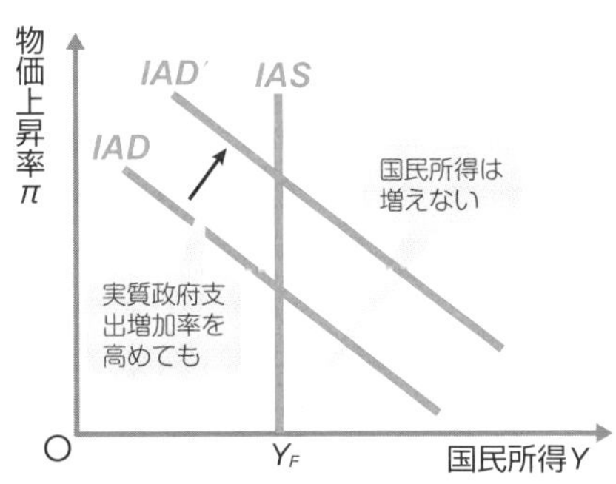

財政拡大政策 g↑　金融緩和政策 m↑
ともに *IAD* 曲線が右上移動
⇓
国民所得不変＝政策効果なし

例題1

インフレ供給曲線およびインフレ需要曲線がそれぞれ，

$$\pi = \pi^e + \alpha(Y - Y_F)$$

$$Y = Y_{-1} + \beta(m - \pi) + \gamma g$$

で示される経済に関する次の記述のうち，妥当なものはどれか。なお，初期時点では，

$$\pi = \pi^e = m \quad g = 0 \quad Y = Y_F$$

とし，政策変化は名目マネーサプライ増加率（m），または実質政府支出増加率（g）の変化を考える。　（国家一般職［大卒］）

［π：物価上昇率　π^e：期待物価上昇率　Y：実質国民所得
Y_F：完全雇用実質国民所得　Y_{-1}：前期の実質国民所得
m：名目マネーサプライ増加率　g：実質政府支出増加率
$\alpha \cdot \beta \cdot \gamma$：正の定数］

1　期待物価上昇率が当期の物価上昇率に等しい（$\pi^e = \pi$）場合，名目マネーサプライ増加率を初期時点より高めると，実質国民所得は増加する。

2　期待物価上昇率が当期の物価上昇率に等しい（$\pi^e = \pi$）場合，実質政府支出増加率を高めても，物価上昇率は変化しない。

3　期待物価上昇率が当期の物価上昇率に等しい（$\pi^e = \pi$）場合，実質政府支出増加率を高めても，実質国民所得は増加しない。

4　期待物価上昇率が前期の物価上昇率に等しい場合（$\pi^e = \pi_{-1}$）場合，実質政府支出増加率を高めると，長期的には実質国民所得は増加する。

5　期待物価上昇率が前期の物価上昇率に等しい場合（$\pi^e = \pi_{-1}$）場合，名目マネーサプライを高めても，短期的には実質国民所得は増加しない。

解法のステップ

一見，難しそうに感じるかもしれませんが，適応的期待形成か合理的期待形成かを見極めることができれば，簡単に解答できます。所与の*IAD*曲線と*IAS*曲線の式を覚える必要もありません。

1～**3**は合理的期待形成学派の立場ですので，以下のグラフで検討します。

すでに何度も述べましたが，*IAD*－*IAS*曲線においては，名目マネーサプライ増加率や実質政府支出増加率を高めた場合には*IAD*曲線が右上方に移動します。結果的には物価上昇率だけが高まって国民所得は増加しません。したがって，正答は**3**となります。

解答のポイント

各選択肢がマネタリストの立場なのか，合理的期待形成学派の立場に立っているのか，マネタリストであれば短期なのか長期なのかを判断することにつきます。

- 「期待物価上昇率が当期の物価上昇率に等しい場合（$\pi^e = \pi$）」は**合理的期待形成学派**
- 「期待物価上昇率が前期の物価上昇率に等しい場合（$\pi^e = \pi_{-1}$）」は**マネタリスト**

（1～3）

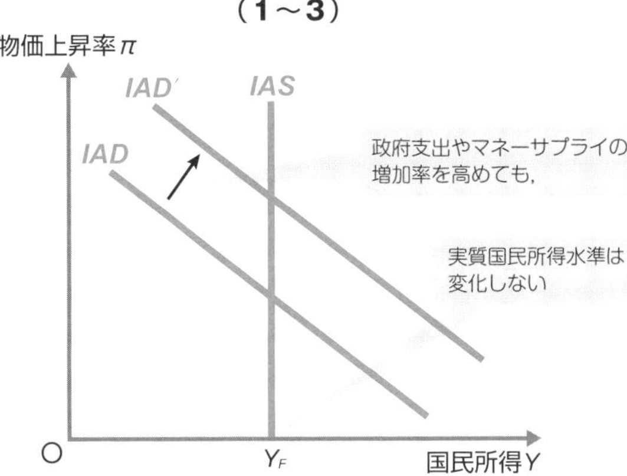

IAD－*IAS*曲線では政策が行われる場合も，たとえば政府支出増加率$g=\frac{\Delta G}{G}$，マネーサプライ増加率$m\left(=\frac{\Delta M}{M}\right)$というように変化率で問われます。

一方，**4**，**5**は，マネタリストの立場での長期と短期の例で，名目マネーサプライ増加率や実質政府支出増加率を高めた場合，それぞれ以下のようになります。

長期の場合（**4**），物価上昇率だけが高まって国民所得は増加しません。また，短期の場合（**5**），物価上昇率は高まり，国民所得も増加するのでともに誤りとなります。

《長期》（4）　《短期》（5）

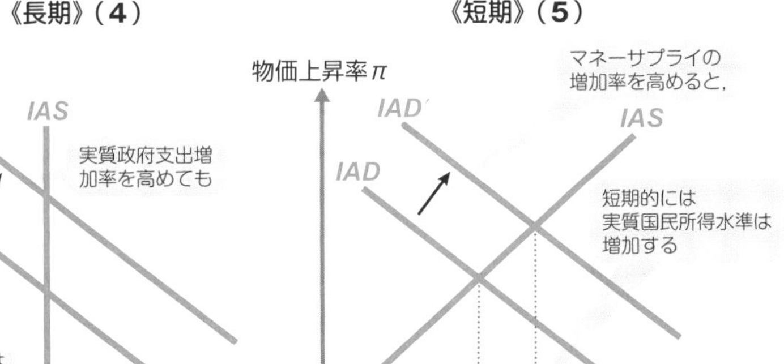

専4-3

k%ルールを考える ～マネタリストの真骨頂～

次に，マネタリストのk%のルールを説明します。

k%ルールって何だろう

マネタリストによれば，長期的にはインフレ供給曲線IASはy軸（国民所得）に対して垂直になりましたが，このときの国民所得の水準は完全雇用国民所得水準Y_Fです。また，働きたい人はだれでも働ける自然失業率水準とも一致します。

ですから，すでに学んだように，マネタリストによれば，短期的な景気の変化を受けて政府が行う裁量的な財政・金融政策は，長期的には物価水準を上昇させるだけで意味がないことになります。

【k%ルール】

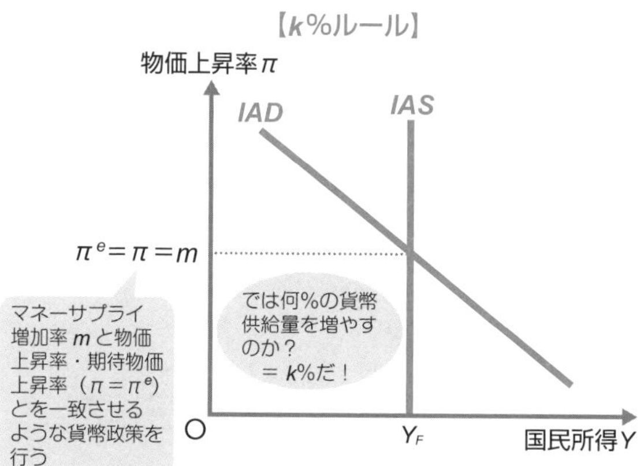

では，マネタリストにとって政府の役割とは何でしょうか？

できるだけ介入せずに市場原理に任せておくことかというとそうではありません。**貨幣供給量（マネーサプライ）を管理していくこと**が政府・中央銀行の役割であるとマネタリス

マネタリスト③

マネタリストはマネー（貨幣）に絡んだその名のとおり「貨幣こそすべて」と考え，具体的には，通貨（貨幣）政策が経済の安定化のために最も重要な政策だと主張しています。
読者の中には，マネタリストというのは，広い意味で新古典派の流れをくむので，政府の政策を否定して市場原理に任せるべきだと主張しているのではないかとみる人がいるかもしれませんが，実際には，ルール作りとしての政府の役割を重要視しています。要は経済への関与のしかたが違うのですね。このあたりを本項でしっかりと学んでください。

k%ルールの位置づけ

マネタリストについては，これまで貨幣数量説，フィリップス曲線の自然失業率仮説，IAD–IAS分析の中で登場してきましたが，このk%ルールというのは一種，マネタリストの理論の集大成ともいえるものです。

トは主張します。

しかし，ケインズ派のように，短期的な景気の悪化でマネーサプライを拡大するとか，景気の過熱でマネーサプライを減少するとかいう裁量的な金融政策には厳然として反対します。

マネタリストにとって，貨幣供給量Mの調整の目的は，物価Pをコントロールすることです。

古典派の二分法と**貨幣数量説**を思い出してください。貨幣供給量Mは物価Pだけに影響を与えました（M↑(↓) − P↑(↓))。

マネタリストは貨幣数量説に立って，金融政策の目的を長期的な物価の管理に主眼を置いています。

具体的には，前出のIAD-IAS曲線でいえば，完全雇用国民所得で均衡する物価上昇率πと貨幣供給量の増加率mを一致させることです。

むしろ，貨幣供給量の増加率mを「ある一定水準」に維持して，物価上昇率πを安定させることが政府の金融政策の最大の役割であるといったほうがよいでしょう。

マネタリストは，貨幣供給量（マネーサプライ）増加率mの「ある一定水準」を**k%**と表現したのです。

したがって，貨幣供給量の増加率mは，IAD-IAS曲線の交点で決まる均衡の物価上昇率πと期待物価上昇率π^eと一致することが理想的ということになります。

k%のルール

$$\pi^e = \pi = m\ (= k\%)$$

景気循環からみたk%ルール

さらに，景気循環の観点でもマネタリストのk%ルールを説明することができます。

景気循環については教養試験レベルでも説明しました（⇒ p.43）が，経済は好況，不況の波を繰り返しながら基本的に右肩上がりで成長を続けます。その成長とともに物価も基本的に上昇しています。

マネタリストは，長期的に物価を安定させることが経済の

再確認！

古典派の二分法：貨幣市場と財市場は完全に分離しており影響し合うことはない。
貨幣数量説（$MV = PY$）：貨幣供給量は国民所得ではなく物価だけに影響を与える。（⇒ p.207）

こんなイメージかな

マネタリストは，景気の変動に応じて金融政策を施す「裁量的金融政策」ではなく，たとえば，経済の長期的な成長率は○○%で，物価も××%で上昇しているから，今年のマネーサプライはk%（仮に3%）増やしていこうと決めて，たとえ景気がよくなっても悪くなっても，常にその年はk%を供給するという感じですね。

アイスの値段

私が子どものときにはアイスクリームが50円で買えましたが，今では100～150円はしますよね。その間に景気変動はありましたが，経済（GDP）も基本的には昔と比べると２倍から３倍に拡大しています。

安定につながると考えます。そのためにも長期的な経済成長率に見合った一定の増加率（k%）で貨幣供給量を増加させていけば，物価もk%だけ伸び，ひいては経済もk%で安定的に成長させることが可能になります。

【k%ルールによって景気は安定】

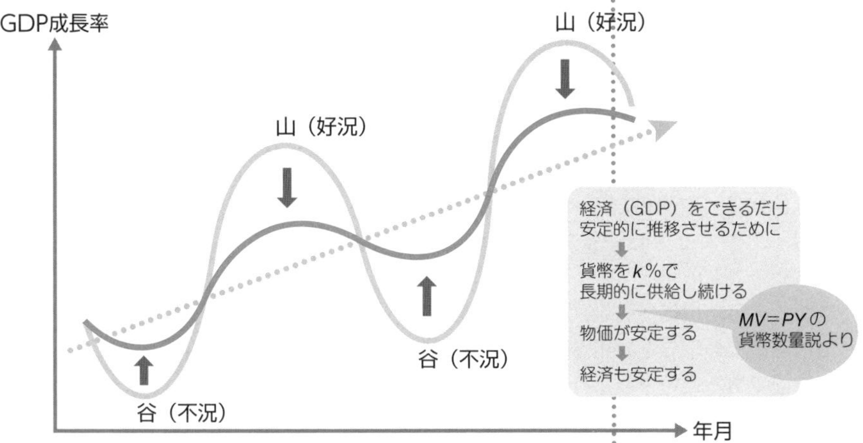

マネタリストによれば，政府がたとえば，経済成長に見合うように毎年一定（この一定ということを任意のk%と置いた）の貨幣を供給し続けるならば，物価の安定によって，上の景気循環の波も小さく（できるだけ直線に近いような形で）安定的に推移することすらできるようになります。

マネタリストというのは，貨幣をk%供給する金融政策によって，物価を，ひいては経済を完璧なまでに管理するという経済学者のロマンを追求しているのかもしれませんね。マネタリストにとっては，そのためにも「貨幣こそすべて」なのです。

ところで…

世界中の中央銀行のうち，マネタリストの金融政策を実行している国はいまだにありません。不況になったときに，何ら金融政策を施さず，「k%で，長期的に安定させる」とは政治的にいえないわけです。

第4章のまとめ

●インフレ需要曲線とインフレ供給曲線

インフレ需要曲線*IAD*：*IAD*曲線は，財市場と貨幣市場の均衡を示す物価上昇率πと国民所得*Y*の組合せを示した曲線で，右下がりの曲線となる。

インフレ供給曲線*IAS*：*IAS*曲線は，労働市場の均衡を示す物価上昇率πと国民所得*Y*の組合せを示した曲線。フィリップス曲線とオーカンの法則から導出される。

オーカンの法則：失業率*u*が上昇（低下）→ 国民所得*Y*が減少（増加）

▶マネタリストの適応的期待（$\pi^e = \pi_{-1}$）を形成

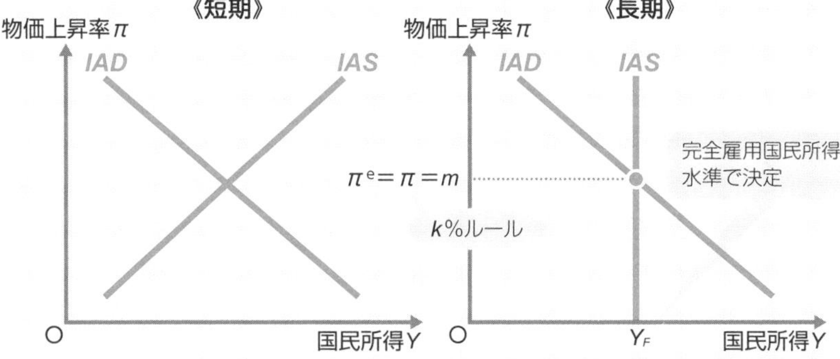

▶合理的期待形成学派の*IAD*曲線と*IAS*曲線

合理的期待（$\pi^e = \pi$）を形成

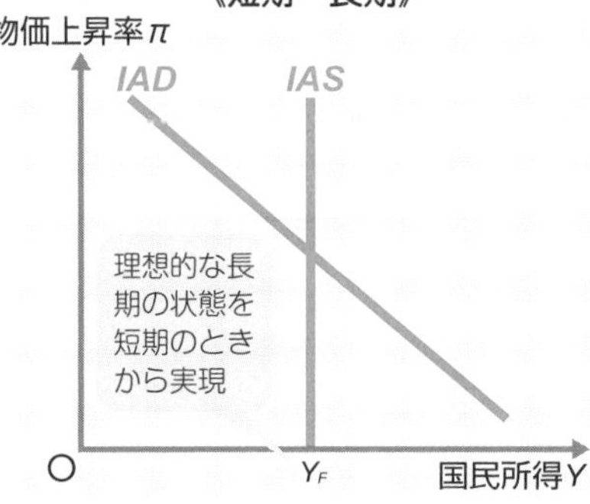

▶*IAD*-*IAS*曲線と経済政策

＝財政・金融政策の効果は，ともにインフレ需要曲線*IAD*に反映される。

マネタリスト ⇒ 短期：有効，長期：無効

合理的期待形成学派 ⇒ 一切無効

専門試験レベル　第5章

消費・投資理論

古典派とケインズ派の大論争？

本章の消費・投資理論は，近年マクロ経済学で出題頻度がかなり高くなっているテーマです。たくさんの経済学者が登場して，その理論を学ばなければならないのですが，ケインズ派 vs 古典派という構図でとらえるとまとめやすくなります。

消費理論では，ケインズ理論に対して，統計学の立場から異議を唱えられると，ケインズ派の経済学者や古典派の流れを汲むマネタリストが独自の視点でこれを検証します。投資理論では，ケインズ理論とは対照的に，古典派には「加速度原理」という理論があり，これがどんどん進化を遂げていくという流れを扱います。両者とも一連のストーリーを追うような気持ちで取り組んでいただければと思います。

出題傾向

国家総合職：★★★　国家一般職：★★★　地方上級：★★★
国税専門官：★★★　市役所：★★

専5-1

消費理論のいろいろ
～ケインズは間違っていた!? ～

消費理論に関しては，**平均消費性向**$\frac{C}{Y}$の扱いがテーマとなります。もし，平均消費性向が一定であったなら，その要因は何だろうか？という問いに多くの経済学者が答えを出しました。

平均消費性向とは？

国民所得に占める消費の割合で，消費量Cを所得Yで割り算して求められます。平均消費というようなものとみなしてください。ミクロ経済学でも平均費用AC $(=\frac{TC}{Q})$とか平均可変費用$AVC(=\frac{VC}{Q})$とか学びましたね。あれらと同じ原理です。

ケインズ型消費関数

ケインズは，人々の消費Cは現在（今期）の所得Yに依存するとし，すでに学んだように消費関数を，

$C=C_0+cY$ 〔$0<c<1$の定数，$C_0>0$〕

と示しました（⇒p.124）。そうすると，平均消費性向は，

$$\frac{C}{Y}=\frac{C_0+cY}{Y}=\frac{C_0}{Y}+c$$

となりますが，限界消費性向c（$0<c<1$）は一定なので，所得の増加とともに$\frac{C_0}{Y}$が減少することになります（**平均消費性向$\frac{C}{Y}$は逓減する**）。

クズネッツ型消費関数

これに対して，アメリカの経済学者クズネッツは，統計学の見地から，50年にわたる時系列データをもとに，消費Cと国民所得Yの関係を分析したところ，「**平均消費性向が長期的に一定になる**」というケインズ理論とは異なる実証結果を出しました。このとき，クズネッツが導出した長期消費関数は，

$\boldsymbol{C=\alpha Y}$ 〔α：定数〕

でした。

クズネッツ

クズネッツ（1901～1985）は，ロシア生まれでアメリカの経済学者・統計学者（ハーバード大学）で，計量経済学とケインズ経済理論の発展に貢献しました。1971年にノーベル経済学賞を受賞しています。景気循環のクズネッツ循環でもおなじみです。

ケインズ型の消費関数（$C=C_0+cY$）は，短期の分析では統計的に妥当であるとされましたが，長期的な消費関数はケインズ理論と異なったことから，以後，多くの経済学者が，経済学的に証明できる理論を展開し，論争となりました（これを「消費関数論争」と呼ぶ）。

デューゼンベリーの相対所得仮説

デューゼンベリーは，ケインズが消費は今期（現在）の所得に依存するとしたことに対して，今期だけでなく，過去の最高所得Y_Mにも影響を受けると主張しました。仮に不況で所得が下がっても，過去の最高所得時の消費習慣の影響を受ける（「過去の栄光を忘れられない」）ため，所得が減少する割に消費は落ちない，つまり，消費の減少に歯止めがかかることがあるとしました。これを**ラチェット（歯止め）効果**といいます。

また，デューゼンベリーは，生活している居住空間などでの平均的な消費行動に影響される**デモンストレーション効果**が働くことも指摘しています。景気とは無関係に周囲の人々の消費につられて自分も消費してしまうようなことってありますよね。

このように，私たちの消費は，今期の所得に加えて，ラチェット効果やデモンストレーション効果のような影響もあって，長期的に平均消費性向が一定となるという考え方を**相対所得仮説**といいます。厳密には，この相対所得仮説も，ラチェット効果を時間的相対所得仮説，デモンストレーション効果を空間的相対所得仮説として区別されます。

なお，デューゼンベリーの相対所得という用語が定着するにつれて，ケインズの所得を，消費が他の人々の消費行動などの影響を受けることなく，自らの今期の所得のみによって決定されるという意味で，絶対所得と呼ぶようになりました。したがって，ケインズ型消費関数を**絶対所得仮説**ともいいます。

デューゼンベリー

デューゼンベリー（1918～2009）は，アメリカの経済学者で，アメリカでケインズ政策を実践する「ニュー・エコノミックス」の提唱者の一人として知られています。

相対所得仮説に公式はある？

$C=aY_M+bY$
Y_M：最高水準の所得
という消費関数がありますが，特に覚える必要はありません。

第5章 消費・投資理論

フリードマンの恒常所得仮説

フリードマンは，現在の所得Yを，恒常所得Y_Pと変動所得Y_Tに分け，長期的な消費を決定づけるのは恒常所得であるとしました。

変動所得Y_T：毎年の所得のように，景気により変動する偶発的な所得

恒常所得Y_P：景気に関係なく，人々が将来的に獲得できると予想可能な平均的な所得

長期的な消費支出は，一時的な変動所得の変化に依存せず，かつ変動所得は恒常所得の水準を変化させないので，平均消費性向は一定となるとしました。

フリードマン

フリードマン(1912〜2006)は，これまで何度も出てきたマネタリストの総帥で，反ケインズの急先鋒ともいえる存在の経済学者です。

恒常所得仮説の公式は？

$C=cY_P$（Y_P：恒常所得）という消費関数がありますが，特に覚える必要はありません。

モディリアーニのライフサイクル仮説

ライフサイクルにおいて，消費支出Cは，ケインズ型の絶対所得（今期の所得）ではなく，**生涯所得**（一生涯に消費できる所得の総額）に依存するとされます。

このモデルでは，**勤労期*T*の所得*Y***と遺産などの**資産*W***も含めて貯蓄し，退職後から死亡するまでの間に貯蓄（生涯所得）を使い切るとみなします。そうすると，生涯所得（資産＋勤労所得）を毎年均等に消費すると考えるので，長期的に平均消費性向は一定になります。

このことを式で表せば，次のようになります。

$$\text{平均消費}=\frac{W+TY}{L}\quad〔L：\text{生涯年数}〕$$

たとえば，ある個人が今後L年間生存するが，

・20歳までに400万円の資産があり（遺産を受け継ぎ）

・20歳から60歳まで年収600万円で働き

・90歳で死亡した

とします。

ライフサイクル仮説に従った場合，この人の平均消費はいくらになるでしょうか？

まず，生涯所得(資産＋勤労所得)は400＋(600×40)＝2,800〔万円〕です。

また，生涯年数(生存年数)は，稼得期間の40年(＝60－20)

モディリアーニ

モディリアーニ（1918〜2003）は，ケインズ派に近いアメリカの経済学者で，1985年にノーベル経済学賞を受賞しました。

生涯年数？

ライフサイクル仮説における生涯年数は，生まれてから亡くなるまでの一生涯の年数の意味ではなく，自ら得た所得を消費し始めた年から，引退して死亡するまでの年（**稼得期間＋引退期間**）をいいます。なお生涯年数は**生存年数**とも呼びます。

と，引退期間の30年（＝90－60）を加えた70年となります。

よって，（長期平均）消費は，$\frac{2,800}{70}=400$〔万円〕となります。

以下にライフサイクル仮説のイメージを図示してみました。

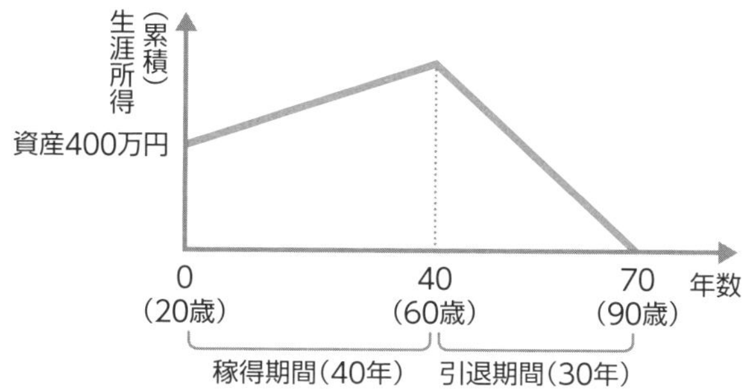

ライフサイクル仮説

ライフサイクル仮説の消費関数：$C=\frac{W+TY}{L}$

〔W：資産，T：稼得年数，Y：勤労所得，L：生涯年数〕

トービンの流動資産仮説

流動資産仮説は，人々の消費が絶対所得（今期の所得）に加え，流動資産Mの保有量にも依存するとする理論です。消費関数は，

$$C=C_0+c_1Y+c_2M$$ 〔M：流動資産〕

で示されます。

消費関数のC_0+c_1Yの部分（ケインズの消費関数と同じ）で，所得の増加によって平均消費性向は減少していきますが，c_2Mの部分で，**流動資産M**の増加に伴う資産効果によって消費が増えます。現金や預金などの流動資産は所得が増加すれば増えるので，この部分の平均消費（性向）はプラスになります。この結果，長期的な平均消費性向は一定になると考えられています。

それでは，過去問に挑戦しましょう。このテーマの出題頻度が高いことは章の冒頭で触れましたが，その問題のパター

トービン

トービン（1918～2002）は，アメリカの経済学者で，アメリカン・ケインジアンと呼ばれるグループの代表的存在でした。トービンのq理論で知られ，1981年にノーベル経済学賞を受賞しました。

流動資産って？

流動資産とは，流動性の高い現金や，預金など短期間のうちに現金化される資産のことで，土地・建物といった**固定資産**に対立する経済用語です。

ンは次のような択一の文章題です。

例題1

消費に関するA～Dの記述のうち，妥当なもののみをすべて挙げているのはどれか。

（国家専門職　改題）

A　ケインズは，絶対所得仮説を主張し，消費は現在の所得水準と短期的に換金可能な資産に依存するとした。この仮説によれば，所得が時間の経過とともに増加すると平均消費性向は低下することになり，これはクズネッツらの実証研究の結果とも合致している。

B　デューゼンベリーは，相対所得仮説を主張し，人々の消費行動は過去の習慣に依存しており，消費は今期の所得だけではなく，過去の最大の所得にも依存するとした。この仮説によれば，所得が減少した場合，過去の最大の所得と今期の所得の比率は1を超え，それが平均消費性向を上昇させることにつながり，所得の減少ほどには消費の減少が観察されないことになる。

C　フリードマンは，恒常所得仮説を主張し，消費は恒常所得に依存するほか，一時的な所得の変化にも依存するとした。この仮説では，恒常所得に将来の所得の予想を含めていないことから，家計の将来にわたる効用最大化という行動様式を考慮していないとされる。

D　モディリアーニが提唱したライフサイクル仮説では，人々は勤労期に住宅取得などのため貯蓄を取り崩して富を減らす一方，退職後に遺産などのため富を貯蓄することにより，消費や貯蓄の平準化を図るため，経済全体で集計された消費は所得のみに依存し富には依存しないことになる。

1　B
2　D
3　A，C
4　A，B，D
5　B，C，D

解法のステップ

正しい選択肢は，定義どおりの説明になっているBで，ほかは以下のような点が違っています。

Aは，前半の説明はトービンの流動資産仮説の内容になっています。また，ケインズ型消費関数はクズネッツの実証研究結果と合致しません。

Cのフリードマンの恒常所得仮説では，一時的な所得（変動所得）の変化には依存しません。恒常所得に将来の所得の

トービンの流動資産

Aで，流動資産を「短期的に換金可能な資産」と定義づけています。流動資産の特徴を端的に示す表現で他の過去問でも散見されます。

予想は含まれ，効用最大化という行動様式も考慮されています。

Dのライフサイクル仮説では，勤労期に富は蓄積され，退職後に貯蓄を取り崩します。また，生涯所得には，（勤労）所得だけでなく富（資産）にも依存します。

よって正答は**1**となります。

専5-2

投資理論のいろいろ
～進化を続ける「加速度原理」～

貨幣数量説（⇒p.207）とともに典型的な古典派経済学の理論として取り上げられるのが，「加速度原理」です。ケインズの投資理論の対抗馬である加速度原理を軸にして，さまざまな投資理論について学びましょう。

ケインズの投資理論

ケインズの投資理論の基礎は，*IS-LM*分析の*IS*曲線の成り立ちのところで説明したように（⇒p.162），投資は利子率が減少（上昇）すれば増加（減少）するというものです。ただし，投資理論としては，そこのところを限界効率という概念を使い，もう少し体系立てて説明されます。

投資の限界効率とは，新たに追加した投資から得られる収益率のことです。そして，投資にかかる費用を利子率でとらえます。たとえば，銀行からお金を借りてある投資プロジェクトが実施される場合，そのプロジェクトによる限界効率（投資の収益率）が７％であったとすると，銀行からお金を借りる際の利子率（金利）が４％なら投資は実行されますが，利子率が８％なら実行されません（右欄参照）。

このように，ケインズの限界効率論によれば，限界効率m＞利子率rのとき，投資が実施され，逆であれば実施されません。

ケインズの限界効率論

投資決定条件：限界効率 m ＞ 利子率 r

いずれにしても，ケインズ経済学では，投資は利子率に依存する（投資は利子率の減少関数）わけですが，これに対して，古典派はどうだったのでしょうか？

限界効率表

ケインズの限界効率論は以下のような図で説明されます。
限界効率mの高い順に並べた投資計画A，B，C……が実施されるかが示されています。
利子率rが８％なら，プロジェクトはAしか実施されず，r＝４ならA，B，C，が実施されることを示しています。

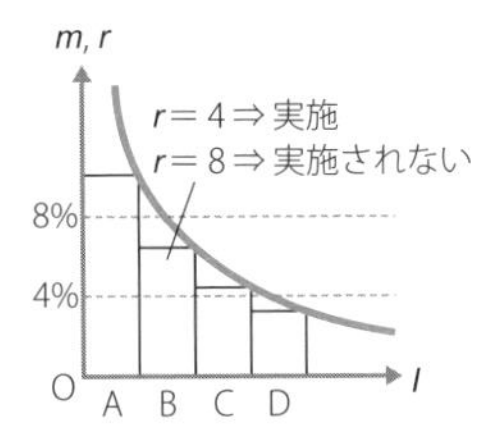

 加速度原理

古典派の投資理論は最初に加速度原理で説明されます。加速度原理とは，投資Iは**利子率と無関係に，**国民所得（生産量）Yの増分に比例して決定されるという理論です。このことを公式に示せば次のように表せます。

加速度原理：投資$I=v\Delta Y$

vとは**資本係数**（加速度係数）のことで，$v=\dfrac{K}{Y}$で表されます。資本係数とは，生産Y 1単位にどれだけの資本（機械設備）Kが必要なのかを示す指標です（vは一定と仮定します）。たとえば，ある財を生産するのに必要な資本設備Kが多い（vの値が大きい）ということは，それだけ生産性が低いことを意味します。ただし，資本係数についてはここでは重要ではありませんので，加速度原理の公式だけ覚えておいてください。

また，加速度原理では，供給を重視する古典派の理論にふさわしく，「投資とは追加的な資本Kの増分を示す（$I=\Delta K$）」というように，投資を供給側からとらえます。これは，ある企業が投資Iを実行するということは，その企業に機械などの資本設備Kがそれだけ増加することを意味しています。

加速度原理

投資$I=v\Delta Y$

資本係数$v=\dfrac{K（資本）}{Y（生産量）}$，$I=\Delta K$

●加速度原理の問題点

この加速度原理は，理論的に2つの問題点が指摘されています。

①加速度原理では，景気の上昇局面では問題ありませんが，景気の下降局面ではうまく説明できません。投資によって資本Kが増える（$I=\Delta K$）という点で，好況時には，投資が増えて資本も増えますが，不況時には，投資が減少した分，資本設備がなくなることはないですね（一部償却されることはある）。

所得＝生産？

三面等価（生産＝支出＝分配）の関係から，分配としての国民所得＝生産量が成り立ちました（⇒p.22）。

資本？

ここでの資本とは，機械設備のことで，資本設備とも資本ストックともいいます。

安心して！

加速度原理において，資本係数vは特に重要ではなく，むしろ経済成長理論の中で取り上げられるテーマです。

②加速度原理（$I=v\Delta Y$）では，１回の投資で，不足している資本設備がすべて満たされ，常に望ましい最適資本K^*が瞬時に達成されることを前提としていることが現実的ではないと批判されています。たとえば，最適な資本量が50台だとしたら，１回の投資で即，その資本設備50台が確保されて，生産活動を開始できるとされているのです。

実際は，最適な資本量を実現するには，タイムラグ（時間的ずれ）が生じると考えられます。難しい表現をすれば，投資には**調整費用**がかかるから，一度に最適な資本設備（資本ストック）を実現できないと考えられています。

投資の調整費用？

生産能力を拡大するために，投資を実施するに当たって投資以外に余分にかかってくる追加的な費用のことで，設備を設置し稼働させるまでにかかる時間や人員の訓練コストといった運営費の増加などが挙げられます。

そこで，これらの加速度原理の問題を解決するために生まれた投資理論が「ストック調整原理」や「新古典派（ジョルゲンソン）の投資理論」です。

ストック調整原理

ストック調整原理は，投資によって，最適資本ストックK^*と前期の資本ストックK_{t-1}の差の一部だけが実現するとみなします。これを式にすると，

投資 $I=\lambda\,(K^*-K_{t-1})$

となります。

加速度原理の世界のように，最適な投資水準が，１回の投資で常に達成することは望めないので，最適な投資水準の一定割合が行われると考えました。投資は一気に行われるのではなく，一部だけ実施しながら，時間をかけて最適な資本量が実現していくという考え方ですね。

最適な資本ストックK^*と前期の資本ストックK_{t-1}の差のうち，今期の投資として実現する割合を**伸縮的加速子（アクセラレーター）**λと呼び，調整速度が示されます。

仮に，最適資本ストックが50台で，前期までに20台導入しており，残り30台を購入する必要があるとします。このとき，加速度原理に基づけば，１回の投資で30台導入されますが，ストック調整原理では，調整費用などが考慮され，必要な30台のうちの一部，たとえば15台が購入（投資）されます（この場合，アクセラレーターは0.5となる）。

伸縮的加速子（アクセラレーター）

伸縮的加速子λ（ラムダ）は，産業構造の違いなどにより，外生的（独立的）に与えられます。その範囲は$0<\lambda<1$で，最適資本ストックが１回の投資で実現できないことが前提となっています。つまり，加速度原理ではアクセラレーターが１となります。

ストック調整原理

投資$I=\lambda$（K^*-K_{t-1}）

〔λ：伸縮的加速子，$0<\lambda<1$〕

では，ストック調整原理で，加速度原理の問題点がすべて解決したかというと，新古典派の中では，これにまだ満足しない人たちがいました。その代表格がジョルゲンソンです。

新古典派ジョルゲンソンの投資理論

新古典派の投資理論（ジョルゲンソンの投資理論）は，ストック調整原理をさらに精緻化した理論で，公式はストック調整原理と同じです。

投資$I=\lambda$（K^*-K_{t-1}）

では，両者の違いは何でしょうか？

ストック調整原理によれば，**最適資本量K^***は安定の一定値をとります（K^*は固定的）が，ジョルゲンソンはこれを疑問視し「最適資本量K^*は変動する（K^*は変動的）」と考えたのです。

では，最適な資本ストックはいかに決定されるのかといえば，ジョルゲンソンは企業の利潤最大化条件に従って決定されると考えました。

ここでの利潤最大化条件は，

資本の限界生産力MP_K＝実質レンタルコスト$\dfrac{r}{P}$

です。紙面の関係で計算式は割愛しますが，**古典派の第一公準**を思い出してください（⇒p.230）。

労働の限界生産力MP_L＝実質賃金$\dfrac{W}{P}$

でした。これは，企業が利潤最大化を実現するための労働需要に関する公式でしたね。資本と労働という同じ生産要素同士です。古典派の第一公準の「資本版」とでも受け取って覚えていただければと思います。

ジョルゲンソン

ジョルゲンソン（1933～）は，統計学を駆使してマクロ経済学を分析するアメリカを代表する新古典派の経済学者です。

ジョルゲンソンとストック調整原理？

一般的には，ストック調整原理と，新古典派（ジョルゲンソン）の投資理論は，別々に扱われますが，経済学説史の分野では，両者の投資の公式が同じであるように，新古典派（ジョルゲンソン）の理論をストック調整原理の枠内で説明する立場もあるので気をつけてください。もっとも，本試験の際，このことで解答が割れることはありませんので，その点はご安心ください。

資本の限界生産力って何だった？

資本の限界生産力MP_Kは，「追加的な1単位の資本の増加に伴う生産の増加分のこと」で，資本設備をもう1台増やすとどれだけ生産が増えるかが示されます。

ジョルゲンソンの投資理論

投資 $I=\lambda(K^{*}-K_{t-1})$

MP_K(資本の限界生産力)$=\dfrac{r}{P}$(実質レンタルコスト)

以上が，新古典派の投資理論（ジョルゲンソンの投資理論）の骨子ですが，これで，古典派の投資理論は完成したのかというと，実はジョルゲンソンの投資理論にも理論的欠点がなお指摘されています。それは，伸縮的加速子（アクセラレーター）λが定数とされ，投資量Iとの関係が明確でないということです。

具体的には，伸縮的加速子λの値は，経済制度や産業構造などによって決定される定数であると仮定されていますが，ジョルゲンソンの投資理論では現実的に，λは，最適資本ストックK^{*}の大きさなどに依存して変化する（定数ではない）と考えられています。それゆえに，λとK^{*}の関係がモデルの中に明示的に組み込まれていない（λがK^{*}と無関係に独立して決定されている）ことが，さらなる批判の対象となっているのです。

新古典派理論のさらなる課題

$I=\lambda(K^{*}-K_{t-1})$
のλとIの関係が不明確で，それはλとK^{*}の関係が示されていないことに起因しています。

 トービンのq理論

トービンのqは，企業が保有する資本設備（資本ストック）などの資産価値と，株式や債券が取引される金融市場における企業価値の比較によって投資が決定されるという理論で，アメリカの経済学者，トービンが提唱し，qの値を次のように定義しました。

$$q=\frac{\text{株式時価総額（企業の市場価値）}}{\text{現存資本の再取得価格（資本ストックの価値）}}$$

その際

$q>1$のとき，企業は投資を実行する

$q<1$のとき，企業は投資を実行しない

と主張されました。

分母の**現存資本の再取得価格**とは，「今ある生産整備をいったん売却してすぐに再度購入する」と見立てることでわかる現在の生産設備にかかる費用総額のことで，これが企業の資本設備の価値を示しています（詳細は側注へ）。

トービンのqは大人気！

トービンのqは出題頻度が高いので，公式だけでも暗記してしまおう！

q理論と投資の調整費用

投資の調整費用が大きければ，企業の収益も圧迫することが予想されるため，調整費用の増大は，その企業の株価にとっては下げ要因となってしまいます。そうした投資の調整費用が与える株式市場への影響が，トービンのq理論にも反映されていることから，**q理論は調整費用を考慮したモデル**と評されています。

分子の「企業の市場価値」とは，主に株式市場における企業の価値で，具体的には，主に**株式時価総額**（＝株価×発行株数）で把握されます。

●$q>1$のとき

トービンのqが１より大きい（$q>1$）ということは，資本（生産）設備にかかった費用以上に，収益を上げることが期待されます。なぜなら，株価は市場の評価（投資家がその企業の収益性に対する評価）を反映するからです。そういうときには，利潤最大化のためにさらに設備投資をして事業を拡大させることが望まれます。

●$q<1$のとき

逆に，トービンのqが１より小さい（$q<1$）ということは，収益が低いことを意味します。投資を増やすことによる経営拡大は将来の赤字につながると判断され，投資は控えるべきとみなされます。

トービンのq

$$q=\frac{\text{株式時価総額}}{\text{現存資本の再取得価格}}$$

株価×発行株数

$q>1$：投資を実行，$q<1$：投資を実行しない

なお，トービンのqを，

$$q=\frac{\text{将来的な企業収益}}{\text{費用}}$$

と置き換えられることがあります。これは「将来的な企業収益＞費用」のときに投資を行うことを意味しますが，これは，ケインズの投資理論である「限界効率＞利子率」と共通しています。トービンはアメリカのケインジアン（ケインズ派）でした（⇒ p.275）。トービンのqはケインズ投資理論を別の角度でとらえたと解釈できます。

現存資本の再取得価格？

何やら難しそうな表現ですが，時価（現在の価値）である株式時価総額と比較するためには，購入時期が異なる企業の資本設備の価値も時価で計る必要があります。そこで，機械などすべての資本設備を売却して，すぐ買い戻すことで，現在の資本ストックの価値を計算できます。この一連のプロセスを集約する表現が**現存資本の再取得価格**です。トービンのqも，簡単にいえば，時価に直した帳簿上の企業価値よりも株式市場での評価が高い会社は，投資を加速させることを示唆しています。

負債はいいこと!?

厳密にいえば数式には企業の市場価値に負債総額も加えられます。負債は赤字で負のイメージが強いかもしれませんが，銀行から借り入れ（企業にとっては負債）ができていることは市場の評価の表れと解されます。
したがって，トービンのqの公式の分子はより正確には，
企業の市場価値＝株式時価総額＋負債総額
となります。

例題2

投資理論に関する記述として，妥当なのはどれか。

（特別区）

1　ケインズの投資理論では，投資の限界効率が利子率より大きい場合に投資が実行されるが，投資の限界効率は，投資を行う企業家のアニマル・スピリッツに基づいた将来の期待形成には左右されないとする。

2　加速度原理は，投資は国民所得の変化分に比例して増減するという考え方であり，望ましい資本ストックが1週間で即座に実現するように投資が行われるが，資本と労働の代替性を考慮していない。

3　トービンのq理論は，資本ストックの再取得価格を株式市場における企業の市場価値で割ったものをqと定義し，qの値が1よりも大きいとき，投資は実行されるとする。

4　ジョルゲンソンの投資理論では，企業による市場価値の最大化から資本ストックの望ましい水準を求め，望ましい資本ストックと現実の資本ストックとの間の乖離が拡大されるとする。

5　資本ストック調整原理では，資本係数は固定されておらず，望ましい資本ストックと現実の資本ストックの乖離を，毎期一定の割合で埋めていくように投資が実行されるとする。

解法のステップ

3以外のすべての選択肢に一癖あって，理解を深めるために最良の問題です。

1．前半はケインズの投資理論の説明としては正しいのですが，**アニマル・スピリット**は，将来の期待形成に左右されるので誤りです。

3．トービンのqの定義が逆になっているので誤りです。

4．「企業による市場価値の最大化から資本ストックの望ましい水準」は，「資本の限界生産力＝実質レンタルコスト$\left(MP_L=\frac{K}{P}\right)$」で求めることができます（前半は正しい）。

しかし，投資は，調整費用を考慮しながら，投資が何回か行われる中で，望ましい資本ストックと現実の資本ストックの間の乖離は，拡大でなく縮小していきます（後半が誤り）。

5．「資本係数は固定されておらず」が誤り。資本係数（加速度係数）$v\left(=\frac{K}{Y}\right)$は，加速度原理（$I=v\Delta Y$）で出てき

アニマル・スピリット？

アニマル・スピリットとは，文字どおりの訳出は「動物的な衝動」ですが，転じて，経済活動において，合理的には説明できない不確定な心理のことをいいます。

トービンのqの定義の再確認

$$q=\frac{\text{企業の市場価値}}{\text{資本の再取得価格}}$$

ましたが，一定（＝固定）とみなされています。加速度原理とストック調整原理は，投資の調整速度や投資の回数などの違いがあるだけで，基本的な原理は同じです。なお，これ以外は資本ストック調整原理を正しく説明しています。

2．消去法で本肢が正答です。最後の「資本Kと労働Lの代替性を考慮していない」がわからなかった方が多いのではないでしょうか？　加速度原理に「資本と労働の代替性がない」のは，**5**で説明したように，資本係数$\left(\dfrac{K}{Y}\right)$が固定的だからです。ですから，最適資本ストック$K^*$も固定的（一定）になるのです。

労働と資本の代替性がない？

生産に当たって，労働者の数を増やす代わりに資本の数を減らしたり，その逆をしたりすることができない，すなわち，労働と資本の数を自由に変更できない場合をいいます。資本と労働の代替性については，次章で学びます。

第5章のまとめ

●消費理論

デューゼンベリー：相対所得仮説

時間的相対所得仮説：**ラチェット効果**

空間的相対所得仮説：**デモンストレーション効果**

フリードマン：恒常所得仮説

モディリアーニ：ライフサイクル仮説：生涯所得に依存

消費関数：$C=\frac{W+TY}{L}$〔W：資産，T：稼得年数，Y：勤労所得，L：生涯年数〕

トービン；流動資産仮説

●投資理論

ケインズの限界効率論

限界効率 $m>$ 利子率 r：投資を実施する，　限界効率 $m<$ 利子率 r：投資を実施しない

加速度原理：投資 $\boldsymbol{I=v\Delta Y}$〔Y：所得，生産〕

ストック調整原理

投資 $I=\lambda(K^{*}-K_{t-1})$〔$0<\lambda<1$〕

新古典派（ジョルゲンソン）の投資理論

ストック調整原理の最適資本量 K^{*} は，$MP_K=\frac{r}{P}$ で決まる。

トービンの q 理論

$$q=\frac{\text{株式時価総額（企業の市場価値）}}{\text{現存資本の再取得価格（資本ストックの価値）}}$$

$q>1$ のとき，投資を実行。$q<1$ のとき，投資を実行しない

専門試験レベル　第6章

経済成長理論

ハロッド=ドーマー vs 新古典派

教養試験レベルでも学習したように一般的に経済成長率といえば，GDP（国内総生産）がどれだけ増加したかを示しますが，経済原論のマクロ経済学では，現実の経済成長以外に，自然成長率G_nや保証成長率G_wなど理論上の成長率を扱います。また，ケインズ派と新古典派の学説上の違いについても学びます。

経済成長理論は，ハロッド＝ドーマー理論，新古典派の理論と，成長の方程式の理論と大きく3分野に分けることができますが，出題の中心はハロッド＝ドーマー理論です。ただし，近年は応用問題として新古典派の理論が目立つようになっています。

本章の内容は理論的に難易度が高いことから，敬遠されがちですが，出題形式はほぼ決まっていますので，「解答パターン」を覚えるよう取り組んでください。

出題傾向

国家総合職：★★★　国家一般職：★★　地方上級：★★
国税専門官：★　市役所：

専6-1

成長会計の方程式って何だろう
～視点を変えた供給サイドの成長率～

本格的な経済成長理論に入る前に，一般的な経済成長率の考え方を紹介します。一般的といっても，ミクロ経済学で学ぶコブ=ダグラス型生産関数を背景とした内容の濃い理論です。

GDPと経済成長率

GDP（国内総生産）は三面等価の原則の「生産＝支出」の関係から，

GDP＝国民所得 Y＝消費 C＋投資 I＋政府支出 G ＋（輸出 X －輸入 M）

で表されました。

一般的に経済成長率とはGDP（国内総生産）の伸び率 $\left(\frac{\Delta Y}{Y}\right)$ のことでした。これは需要サイドからみた経済成長率ということができます。

一方，ミクロ経済レベルから考えた場合，生産活動とは労働者が資本を使ってモノを生産することでした。

これをマクロ経済レベルで解釈し直すと，一国全体の労働者がその国にある資本を使ってどれだけモノを生産したかというのが，国内総生産GDPであるともいえるでしょう。これは，三面等価の原則の「生産＝所得（分配）」からみたものであり，供給サイドに立った視点です。

では，この供給側からみた経済成長率とはどのようにして表されるかというと，以下のような式となり，これを**成長会計の方程式**（成長方程式）と呼びます。

経済成長率＝技術進歩率＋（資本分配率×資本成長率）＋（労働分配率×労働成長率）

次に，この成長の方程式の中身を具体的に説明していきますが，この理論がコブ=ダグラス型生産関数を前提としてい

成長率の計算

GDPが100兆円相当の小国があったとして，次の年にGDPが120兆円相当に伸びたとすれば，その国の経済は20％成長したといえます。実際には，

$$\frac{\Delta Y}{Y}=\frac{120-100}{100}=0.2$$

と計算されます。

ケインズ vs 古典派

GDPの伸び率を需要側と供給側のどちらからみるかという違いがあり，需要側からみることをケインズ経済学の立場，供給側からみること（「成長の方程式」）を古典派経済学の立場といえます。

成長会計って？

経済成長理論の一つで，一国の経済全体を，資本，労働といった生産要素や生産性などその内訳に注目して成長の要因を明らかにしようというものです。会計が，支出入の中身を厳格に明記しているように，一国の経済成長でもこれらの要因をしっかり分析しようとすることから「成長会計」と呼ばれるようになったと推察されます。

ることを理解しておかなければなりません。

コブ＝ダグラス型生産関数の展開

コブ＝ダグラス型生産関数は次の式で表されます。

資本分配率　労働分配率

コブ＝ダグラス型生産関数　$Y=AK^{\alpha}L^{1-\alpha}$

〔Y：生産量　K：資本投入量　L：労働投入量〕
（0＜α＜1で，αは定数）

資本分配率とは，名目国民所得のうち資本に支払われる割合のことで，コブ＝ダグラス型生産関数$Y=AK^{\alpha}L^{1-\alpha}$の「α」に相当します。

一方，**労働分配率**とは，名目国民所得のうち労働に支払われる割合のことで，コブ＝ダグラス型生産関数$Y=AK^{\alpha}L^{1-\alpha}$の「1－α」を示します。

仮にコブ＝ダグラス型生産関数が$Y=A\cdot K^{0.3}\cdot L^{0.7}$で示されるとすると，資本分配率0.3，労働分配率0.7ということですが，具体的にこの数字は何を示しているのでしょうか？

答えは国民所得のうち，資本（機械設備）の所得，すなわち日本の企業利益が全体の30％で，雇用者所得が全所得の70％であることを示しています。

一方，$Y=AK^{\alpha}L^{1-\alpha}$の「A」は技術進歩を表していますが，$K^{\alpha}L^{1-\alpha}$に掛け算をするということは，労働と資本による生産活動に技術進歩が伴えば，さらに生産量が増加することを意味します。

コブ＝ダグラス型生産関数を成長率の形で表す

さて，供給サイドからみた経済成長率である「成長の方程式」は，コブ＝ダグラス型生産関数$Y=AK^{\alpha}L^{1-\alpha}$の式を，成長率の形$\frac{\Delta Y}{Y}$で示したものなのです。

実際には，コブ－ダグラス型生産関数を対数変形してさらに微分して成長率の形で表しているのですが（右側注参

コブ＝ダグラス型生産関数？

マクロ経済学から勉強を始めた方は，とりあえず，労働者が資本（機械設備）を使って生産活動を行うということを式の形にしたものを生産関数といい，その代表的な式がコブ＝ダグラス型なんだということを無理にでも理解して進んでください。

ミクロから継続されている方でコブ＝ダグラス型生産関数のところを復習してから進んでください。

覚えていますか？

三面等価の原則により，生産＝所得が成立していますので，Yは国民総生産でもあり，国民（総）所得でもあるのです。

実際の計算は？

参考まで，実際の計算方法も紹介しておきます。
$Y=AK^{\alpha}L^{1-\alpha}$を対数変形して，

$$\log Y=\log A+\alpha\log K+(1-\alpha)\log L$$

と表し，この式を時間tで微分して，

$$\frac{d\log Y}{dt}=\frac{d\log A}{dt}+\alpha\frac{d\log K}{dt}+(1-\alpha)\frac{d\log L}{dt}$$

$$\frac{\Delta Y}{Y}=\frac{\Delta A}{A}+\alpha\cdot\frac{\Delta K}{K}+(1-\alpha)\cdot\frac{\Delta L}{L}$$

照），そのまま公式として暗記してください。

$$\frac{\Delta Y}{Y}=\frac{\Delta A}{A}+\alpha\frac{\Delta K}{K}+(1-\alpha)\frac{\Delta L}{L}$$

経済成長率 = 技術進歩率 + 資本分配率 × 資本成長率 + 労働分配率 × 労働成長率

〈発展〉

ここで応用問題への対応も兼ねて別の方法で公式の成り立ちを説明しておきたいと思います。左側の式の形態を，変化率の形にしたものを矢印の右側に示しています。

変化率の公式

① $A=B\times C$ ➡ $\frac{\Delta A}{A}=\frac{\Delta B}{B}+\frac{\Delta C}{C}$

掛け算の形を，変化率の形で書き換えると，変化率の足し算の形で表される。

② $A=B^3\times C=B\times B\times B\times C$ ➡ $\frac{\Delta A}{A}=\frac{\Delta B}{B}+\frac{\Delta B}{B}+\frac{\Delta B}{B}+\frac{\Delta C}{C}$

$=3\frac{\Delta B}{B}+\frac{\Delta C}{C}$

肩の指数部分が掛け算の部分になる

③ $A=B\div C$ ➡ $\frac{\Delta A}{A}=\frac{\Delta B}{B}-\frac{\Delta C}{C}$

割り算の形を，変化率の形で書き換えると，変化率の引き算の形で表される。

コブ＝ダグラス型生産関数$Y=AK^{\alpha}L^{1-\alpha}$を成長率の形にした式も，上の変化率の公式どおりに対応していたことがわかると思います。

コブ=ダグラス型生産関数 $Y=AK^{\alpha}L^{1-\alpha}$

成長会計の方程式 $\frac{\Delta Y}{Y}=\frac{\Delta A}{A}+\alpha\frac{\Delta K}{K}+(1-\alpha)\frac{\Delta L}{L}$

では，この「成長会計の方程式」を使った問題を解いてみましょう。要はこの公式を覚えているか否かです。

例題1

マクロの生産関数が，$Y=Af(L,K)$ と表され，一次同次と仮定する。今，経済成長率が7%，労働分配率が75%，労働の増加率が2%，資本の増加率が10%とすると，技術進歩率はいくらになるか。

〔Y：生産量　L：労働の投入量　A：技術進歩　K：資本の投入量〕

（地方上級　改題）

1　1.50%
2　2.35%
3　3.00%
4　3.50%
5　4.25%

解法のステップ

問題文はちょっと難しく書かれていますが，成長の方程式の公式を使って技術進歩率を求めるんだなということは推察できるでしょう。ということで，成長の方程式$\frac{\Delta Y}{Y}=\frac{\Delta A}{A}+\alpha\frac{\Delta L}{L}+(1-\alpha)\frac{\Delta K}{K}$に条件の数値を代入していきます。

経済成長率$\frac{\Delta Y}{Y}$が７%，労働の成長率$\frac{\Delta L}{L}$が２%，資本の成長率$\frac{\Delta K}{K}$が10%となっています。また，労働分配率$1-\alpha$が75%であるなら，資本分配率αは25%であることがわかります。よって，

$$0.07=\frac{\Delta A}{A}+0.75\times0.02+0.25\times0.1$$

これを解いていくと，

$$\frac{\Delta A}{A}=0.03$$

よって正答は**3**となります。

fは関数（function）を表します。
$Y=Af(L,K)$ は，LとKの値が変化するのに応じてYの値が変わるということを意味します。

一次同次というのは，資本と労働の増加量と同じ割合だけ生産が伸びるという，**規模に関して「収穫一定」**のことを意味します（⇒『ミクロ編』で説明）。よって，本問の生産関数はコブ＝ダグラス型ということになります。
ということは次のような関係も確認できますね。
↓
コブ=ダグラス型生産関数
＝規模に関して収穫一定
＝一次同次

専6-2

3つの経済成長率の話
～労働と資本の関係からみてるんだ～

ここでは，自然成長率，保証成長率について学び，これに現実の経済成長率（単に「現実の成長率」ともいう）を合わせた3者の関係などについて考えていきます。

現実の経済成長率G_rとは

現実の経済成長率G_rとは，GDP（国内総生産）の伸び率のことであると説明しました。そこで，現実の経済成長率G_rは国民所得Yの変化率をとって$\dfrac{\Delta Y}{Y}$で示されます。

現実の経済成長率G_r

現実の経済成長率$G_r = \dfrac{\Delta Y}{Y}$

くどいくらいいいますが…

現実の経済成長率は，GDPの伸びであるにかかわらず，国民所得Yの変化率をとることができる理由は，三面等価の原則（生産＝支出＝所得）があるからですね。

自然成長率G_nとは

自然成長率G_nとは，労働の完全雇用が達成されるときの経済成長率で，「労働人口成長率n＋技術進歩率λ」で求められます。

自然成長率G_n

自然成長率$G_n = n + \lambda$

〔n:労働人口成長率，λ:技術進歩率〕

λって？

技術進歩率を示す「λ（ラムダ）」は，成長の方程式でいう$\dfrac{\Delta A}{A}$に相当します。通常はある一定の数値をとります。

●労働人口成長率

労働人口成長率(労働人口の増加率)nとは，労働人口をNとすれば，$n = \dfrac{\Delta N}{N}$で示すことができます。

たとえば，10万人いた労働人口が11万人に増加したとすれば，労働人口の伸び率nは10%上昇したことになります。

$$\frac{\Delta N}{N}=\frac{11-10}{10}=0.1\ (10\%)$$

●技術進歩率について

さらに，今の例で生産技術が10%進歩し，同じ労働力で５%生産が増加したとすると，このとき，経済は最大15%成長することができます。労働人口が増えた分と技術が進歩した分，生産活動が高まる（GDPが増加する）からです。

ですから，労働の完全雇用が実現するための経済成長率（自然成長率G_n）は，労働人口の成長率10%に，生産技術の進歩による生産量５%増加分を加えた15%ということになります。技術が進歩した分だけ生産が拡大するので，労働力の伸び率以上に経済は成長しなければなりません。

留意点

なお，自然成長率の計算において，技術進歩を考慮しない$\lambda=0$のときは$G_n=n$となり，労働人口成長率がそのまま自然成長率とみなされる場合もあることを注意しておいてください。

●少し発展的な考え方

一方，自然成長率G_nは労働の完全雇用が達成されているときであり，これ以上労働力を増加させることはできないとみなされます。

したがって，経済学では，現実の成長率G_rが自然成長率G_nを上回ることは長期的にはないとみなされます。これは，働き手がこれ以上いなければ，経済はもはや成長しないという考え方に立っているからです。

この理論って…

$G_r>G_n$は起きないというこの考え方は，経済成長は労働人口の伸びによって実現するという新古典派の理論として知られています。

ちょっとしたポイント

現実の成長率の上限は自然成長率の水準$G_r \leqq G_n$

保証成長率G_wとは

保証成長率G_wとは，資本が完全利用されたときに達成される経済成長率のことです。資本が完全利用とは，資本（機械・設備）に対する需要が旺盛で，企業の持つ資本（機械・設備）が余ることなく全部が生産活動のために活用されていることを意味します。もっと簡単にいえば，機械・設備がすべて利用されている状態のことですね。

そして，保証成長率G_wの値は，結論からですが，

$\dfrac{s\text{（貯蓄率）}}{v\text{（資本係数）}}$で示されます。

保証成長率G_w

保証成長率$G_w = \dfrac{s}{v}$　〔s：貯蓄率，v：資本係数〕

では以下に，なぜ保証成長率G_wが$\dfrac{s}{v}$となるのかを説明します。$G_w = \dfrac{s}{v}$の理解のためには，資本係数vと「投資の二重性」についての理解が必要となります。

忘れないように

いろいろな公式が出てくると，全体像を見失いがちです。
保証成長率G_wについても論点を見失わないようにしましょう。

$G_w = \dfrac{s}{v}$

$v = \dfrac{K}{Y}$

〔$\dfrac{1}{v}$：生産性〕

●資本係数v

資本係数vとは，加速度原理（⇒p.279）で少し学んだように，生産量（生産物）Yと資本投入量Kとの割合，つまり「1単位の生産に対して，資本をどれだけ使ったか」を示したもので，$\dfrac{K}{Y}$の式で表されます。

資本係数v

資本係数$v = \dfrac{K}{Y}$　〔K：資本投入量，Y：生産物〕

具体例で説明すれば，自動車会社A社が自動車を1台生産するのに5台の機械を使ったとすれば，この会社の資本係数vは5$\left(=\dfrac{5}{1}\right)$であり，B社が機械3台で1台の自動車を生産すれば，資本係数vは3となります。

経済学って

経済学では，小さい値がいいという考え方を嫌います。今の生産性の例でも，「A社の資本係数vが5，B社の資本係数vが3で，B社のほうが生産性は高い」というのではなく，「A社の生産性$\dfrac{1}{v}=\dfrac{1}{5}$と，B社の生産性$\dfrac{1}{v}=\dfrac{1}{3}$で，B社のほうが生産性は高い」というわけです。

●生産性について

上の例では資本係数vの値は小さければ小さいほど，資本の生産性が高いことになります。B社は機械3台だけで自動車を作れるのですから，A社よりも生産性が高いわけです。つまり，資本係数vの値が低いほうが，生産性が高いということになります。

ただし，「資本係数の値が低いほうが，生産性が高い」といういい方ではなく，資本係数vの逆数$\dfrac{1}{v}$を用いて，$\dfrac{1}{v}$が大きければそれだけ生産性が高いといういい方をします。

したがって，$\frac{1}{v}$は生産性を表すと定義づけられます。

●「投資の二重性」について

次に，投資の二重性について説明します。「**投資の二重性**」とは投資 I には２つの側面があるということです。

(1) 投資の第一の側面はこれまでずっとみてきたように，企業が投資を行うことによって乗数倍だけ国民所得が増大する**有効需要の創出効果**です。

【投資の二重性のイメージ】

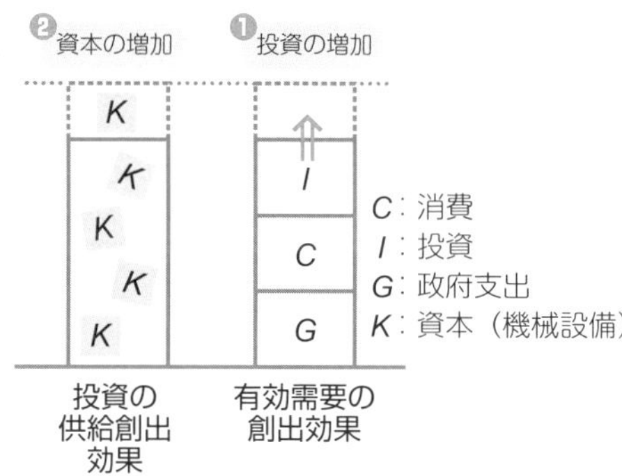

(2) 一方，投資には，資本ストックの増大効果（＝**投資の供給創出効果**）というものがあります。もともと企業の投資とは資本（機械・設備）を購入することを意味しています。

つまり，投資 I を実行することによって，企業は資本 K を増加させているのです。これを，$\boldsymbol{I=\Delta K}$と示すことができます。

●保証成長率の求め方

さて，保証成長率 G_w がどうして $\frac{s}{v}$ になるかについては，数学的な説明しかできません。

次ページでは一応数学的な証明の過程を説明していますが，無理して理解しようとしなくてもOKです。数学が得意で関心のある方のみどうぞ。

投資の二重性

①需要サイド
$Y=C+I+G$の式の投資 I のことです。
②供給サイド
$I=\Delta K$の式の投資 I のことです。
※「加速度原理」のところで少し説明しています（⇒p.279）

～保証成長率$\frac{s}{v}$の数学的証明～

(1)投資の二重性の需要側の式

財市場の均衡条件式は，

$Y=C+I$ …………①

を想定します。

消費の式（基礎消費C_0は無視）は，

$C=cY$ …………②

②を①に代入して整理すると，

$Y=cY+I$

$(1-c)Y=I$

限界貯蓄性向s＋限界消費性向$c=1$より，$1-c=s$とできるので，

$sY=I$

$\boldsymbol{Y=\frac{1}{s}\cdot I}$ …………③

(2)投資の二重性の供給側の式

まず，投資の供給創出効果は，前ページより，

$\boldsymbol{I=\varDelta K}$ …………④

で示すことができました。

次に，企業の生産性を表す資本係数vも，

$v=\frac{K}{Y}$ …………⑤

で示されました。

そこで，⑤を変形して，変化分の形にすると，

$K=vY \quad \varDelta K=v\varDelta Y$

となりますが，これを④（$I=\varDelta K$）に代入すると，

$\boldsymbol{I=v\varDelta Y}$ …………⑥

とまとめることができます。

(3)保証成長率$\frac{s}{v}$を導出

保証成長率G_wは，資本の完全利用が実現するときの経済成長率$\frac{\varDelta Y}{Y}$であり，資本Kの市場において，均衡（需要＝供給）が実現しています。したがって，⑥を③に代入すると，

$Y=\frac{1}{s}\cdot v\varDelta Y$

となり，この式を成長率$\frac{\varDelta Y}{Y}$の形に整理して出た式

$Y=\frac{v}{s}\cdot\varDelta Y$

$\frac{Y}{\varDelta Y}=\frac{v}{s}$

$\frac{\varDelta Y}{Y}=\frac{s}{v}$

は，保証成長率の公式$\boldsymbol{G_w=\frac{s}{v}}$となります。

なお，経済成長理論では政府・海外部門を考慮しない閉鎖経済が原則モデルとされるので，財市場の均衡式は$Y=C+I$を活用しました。ただ，ごくまれに政府部門を含めた財市場を前提する場合があります。

そのときには，①式は$Y=C+I+G$に変わり，かつ均衡予算$G=T$を想定して，同様に計算していくと，政府部門を考慮した保証成長率G_wは，

$$\boldsymbol{G_w=\frac{(1-c)(1-t)}{v}}$$

となります。

いずれにしても，試験対策としては保証成長率が$G_w=\frac{s}{v}$となると覚えておけば十分です。ただし，資本係数$v=\frac{K}{Y}$の意味と，投資には需要創出効果と供給創出効果$\Delta K=I$があることは理解しておいてください。試験で使うのは公式のみです。

それでも何とか理屈をつけたい方へ

資本の完全利用が実現するための経済成長率（保証成長率）は，

$G_w=s\times\frac{1}{v}$

として，「貯蓄率と生産性を掛け算して求められる」と覚えておいても便利です。

s=貯蓄率？

$\frac{s}{v}$のsは限界貯蓄性向となったり，平均貯蓄性向となったり，単に貯蓄率となったりと表記が定まっていません。とりあえずここでは一般的な「貯蓄率」としておきます。

●3つの成長率をまとめよう！

以上，現実の経済成長率G_r，自然成長率G_n，保証成長率G_wという3つの経済成長率の意味と定義を説明しました。

自然成長率の場合は生産要素としての労働を，保証成長率G_wは資本に着目をして経済成長をそれぞれ表しています。

3つの成長率

現実の経済成長率$G_r=\frac{\Delta Y}{Y}$

自然成長率$G_n=n+\lambda$〔n：労働人口成長率，λ：技術進歩率〕

保証成長率$G_w=\frac{s}{v}$　〔s：貯蓄率，v：資本係数〕

資本係数$v=\frac{K}{Y}$

これに加えて，3つの成長率が等しくなること（$G_r=G_w=G_n$）を**均斉成長**といいます。

均斉成長

現実の成長率G_r＝自然成長率G_n＝保証成長率G_w

では，この3つの経済成長率に関して，確認問題に2問挑戦してみましょう。「公式を覚えておけばいい」という意味がよくわかると思います。

例題2

ハロッド＝ドーマーの成長理論では，資本係数や貯蓄率を一定で変わらないと仮定している。労働力の増加率が１％，技術進歩率が２％，資本係数が５，貯蓄性向が0.2のとき，保証成長率，自然成長率の組合せとして妥当なものはどれか。

（地方上級）

	保証成長率	自然成長率
1	3%	1%
2	3%	3%
3	3%	4%
4	4%	3%
5	4%	4%

解法のステップ

保証成長率は，$G_w = \frac{s}{v}$でしたので，条件の数値を代入して，

$$\frac{0.2}{5} = 0.04 \quad よって，\ 4\%$$

自然成長率は，$G_n = n + \lambda$で示されたので，こちらも条件より，

$$G_n = 1 + 2 = 3\ 〔\%〕$$

となります。

したがって，正答は**4**です。

公式に数値を代入

ハロッド＝ドーマーの成長理論はこの後に説明することとして，ここではとにかく保証成長率，自然成長率を公式に従って計算してください。

例題3

ハロッド＝ドーマーの成長理論において，資本の平均生産性が0.25，人口増加率が年率1.5%，技術進歩率が年率5%であるとき，均斉成長経路における成長率と貯蓄率の組合せとして，妥当なものはどれか。

（国税専門官）

	成長率	貯蓄率
1	5.5%	24%
2	6.5%	24%
3	6.5%	26%
4	7.5%	24%
5	7.5%	26%

解法のステップ

●均斉成長とは

設問にある均斉成長経路について説明します。**均斉成長**とは，自然成長率と保証成長率と現実の成長率が等しい，つまり$G_n = G_w = G_r$が成り立つことで，均斉成長経路とは3つの成長率が均斉成長に向かう過程とでもいっておいていいと思います。

いずれにしても，求める均斉成長経路における成長率とは，$G_n = G_w = G_r$が成り立つとみなして考えます。

条件には人口増加率nと技術進歩率λの数値があるので，自然成長率G_nを求めることができます。

$G_n = n + \lambda$より，

$$G_n = 1.5 + 5 = 6.5\text{〔\%〕} \quad \cdots\cdots\cdots\cdots ①$$

となり，均斉成長経路における成長率は6.5%であることがわかります。

次に，求める貯蓄率sですが，保証成長率$G_w = \frac{s}{v}$と，自然成長率6.5%より，

$$\frac{s}{v} = 6.5\text{〔\%〕}$$

資本係数vがわかれば，貯蓄率sを得ることができます。

ところが，条件には資本係数はありませんが，資本の平均生産性が示されています。

資本の平均生産性（0.25）$= \frac{1}{v}$となることから，資本係数は，$v = \frac{1}{0.25} = \frac{100}{25} = 4$ …………②

よって，均斉成長経路における貯蓄率sは，

$$6.5 = \frac{s}{4}$$

両辺を4倍して

$$6.5 \times 4 = \frac{s}{4} \times 4 \qquad s = 26\text{〔\%〕}$$

となります。以上から正答は**3**です。

解答のポイント

設問の「成長率」とは，均斉成長のときの成長率なのでG_n，G_w，G_rに共通しています。

↓

条件から自然成長率を求める①。⇒　答えが求める「成長率」に該当。

↓

「貯蓄率s」は，保証成長率$\frac{s}{v}$から求めます。

↓

均斉成長経路において，自然成長率G_n＝保証成長率G_wでもあるので，資本係数v②がわかれば，貯蓄率sを得ることができます。

小数と%

%の計算は小数に直してやっても構いません。
①式では，
0.015＋0.05＝0.065
となります。
一般的には，計算の際に同じ%どうし，小数どうしならそのまま計算し，異なれば小数に直して計算します。

思い出そう

資本の生産性は，資本係数の逆数$\frac{1}{v}$で表されます。

ハロッド=ドーマーの経済成長理論について
～新古典派と比較しながら考えよう～

均斉成長の解釈の違い

さて，例題3にあった「ハロッド=ドーマーの成長理論」ですが，ケインズ派経済学者のハロッドとドーマーの理論のことです。

これまでは，ケイズン派に対する古典派やマネタリスト，あるいは合理的期待形成学派とさまざまな学派の対立を紹介してきましたが，経済成長理論においては，ケインズ派に対立する経済学派として**新古典派**が挙げられます。新古典派の代表的な論客がソローとスワンという経済学者です。

このケインズ派を代表するハロッド=ドーマー理論と，新古典派のソロー＝スワン・モデルで，３つの経済成長のとらえ方が異なります。

結論からいうと，**ハロッド=ドーマー理論**（ケインズ派）はこの自然成長率G_nと保証成長率G_wと現実の成長率G_rは通常一致しない，仮に一致しても偶然の産物にしか過ぎないと考えます。

その一方で，**新古典派**（ソロー＝スワン・モデル）は３つの成長率が常に一致するとみなします。そして，３つの成長率が一致することを，先ほども出てきた**均斉成長**といいます。

均斉成長の解釈

均斉成長：$G_n = G_w = G_r$

ハロッド=ドーマー理論：偶然の産物にすぎない

⇕

新古典派　　　：常に成立

では，どうして３つの成長率に対する考え方が両者で異なるのでしょうか。

ハロッド=ドーマー（ケインズ派）と新古典派（ソロー＝スワン）の考え方の違いを理解することが本章の大きなテー

ハロッドとドーマー

ハロッド（1900～1978）は，イギリスの経済学者で，ケインズの推進者として，ケインズ経済学の動学化に先駆的な役割を果たし，成長理論の基礎を築きました。

ドーマー（1914～1997）は，ポーランド生まれのアメリカの経済学者で，現代経済成長理論を先駆的に定式化したと評されています。

２人に接点はなく，別々に発表した経済成長論のモデルは，後に「ハロッド=ドーマー理論」として一般化されました。

新古典派とは？

新古典派は幅広く使われ，アダム・スミスの世代以後の古典派のことをさしたり，ケインズ以降の古典派のことを意味したりします。マネタリストや合理的期待形成学派も，アダム・スミス以来の市場原理を信奉する点では新古典派に属するといっても間違いではないとも解されています。

マの一つです，特に，３つの成長率が一致する，しないという論拠がどこにあるのかの理解は極めて重要です。両派の考え方を学習しましょう。

ハロッド＝ドーマー vs 新古典派

経済学の慣習で，ケインズ派 vs 新古典派とか，ハロッド＝ドーマー vs ソロー＝スワンといういい方ではなく，通常，ハロッド＝ドーマー vs 新古典派と表現されます。

ハロッド＝ドーマー理論を徹底解明

●ナイフ・エッジ原理

前述したように，ハロッド＝ドーマー理論は，「現実の成長率G_rが保証成長率G_wや自然成長率G_nに一致するのは偶然にしか起こりえなく，むしろ各成長率はいったん乖離すればますます乖離が拡大する」と主張します。

また，経済が安定経路に至る，すなわち均斉成長経路に至るのは偶然の産物で，ナイフの刃（エッジ）に乗るような偶然性しかなく，経済はちょうどそのナイフの刃（エッジ）の上を渡るように不安定になると考えます。このことを**ナイフ・エッジ原理（不安定性原理）**といいます。

この場合，現実の経済は安定することなく，常に不況かインフレかに陥るおそれがあり，さらに各成長率が乖離すればその乖離が広がるといっているので，経済状況が不況であればさらに不況が深刻に，インフレになればさらにインフレを呼ぶことになります。

難しくても

経済理論的には難しい話です。まずは理解に努めてみて，曖昧なままでも結構です。あとでキーワードの暗記だけで解答できるテクニカルな手法もお伝えします。

乖離する？

乖離は「かいり」と読みます。離れることです。

ハロッド＝ドーマーのキーワード

- 偶然の産物
- ナイフ・エッジ
- 不安定
- 乖離の拡大

では，この乖離の拡大関係を理論的にみてみます。３つの成長率のうち，G_wとG_n，G_rとG_w，G_rとG_nのパターンが考えられます。

●保証成長率G_wと現実の経済成長率G_rの関係

$G_w < G_r$のとき

現実の経済成長率G_rが保証成長率G_wを上回っている場合（$G_w < G_r$），経済が極めて好調で，資本（機械・設備）の完全利用が実現しているにもかかわらず，資本ストックが不足している状態です。それほど経済が伸びている好況（インフレ）であることを意味します。

たとえば，資本（機械設備）が完全利用されるためには，仮に３％の経済成長（G_w）で十分なのに，現実の経済成長率（G_r）が５％もの勢いで伸びているといった状態です。

このとき，企業は資本ストックの不足を補うため投資Iを

資本ストック？

資本ストックは，文字どおりの意味なら「資本（機械設備）の蓄え（蓄積）」ですが，ここでは普通に資本のこととみなしてください。

【G_w＜G_rのときのイメージ!?】

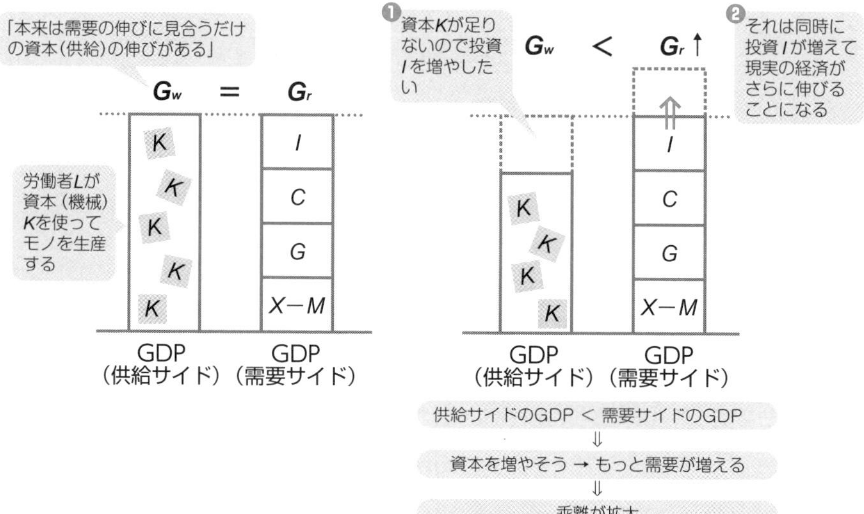

拡大させます。投資の本来の目的は資本ストックを増やすことでしたね。

しかし，投資の増加は総需要つまり国民所得Yを増加させ（$Y=C+I+G\cdots$），当然現実の経済成長率G_rは上昇するので，資本を補充しようとする投資活動，すなわち$G_w<G_r$の差を埋めようとする行為は，逆に，現実の経済成長率G_rと保証成長率G_wの乖離をますます拡大させ，インフレはさらに拡大することになります。

したがって，一度$G_w<G_r$となれば，G_rが一方的に大きくなることにより，両者の一致を図ることはできません。

難しい…

一連の乖離の拡大関係の解説に対して完璧な理解は求められません。イメージトレーニングとして読み進めてください。最後の要点（⇒p.322）だけ覚えておけばいい話です。

$G_w>G_r$のとき

現実の経済成長率G_rが保証成長率G_wを下回っている場合（$G_w>G_r$），先ほどとは逆に，現実の経済に対して資本が余っている，つまり経済は不況（デフレ）の状態にあります。

たとえば，現実の経済が不況で成長率が−1％（G_r）だったとすると，余っている資本（機械設備）が完全利用されるためには，仮に３％の経済成長（G_w）が必要になるといった具合です。

このとき，企業は資本ストックの過剰をなくそうと，資本を増やすための投資Iを控えることになりますが，これは総

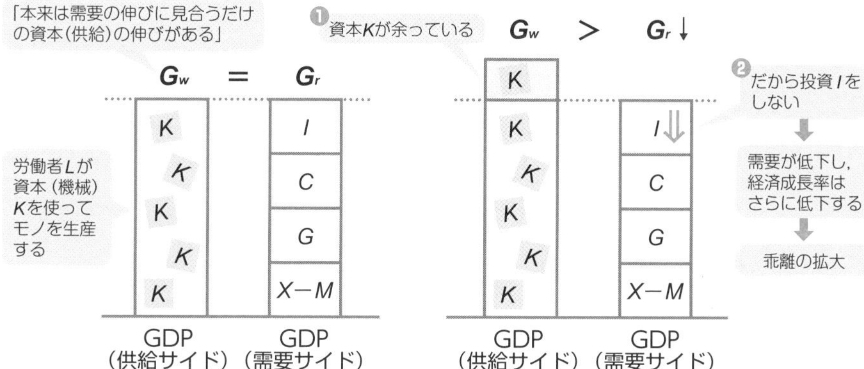

需要つまり国民所得Yを減少させることを意味します。

したがって，$G_w > G_r$の差を埋めようとして投資を行わないことで，逆に現実の経済成長率G_rは保証成長率G_wをますます下回っていくことになり，両者の乖離が拡大していき，不況（デフレ）はさらに悪化することになります。

このように一度$G_w > G_r$となれば，G_rが一方的に小さくなることより両者が一致することはなくなります。

自然成長率G_nと現実の経済成長率G_rの関係

$G_n < G_r$のとき

現実の経済成長率G_rが自然成長率G_nを上回っているとき（$G_n < G_r$），経済は過熱（インフレ）し，労働市場で人手不足が生じている状態です。また，人手不足であれば完全雇用が実現していると想定されます。

そんなとき景気がよく労働力が一定（完全雇用が実現している）となれば，企業は今ある労働力で生産を増やそうとするので，現実の経済成長率はますます伸び，乖離はさらに拡大します。

経済学では，完全雇用が実現している状態からは，さらに成長させられないと考えられています。経済を動かす労働力をこれ以上増やせないからです。

ですから，現実の経済は，**自然成長率以上に成長させられない**，または，**現実の経済成長率の上限が自然成長率**ということになります。

G_wとG_rの関係

3つの成長率の組合せの中では保証成長率G_wと現実の経済成長率G_rの関係が最も重要なので，グラフのイメージとともにしっかりと理解しておいてください。

もっとも…

$G_n < G_r$の状態があるとしたら，完全雇用の状態で，その雇用者に残業をたくさんさせて成長をさらに高めるということは想定できるでしょう。

【G_n＜G_rのときのイメージ!?】

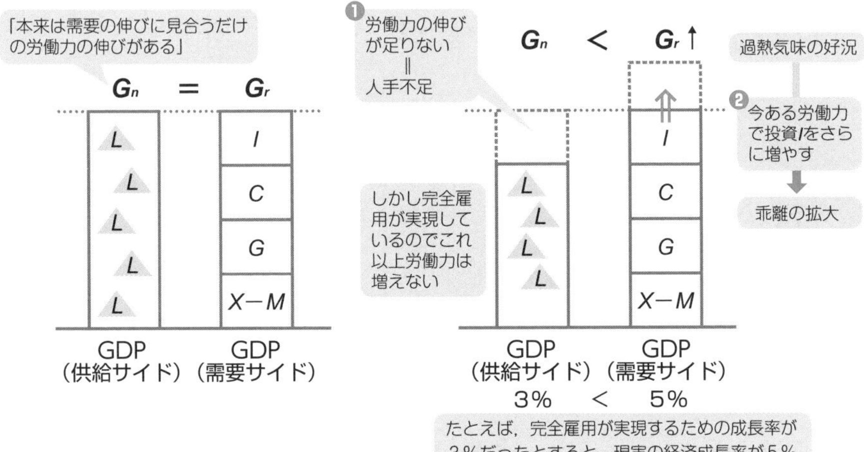

G_n＞G_rのとき

現実の経済成長率G_rが自然成長率G_nを下回っている（G_n＞G_r）ときは，経済は低迷し，労働市場では人余りの状態です。そんなとき企業は景気が回復しなければ雇用を増やそうとせず，景気はますます悪化していきます。

【G_n＞G_rのときのイメージ!?】

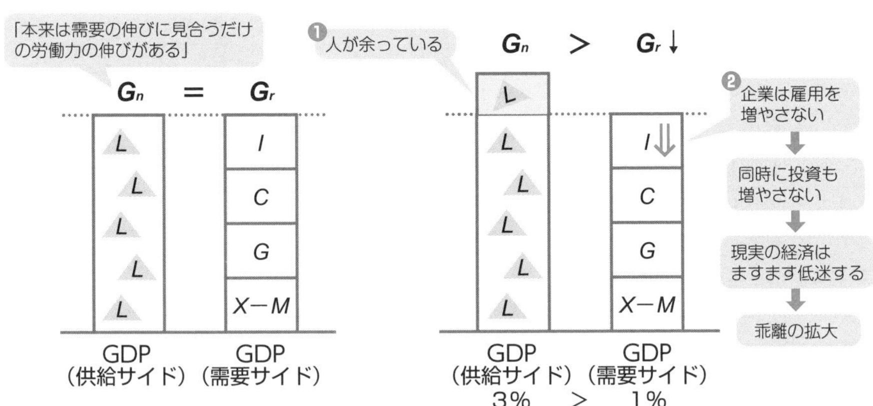

したがって，一般的に両者の乖離が小さくなることはなく，短期的にG_nは不変でしたので，むしろ乖離は拡大へ向かいます。

● 自然成長率G_nと保証成長率G_wの関係

$G_n < G_w$のとき

自然成長率G_nが保証成長率G_wを下回っている（$G_n < G_w$）とき，「労働人口の伸びにしたがって成長している現実の経済成長に見合うだけの資本が稼動していない」ことを意味し，経済は停滞しています。

言い換えれば，「保証成長率G_w以上に現実の経済を成長させるだけの労働人口の伸びがない（$G_n < G_w$）」というように解釈をします。

ですから，実質的に現実の成長率が保証成長率を下回る（$G_r < G_w$）状況と同じで，乖離は拡大していきます。

$G_n > G_w$のとき

自然成長率G_nが保証成長率G_wを上回っているとき（$G_n > G_w$），労働人口の伸びにしたがって成長している現実の経済に見合う資本が不足していることを意味します。

言い換えれば，「保証成長率G_w以上に現実の経済を成長させるだけの労働人口の伸びがある（$G_n > G_w$）」と解釈します。

ですからこちらも実質的に，現実の経済成長が保証成長率を上回る（$G_r > G_w$）状況と同じで，乖離は拡大していきます。

【G_nとG_wの関係】

労働者がいなければ，生産活動できない

労働人口の伸び以上に現実の経済は成長しない

$G_n \geqq G_r$

G_n と G_w の関係は，G_r と G_w の関係と考える

$G_n > G_w \rightarrow G_r > G_w$

$G_n < G_w \rightarrow G_r < G_w$

要するに

自然成長率G_nを現実の成長率G_rと置き換えて考えることができます。

略語の確認

G_r：現実の経済成長率
G_n：自然成長率
G_w：保証成長率

補足

自然成長率G_nと保証成長率G_wの関係は，現実の経済成長率G_rと保証成長率G_wの関係と同じ

↓

３つの成長率の比較といっても…
（$G_n \geqq$）$G_r > G_w$
（$G_n \geqq$）$G_r < G_w$
のケースしかないといえます。

以上，3つの経済成長率のそれぞれの関係をみてきましたが，なかなか難解であったと思います。しかし，完璧な理解は必要でなく，**ハロッド＝ドーマー理論**では，各成長率に「いったん乖離が起きると，その乖離は拡大し，経済は不安定になっていく」ということだけを理解しておいてください。

これに対して，**新古典派**は，本節の冒頭でも言及したように，自然成長率G_n，保証成長率G_w，現実の成長率G_rの3つの成長率は，自動調整メカニズムが働き（G_wが調整役となって），必ず均衡に向かい，均斉成長（$G_n=G_w=G_r$）が実現するとします。いかなる調整メカニズムが働くかについては，次の問題を解いた後に解説していきます。

試験対策としては…

試験対策としては，**現実の経済成長率G_rと保証成長率G_wの関係をまず確実に理解しておきましょう。**傾向としても，現実の経済成長率G_rと自然成長率G_nの関係が問われることは少ないようです。

では，次の過去問に挑戦してみてください。

例題4

ハロッドの経済成長理論に関する次の記述のうち，妥当なものはどれか。ただし，Gは現在の成長率，G_wは適正成長率，G_nは自然成長率である。

（国税専門官）

1　$G>G_w$の場合，企業は投資をさらに拡大しようとするために，GとG_wの乖離は大きくなっていく。

2　$G<G_w$の場合，貯蓄率が低下するために，G_wがGに近づいていく。

3　$G_n<G_w$の場合，慢性的労働力不足となるために，好況が持続する。

4　$G_n>G_w$の場合，労働人口成長率が低下するために，G_nとG_wの乖離は小さくなっていく。

5　経済には常に自律的調整メカニズムが働くために，$G=G_w=G_n$の状態が持続する。

解法のステップ

1．ここまでの解説のとおり，これが正答です。

2．新古典派の理論です。$G<G_w$で，保証成長率（$\frac{s}{v}$）が高い分，貯蓄率sが低下することによってG_wも下がり，均衡を実現します。

3．$G_n<G_w$の場合，資本が余った状態ですから，労働力不足となります。しかし，労働力不足になるくらい好況なのではなく，この場合の労働力不足は，余った資本（機械設備）を動かせる労働者がいないことをいっています。景気は，資本が完全利用されていないので不況とみなされます。

適正成長率？

適正成長率は，保証成長率と同じとみなしてください。G_wで判断できます。

「ハロッド＝ドーマー」のキーワードって？

「ナイフ・エッジ」，「偶然」，「乖離は拡大する」です。特に，「乖離は拡大する」は最大のキーワードになります。

4．$G_n > G_w$の場合，乖離が小さくなっていくのは，新古典派の理論ですが，この場合，労働人口が低下するのではなく，保証成長率G_wが上昇することによって乖離が縮小します。というのは，経済学では，労働の人口成長率$\left(n=\frac{\Delta N}{N}\right)$は一定とみなすからです。

5．新古典派の理論です。

〈速解〉

本問はキーワードを覚えておくことで解答できる，もっと手っ取り早い方法があります。

ハロッド＝ドーマーの経済成長理論のポイントは，$G=G_w=G_n$の均斉成長の状態になることはまれで，あっても偶然でしかない，むしろいったん乖離すれば，その「乖離は拡大」していくということでした。この点さえ覚えておけば，この種の問題は簡単に解答できる場合があります。

実際に誤りの選択肢をみると，「近づいていく」（**2**），「持続する」（**3**），「小さくなっていく」（**4**），「持続する」（**5**）と最後の動詞だけでも**2**～**5**は誤りであると判断がつきます。「持続」という日本語は同じ状態が続くことで，乖離の拡大は連想できません。

どうして，新古典派の理論では，自律的調整メカニズムが働くことで均斉成長が実現し，ハロッド＝ドーマー理論では実現せず，逆に乖離が拡大していくのでしょうか。それは，両派の理論で想定されている生産関数が異なるからです。新古典派はコブ＝ダグラス型生産関数，ハロッド＝ドーマーはレオンチェフ型生産関数を基盤に理論が構築されています。

これから，新古典派の理論を先に解説していきますが，ミクロ経済で学んだコブ＝ダグラス型生産関数について忘れてしまった方は，次ページのコラムを読んだうえで進んでください。

労働力の伸びは一定

労働人口が今年100万人で，翌年150万になったり，ましてや70万に減ったりすることはなく，平均して一定の水準で増加していきます。
常識的に考えても，労働人口が毎年劇的に変動することは，戦争でも起きない限りないですよね。

一言

ここでは，なぜ新古典派の成長理論で，均斉成長（$G_n=G_w=G_r$）が成り立ち，ハロッド＝ドーマー理論では，基本的に無理なのかをよく理解できると思います。

～コブ=ダグラス型生産関数～

◎生産関数について

ここからの理解をより確実なものとするために，関連するミクロ経済学のポイントをおさらいします。

生産関数とは，生産要素である資本Kと労働力Lを使って生産するYという関係を関数で表したものです。この場合，資本Kと労働Lの数が変化することで，生産量Yの値が変化する関係を示します。

この最も一般的なグラフがコブ=ダグラス型生産関数と呼ばれるものです。

◎生産関数を使った利潤最大化について

等量曲線は，ミクロ経済学の消費分野における一般的な無差別曲線と同様に，原点に対して凸型で右下がりの曲線として描かれました。ある一定の生産量に対応する資本Kと労働Lの組合せは，等量曲線上に無数に存在しましたね。

↓ほかにも…

等費用曲線C：消費分野の予算制約線に相当

等費用曲線の傾き：消費の予算線の傾きが価格比$\frac{P_x}{P_y}$であったように，生産要素価格比$\frac{w}{r}$で示されました。

詳細は，本書の姉妹版の『ミクロ編』を参照してください。

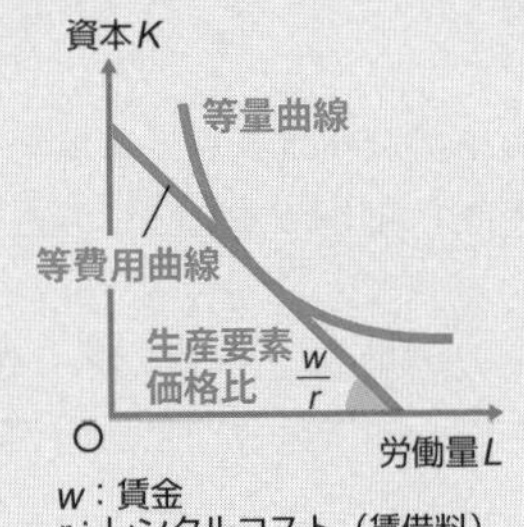

w：賃金
r：レンタルコスト（賃借料）

新古典派の生産関数

生産関数の見分け方？

コブ=ダグラス型生産関数のグラフは原点に対して凸型，レオンチェフ型生産関数はL字型をしています。詳細は本文で。

では，新古典派の理論から詳細に説明します。

●コブ=ダグラス型生産関数

コブ=ダグラス型生産関数は，**等量曲線が原点に対して凸型で右下がりの形状をしています**。そこではたとえば，当初，利潤最大化（費用最小化）の点E_0において，等費用曲線C_0下で，資本K_0，労働L_0で生産が行われていたとします。

●賃金wが低下すると

あるとき，何かの要因で，労働の賃金wが資本のレンタルコストrに対して安価になったとするとどうなるでしょう

【コブ=ダグラス型生産関数にみる価格調整メカニズム】

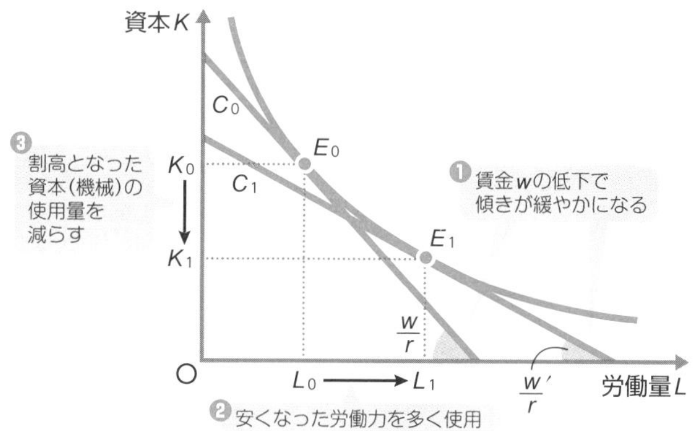

［C_0, C_1：等費用曲線　w：賃金
r：レンタルコスト　$\frac{w}{r}$：生産要素価格比］

か？　等費用曲線の傾き$\frac{w}{r}$が緩やかになります。

この結果資本と労働の等費用曲線がC_0からC_1に移動し，利潤最大化の点もE_1にシフトし，資本と労働の組合せも（K_1，L_1）に変化します。

コブ＝ダグラス型生産関数においては，生産要素（資本と労働）の価格が変化しても，価格調整メカニズムが働き，安価な生産要素，ここでは安くなった労働力をより多く選択することで，柔軟な対応が可能となります。

●賃金wが高くなると

資本と労働の組合せが（K_1，L_1）であったときに，労働の賃金wが資本のレンタルコストrに対して高くなるとどうなるでしょうか？

上の図では，当初の等費用曲線がC_1，利潤最大化の均衡点がE_1であったとして考えましょう。

そのときは，等費用曲線の傾き$\frac{w}{r}$が急になり，等費用曲線がC_1からC_0に移動します。

また，利潤最大化の点はE_1からE_0にシフトし，資本と労働の組合せも（K_0，L_0）に変化します。

このとき企業は，賃金の上昇で，相対的に安くなった資本（機械設備）を労働よりも多く使って生産します。その結

略語の一覧

略語がたくさん出てきて混乱しそうなので，この辺で再チェックしてみましょう。
Y：国民総生産＝国民所得，生産量
K：資本
L：労働
n：労働人口成長率
s：貯蓄率
k：労働者１人当たりの資本
y：労働者１人当たりの生産

賃金低下による変化

賃金wの低下↓
⇓
（安くなった）
労働者の利用＝増↑
⇓
（相対的に高くなった）
資本（機械設備）の利用
＝減↓

賃金上昇による変化

賃金wの上昇↑
⇓
（高くなった）
労働者の利用－減↓
⇓
（相対的に安くなった）
資本（機械設備）の利用
＝増↑

果，労働の使用量がL_1からL_0に減少し，資本の量がK_1からK_0に増加していきます。

このように，新古典派の理論では価格調整メカニズムが働くために，**資本Kと労働Lとの間には代替的な関係が存在**します。代替的とは（資本と労働が）替わりになり得るという意味です。そこでは，安価な生産要素を選択できることになり，資本と労働の投入比率も変化します。

資本と労働の投入比率とは？

生産する際の資本（機械設備）と労働量をどれだけ振り向けるかの割合のことです。

この結果，均斉成長の状態である「自然成長率G_n＝保証成長率G_w $\left(=\frac{s}{v}\right)$＝現実の成長率$G_r$」に当初なっていなかったとしても，**資本Kの値が可変的となる**ことから，資本係数v $\left(=\frac{K}{Y}\right)$が変化し，さらには保証成長率$G_w$ $\left(=\frac{s}{v}\right)$も柔軟に変化します。可変的とは変化できるという意味です。

新古典派理論の主な特徴

賃金wとレンタルコストrで
- 価格調整メカニズムが働きます。
- 生産要素間（資本と労働）に代替性があります。
- 資本係数$v\left(=\frac{K}{Y}\right)$は可変的です。

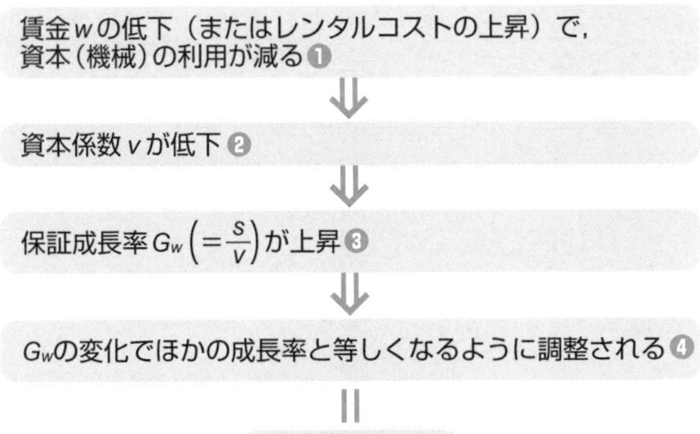

ですから，新古典派の経済成長理論によれば，保証成長率が変化することで，自然成長率G_nと保証成長率G_wの値も価格調整メカニズムによって一致していきます。

ハロッド＝ドーマーの生産関数

● レオンチェフ型生産関数

これに対して，ハロッド＝ドーマー理論では生産関数として，レオンチェフ型を想定しています。レオンチェフ型生産関数を用いて等量曲線を描くとＬ字型になります。

Ｌ字型の生産関数の特徴は何でしょうか？

生産要素である資本Kの量と労働Lの量が，たとえば，労働者１人（２人）に対して機械３台（６台）の１：２といったように一定の比率で決まってしまいます。

したがって，生産を最も効率的にする資本・労働の組合せは，Ｌ字型の等量曲線の屈折している点線上で固定的となります。

ここで資本と労働の量，特に資本の投入量が固定値で決まってしまうなら，どういうことが起きるでしょうか？

結果は，資本量であるKが変動しないので，資本係数$v\left(=\frac{K}{Y}\right)$が固定的な変数となってしまいます。資本係数$v$が固定されれば，保証成長率$G_w=\frac{s}{v}$も決まってきます（貯蓄性向$s$はもともと所与）。

【レオンチェフ型生産関数】

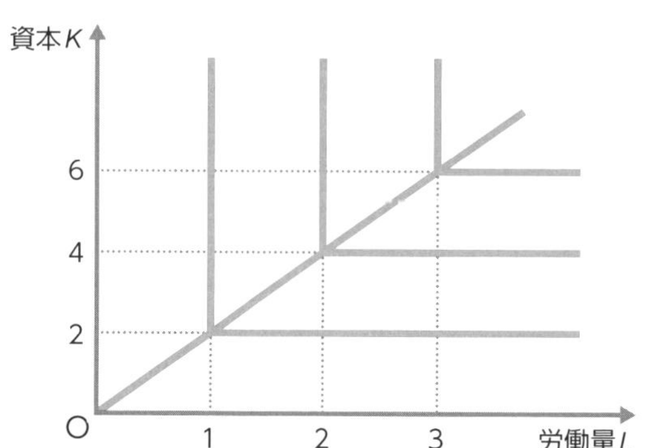

労働者１人（２人，３人）で機械２台（４台，６台）というように，労働と資本の比率が１：２で生産すると利潤が最大化する

レオンチェフ

レオンチェフ(1906～1999)は，ロシア生まれでアメリカの経済学者です。**産業連関分析**（⇒p.320）の創始者で，1973年にノーベル経済学賞を受賞しました。貿易論では，ヘクシャー＝オーリンの理論に反論するレオンチェフの逆説でも知られています。レオンチェフ型生産関数は，もちろんレオンチェフにちなんで名づけられました。

L字型？

ミクロから継続して勉強している方の中には，どこかでみたことがあるなと思う人もいるでしょう。消費者行動理論で取り上げたさまざまな無差別曲線のL字型の無差別曲線と基本的には同じです。詳細は，『ミクロ編』で復習してください。

ハロッド＝ドーマー理論の主な特徴

・資本と労働に代替性がなく調整メカニズムが働きません。
・資本係数vが固定的です。

ですから，均斉成長の「自然成長率G_n＝保証成長率G_w $\left(=\frac{s}{v}\right)$＝現実の経済成長率$G_r$」の状態でなかった場合，新古典派と違って，資本係数v $\left(=\frac{K}{Y}\right)$が固定的で調整機能を果たさないことから，自然成長率G_nと保証成長率G_wの値が一致するのは偶然にしか起りえず，いったん離れるとそのまま乖離は拡大していきます。

したがって，ハロッド＝ドーマー理論では，資本主義経済そのものも不安定であると説明しています。

ハロッド=ドーマーと新古典派の理論のまとめ

以上がハロッド＝ドーマーと新古典派の均斉成長に対する理論的な違いでした。難しい内容であったとは思いますが，本試験で今説明した経緯を問う問題はほとんどありません。内容理解が現段階で困難と思った人も，とりあえずハロッド＝ドーマーと新古典派を対比させた以下の表のキーワードを覚えて，問題に当たってみてください。

	ハロッド=ドーマー	新古典派
３つの成長率	乖離が拡大	一致する
経済の安定性	不安定（ナイフ・エッジ）	安定
均斉成長	偶然	実現する
価格調整メカニズム	働かない	働く（自動調整）
生産要素間に代替性	なし	あり
生産関数	レオンチェフ型	コブ=ダグラス型
資本係数	一定（固定的）	可変（弾力的）

これだけ暗記しよう

キーワードを覚えるだけで出題頻度が高い**例題4, 5**のような問題には解答できるようになります。左の表では特に上から3項目（3つの成長率，経済の安定性，均斉成長）が必須です。

例題5

経済成長の理論に関する次の記述のうち，妥当なものはどれか。

（地方上級）

1　ハロッド＝ドーマー理論では，現実の成長率，自然成長率，適正成長率が当然に一致するとしているが，新古典派成長理論では，一致しないものとして理論が構築されている。

2　ハロッド＝ドーマー理論では，労働と資本の要素価格比の変化に対応し，企業が資源配分をより労働節約的なものとするため経済は均衡状態に近づくが，新古典派成長理論では，現実の成長率と適正成長率の乖離は拡大するとしている。

3　ハロッド＝ドーマー理論では，経済成長のような長期的現象を分析する場合，貯蓄と投資が常に一致するが，新古典派成長理論では，当初から一致することはなく，偶然に一致する場合の成長率を特に自然成長率としている。

4　新古典派成長理論では，ケインズの「一般理論」による生産要素の代替不能な生産関数を根拠に，投資の二重性に着目して経済成長の分析を行い，周期的な恐慌の不可避性を理論的に根拠づけている。

5　新古典派成長理論では，自然成長率と保証成長率が一致したときは，均衡成長が実現するが，そのためには，資本係数の変化が必要である。

解法のステップ

ここまでで触れたキーワードさえ知っておけば簡単に解答できると思います。

1，**2**．ハロッド=ドーマーの理論と新古典派成長理論の説明が逆です。

3．両派の説明が逆であるうえに，最後は「自然成長率」ではなく，「均斉成長における成長率（均斉成長率）」でなければなりません。

4．新古典派成長理論では，「生産要素の代替可能な生産関数」を根拠としています。

5．正答です。「資本係数の変化が必要」は，新古典派成長理論のキーワードの一つです。

勉強法

各選択肢の文章を正しく直して，それを覚えるというのも効率的な学習法の一つです。

専6-4

新古典派の経済成長理論について ～精緻な理論の世界へようこそ～

次は，新古典派の経済成長理論をもっと専門的に学びます。主なテーマは，ソロー方程式とそのグラフです。

新古典派の生産関数を式とグラフで表してみよう！

新古典派モデルでは，コブ＝ダグラス型生産関数を前提としていましたが，資本と労働を使って生産を行うという関数の式にすれば，次のように示されます。

$$Y=F(K, N)$$

〔Y：GNPまたは国民所得，K：資本の投入量，N：労働投入量〕

新古典派は，この関数を「労働者１人当たり」の生産Yと資本Kという概念を用いて説明します。

具体的には，まず労働者１人当たりのGNPは$\frac{Y}{N}$で，これをyと置き，$y=\frac{Y}{N}$となります。

労働者１人当たりの資本は$\frac{K}{N}$で，これをkと置き，$k=\frac{K}{N}$となります。

そこで，$Y=F(K, N)$を「労働者１人当たりの」生産関数の式に置き換えれば，

$$y=F\left(\frac{K}{N}, \frac{N}{N}\right)=f(k, 1)$$

となります。ここで１は定数ですので，労働者１人当たりの生産関数は，

$$y=f(k)$$

という１人当たりの資本kの関数として表されることになり，この１人当たりの資本kのことを，**資本装備率**または**資本労働比率**ともいいます。

このように，新古典派経済成長理論では，$y=f(k)$の形

F(○，△)？

Fやfは関数（function）を表します。
$Y=F(K, N)$は，KとNの値が変化するのに応じてYの値が変わるということを意味します。
Fとfの違いは，小文字のほうが「１人当たりの数値」を出していくということで，前者との違いを出しているわけです。

【新古典派の生産関数①】

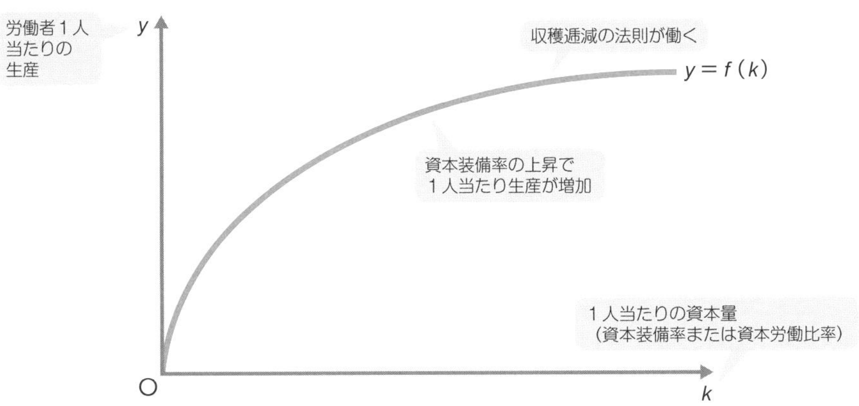

の生産関数を使って，均斉成長について説明がなされます。

このy=f（k）のグラフを表すと上の図のような曲線になります。

資本装備率kが増えるほど，すなわち労働者1人当たりが活用する資本（機械・設備）の量が増加すれば，1人当たりの生産であるyが増加します。曲線が緩やかになるのは，規模に関して収穫逓減（ていげん）の法則が働くからです。

規模に関して収穫逓減(ていげん)とは？

資本Kや労働L（ここではk）の投入量を増加させていくと，生産Y（ここではy）の増え方が徐々に減少していく状態のことをいいます。ミクロ経済学では，$Y=K^{\alpha}L^{\beta}$（$\alpha+\beta<1$）の式の形で示されました。

ソロー方程式と定常状態

では，次に新古典派が上のグラフを使って，均斉成長（$G_n=G_w=G_r$）をどう説明しているかをみていきます。

まず，均斉成長過程の自然成長率=保証成長率（$G_n=G_w$）の形から，ソロー方程式と呼ばれる新古典派の均衡条件式を導きます。数学的な説明になるので，結論だけ覚えておいても構いません。

$$G_n=G_w$$

$$n=\frac{s}{v} \quad \cdots\cdots①$$

$$n=\frac{s}{\frac{K}{Y}}=s\cdot\frac{Y}{K} \quad \cdots\cdots②$$

$$n = s \cdot \frac{\frac{Y}{N}}{\frac{K}{N}} = s \cdot \frac{y}{k} \quad \cdots\cdots③$$

$$sy = nk \quad \cdots\cdots④$$

このように，均斉成長条件$G_n = G_w$から導き出された$sy = nk$がソロー方程式です。

ソロー方程式

$sy=nk$ （$\Delta k = sy - nk = 0$）

では，このソロー方程式を前出の新古典派の生産関数とともに，図で示せば，次のようになります。$y = \frac{n}{s}k$は，ソロー方程式$sy = nk$を$y = \sim$の形に変形した式です。

ソロー方程式の導出過程を解説

①自然成長率（$G_n = n + \lambda$）の技術進歩率λは無視。
②資本係数vを公式（$v = \frac{K}{Y}$）で置き換えて，式を整理。
③$\frac{Y}{K}$の分子と分母を，「労働者１人当たり」の形に変形するために，N(労働投入量)で割り算。
④両辺をk倍して，式を整理。

【ソロー方程式と定常状態①】

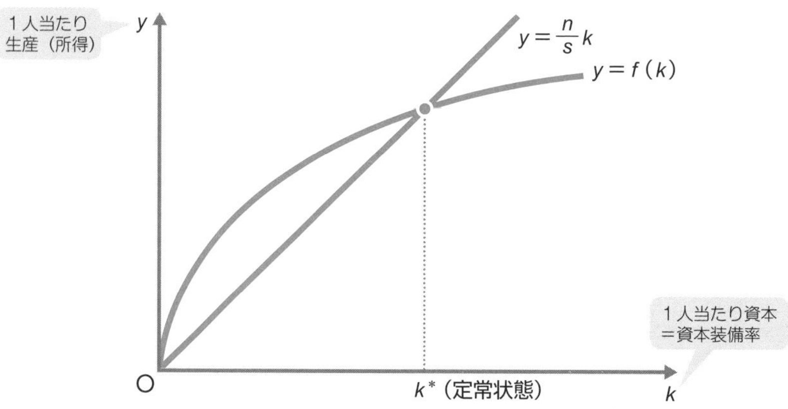

上図で，$y = f(k)$と$y = \frac{n}{s}k$の交点において，１人当たり資本kは長期的にk^*で安定します（$\Delta k = 0$）。このように安定的な成長が達成できている状態を**定常状態**といいます。すなわち，定常状態ではソロー方程式を満たしています。

資本装備率

資本労働比率と呼ばれ，労働者１人がどれだけの資本（機械・設備）を使って生産活動に従事しているかを示しています。

●ソロー方程式と定常状態の別グラフ

加えて，定常状態を示す別のグラフを紹介します。それは，以下のように，ソロー方程式**$sy=nk$**の左辺と右辺を別々に描いたような図になります。

【ソロー方程式と定常状態②】

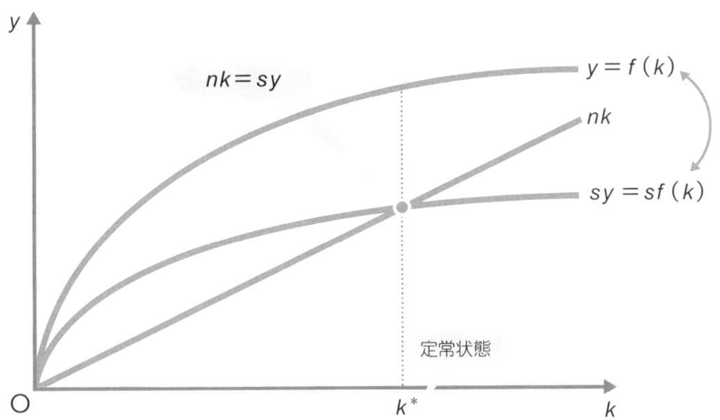

ソロー（1924～）は，アメリカの経済学者で新古典派の重鎮です。マサチューセッツ工科大学（MIT）の教授として，統計学と経済成長モデルを研究し，新古典学派成長論を構築しました。1987年にノーベル経済学賞を受賞しています。

●sf（k)＝syのグラフの意味

これは図の$y=f(k)$に貯蓄率sが掛け算されています。貯蓄率（限界貯蓄性向または平均貯蓄性向）は$0<s<1$となることから，$y'=sf(k)$のグラフは$y=f(k)$よりも下に描かれることになります。

●nkのグラフの意味

nkのnは労働人口の伸び率nですが，労働人口は通常大きく変動することはないので一定値とみなされます。

したがって，x軸に資本装備率k，y軸に労働者１人当たりの生産yとの関係を示したこのグラフは，原点から右上がりの直線の式として描かれます（nは$y=nk$の傾きに相当)。

今，新古典派にとっての理想状態である定常状態を示す図を２つ紹介しましたが，参考までに２つを合わせたグラフも示しておきます。

【ソロー方程式と定常状態①＋②】

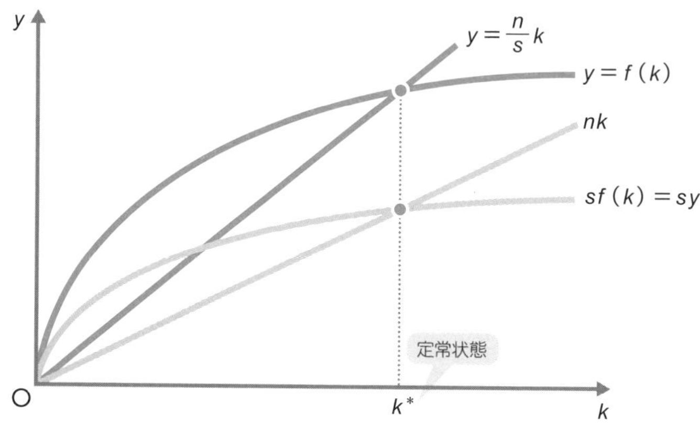

では，次の問題で，ここまでの理解度チェックをしてみましょう。地方上級の過去問の一部です。２つの選択肢の正誤を判断してみてください。

1　新古典派成長理論では，貯蓄率が上昇すると，資本・労働比率が上昇するが，1人当たりの所得は低下する。

2　新古典派成長理論では，労働人口の増加率が上昇すると，資本・労働比率は低下し，1人当たりの所得は低下する。

解法のステップ

それぞれ，定常状態のグラフがどうシフトするかを考えて解答すればいいですね。

右ページの定常状態①の図で確認すれば，$y=\frac{n}{s}k$のグラフの傾きが，**1**の貯蓄率sの上昇で緩やかになり，**2**の労働人口nの増加率の上昇で急になります。

したがって，**1**は資本労働比率kも１人当たり所得も上昇するので誤りで，**2**は正しい記述です。定常状態②の図でも同様に確認できると思います。

定常状態との違いはあるの？

定常状態と黄金律は同じ意味で，別の角度から「理想的な状態」をみたものです。

【ソロー方程式と定常状態①による解説】

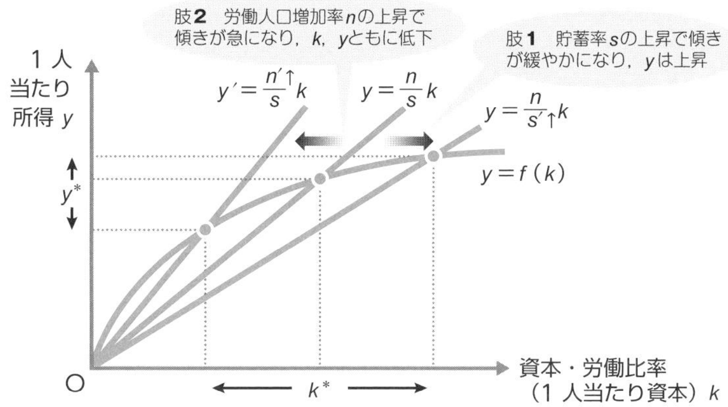

【ソロー方程式と定常状態②による解説】

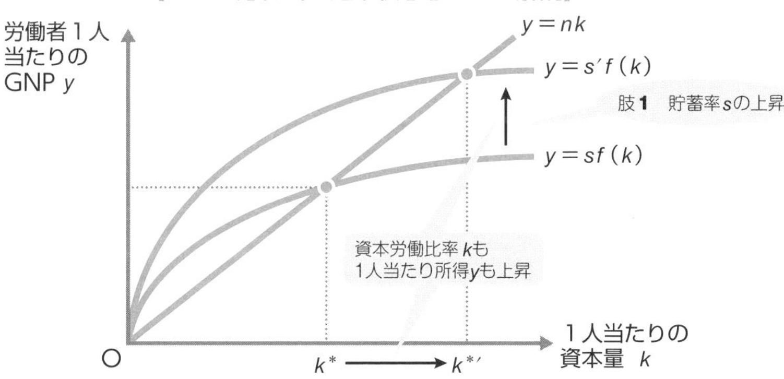

【2の労働人口の増加率が上昇した場合】

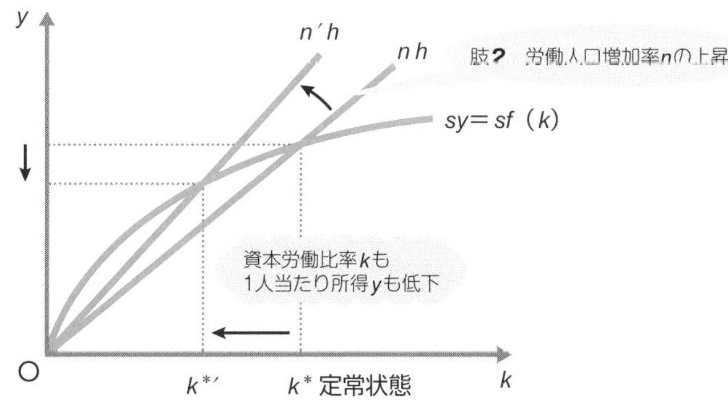

黄金律とは

新古典派の経済成長理論の最後に,「黄金律」について過去問の選択肢を1つ取り上げながら解説します。

問

新古典派経済成長率においては,長期的には毎期1人当たりの所得が最大になるような最適な経済成長が達成されるが,これを「黄金律」という。

解法のステップ

この記述は正しいでしょうか。消費者にとって「黄金」の時代とはどういうときかといえば,経済学においては,上の問題文のように所得が最大になるときではなく,消費が最大となるときと考えます(この記述は誤り)。

消費をたくさんできるときは,次ページの新古典派による経済成長のグラフでは黒い太線で示したところになります。

なぜ,グラフの太線が,消費最大を示すかを説明します。

$y=f(k)$ の式は1人当たりの生産量(GNP)を示していますが,同時に1人当たりの所得を意味することになります。

また,$sf(k)$ は1人当たりの所得を貯蓄率で掛け算したもので,1人当たりの貯蓄の大きさを示しています。

さらに,所得Y=消費C+貯蓄Sは総供給の式でした。

したがって,あるkの値における,1人当たりの所得を示す $y=f(k)$ のグラフと,1人当たりの貯蓄を示す $y'=sf(k)$ のグラフの差は,1人当たりの消費を示すということができます。

この2つのグラフの差が一番大きいところが,図の太線で,これはちょうど,定常状態で実現することになります。

このように,**黄金律とは「1人当たりの消費が最大になる経済水準」**のことをいいます。

新古典派の経済成長理論をまとめると,**定常状態**($sy=nk$)や**黄金律**は,均斉成長(自然成長率G_n=保証成長率G_w=現実の経済成長率G_r)を実現できるということになり,それぞれ経済成長の理想的な状況を示しています。

黄金律

均斉成長=定常状態=黄金律

生産は所得を表す?

もう説明もいりませんね。そうです。三面等価の原則により,生産=分配(所得)が成立します。

$sf(k)$は貯蓄の大きさを示す?

たとえば,貯蓄率sが0.3%で,1人当たりの所得yが100万円なら,30万円(=0.3×100)が貯蓄となりますね。

【黄金律はどこ？】

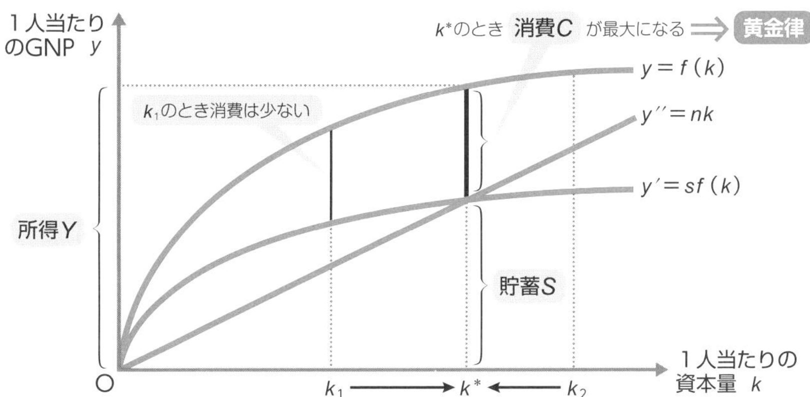

以上，経済成長理論でした。ここで，経済成長理論とは直接の関係はありませんが，ハロッド＝ドーマーの経済成長理論を支えたレオンチェフ型生産関数のレオンチェフの学説である産業連関表を紹介したいと思います。

補論

産業連関表を学ぼう ～なるほど，そんなつながりが～

産業連関表とは，中間生産物の取引も含めて，生産から販売まですべての財の生産活動の過程を示したもので，１つの産業部門とほかの産業部門とがどのような依存関係にあるかなどが明らかになります。

公務員試験での出題頻度

公務員試験における産業連関表に関する問題は出題頻度はそれほど高くありません。しかし，まったく知らなければ，出題されたときにどうしようもありませんので，ここで最低限度のことを学んでいただければと思います。

産業連関表の基礎的な法則を学ぶ

ではまず具体的に産業連関表がどういうものなのかを，過去問を使いながら説明していきます。

ここでは，問題を解いてみるというよりも，解説書を読むような感覚で進めてください。

例題6

農業と工業の２部門からなる経済の産業連関表が次のように示されるとする。この国の国内総生産として，最も妥当なものはどれか。

（地方上級　改題）

投入＼産出		中間需要 農業	中間需要 工業	最終需要	産出合計（生産額）
中間投入	農業	5	20	75	100
	工業	15	200	185	400
付加価値	賃金	50	120		
	利潤	30	60		
投入合計（生産額）		100	400		

（単位：兆円）

1　240兆円
2　255兆円
3　260兆円
4　275兆円
5　500兆円

問題の解説は後回しにして，産業連関表の見方を最初に説明します。

●横の並び（産出）をみる（対象は最初の２行）

ある産業で生産（産出）されたものが，どこ（だれ）に売られたか，という販売先がわかります。

第１行でいえば，農業部門の生産額（産出額）が100兆円で，そのうち25兆円は中間生産物（原料）として農業部門自身に５兆円，工業部門に20兆円販売（需要）され，残りの75兆円は最終生産物として消費者に販売されています。

横並び（産出）の日常的具体例

農業部門で農家が育てた米は，同じ農業部門でも別の農家に種苗として５兆円売られ，工業部門ではお酒やお菓子など加工品の原料として食品メーカーに20兆円売られ，最終生産物として消費者に75兆円販売され，その全体の産出合計が100兆円になった，という感じでしょうか。

ここで，産業連関表の１つの法則性が見出せます。

①中間投入の横の数字を加えていくと産出合計に等しくなる

$5+20+75=100$

このことは第２行目の工業部門にも当てはまります。中間生産物（原料）として工業製品がどのように販売されたかを示しており，農業部門に15兆円，ほかの工業部門に200兆円，最終生産物として消費者に185兆円となっています。そして，ここでも中間投入の横の数字を加えていくとやはり産出合計に等しくなります。$15+200+185=400$

●縦の並び（投入）をみる（対象は左から最初の２列）

ある産業の投入合計（生産額）のうち，原材料（中間生産物）と付加価値（従業員の給与や企業の利益）にどのくらい投入されたかがわかります。つまり，各産業部門が生産において投入した費用（コスト）の内訳が明らかになります。

第１列では，農業部門の投入合計（生産額）が100兆円で，そのうち，農業部門から５兆円分，工業部門から15兆円分を**仕入れ**（購入し），80兆円の給与と企業利益を生み出したことがわかります。

別のいい方をすると，農業部門に投入された財100兆円の

用語の説明

中間需要：販売される中間生産物（原材料）のこと。
中間生産物：別の財の原料となる財。（例）小麦や小麦粉，鉄鋼石
最終需要：最終生産物としての財の取引額のこと，その合計はGDP。
最終生産物：別の財の原料とならず，それを使って何かが生産されない財。消費者に購入される財。（例）パン，車
投入：購入，仕入れ。
中間投入：購入される中間生産物（原材料）のこと。
付加価値：中間投入で仕入れたものに，新たに付け加えられた価値。

何かに似ていない？

産業連関表の横の並びの説明は，教養試験レベルでGDPを説明した際の例として取り上げた，小麦からパンを作る国の話に類似していますね（⇒p.20）。小麦や小麦粉が中間投入物で，最終需要であるパンの部分がGDPの大きさでもありました。

内訳は，中間生産物（原材料）として農業部門に５兆円，工業部門に15兆円投入されたものと，80兆円を生んだ付加価値（賃金や企業利益）に区分されます。

付加価値の復習

賃金，利潤，地代は付加価値のことです。三面等価の原則で説明したように（⇒p.22），生産で生まれた付加価値は必ずだれかの所得になっているということを思い出してください。財の生産には付加価値が加えられていることを示しています。
そして，付加価値の合計はGDP国内総生産を意味します。

縦並び（投入）の日常的具体例

工業部門でビールメーカーは，農業部門から小麦20兆円分を，同じ工業部門の容器メーカーからアルミ缶やビンなど200兆円分をそれぞれ仕入れてビールを生産し，その過程で従業員への給与や会社としての利益（付加価値）180兆円を得ます。そしてビールメーカーが全体として生産のために投じた費用（コスト）が400兆円という感じです。

ここでも新たな法則が見出せます。

②中間需要の縦の数字を加えていくと投入合計に等しくなる

5＋15＋50＋30＝100，また20＋200＋120＋60＝400

③産出合計と投入合計が等しい

農業部門の１行目の産出合計100と１列目の投入合計100，また，２行目の産出合計400と２列目の投入合計400が等しくなっています。これは，財の生産に投入した額だけ産出されるということを意味しています。

産業連関表の理論は，GDP統計や三面等価の原則と密接に関連していることをわかってもらえたでしょうか。

難しそうですが

難解でこんがらがってしまった読者もいると思います。公務員試験対策としては，［産業連関表の法則のまとめ］のところだけでもいいので覚えてください。
基本的な問題のパターンは，**例題6**のようにGDPの大きさを問う問題か，**例題7**のように，産業連関表の法則を使って解答する穴埋め問題です。

産業連関表の法則のまとめ

投入＼産出		中間需要 X	中間需要 Y	最終需要	産出合計
中間投入	X	A	B	C	D
中間投入	Y	E	F	G	H
付加価値		I	J		
投入合計		K	L		

（図中注記：等しい／等しい）

中間需要＋最終需要＝産出合計　：　$A+B+C=D$，$E+F+G=H$

中間投入＋付加価値＝投入合計　：　$A+E+I=K$，$B+F+J=L$

産出合計＝投入合計　：　$D=K$，$H=L$，$D+H=K+L$

付加価値の合計＝最終需要　：　$I+J=C+G$

解法のステップ

さて，産業連関表の説明が長くなりましたが，**例題6**の解説をします。

解き方自体は実に簡単です。国内総生産は，付加価値の合計，または最終需要の合計で求めれらました。したがって，

付加価値の合計：(50＋30)＋(120＋60)＝260

最終需要の合計：75＋185＝260

よって，正答は**3**です。

別解

付加価値の合計の定義であった総生産額ー中間生産物合計で計算しても求められます。

(100＋400)－(5＋20＋15＋200)＝260

例題7

次の表は，すべての国内産業がX，Yの２つの産業に分割されていると仮定した場合の産業連関表である。この場合，空欄Ａ～Ｃに当てはまる数字の組合せとして最も妥当なものはどれか。ただし，産出，投入ともに表に掲げる項目に限られ，政府や外国との取引きはないものとする。

（地方上級）

投入＼産出		中間需要 X産業	中間需要 Y産業	最終需要
中間投入	X産業	20	A	25
	Y産業	30	25	B
付加価値		C	30	

（単位：兆円）

	A	B	C
1	20	30	35
2	25	25	30
3	30	30	25
4	35	25	20
5	40	30	15

解法のステップ

さて，この種の問題は，先ほどの法則から式を作って連立方程式を立てて解を求めるというやり方が一般的です。

20＋Ａ＋25＝20＋30＋Ｃ …………①

30＋25＋Ｂ＝Ａ＋25＋30 …………②

したがって，①よりＡ－Ｃ＝5，②よりＡ＝Ｂ。

この２つの式を満たす解の組合せを考えると，②のＡ＝Ｂより肢**2**，**3**に絞られ，①のＡ－Ｃ＝5を満たす，**3**が解となります。正答は**3**です。

確認しておこう！

産業連関表の問題においては，**例題6**の表示が一番詳細な記述でしたが，本問のような形で，たとえば産出合計や投入合計の記載がなかったりする場合もあります。

第6章のまとめ

●成長方程式（成長会計の方程式）

経済成長率＝技術進歩率＋（資本分配率×資本成長率）
＋（労働分配率×労働成長率）

$$\frac{\Delta Y}{Y}=\frac{\Delta A}{A}+\alpha\cdot\frac{\Delta K}{K}+(1-\alpha)\cdot\frac{\Delta L}{L}$$

●3つの経済成長率

現実の経済成長率 G_r

GDP（国内総生産）の伸び率のこと。$G_r=\frac{\Delta Y}{Y}$

自然成長率 G_n

労働の完全雇用が達成されるときの経済成長率。

$G_n=n+\lambda$〔n：労働人口成長率，λ：技術進歩率〕

保証成長率 G_w

資本が完全利用されたときに達成される経済成長率。

$G_w=\frac{s}{v}$〔s：貯蓄率，v：資本係数〕$=\frac{K}{Y}$〔K：資本投入量，Y：生産量〕

均斉成長：$G_r=G_n=G_w$（3つの成長率が一致すること）

ハロッド=ドーマー　→　偶然の産物にすぎない（乖離の拡大）

新古典派　→　常に成立

●ハロッド=ドーマーと新古典派の対比

	ハロッド=ドーマー	新古典派
3つの成長率	乖離が拡大	一致する
経済の安定性	不安定（ナイフ・エッジ）	安定
価格調整メカニズム	働かない	働く（自動調整）
生産要素間に代替性	なし	あり
生産関数	レオンチェフ型	コブ=ダグラス型
資本係数	一定（固定的）	可変（弾力的）
均斉成長	偶然	実現する

▶ハロッド＝ドーマーの生産関数
：レオンチェフ型

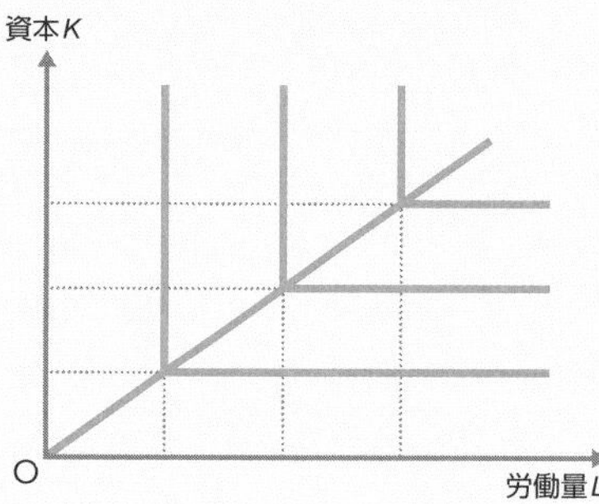

▶新古典派の生産関数
：コブ＝ダグラス型

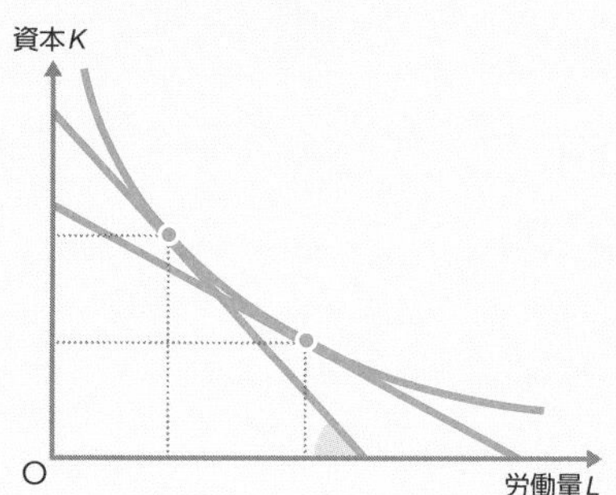

●新古典派の経済成長理論

均斉成長＝定常状態＝黄金律

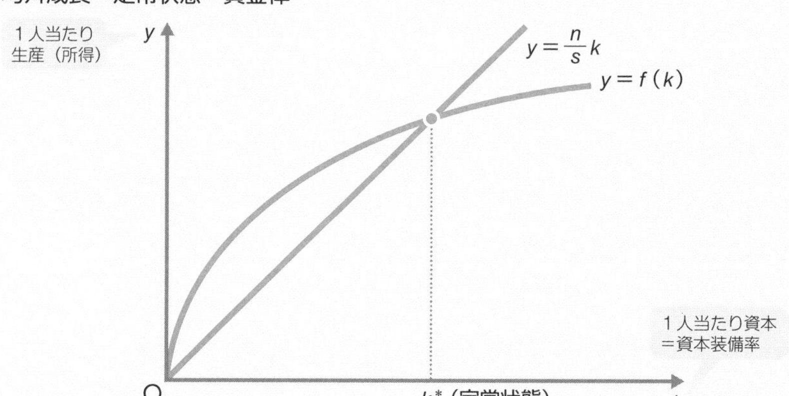

均斉成長：現実の経済成長率G_r＝資本の成長率G_w＝労働人口の成長率G_n

定常状態：安定的な成長が達成できている状態（グラフのk^*）。

定常状態に至る条件：***sy*＝*nk*** ⇒**ソロー方程式**

黄金律：定常状態で1人当たりの消費が最大になる最適な経済成長の水準をいう。

専門試験レベル　第7章

マンデル＝フレミングの世界

外国部門を含んだ財政・金融政策の効果はいかに

通常，経済原論といえば，ミクロ経済学，マクロ経済学，国際経済学に大別されますが，国家一般職・地方上級試験では，ミクロ経済学とマクロ経済学の中に国際経済学の内容が含まれます。マクロ分野の中心のテーマが「マンデル＝フレミング・モデル」です。海外部門を考慮した*IS－LM*分析で，その財政・金融政策の有効性を問うものです。これまでのマクロ経済学の知識をフル回転させて考える，前章同様にこちらも極めて難解な理論ですが，マクロ経済学の総仕上げとして果敢に挑戦してください。

理論としての難易度が高く，出題頻度はそれほど高くないので，敬遠されがちな分野ですが，前章の経済成長理論同様，出題のパターンは決まっているので，やってみれば意外と「問題は解ける」となりうる分野です。

出題傾向

国家総合職：★　　国家一般職：★★　　地方上級：★★
国税専門官：★　　市役所：

専7-1

マンデル=フレミング・モデルの理解のために

～BP曲線について学ぼう～

マンデル=フレミング・モデルとは，マンデルとフレミングの２人の経済学者の理論です。このモデルでは，海外部門の存在を考慮し，固定相場制と変動相場制，資本移動の有無などさまざまな条件下で財政・金融政策の効果を検討しています。したがって，これを理解するためには，「教養試験レベル」で学んだ国際経済の理解が不可欠ですので，しっかり復習してから進んでください（⇒p.88）。

BP曲線とその特徴について

まず*BP*曲線（国際収支曲線）について説明します。

すでに学んだように，かつて国際収支は経常収支と資本収支および外貨準備増減の合計でした。**国際収支の均衡**は，これらの**合計がゼロ**となる状態のことをいいます。

このうち，現在も使われている経常収支は，便宜的に貿易収支とみなして考えます。特に，ケインズ経済において，輸入は国民所得が増えれば増加するとしています。

そのため，輸出を一定とみなせば，経常収支（貿易収支）は国民所得が減少すれば増加（黒字化）し，所得が増加すれば減少（赤字化）します。よって経常収支は国民所得の減少関数となります。

所得↑(↓)⇒輸入↑(↓)⇒貿易赤字(黒字)化

一方，かつての資本収支は利子率の影響を受けました。自国の利子率が外国の利子率より高ければ（低ければ），海外から多くの資本が流入（流出）してきて，資本収支は黒字（赤字）になりました。

利子率↑(↓)⇒資本流入(流出)⇒資本収支黒字(赤字)

国際収支は利子率と国民所得の関数なので，*IS-LM*曲線と同じ平面上に描くことができ，**BP曲線（国際収支曲線）**

マンデルとフレミング

マンデル（1932～2021）は，カナダ生まれの経済学者で，シカゴ大学，コロンビア大学の教授でした。1960年代初期にIMF（国際通貨基金）に在籍し，その通貨理論は，後の統一通貨「ユーロ」導入の理論的支柱になったとされます。1980年代以降，レーガン大統領期のアメリカなど各国政府の顧問も務めました。1999年ノーベル経済学賞を受賞しました。

本章のマンデル=フレミング・モデルは，1963年の発表ですが，IMFのアメリカの経済学者，**フレミング**（1911～1976）もほぼ同時期に同じような研究成果を個別に発表したことから，後にマンデル=フレミング・モデルと称されるようになりました。

そもそもBPって？

*BP*曲線の*BP*は国際収支をさしますが，英語ではBalance of Payment（収支）の略語です。ちなみに，国際収支とは，外国との貿易や資本移動などにかかわるすべての取引の収支をさします。

は「国際収支が均衡している（$BP=0$）ときの利子率と国民所得の組合せを描いた曲線」のことで，次のように描かれます。

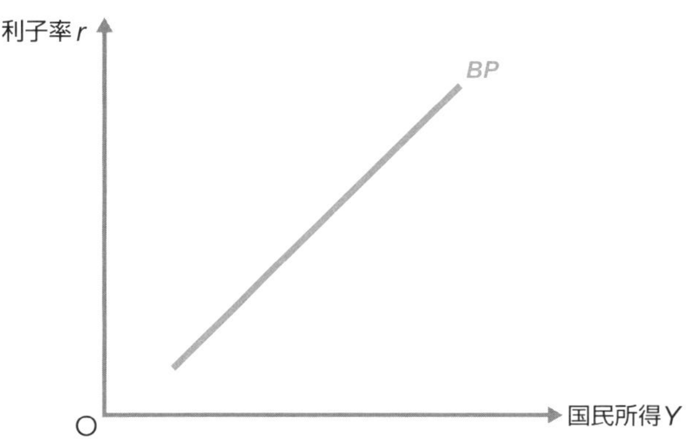

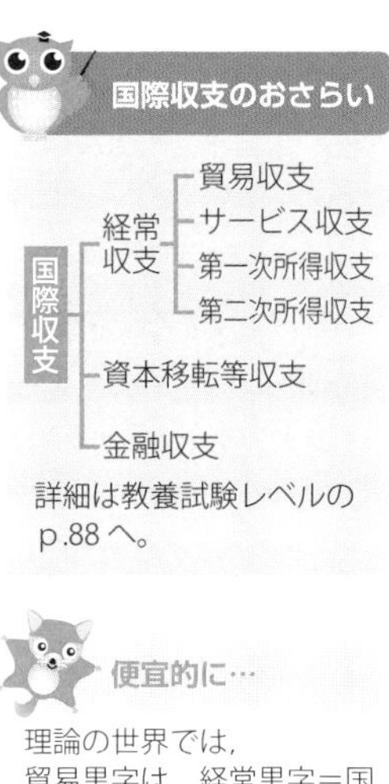

次に，BP曲線上では国際収支が均衡しているわけですが，BP曲線上になかった場合，国際収支は黒字になるのか赤字になるのかを考えます。そのために，x軸に対して垂線を引き，BP曲線の近辺に任意の点E_1，E_2を打ってみました。そして各点に対応する利子率はそれぞれr_1，r_2と置きます。

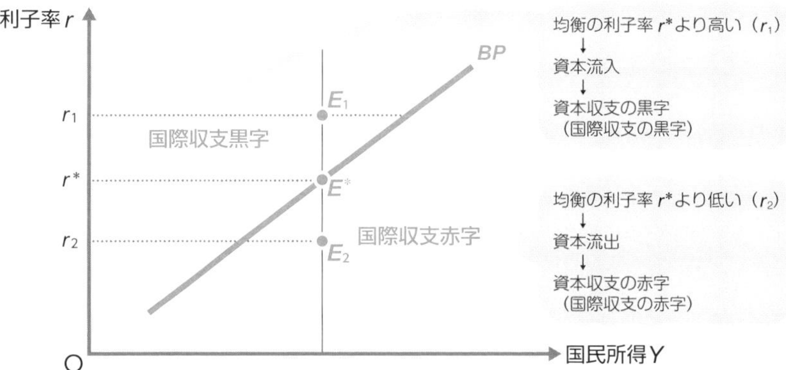

● BP曲線の左上部（E_1）

利子率r_1が均衡の利子率r^*よりも高いので，資本収支が黒字となり国際収支も黒字です。利子率が高い分，外国から銀行預金や債券投資などに伴う資金流入が発生し資本収支が黒字になり，国際収支も黒字化するからです。

● *BP*曲線の右上部(E_2)

利子率r_2が均衡の利子率r^*より低いので，資本流出が発生し資本収支が赤字となり，国際収支も赤字となります。

資本収支のおさらい

資本収支とは，外国投資(直接投資や間接投資)による資本移動(資金流入と資金流出)の差のことをいいました(⇒p.90)。

資本移動と*BP*曲線の関係について

資本収支ってもう使わない？

現在，資本収支は名称としては廃止されていますが，本書では，理解のしやすさから，これまでどおり資本収支を使って説明します。

資本移動とはお金の流れで，国外からの資本の流入ないしは国外への資本の流出を意味しました。

したがって，*BP*曲線の形状は利子率によって左右されることになります。どのように左右されるかというと，それは資本移動が自由であればあるほど*BP*曲線の傾きは緩やかになります。

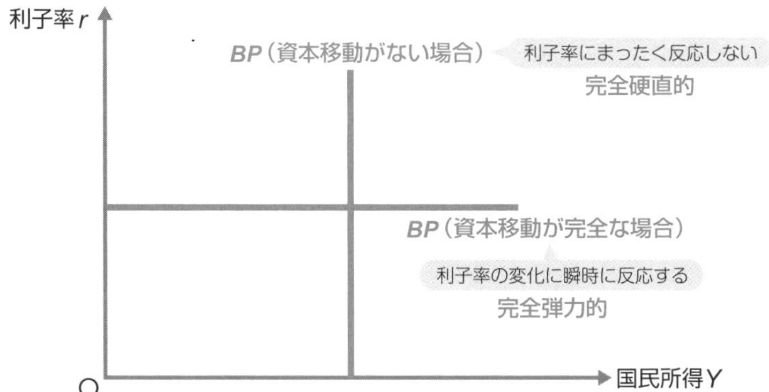

経済学の場合，何事も極端な場合を考えます。ここでも，お金のやり取りがまったく自由（**資本移動が完全**）か，まったくそうでないか（資本移動がない）について検討します。

資本移動が自由？

貿易や資本取引などによる外国とのお金のやり取りに規制がない状態のことです。

● **資本移動が完全な場合とは？**

為替の取引において資本規制がないことを示し，*BP*曲線は横軸と水平な直線になります（**完全弾力的**）。このとき，利子率の変化によって瞬時に資本移動（流入または流出）が発生し，資本収支はすぐさま変化し国際収支を均衡させます。

こんなイメージ？

「資本移動が起きない不完全」な場合とは，鎖国状態で，たとえば日本のお金が貿易や人的交流によって外国に流出することがない状態のことです。
「資本移動が完全」な状態

● **資本移動が起こらない場合とは？**

国際収支は資本収支を考慮することなく，経常収支が国際収支を反映します。その際，国際収支の均衡は，国民所得Y

に依存することになります。したがって，このときのBP曲線はx軸に垂直な直線（**完全硬直的**）で描かれます。

とは，自由貿易が認められ，資本規制がなく完全に自由な状態です。
このことから，資本移動が完全になる方向へ進むにつれて，BP（国際収支）曲線の傾きは緩やかになっていくことも理解できると思います。

小国モデルと不胎化政策

それから，マンデル＝フレミング・モデルにおいては，2つの前提を想定しています。

一つは，小国モデルといって，自国がその経済活動によって他国の物価や為替レートを変化させることができない小国であることです。もう一つは，「**不胎化政策**（ふたいか）」を政府がとらないと仮定していることです。

ただし，これらについて公務員試験で直接問われることはまずないので，以下に説明しますが読み飛ばしても構いません。

介入？

中央銀行が，外国為替市場で自国通貨の売買を行い為替レートの安定を図ること。たとえば，日銀が円高が行き過ぎだと判断すれば，円売り/ドル買い介入を実施します。通貨介入，為替介入ともいいます。

●不胎化政策

現実における**不胎化政策**とは，通貨介入によって自国の金融政策の目標に影響が出ないように中央銀行が施す政策のことです。

たとえば，円高対策のために日銀が円売り介入を実施したとします。このため円資金が市場にあふれ出すことになるので，金利が低下してしまいます。このとき，日銀が景気の過熱を抑えるために金利を高めに誘導することを目標としていたとすると，日銀は公開市場操作で売りオペを行うことによって，流出した円資金を回収し，金利の低下を防ぎます。

円売り介入でなぜ金利が下がるの？

通貨もモノもすべて需給関係で決まります。金利とはお金の価値を測るもの，いってみれば「お金の価格」です。円売りで市場にお金が流れるということは，円の供給が増えることを意味します。需要と供給で供給が上回れば価格が下がるのと同様に，金利も低下するのです。

マンデル＝フレミング・モデルでは，こうした不胎化政策を行わないことを前提としています。ということは，中央銀行が介入をしても，それに対して何の手も打たないということなのです。

これはやはり，経済モデルの単純化といえます。為替の介入という政策効果がそのままモデルに反映されています。

売りオペって何だった？

公開市場操作の一つで，日銀が国債を市中銀行に売って，市場の資金を吸収し，景気の過熱を抑える政策のことです。

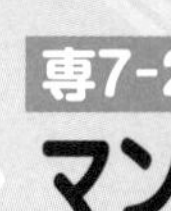

専7-2

マンデル＝フレミング・モデルを徹底分析
～資本移動？完全？変動相場？有効無効？～

では，ここから，マンデル＝フレミング・モデルを用いて，為替制度や資本移動の違いに伴う経済政策の効果についてみていきます。めざすところは，以下の表にある各８項目の経済政策の効果について理解することです。

為替相場＼資本移動	変動相場制		固定相場制	
	財政政策	金融政策	財政政策	金融政策
完全弾力的	無効	有効	有効	無効
完全硬直的	有効	有効	無効	無効

もう一度確認しよう！

完全弾力的：（国境を越える）お金の移動が完全に自由なこと

完全硬直的：（国境を越える）お金の動きがまったくないこと

政策分析前のウォーミングアップ

●政策効果の有無のポイント

財政・金融政策の結果，国民所得が増加すれば，政策効果があったこと（有効）を意味し，国民所得が増加しなければ政策効果がないこと（無効）になります。

具体的には，マンデル＝フレミング・モデルの政策効果の分析では，*IS*－*LM*曲線に加えて，海外市場を考慮したモデルであるために*BP*曲線も活用します。そこでの均衡点は*IS*曲線，*LM*曲線，*BP*曲線の交点ということになりますが，*BP*曲線は無視してもいい存在です。

前提として…

日本を中心に考え，通貨は円。金利の低下（上昇）についても，日本の金利が低下（上昇）した…とみて，外国はアメリカを想定します。貿易の決済（受払い）は，現実的に，世界最大の経済大国アメリカのドルで行われる（**ドル建て**）とします。

●再確認！国際経済の基礎事項

マンデル=フレミング・モデルは，外国部門が入ってくる複雑なモデルなので，為替レートや，金利，貿易収支などさまざまな要素が絡んでくる関係で，教養試験レベルでの以下の内容もフルに活用しながら考えていきます。

貿易黒字：輸出＞輸入
貿易赤字：輸出＜輸入

繰り返し使って覚えよう！

左の関係はマンデル=フレミングを理解するための絶対条件といっても過言ではないので，実際の政策効果の説明においても繰り返し使います。

国民所得増⇒輸入増

円安⇒輸出増・輸入減
円高⇒輸出減・輸入増
貿易黒字⇒円高
貿易赤字⇒円安

利子率（金利）の上昇⇒資本流入⇒円高
利子率（金利）の低下⇒資本流出⇒円安

では，マンデル＝フレミング・モデルの解説に入ります。アプローチのしかたとしては，固定相場制と変動相場制ごとに，財政金融政策を，資本移動が完全弾力的か完全硬直的かに分けて検討します。

変動相場制での財政政策の効果は？

変動相場制の理解は大丈夫ですか。変動相場制は，自国通貨と外国通貨が外国為替市場で自由に取引され，そのときの需給関係で為替レートが決まりました。

● 資本移動が完全弾力的な場合

財政政策（政府支出Gの増大）によりIS曲線が右にシフトすると，国内均衡点はEからE'となります。この結果，利子率rが上昇することから資本流入が発生し，為替レートは円高となります。

ここで留意点があります。それは，IS曲線の右シフトの結果，利子率rの上昇だけでなく，国民所得Yも増加しますが，資本移動が完全な場合は，利子率に反応するということです。

さてその後，変動相場制では円高の影響で輸出が落ちることから，IS曲線は左にシフトしていきます。

この結果，最終的な均衡点はE'からEとなり，均衡国民所得は当初の水準から変化しないことになるので，この場合，財政政策は無効となります。

注意しよう

貿易収支と国際収支の関係は，もちろん貿易収支は国際収支の一部ですが，貿易赤字を国際収支の赤字と表現する場合もあります。

変動相場制下での円レートの変化

円買い＞円売り
（円の需要＞円の供給）
⇒**円高**
円買い＜円売り
（円の需要＜円の供給）
⇒**円安**

注意

資本移動が完全弾力的なケースでは，BP曲線は水平となります。

最初の反応

資本移動完全
↓
利子率rに反応

【資本移動が完全弾力的で変動相場制下の財政政策】

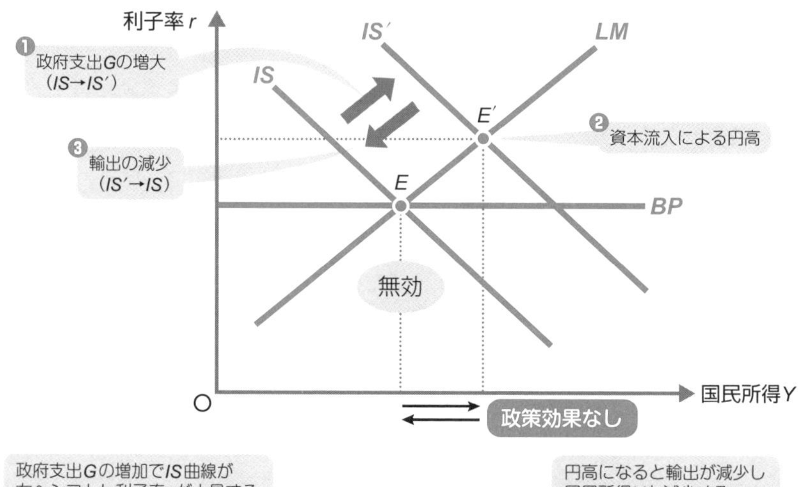

政府支出Gの増加でIS曲線が右へシフトし利子率rが上昇する

円高になると輸出が減少し国民所得Yも減少する

G↑ ⇒ IS 右 ⇒ r↑ ⇒ 資本流入 ⇒ 円高 ⇒ 輸出↓ ⇒ IS 左 ⇒ Y↓

〔G：政府支出，r：利子率 Y：国民所得〕

利子率が上昇すると資本流入が起こり円高になる

BP曲線について

試験対応の観点から，ここは重要ではないので飛ばしても構いません。一応参考として説明しておきます。

マンデル＝フレミング・モデルでは，*BP*曲線について，「変動相場制では，国際収支の不均衡が生じた場合，為替レートが変化することにより，この不均衡を解消する方向に*BP*曲線がシフトする」という前提に立っています。

国際収支の黒字が発生しているので，その黒字が解消されるまで輸出が減少します。輸出の減少は貿易赤字要因です。この結果，国際収支の黒字が解消されます。

グラフでは，均衡国民所得の減少を伴うので，*BP*曲線は左にシフトすることになります。ただし，資本移動が完全弾力的な場合，*BP*曲線は水平なので事実上動きません。

● 資本移動が完全硬直的な場合

財政拡大政策によって*IS*曲線が右にシフトすると，*IS*－*LM*分析では国内均衡点は*E*から*E′*となります。

経済の法則

▶利子率↑⇒資本流入⇒円高（増価）
▶円高⇒輸出↓
▶輸出↓⇒IS左

復習しよう！

教養試験レベルで説明したように，変動相場制には為替レートによる自動調整メカニズムがありました（⇒p.99）。この場合も，国際収支を均衡させる変動相場制の調整機能ですね。

すると，E'点では均衡国民所得は増加しますが，輸入の増加によって貿易収支（国際収支）の赤字が発生します。

このとき，変動相場制の下では，貿易収支が赤字になれば，為替レートは円安となります。その後，円安の結果，輸出が伸び，総需要が増加することから（このとき，貿易収支も黒字化），*IS*曲線はさらに右にシフトします。

この結果，均衡国民所得は当初の水準からさらに増加することになるので，変動相場制で資本移動がないときの財政政策は有効となります。

再確認！

ここでは，政策効果の動きを最初にみるとき，先程の資本移動が完全弾力的なときと異なり，資本移動が完全硬直的なので，*IS*曲線が右に移動した後は，利子率ではなく，国民所得の動きをみることに気をつけましょう。

【資本移動が完全硬直的で変動相場制下の財政政策】

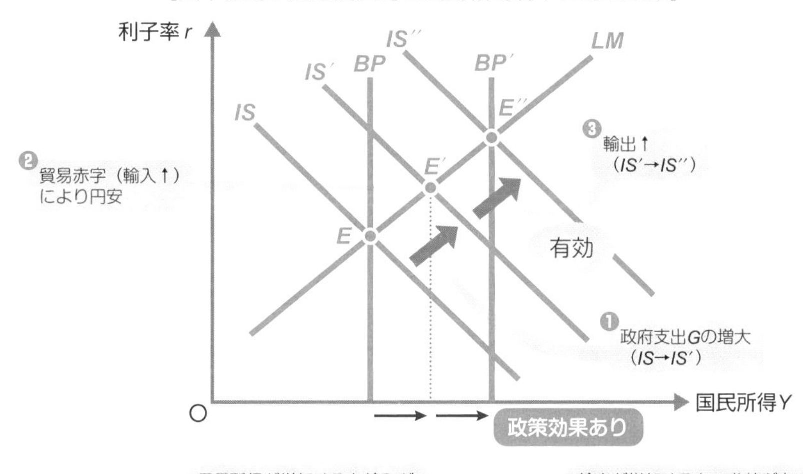

国民所得が増加すると輸入が増え貿易赤字になる

輸出が増加すると*IS*曲線が右へシフトし国民所得がさらに増加する

G↑ ⇒ *IS*右 ⇒ Y↑ ⇒ 輸入↑ ⇒ 貿易赤字 ⇒ 円安 ⇒ 輸出↑ ⇒ *IS*右 ⇒ Y↑

政府支出の増加で*IS*曲線が右へシフトし国民所得が増加する

貿易赤字になると円安になって輸出が増加する

［G：政府支出
Y：国民所得］

*BP*曲線について

こちらも関心のある人だけのための説明です。

変動相場制では，国際収支の不均衡が生じた場合，為替レートが変化することにより，この不均衡を解消する方向に*BP*曲線がシフトします。この場合では，貿易収支の赤字が発生しているので，それが円安を通じて，その赤字が解消されるまで輸出が増加し，所得も増えます。

このとき，均衡国民所得の増加に伴い，*BP*曲線も右にシ

経済の法則

- 所得↑⇒輸入↑⇒貿易赤字
- 貿易赤字⇒円安（減価）
- 円安⇒輸出↑
- 輸出↑⇒*IS*右

フトし，それがIS曲線とBP曲線がLM曲線上で交わるまで続くことになります。最終的な均衡点はE″となります。

注意

資本移動が起こらないので，BP曲線は垂直となります。

変動相場制での金融政策の効果は？

●資本移動が完全弾力的な場合

金融緩和政策により，貨幣供給量Mが増加し，LM曲線が右にシフトすると，国内均衡点はEからE′となります。これにより，利子率rが低下し，国民所得Yが増加していますが，本ケースは資本移動が完全なので，利子率のほうに反応します。

この結果，利子率が低下することから，資本流出が発生し，外国為替市場で円売り／ドル買いが活発に行われることから，円安となります（為替レートは減価）。

そして，円安によって輸出が伸びるため，IS曲線は右にシフトします。したがって，最終的な均衡点はE′からE″と

経済の法則！

▶利子率↓⇒資本流出⇒円安
▶円安⇒輸出↑
▶輸出↑⇒所得↑⇒IS右
▶所得↑⇒輸入↑＝貿易赤字
▶貿易赤字⇒円安
▶円安⇒輸出↑

【資本移動が完全弾力的で変動相場制下の金融政策】

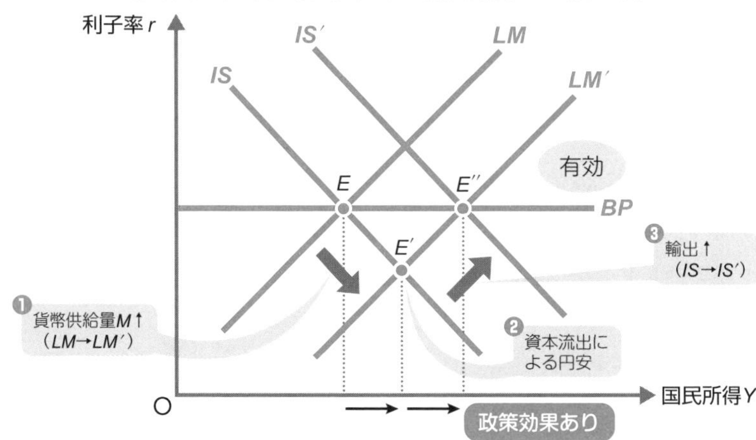

金融緩和政策でLM曲線が右へシフトし利子率が低下する

円安になると輸出が増加し国民所得も増加する

M↑⇒LM右⇒r↓⇒資本流出⇒円安⇒輸出↑⇒IS右⇒Y↑

利子率が低下すると資本が流出し円安になる

〔M：貨幣供給量，r：利子率，Y：国民所得〕

なり，均衡国民所得は当初の水準からさらに増加することになるので金融政策は有効といえます。

資本移動が完全な場合との違いは，BP曲線が今回はシフトすることですね。

解法のコツ

▶資本移動が完全弾力的⇒最初に利子率rをみる（資本収支が変化）
▶資本移動が完全硬直的⇒最初に国民所得Yをみる（経常収支が変化）

● 資本移動が完全硬直的な場合

金融緩和政策によりLM曲線が右にシフトすると，新しい国内の均衡点はEからE′に移動します。

すると，均衡国民所得は増加しますが，所得増に伴う輸入の増加による貿易収支（国際収支）が赤字になります。

貿易収支が赤字となれば，変動相場制の下では，為替レートは円安になるので，輸出が伸びます。輸出の増加は総需要の増加なので，IS曲線は右にシフトします。

したがって，均衡国民所得は当初の水準からさらに増加するので，この場合の金融政策は有効です。

【資本移動が完全硬直的で変動相場制下の金融政策】

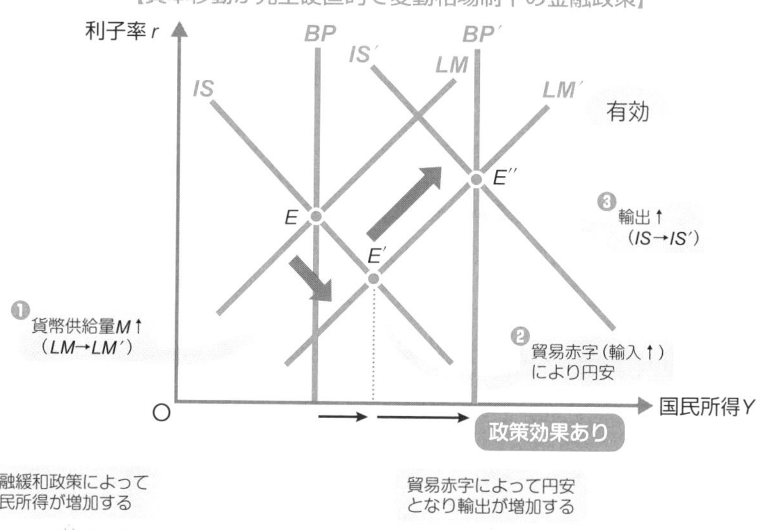

金融緩和政策によって国民所得が増加する

貿易赤字によって円安となり輸出が増加する

M↑⇒LM右⇒Y↑⇒輸入↑⇒貿易赤字⇒円安⇒輸出↑⇒IS右⇒Y↑

［M：貨幣供給量，Y：国民所得］

国民所得の増加で輸入が増え貿易赤字になる

輸出が増加すると国民所得も増加する

ここまで，変動相場制における財政・金融政策の効果を，資本移動が完全に弾力的な場合と，完全に硬直的な場合とで検討してきました。ポイントを表にまとめると，次のようになります。

変動相場制における政策効果

資本移動＼政策	財政政策	金融政策
完全弾力的	無効	有効
完全硬直的	有効	有効

 固定相場制での財政政策の効果は？

固定相場制は，かつての日本であれば，１ドル＝360円のように自国通貨と外貨の取引の比率が固定されている制度です。もしこのレートが守られないような事態が発生すれば，中央銀行は，為替レートの維持のために，介入の義務を負います。①１ドル＝360円から１ドル＝300円などの円高に振れそうになれば，日銀は円売り／ドル買いの為替介入（円安誘導）をし，逆に，②１ドル＝360円から１ドル＝400円などの円安に振れると，日銀は円買い／ドル売りを外国為替市場で実施（円高誘導）することによって，為替相場を360円水準に戻さなければなりません。

● 資本移動が完全弾力的な場合

財政拡大政策によりIS曲線が右に移動すると，国内均衡点はE点からE'点にシフトします。

このとき，資本移動が完全なので，増加した所得ではなく，利子率に反応します。日本で**利子率が上昇**すると，利益を求めた外国からの**資本流入が起こり**，円高に振れようとする**円高圧力**（円の切り上げ圧力）が発生します。これは金利（利子率）が高い，たとえば円で発行される日本の国債に投資するために，アメリカ人ならドルを売って円を買う（ドル売り／円買い）からでしたね。

先ほどまでの話は，変動相場制を前提としていましたが，固定相場制度下にあっては，この場合，円高になっては困るわけです。そこで，中央銀行である日銀は円高にならないように為替市場で円売り／ドル買い介入義務が生じます。

理解のコツ

自分ではそう思わないということがあっても，「マンデル＝フレミング・モデルではこう考えるんだ」という柔軟な態度で，思考の経路に慣れることが重要です。

円売り介入でなぜ貨幣供給量が増える？

日銀がだれに円を売って，ドルを買うかといえば，相手は市中銀行です。市中銀行は円を得たことで，貸出しに回すので，貨幣供給量Mが増加することになります。

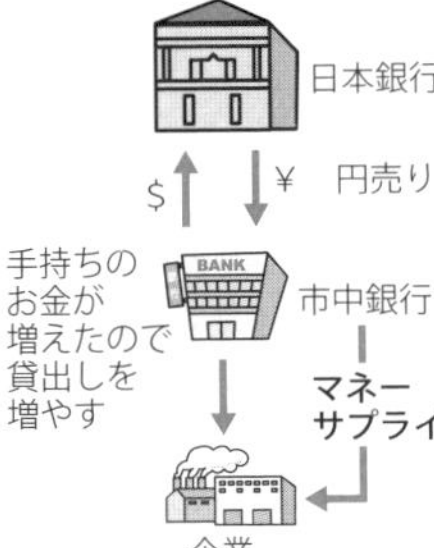

円安圧力？円高圧力？

１ドル＝360円の固定相場制であったとき，円売りが多く出て，たとえば370円ぐらいの円安に振れそうになる状態が円安圧力です。でも370円になってはいけないので，中央銀行が買い介入しなければならなくなります。円高圧力も350円ぐらいの円高になりそうな状態，逆にいったら，売り介入が出る前の状態ということができます。

【資本移動が完全弾力的で固定相場制下の財政政策】

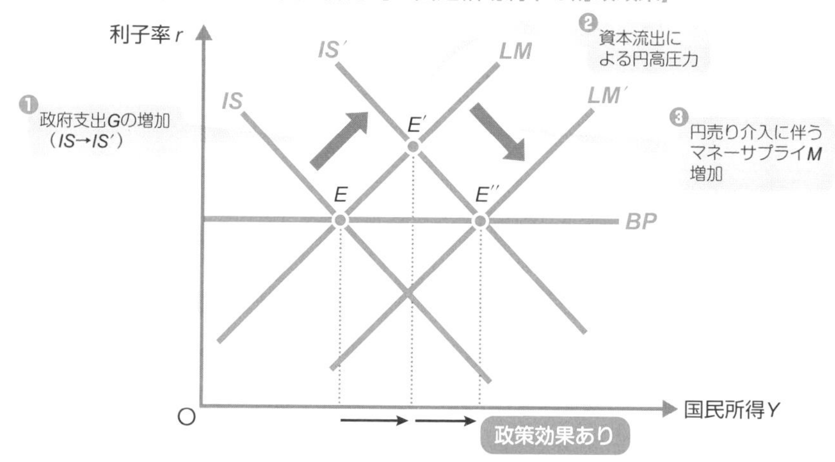

政府支出Gの増加で利子率が上昇する

そのため日銀が円売り介入し結果的に貨幣供給量Mが増えて国民所得Yが増加する

G↑⇒IS右⇒r↑⇒資本流入⇒円高圧力⇒円売り介入⇒M↑⇒LM右⇒Y↑

利子率rが上昇すると資本流入が起こり円高になりそうになる

［G：政府支出，r：利子率，
M：貨幣供給量，Y：国民所得］

このとき，円売り介入の結果，円が金融市場に放出されるので，貨幣供給量Mは増加します。

したがって，マネーサプライの増加によってLM曲線は右にシフトすることになります。この移動は，すでにシフトしたIS曲線とBP曲線との交点であるE''まで続きます。

このように，最終的に均衡国民所得は当初の水準から増加することになるので，この場合の**財政政策は有効**となります。

●資本移動が完全硬直的な場合

財政拡大政策によりIS曲線が右にシフトすると，IS-LM分析において国内市場の均衡点はEからE'となります。そこで次の反応は，本ケースでは資本移動がないので国民所得増加となります。

このE'点では，**国民所得Yの増加に伴う輸入の増加**により貿易収支（国際収支）が赤字となります。

そして，**貿易赤字によって，円安圧力が発生**します。

ここでは固定相場制度を前提としていますので，この固定

再チェック

「円買い介入によって貨幣供給量が減少する」の意味
↓
日銀が介入によって円を買い持ちます。
↓このため，
市場ではその分，貨幣が供給さなくなるので，貨幣供給量は減少します。

相場制を維持するために（この場合円安を防ぐために），日銀は自国通貨を買い支えなければなりません（円買い／ドル売り介入）。

円買い／ドル売りによって貨幣供給量*M*が減少します。これは，日銀が市中銀行から円を買い持つことになるので，逆にいえば，市中銀行は企業への貸し出し資金が日銀によって吸収されたので，貨幣供給量が減少するからです。このとき，貨幣供給量の減少により*LM*曲線は左に移動します。

以上のことから，最終的に均衡国民所得は当初の水準から変化しないことになるので，固定相場制下で，資本移動がないときの**財政政策の効果は無効**となります。

すでに右シフトした*IS*曲線と*BP*曲線との交点である*E''*に*LM*曲線が交わるまで続くことになります。

【資本移動が完全硬直的で固定相場制下の財政政策】

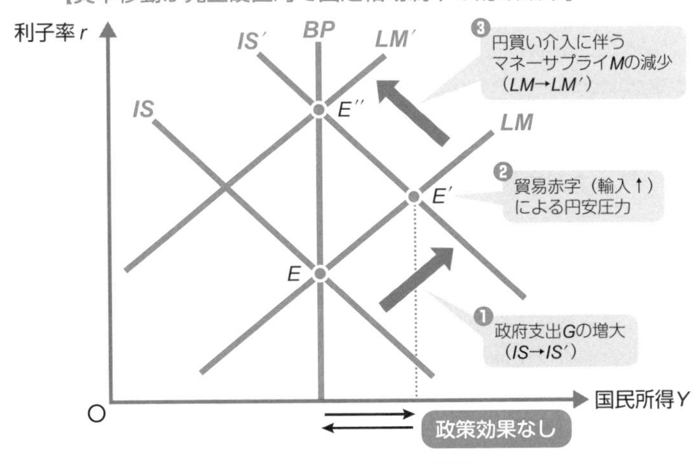

政府支出*G*の増加で国民所得*Y*が増加する

貿易赤字になると円安になるが日銀が円買い介入をしてこれを防ぐ

G↑⇒IS右⇒Y↑⇒輸入↑⇒貿易赤字⇒円安圧力⇒円買い介入⇒M↓⇒LM左⇒Y↓

［*G*：政府支出
Y：国民所得
M：貨幣供給量］

国民所得*Y*の増加で輸入が増加し貿易赤字になる

円買い介入の結果貨幣供給*M*が減少し国民所得が減る

 固定相場制における金融政策の効果

● 資本移動が完全弾力的な場合

金融緩和政策（貨幣供給量Mの増大）によりLM曲線が右にシフトすると，国内市場の均衡点はEからE'となります。

この結果，均衡国民所得Yは増加し，利子率rが低下します。

利子率が低下すると資本流出が発生し，国際収支は赤字となります。これによって円安圧力が発生します。

しかし，固定相場制度を維持するために，日銀は外為市場で，円安にならないように，自国通貨を買い支える（円買い／ドル売り）介入をします。

円買い介入によって貨幣供給量が減少し，LM曲線は左にシフトします。このシフトは，当初の均衡点EにLM曲線が戻るまで続きます。

以上のことから，最終的に均衡国民所得は当初の水準から変化しないので，金融政策の効果は無効となります。

【資本移動が完全弾力的で固定相場下の金融政策】

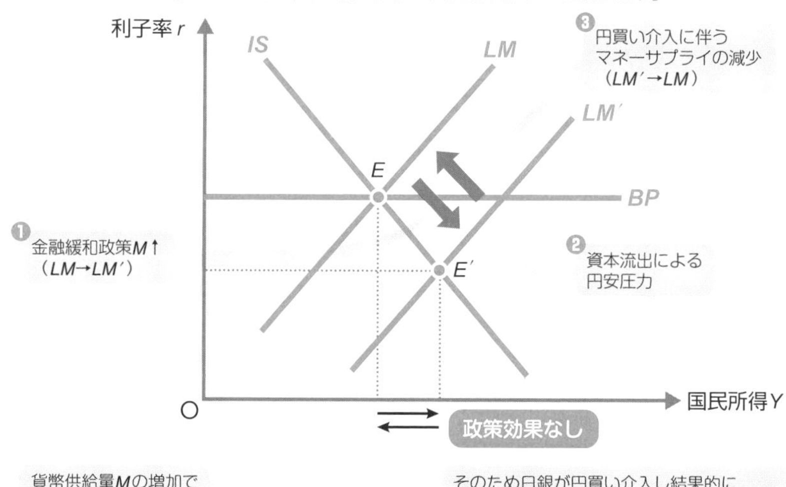

貨幣供給量Mの増加で
利子率rが低下する

そのため日銀が円買い介入し結果的に
貨幣供給量Mが減って国民所得Yが減少する

M↑⇒LM右（Y↑）⇒r↓⇒資本流出⇒円安圧力⇒円買い介入⇒M↓⇒LM左⇒Y↓

利子率が低下すると資本流出が起こり
円安になりそうになる

［M：貨幣供給量
r：利子率
Y：国民所得］

●資本移動が完全硬直的な場合

金融緩和政策によりLM曲線は右にシフト（国内均衡点はEからE'に移動）します。

これにより，均衡国民所得は増加し，輸入も増加するため貿易収支（国際収支）が赤字になります。

貿易収支が赤字になると円安に，すなわち円安圧力（為替レートの切り下げ圧力）が発生します。

しかし，固定相場制度を維持するために，日銀は外為市場で，円安にならないように自国通貨を買い支える（円買い／ドル売り）介入を行います。

円買い介入によって，貨幣供給量は減少し，LM曲線は左にシフトします。

このシフトは，当初の均衡点EにLM曲線が戻るまで続きます。よって，最終的に均衡国民所得は当初の水準から変化しないので，金融政策の効果は無効となります。

くどいようですが…

資本移動が完全硬直的な場合，政策効果の影響をみるのは利子率rではなく国民所得Yでした。

↓

「所得の増加⇒輸入の増加」の関係があります。

【資本移動が完全硬直的で固定相場制下の金融政策】

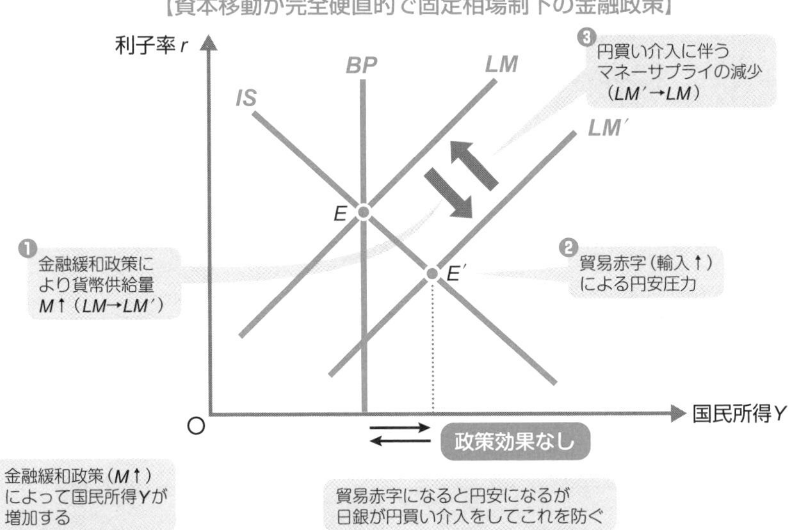

金融緩和政策（M↑）によって国民所得Yが増加する

貿易赤字になると円安になるが日銀が円買い介入をしてこれを防ぐ

M↑⇒LM右⇒Y↑⇒輸入↑⇒貿易赤字⇒円安圧力⇒円買い介入⇒M↓⇒LM左⇒Y↓

［M：貨幣供給量
Y：国民所得］

国民所得Yの増加で輸入が増加し貿易赤字になる

円買い介入の結果貨幣供給量Mが減少し国民所得が減る

固定相場制における政策効果

資本移動＼政策	財政政策	金融政策
完全弾力的	有効	無効
完全硬直的	無効	無効

ざっくばらんな復習

貿易赤字⇒円安
赤字の国の通貨は嫌われるので円安になる。
円買い介入⇒貨幣供給量↓
日銀が円を買って手放さないので，その分貨幣供給量が減る。

試験で使い分けたいマンデル＝フレミング・モデルの特徴

このように，異なる為替制度で，資本移動が完全硬直的な場合と完全弾力的な場合の財政政策と金融政策の効果を８パターンみてきましたが，結果を改めてまとめると以下のようになります。

資本移動＼為替相場	変動相場制		固定相場制	
	財政政策	金融政策	財政政策	金融政策
完全弾力的	無効	有効	有効	無効
完全硬直的	有効	有効	無効	無効

この結果の表をじっと目を凝らしてみると，ある法則性みたいなものが見出せます。

たとえば，金融政策は，資本移動にかかわらず変動相場制では有効ですが固定相場制では無効であることを確認できるでしょう。また，資本移動が完全硬直的な場合，固定相場制ではすべて無効，変動相場制ではすべて有効となっています。

次に政策効果の流れを再確認してみた場合はどうでしょうか？　そこに一つ非常に有用な法則を見出すことができます。

●固定相場制 *LM*・変動相場制 *IS* の法則

固定相場制では，為替レートを維持するために中央銀行が市場介入する結果，マネーサプライが変動するので最終的に*LM*曲線が移動します。

一方，変動相場制では，為替レートの変化が起こるのでその結果，輸出が増加したり減少したりすることから最終的に

これ以外にも…

たとえば，資本移動がより弾力的とかより硬直的とかというパターンもありますが，極端な場合である「完全弾力的」と「完全硬直的」を理解しておくことで，ほかのパターンでも類推できると思います。

試験対策の観点から

マンデル＝フレミング分析の過程を理解するのが大変だという方は，公務員試験対策に限定すれば，後で解く過去問題でも明らかなように，その結果を覚えておけばいいのです。

マンデル＝フレミング・モデルの覚え方

固定相場制→最後に*LM*曲線が変動→資本移動が完全弾力的な財政政策のみ有効

変動相場制→最後に*IS*曲線が変動→資本移動が完全弾力的な財政政策のみ無効

金融政策：固定相場制で無効，変動相場制で有効

*IS*曲線が変動します。

変動相場制のときの財政金融政策

《資本移動が完全弾力的であるとき》…利子率 *r* をみる

G↑⇒*IS*右⇒*r*↑⇒資本流入⇒円高⇒**輸出↓**⇒***IS*左**⇒*Y*↓

M↑⇒*LM*右⇒*r*↓⇒資本流出⇒円安⇒**輸出↑**⇒***IS*右**⇒*Y*↑

《資本移動が完全硬直的であるとき》…国民所得*Y*をみる

G↑⇒*IS*右⇒*Y*↑⇒**輸入↑**⇒**貿易赤字**⇒**円安**⇒**輸出↑**⇒***IS*右**⇒*Y*↑

M↑⇒*LM*右⇒*Y*↑⇒**輸入↑**⇒**貿易赤字**⇒**円安**⇒**輸出↑**⇒***IS*右**⇒*Y*↑

〔*G*：政府支出　*r*：利子率　*M*：貨幣供給量　*Y*：国民所得〕

固定相場制のときの財政金融政策

《資本移動が完全弾力的であるとき》…利子率 *r* をみる

G↑⇒*IS*右⇒*r*↑⇒資本流入⇒円高圧力⇒**円売り介入**⇒***M*↑**⇒***LM*右**⇒*Y*↑

M↑⇒*LM*右⇒*r*↓⇒資本流出⇒円安圧力⇒**円買い介入**⇒***M*↓**⇒***LM*左**⇒*Y*↓

《資本移動が完全硬直的であるとき》…国民所得*Y*をみる

G↑⇒*IS*右⇒*Y*↑⇒**輸入↑**⇒**貿易赤字**⇒**円安圧力**⇒**円買い介入**⇒***M*↓**⇒***LM*左**⇒*Y*↓

M↑⇒*LM*右⇒*Y*↑⇒**輸入↑**⇒**貿易赤字**⇒**円安圧力**⇒**円買い介入**⇒***M*↓**⇒***LM*左**⇒*Y*↓

〔*G*：政府支出　*r*：利子率　*M*：貨幣供給量　*Y*：国民所得〕

ここまで大変お疲れ様でした。それでは，マンデル＝フレミング・モデルに関する過去問２問に挑戦してみましょう。

例題1

次の図は，点Eを自国の政策が発動される前の均衡点とし，資本移動が完全である場合のマンデル=フレミングモデルを表したものであるが，これに関する記述として，妥当なのはどれか。ただし，このモデルにおいては,世界利子率に影響を与えることはない小国を仮定し，世界利子率はr_wで定まっているものとし，物価は一定とする。

（特別区）

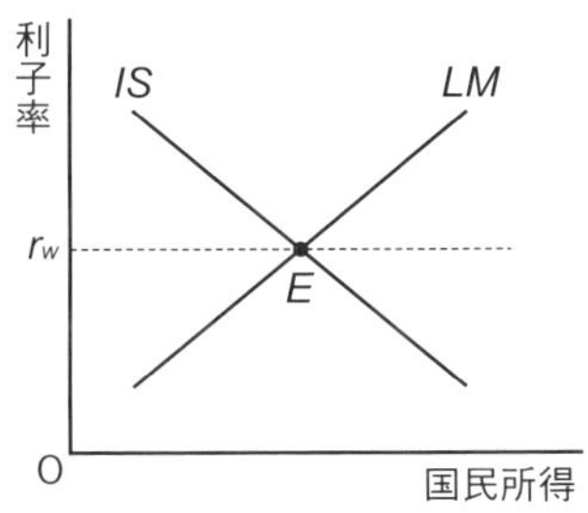

1　変動為替相場制の下で，金融緩和政策がとられると，LM曲線が右にシフトし国内利子率が下落するので，資本流出が起こり，為替レートの減価により輸出が拡大し，需要が増加しIS曲線が右にシフトする。

2　変動為替相場制の下で，拡張的な財政政策がとられると，IS曲線が右にシフトし国内利子率が上昇するので，資本流出が起こり，貨幣供給量が増大するため，LM曲線が右にシフトする。

3　変動為替相場制の下で，金融緩和政策がとられると，LM曲線が右にシフトし国内利子率が下落するので，資本流出が起こり，為替レートの増価により輸入が拡大し，需要が増加しIS曲線が右にシフトする。

4　固定為替相場制の下で，金融緩和政策がとられると，LM曲線が右にシフトし国内利子率が下落するので，資本流出が起こり，貨幣供給量が増大するため，IS曲線が右にシフトする。

5　固定為替相場制の下で，拡張的な財政政策がとられると，IS曲線が右にシフトし国内利子率が上昇するので，資本流出が起こり，貨幣供給量が減少するため，LM曲線が左にシフトする。

解法のステップ

各選択肢についての解説は，本章ですでに詳細に説明しているので，側注に該当するページ数を書いておきます。各自で参照・確認しておいてください。ここでは効率的に素早く解答できる方法を紹介したいと思います。

〈速解〉

①**「変動相場制⇒*IS*曲線，固定相場制⇒*LM*曲線」の法則**

2は「変動相場制の下で…*LM*曲線が…」

4は「固定相場制の下で…*IS*曲線が…」

となっているので，即，誤りだとわかります。

繰り返しになりますが，固定相場制の場合，為替介入が必要になる分，政策効果の決め手は，貨幣供給量（*LM*曲線）となります。これに対して変動相場制は，為替介入の必要がない，為替レートの変動に伴う円レートの変化（円高・円安）が輸出（*IS*曲線）に直接影響を与えます。

②マンデル＝フレミングの理論ではなく，経済の常識から判断

3は，「資本流出が起こり，為替レートの増価により」が誤りで，正しくは「減価（円安）」です。

5は，「国内利子率が上昇するので，資本流出が起こり」が誤りで，正しくは「資本流入」です。

よって，正答は**1**となります。

このように，難解なマンデル＝フレミング・モデルの理論（政策効果の結論）を正確に理解していなかったとしても，教養試験レベルの知識で解答できました。さて，このタイプの問題が，マンデル＝フレミング・モデルでは典型的です。また近年の択一問題では圧倒的に「資本移動が完全」という条件の問題が多いです。したがって，復習する際には，「資本移動が完全」なケースを優先してください。

マンデル＝フレミング・モデルは理論的には極めて難解でしたが，実際には一定パターン化があるので，それを覚えて，効率的に解答していってください。

では，本問と同じ手法でもう1問やってみましょう。

各肢の解説のための本文参照ページ

1⇒p.338
2⇒p.335
3⇒p.338
4⇒p.343
5⇒p.340

例題2

図のような*IS*曲線と*LM*曲線を用いて，資本移動が完全である変動相場制下のマンデル=フレミング・モデルを考える。ある小国において財政政策や金融政策が行われた場合に関する次の記述のうち，最も妥当なのはどれか。

（国税専門官）改題

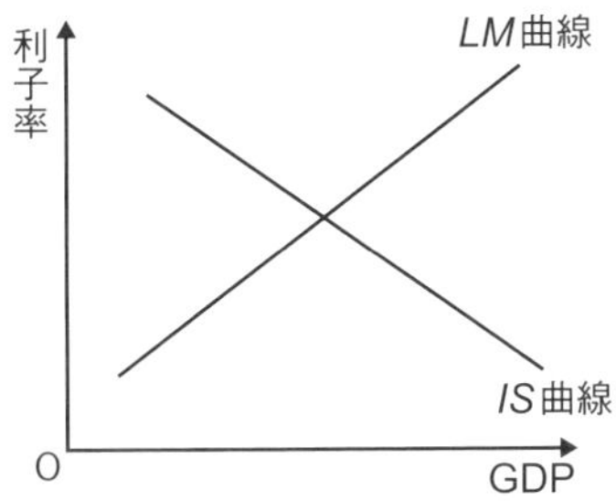

1　拡張的な財政政策が行われた場合，*IS*曲線は右方へシフトし国内利子率が上昇する。中央銀行は自国通貨が増価すると自国通貨の売却と外国通貨の購入を行うため，*LM*曲線は右方へシフトする。このため，均衡点におけるGDPは当初よりも増加する。

2　拡張的な財政政策が行われた場合，*IS*曲線は右方へシフトし国内利子率が上昇する。中央銀行は自国通貨が増価すると自国通貨の購入と外国通貨の売却を行うため，*LM*曲線は左方へシフトする。このため，均衡点におけるGDPは変化しない。

3　拡張的な金融政策が行われた場合，*LM*曲線は右方へシフトするが，中央銀行は自国通貨が減価すると自国通貨の購入と外国通貨の売却を行うため，*LM*曲線は左方へシフトする。このため，均衡点は変化せず，GDPも変化しない。

4　拡張的な金融政策が行われた場合，*LM*曲線は右方へシフトし国内利子率は低下する。これに伴い自国通貨が減価し輸出が増加するため*IS*曲線は右方へシフトする。このため，均衡点におけるGDPは当初よりも増加する。

5　拡張的な金融政策が行われた場合，*LM*曲線は右方へシフトし国内利子率は低下する。しかし，自国通貨は減価し輸出が減少するため*IS*曲線が左方へシフトする。このため，均衡点におけるGDPは当初よりも減少する。

解法のステップ

〈速解〉

①**変動相場制⇒*IS*曲線，固定相場制⇒*LM*曲線の法則**を使うと，本問は変動相場制が前提となっているので，「*LM*曲線は…」と*LM*曲線が問題文の最後に言及されている**1**～

各肢の解説のための本文参照ページ

1，**2**⇒p.335
3，**4**，**5**⇒p.338

3は誤りです。

②残り２択で，本文の中身が明らかに間違っている内容がないかを調べてみると，**5**は「自国通貨は減価（円安）し，輸出が減少」が誤りです。円安で輸出は増加します。

よって，正答は**4**です。

なお，**5**についてですが，マンデル＝フレミング・モデルで政策効果は，「有効」の場合，国民所得Yは増加，「無効」の場合は所得が「当初から不変」となる２パターンに分かれました。ところが**5**は最後に「当初より減少」となっている点で間違いと判断することもできます。

では最後に，マンデル＝フレミング・モデルの計算問題に挑戦してみましょう。IS-LM分析の計算問題の延長のような感じです。

例題3

変動為替相場制下の開放マクロ経済が，

$Y=C+I+G+B$

$C=20+0.8Y$

$I=38-50r$

$B=40-0.1Y+0.2e$

$0.2Y-300r=M$

$r=r^*$

［Y：国民所得　C：消費　I：投資
G：政府支出　B：純輸出
r：国内利子率　e：為替レート
M：貨幣供給量　r^*：外国の利子率］

で示されるとする。$G=50$，$M=98$，$r^*=0.04$であるとき，均衡における為替レートeの値はいくらか。

（地方上級）

1　90
2　95
3　100
4　105
5　110

解法のステップ

BP曲線

国際収支を均衡させる国民所得と利子率の軌跡であるBP曲線は，$r=r^*$で示されています。

この式が意味するところは，資本移動が完全なことで，国内利子率rと外国の利子率r^*が等しくなることを意味しています。資本移動が完全であれば，資本（お金）は利子率が低いところから高いところへ流出してやがて均衡します。

ただし，この$r=r^*$に気づかなくても解答を導けるので，安心してください。

IS曲線＝BP曲線

代入法で求めます。財市場の均衡式$Y=C+I+G+B$に消費関数C，投資関数I，純輸出B，さらに，BP曲線の式$r=r^*=0.04$を代入すると，

$$Y=(20+0.8Y)+(38-50\times0.04)+50+(40-0.1Y+0.2e)$$

となります。これを為替レートeについて解くと，

$$Y=0.8Y-0.1Y+0.2e+20+38-2+50+40$$

$$0.3Y=0.2e+146 \quad \cdots\cdots\cdots\cdots ①$$

を得ます。

LM曲線

LM曲線も条件にすでに示されているように，

$$0.2Y-300r=M$$

となります。これに$r=r^*=0.04$と$M=98$を代入して国民所得について解くと，

$$0.2Y-300\times0.04=98$$

$$0.2Y=98+12=110 \qquad Y=550$$

よって，これを①に代入すると，

$$165=0.2e+146 \qquad 0.2e=19 \qquad e=95$$

となり，正答は**2**です。

●為替レートの表記について

円高，円安といっても別の表現があったり，混乱させるものもあったります。

円高の別のいい方は，**円の増価**（円の価値が増えた⇒円高），それに，固定相場制の国で使わる表現ですが，**円の切り上げ**も，円高にするという意味です。逆に円安は，円の減価，円の切り下げが同じ意味となります。

それから混乱してしまうのが，たとえば，**為替レートeの上昇（低下）**です。

「為替レートeの低下」とは数値の上での低下（たとえば200から150など）をいいます。ですから，これは，円安にな

解答の手順

問題文の「均衡における」とは，財市場（IS曲線），貨幣市場（LM曲線），国際収支（BP曲線）が均衡している，つまりグラフではIS，LM，BP曲線が交わる点における為替レートeの値を求めよと問うています。したがって，IS曲線，LM曲線，BP曲線の式を代入法によって作り，それらを連立させてeの値を求めるという手順を踏みます。

何を求めたの？

①式は，IS曲線とBP曲線の均衡から得られた式です。②は，LM曲線とBP曲線の均衡値のYの値です。したがって，②を①式に代入することは，IS，LM，BP曲線の均衡における為替レートeを求めることになります。

円の増加・減価

円高＝円の増価＝円の切り上げ
円安＝円の減価＝円の切り下げ

ったのではなく，自国通貨が外国通貨に対して増価した（円高になった）ことになりますので，注意してください。

こういう使い方は，為替のディーラーや銀行などプロの世界では一切しません。「為替レートe」というときは理論的な世界においてのみです。ですから，「為替レートe」といういい方がされたときのみ，数値だけの動きをいうということを覚えておいてください。

為替レートe

為替レートeの上昇＝円安
為替レートeの低下＝円高

第7章のまとめ

●マンデル＝フレミング・モデルの政策効果

為替相場／資本移動	変動相場制		固定相場制	
	財政政策	金融政策	財政政策	金融政策
完全弾力的	無効	有効	有効	無効
完全硬直的	有効	有効	無効	無効

▶変動相場制のときの財政金融政策

＜資本移動が完全弾力的＞

G↑⇒ *IS*右 ⇒ *r*↑⇒ 資本流入 ⇒ 円高 ⇒ 輸出↓⇒*IS*左⇒*Y*↓

M↑⇒ *LM*右 ⇒ *r*↓⇒ 資本流出 ⇒ 円安 ⇒ 輸出↑⇒*IS*右⇒*Y*↑

＜資本移動が完全硬直的＞

G↑⇒ *IS*右 ⇒ *Y*↑⇒ 輸入↑⇒ 貿易赤字 ⇒ 円安 ⇒ 輸出↑⇒ *IS*右 ⇒*Y*↑

M↑⇒ *LM*右 ⇒*Y*↑⇒ 輸入↑⇒ 貿易赤字 ⇒ 円安 ⇒ 輸出↑⇒*IS*右 ⇒*Y*↑

▶固定相場制のときの財政金融政策

＜資本移動が完全弾力的＞

G↑⇒ *IS*右 ⇒ *r*↑⇒ 資本流入⇒ 円高圧力 ⇒ 円売り介入 ⇒ *M*↑⇒ *LM*右 ⇒*Y*↑

M↑⇒ *LM*右 ⇒ *r*↓⇒ 資本流出 ⇒ 円安圧力 ⇒ 円買い介入 ⇒ *M*↓⇒ *LM*左 ⇒*Y*↓

＜資本移動が完全硬直的＞

G↑⇒ *IS*右 ⇒ *Y*↑ ⇒ 輸入↑⇒ 貿易赤字 ⇒ 円安圧力 ⇒ 円買い介入 ⇒ *M*↓⇒ *LM*左 ⇒*Y*↓

M↑⇒ *LM*右 ⇒*Y*↑ ⇒ 輸入↑⇒ 貿易赤字 ⇒ 円安圧力 ⇒ 円買い介入 ⇒ *M*↓⇒ *LM*左⇒ *Y*↓

〔*G*：政府支出，*r*：利子率，*M*：貨幣供給量，*Y*：国民所得〕

 索引 

【あ】

【い】

【う】

【え】

【お】

【か】

【き】

【く】

【け】

さくいん

【こ】

【さ】

【し】

【す】

【せ】

【そ】

【た】

【ち】

【て】

【と】

【な】

【に】

【ね】

【は】

【ひ】

【ふ】

【へ】

【ほ】

【ま】

【み】

【む】

【め】

略語一覧

A	技術進歩
AD	総需要（Aggregate Demand）
AS	総供給（Aggregate Supply）
BP	国際収支（Balance of Payment）
C	現金通貨（Cash）
C	消費，民間消費（Consumption）
c	限界消費性向
C_0	基礎消費
CD	譲渡性定期預金（Certified Deposit）
D	預金通貨（Deposit）
G	政府支出（Government expenditure）
GDE	国内総支出（Gross Domestic Expenditure）
GDP	国内総生産（Gross Domestic Product）
G_n	自然成長率
GNE	国民総支出（Gross National Expenditure）
GNI	国民総所得（Gross National Income）
GNP	国民総生産（Gross National Product）
G_r	現実の経済成長率
G_w	保証成長率
H	ハイパワード・マネー（High-powered money）
I	投資，民間投資（Investment）

IAD	インフレ需要（Inflation Aggregate Demand）
IAS	インフレ供給（Inflation Aggregate Supply）
K	資本，資本投入量（Kapital〔独〕）
k	マーシャルのk（貨幣の流通速度の逆数）
k	マネタリストのk%（貨幣供給量の一定水準）
L	貨幣需要（流動性選好Liquidity preference）
L	労働投入量
L	生涯年数
M	貨幣供給，マネーサプライ（Money supply）
M	輸入（iMport）
m	限界輸入性向
m	信用乗数（貨幣乗数）
m	貨幣供給増加率
m	限界効率
M_1	現金通貨＋預金通貨（要求払い預金）
M_2	M_1＋定期性預金（準通貨）
M_3	M_2＋郵便貯金・農協・信用金庫などの預金，マネーストック
MD_L	労働の限界不効用
MP_L	労働の限界生産力
MP_K	資本の限界生産力
N	雇用量，労働量

n	労働人口成長率
N_D	労働需要
NDP	国内純生産 （Net Domestic Product）
N_F	完全雇用
NI	国民所得（National Income）
NNP	国民純生産 （Net National Product）
NNW	国民純福祉 （Net National Welfare）
N_S	労働供給
P	物価
P^e	期待物価
q	トービンのq
R	支払準備金（Reserve）
r	利子率，支払準備率
S	貯蓄（Saving）
s	貯蓄率，貯蓄性向，限界貯蓄性向
T	財の取引量
T	租税，税金（Tax）
t	税率，限界税率
T_0	定額税部分
u	失業率（Unemployment rate）
U_n	自然失業率
V	貨幣の流通速度
v	資本係数
W	資産
w	賃金（wage）
X	輸出（eXport）
Y	国民所得，生産量（Yield）
y	労働者1人当たりの生産
Y_D	総需要
Y_F	完全雇用国民所得
Y_P	恒常所得
Y_S	総供給
Y_T	変動所得
λ	技術進歩率
λ	伸縮的加速子（アクセラレーター）
π	物価上昇率
π^e	期待物価上昇率

■ **村尾　英俊**（むらお　ひでとし）
1963年，長崎県出身。同志社大学卒，ロンドン大学（SOAS）大学院修士課程修了。
銀行，証券，投資顧問会社などの金融機関において，主にリサーチ業務に携わる。その後はこれらの実務経験をベースに，大学，専門学校，資格試験予備校で，公務員試験を中心としながら資格試験の指導を始める。現在は，経済原論，財政学など経済系科目の指導にとどまらず，関連する政治，歴史，国際関係なども担当し，時事ネタも交えたわかりやすい講義との定評がある。
主な著書に『集中講義！ミクロ経済学の過去問』『集中講義！マクロ経済学の過去問』（実務教育出版刊），『「なぜ？」がわかる！政治・経済』『世界経済のカラクリ』(Gakken刊) がある。

■ デザイン・組版
カバーデザイン　　斉藤よしのぶ
DTP組版　　森の印刷屋，パラゴン

●本書の内容に関するお問合せについて
本書の内容に誤りと思われるところがありましたら，お手数ですがまずは小社のブックスサイト（books. jitsumu. co. jp）中の本書ページ内にある正誤表･訂正表をご確認ください。正誤表･訂正表がない場合や，正誤表･訂正表に該当箇所が掲載されていない場合は，書名，発行年月日，お客様のお名前・連絡先，該当箇所のページ番号と具体的な誤りの内容･理由等をご記入のうえ，郵便，FAX，メールにてお問合せください。
〒163-8671　東京都新宿区新宿 1-1-12　実務教育出版　第二編集部問合せ窓口
FAX：03-5369-2237　　E-mail：jitsumu_2hen@jitsumu.co.jp
【ご注意】 **※電話でのお問合せは，一切受け付けておりません。**
※内容の正誤以外のお問合せ（詳しい解説・受験指導のご要望等）には対応できません。

公務員試験
最初でつまずかない経済学　マクロ編［改訂版］

2011年 1 月31日　初版第 1 刷発行　　〈検印省略〉
2024年 7 月15日　改訂初版第 1 刷発行

著　者――村尾英俊
発行者――淺井　亨

発行所――株式会社 実務教育出版
〒163-8671　東京都新宿区新宿 1 - 1 - 12
☎編集　03 - 3355 - 1812　販売　03 - 3355 - 1951
振替　00160 - 0 - 78270

印　刷――壮光舎印刷
製　本――東京美術紙工

ISBN978-4-7889-4532-6　C0030　Printed in Japan